STEMPFER TEL.

VIE

DE

LA VÉNÉRABLE MÈRE

ÉMILIE DE RODAT

TYPOGRAPHIE
EDMOND MONNOYER

AU MANS (SARTHE)

VIE

DE

LA VÉNÉRABLE MÈRE

ÉMILIE DE RODAT

FONDATRICE ET PREMIÈRE SUPÉRIEURE GÉNÉRALE

DES RELIGIEUSES DE LA SAINTE-FAMILLE

DE VILLEFRANCHE-DE-ROUERGUE

PAR

LÉON AUBINEAU

QUATRIÈME ÉDITION

SOCIÉTÉ GÉNÉRALE DE LIBRAIRIE CATHOLIQUE

PARIS
VICTOR PALMÉ
Directeur général
76, rue des Saints-Pères, 76

BRUXELLES
J. ALBANEL
Directeur de la succursale
29, rue des Paroissiens, 29

1879

LETTRE

DE SA GRANDEUR

Mgr L'ÉVÊQUE DE RODEZ & DE VABRES

Mon cher Monsieur Aubineau,

Une des grandes émotions de ma vie a été la lecture de votre admirable *Vie de la Vénérable Mère Émilie de Rodat*, fondatrice de la Congrégation des Sœurs de la Sainte-Famille de Villefranche-de-Rouergue. Peu de temps après l'honneur bien immérité que Dieu m'a fait de me mettre à la tête du diocèse de Rodez, je l'ai lue tout entière dans une seule journée, les larmes dans les yeux, et je ne sais quel saisissement dans le cœur.

J'ai depuis expérimenté que ce que vous racontez de cette sainte femme produisait les mêmes résultats sur ceux qui avaient le bonheur de lire votre livre, et je ne sais combien de vocations et de généreux sentiments ont été déterminés par les exemples de cette grande Servante de Dieu.

L'intérêt de votre ouvrage est en effet de premier ordre. Les vertus et les œuvres de la Mère Émilie y sont décrites d'une façon très attachante, et l'on suit votre travail avec un entraînement qu'on ne mettrait pas aux aventures les plus extraordinaires. Tant il est vrai que les charmes de la piété sont encore les plus vrais, et ceux qui pénètrent le plus vivement dans les âmes !

Vous avez su d'ailleurs, à côté du type principal de votre œuvre et de l'héroïne de votre récit, rattacher d'autres types charmants et variés, dont la description ne plaît pas moins au lecteur que celui qui tient la première place. On ne lira pas, sans éprouver cette émotion dont je parlais tout à l'heure, les pages d'une suavité ravissante, où vous narrez le pieux concours que prêtent à leur Mère ses premières compagnes, en particulier les jeunes Sœurs Éléonore Dutriac et Marie Boutaric, qui rappellent par leurs vertus et leur dévouement ce que vous avez si bien raconté des premières compagnes de sainte Chantal.

Tout cela est d'une grâce, d'une fraîcheur et d'une pureté délicieuses. On est tout attendri de tant de courage, de tant d'ardeur, de tant d'esprit de sacrifice, de tant de vigueur dans les entreprises, au lendemain des grandes meurtrissures de la Révolution; et l'on s'étonne de voir réussir de si grandes choses avec de si faibles moyens. Ce sont des abeilles, et des abeilles diligentes, comme cette *apis argumentosa* dont il est parlé dans les actes du martyre de sainte Cécile, qui viennent refaire la ruche divine dans ce chrétien pays de Rouergue, au moment même où tous les frelons et toutes les mauvaises mouches de l'impiété l'avaient détruite et en avaient souillé le miel.

Vous avez bien fait de compléter votre nouvelle édition par des détails inédits qui vous ont été naturellement suggérés par les nouvelles études qui se sont faites autour de cette noble figure, et par le nouvel éclat des vertus que la procédure de Béatification de la

Vénérable Servante de Dieu a mis en relief.

Nous avons en effet la consolation de voir se poursuivre avec beaucoup de succès les diverses phases de cette procédure. Déjà toutes les instances préparatoires sont terminées et admises par la sacrée Congrégation des Rites, et nous en sommes arrivés aux grands procès de l'héroïcité des vertus et de l'authenticité des miracles ; de sorte qu'il ne serait pas impossible que la jeune génération actuelle vît mettre sur les autels le nom et la mémoire de cette vierge bénie qui a été l'honneur et la gloire de sa contrée.

Son œuvre d'ailleurs prend une extension et un développement qui prouvent bien que l'Esprit de Dieu était avec elle. La Congrégation de la Sainte-Famille est à l'heure présente une des plus nombreuses et des plus florissantes de l'Église de France. Le Saint-Siège l'a solennellement approuvée ; ses constitutions ont été revisées, et elle est entrée définitivement dans le classement des grandes voies qui sont officiellement désignées par le vicaire de Jésus-Christ, comme pouvant mener à la perfection chrétienne. De nombreuses âmes s'y sanctifient et de plus nombreuses encore sont sanctifiées par les œuvres instituées par la Vénérable Fondatrice dont vous avez si bien reproduit les traits, et par la générosité des pieuses filles qui s'efforcent non sans succès de marcher sur ses traces.

Que Dieu bénisse votre livre, cher Monsieur Aubineau ; qu'il soit lu par toutes les âmes qui cherchent le bien et la manière de le faire avec surabondance ! Je suis sûr que cette lecture fortifiera beaucoup de cœurs incertains, et indiquera à plusieurs la route qu'ils cherchent et la voie par laquelle ils doivent entrer.

Je vous renouvelle l'assurance de tous mes sentiments les plus dévoués en N.-S.

† ERNEST,
Evêque de Rodez et de Vabres.

DÉCLARATION DE L'AUTEUR

Pour obéir aux décrets du pape Urbain VIII, je déclare que les faits relatés dans ce livre, en exceptant toutefois ce qui a pu être confirmé par le Saint-Siège, ne sont présentés et entendus que comme appuyés sur la foi et le témoignage des hommes, et non sur l'autorité de la sainte Église.

Je proteste en outre que si le titre de *saint*, de *bienheureux* ou de *vénérable* se trouve appliqué à quelque personnage auquel le Saint-Siège n'a pas attribué cette qualification, je n'ai pas entendu devancer ni préjuger le jugement du Souverain Pontife, auquel je me soumets sans réserve, et que j'ai seulement suivi l'usage habituel qui désigne par ces expressions les âmes douées d'une vertu éminente.

AVERTISSEMENT

A LA SECONDE ÉDITION

Il y a quatorze ans que la « Vie de la Révérende Mère Émilie » *a été publiée pour la première fois. La réputation de cette héroïne de la charité était grande à Villefranche et dans tout le diocèse de Rodez; ses vertus étaient appréciées dans les diocèses voisins et dans les divers lieux où était établie la Sainte-Famille. Au delà, le nom de la Mère Émilie était à peu près inconnu, et si notre biographie n'est pas restée tout à fait inaperçue, du moins il est bien vrai qu'elle n'a pas fait grand bruit dans le monde. Néanmoins les cinq mille exemplaires de la première édition sont épuisés depuis longtemps déjà, et le renom de la Mère Émilie a pris tant de consistance, que sa cause, instruite avec beaucoup de zèle et de sollicitude dans le diocèse de Rodez, est portée au-*

jourd'hui en cour de Rome, où elle ne tardera sans doute pas à être introduite. N'était-il pas séant alors d'offrir au public une nouvelle édition de « la Vie de la Révérende Mère Émilie ? »

Un double motif nous y engageait : propager la gloire des Serviteurs de Dieu et procurer aux âmes l'édification qu'elles trouvent toujours aux exemples de la vertu chrétienne. Il ne nous appartient pas de décider si notre ouvrage atteint efficacement ce double but. Un auteur ne doit répondre que de ses intentions ; mais il y a des juges auxquels il faut s'en rapporter.

La première édition de « la Vie de la Révérende Mère Émilie » *n'a pas été publiée sans l'assentiment de Mgr l'évêque de Rodez. Après avoir fait examiner le manuscrit, Mgr Croizier, de digne et douce mémoire, avait bien voulu se déclarer* « persuadé que « l'ouvrage serait lu avec beaucoup d'intérêt et de « profit par les fidèles laïques comme par les reli- « gieux et les religieuses de tous les ordres (1). » *Quelques mois après son installation, Mgr Delalle daignait confirmer le jugement de son vénérable prédécesseur et nous autoriser à rendre publique une approbation où l'évêque assurait* « que la lecture « de ce livre, rédigé avec un grand esprit de foi

---

(1) Donné à Rodez, le 2 février 1855.

« et avec un talent remarquable, ne peut être que
« très avantageuse aux personnes du monde aussi
« bien qu'à celles qui sont engagées dans la vie
« religieuse (1). » *Plus tard, le même prélat ne se
bornant pas à porter une appréciation, daignait
constater lui-même un fait et affirmer que* « la Vie
« de la Révérende Mère Émilie, publiée par M. Léon
« Aubineau, a produit les plus heureux effets dans
« les âmes de ses nombreux lecteurs (2). » *Ces
encouragements sont assez précieux, et un auteur
n'a pas besoin d'en chercher davantage. Faut-il
expliquer, de surcroît, comment notre désir de concourir à la gloire d'une grande Servante de Dieu et
des pauvres, a trouvé aussi de puissants et de hauts
témoignages ?*

*En arrivant dans son diocèse, au mois de décembre
1855, Mgr Delalle connaissait tout au plus le nom de
Mère Émilie. Les Sœurs de la Sainte-Famille s'em-
pressèrent de lui faire parvenir un exemplaire du
livre récemment publié, et le prélat répondait à la
supérieure générale :* « L'intérêt que je portais à
« votre sainte Congrégation ne fait que s'accroître
« depuis que je lis la *Vie de la Mère Émilie*, votre
« vénérable fondatrice. Mon Dieu, quelle sainte

---

(1) Donné à Rodez, le 20 février 1856.

(2) Approbation à l'*Esprit de la Révérende Mère Émilie*, par M. le chanoine Ed. Barthe, datée de Rodez, le 25 juillet 1863.

« femme ! Je suis quelquefois effrayé de ses vertus ;
« néanmoins j'éprouve un grand attrait à la con-
« templer. C'est un bien beau modèle que Dieu a
« donné à votre Congrégation. Vos chères filles
« doivent être bien ferventes pour se rendre dignes
« d'une telle mère, et il faut tout faire pour con-
« server parmi vous cette ferveur primitive. Je ne
« doute pas qu'il n'en soit ainsi ; jamais les Sœurs
« de la Sainte-Famille ne ressembleront aux Juifs
« dégénérés qui se contentaient de dire : Nous avons
« pour père Abraham, et ne se mettaient guère en
« peine d'imiter le saint patriarche (1). »

Quelques mois auparavant, Mgr de Jerphanion, archevêque d'Albi, avait écrit de son côté à la même supérieure : « J'ai lu la vie de votre respectable Mère
« fondatrice avec un vif intérêt et une grande édifi-
« cation. Rien de plus admirable que les vertus et
« les œuvres de la Révérende Mère Émilie. Quelle
« gloire pour le diocèse de Rodez de lui avoir
« donné le jour ! Quel bonheur pour ses filles d'ap-
« partenir au pieux institut dont elle a enrichi
« l'Église (2) ! »

Nous pourrions multiplier ces citations. Celles-ci ne suffisent-elles pas à nous faire supposer que nous nous sommes au moins rapproché de notre double

---

(1) Rodez, 1er janvier, 1856.
(2) Albi, 12 octobre 1855.

but, et aussi pour justifier la réimpression de notre travail ?

En le publiant une seconde fois, nous avons essayé d'y apporter toutes les améliorations en notre pouvoir; ce n'est pas par manière banale de parler qu'on peut appeler cette édition revue et corrigée.

En quatorze ans, l'histoire acquiert des droits : il était permis aujourd'hui d'insister sur certains détails que la discrétion obligeait naguère à passer sous silence ou à n'indiquer que sommairement. Nous avons aussi pu faire connaître davantage les personnages et les œuvres qui ont été mêlés à la vie et aux travaux de la Mère Émilie. Nous n'avons pas manqué de signaler les circonstances intéressant la renaissance religieuse du XIXe siècle, dont les documents étaient sous nos yeux. Dans les monographies, il ne faut pas oublier l'histoire générale; il n'est pas superflu d'en recueillir ou d'en noter les matériaux. Nous ne nous sommes donc pas fait scrupule de multiplier les notices biographiques, soit dans des notes au bas des pages, soit dans le corps même du récit. Pourquoi surtout aurions-nous hésité à crayonner les profils de quelques-unes des compagnes de la Mère Émilie ? Les vertus des filles ne font-elles pas apprécier la Mère ?...

Puisse notre livre montrer dans la pure vérité cette femme vraiment grande et généreuse! Puissent nos simples récits entretenir et développer envers l'admirable et vénérée Mère Émilie la piété des populations françaises! Cette humble et pauvre femme est certainement une des gloires de notre pays. Puisse la sainte Église, à qui cette cause est soumise en ce moment, répondre promptement aux vœux et à la confiance de la Sainte-Famille, et nous autoriser à donner publiquement à cette héroïne du sacrifice et de la charité le titre que tant de cœurs sont puissamment inclinés à lui décerner!

LAUS DEO.

Paris, fête de saint Joseph, 1869.

Post-Scriptum. — *Le décret d'introduction de la cause de béatification et de canonisation de la Vénérable Servante de Dieu Marie-Guillemette-Émilie de Rodat a été signé à Rome, par le Souverain Pontife Pie IX, le 7 mars 1872, et publié dans le diocèse de Rodez par mandement de Mgr l'Évêque, en date du 13 avril 1873.*

Cet acte attendu et reçu avec tant de piété et de ferveur ne pouvait que nous engager à une sévère et minutieuse revision de notre travail.

*Nous avons tenu à le compléter et à l'éclairer à l'aide des nouveaux documents recueillis et produits de divers côtés. Néanmoins ces additions et modifications, que veut bien louer M*gr *l'Évêque de Rodez, n'ont pas changé notablement la trame du récit. C'est le texte de la seconde édition, revu avec soin, développé en quelques points, redressé sur d'autres, que nous reproduisons aujourd'hui. Nous nous sommes cependant autorisé de la décision de l'Église, pour appliquer au nom de la Mère Émilie de Rodat le titre de Vénérable qui lui appartient désormais.*

*Paris, fête de sainte Sophie, 1*er *août 1879.*

VIE

DE

LA VÉNÉRABLE

ÉMILIE DE RODAT

CHAPITRE PREMIER

De la naissance de la Vénérable Mère Émilie, et des exemples de vertu qu'elle trouva dans sa famille.

C'est un avantage aux yeux des hommes d'appartenir à une famille recommandable par sa noblesse, son ancienneté, ses honneurs et le renom qu'elle possède dans le monde. Les enfants de Dieu estiment principalement le privilège qui rend héréditaires dans certaines maisons, et y transmet, comme avec le sang, l'amour et la pratique des vertus chrétiennes. Le bon Dieu avait prévenu de ces faveurs temporelles et spirituelles l'humble servante des pauvres dont nous entreprenons d'écrire l'histoire.

Mlle Marie-Guillemette-Émilie de Rodat, née le 6 septembre 1787, au château de Druelle, près Rodez, appartenait à une famille qui, depuis longues générations, tenait une bonne place dans le Rouergue, et dont les enfants prenaient, pour ainsi dire, en naissant des engagements sérieux avec le bien. Son grand-père, messire Guillaume de Rodat, chevalier, seigneur de Druelle, était président trésorier de France au bureau des finances de Montauban (1). Les avantages conférés alors par de pareils titres allaient être anéantis par la Révolution française ; mais la jeune Émilie devait trouver, dans les vertus et les exemples de ses ancêtres, des privilèges plus précieux et plus durables.

Du côté de sa mère surtout, les traditions de famille préparaient cette enfant à l'ardent amour de Dieu et des pauvres, dont elle fit l'unique but de sa

---

(1) On lit dans les *Documents historiques du Rouergue*, par Hippolyte de Barreau, 4 vol. publiés par la Société des Lettres de l'Aveyron :

« ÉMILIE **de Rodat**, fondatrice et supérieure des sœurs de la Sainte Famille de Villefranche, décédée en odeur de sainteté l'an 1852, fille de

« JEAN-LOUIS-GUILLAUME-AMANS **de Rodat**, frère aîné de *Simon* DE RODAT, qui fut garde du corps du roi et chef de la branche de LA VALLIÈRE. Jean-Louis-Guillaume-Amans DE RODAT, était fils de

« GUILLAUME III **de Rodat**, trésorier de France en la généralité de Montauban, fils de

« GUILLAUME II **de Rodat**, conseiller du roi au siège présidial de Rodez, frère de *Jean-Joseph* DE RODAT, qui fut chef de la branche DE RODAT-DELON de Rodez, dont le dernier repré-

vie. Un de ses ancêtres, M. de Ramondy, recommandable à plus d'un titre, s'était principalement rendu considérable par sa charité. Dans un temps de famine, il avait distribué une partie de son bien en aumônes. A cette époque déjà lointaine, dont six générations nous séparent, si les riches pratiquaient ainsi la charité, les pauvres n'ignoraient pas la reconnaissance ; les habitants de Najac, bourg du Rouergue, où demeurait M. de Ramondy et où son souvenir vit toujours, disaient à leurs enfants :

« Quand vous passez devant la maison de M. de Ramondy, qu'il y soit ou n'y soit pas, tirez le chapeau : c'est un Dieu sur terre ! »

La fille de cet homme de bien, Mme de Selves, aimait tellement les pauvres, qu'il lui arrivait souvent de quitter la table pour leur distribuer les mets qu'on venait de lui servir. A cette charité exemplaire elle joignait une tendre dévotion pour la

---

sentant a été *Joséphine* DE RODAT-DELON, épouse de M. *France* DE LORNE, laquelle vient de mourir à Rodez, en janvier 1865. Guillaume II DE RODAT était fils de

« FRANÇOIS **de Rodat**, fils de

« GUILLAUME Ier **de Rodat**, président en la cour présidiale de Rodez, fils de

« PIERRE **de Rodat**, receveur des décimes, frère d'*Antoine* DE RODAT, qui fut le chef de la famille d'OLEMPS. Pierre DE RODAT était fils de

« ANTOINE **de Rodat**. »

N. B. La famille des Rodat est venue du Pont-de-Cirou (Tarn). Le château de Mirandole, d'où elle est sortie, porte encore le nom de Rodat.

sainte Vierge, dont elle récitait tous les jours le petit office. Elle était, on peut le dire sans exagération, la servante de ses servantes, et elle supportait avec une inaltérable douceur les emportements et quelquefois même les injures des personnes à son service. Devenue veuve, aveugle et infirme, elle demeura avec sa fille Mme de Pomayrols, grand'mère de notre jeune Émilie. La bonne dame de Selves n'avait pas de plus grand plaisir que d'entendre prier cette enfant, dont Mme de Pomayrols s'était chargée de diriger l'éducation. Les préceptes et les exemples de Mme de Selves avaient frappé vivement Émilie, et plus tard elle ne tarissait pas quand on la mettait sur le sujet de la piété et des vertus de sa bisaïeule.

Mme de Pomayrols (1) était elle-même une sainte. Dans sa jeunesse, elle aurait voulu embrasser la vie religieuse, et ce désir fut un des instruments dont la Providence se servit pour décider la vocation d'Emilie. Mme de Pomayrols consacrait toutes ses forces au service de Dieu et du prochain. Elle était une garde-malade pour tout le pays et la mère des pauvres. Ses exercices de piété et de charité ne l'empêchaient pas de tenir un ordre merveilleux dans sa maison. Elle était tout à fait, comme parle Salomon, cette femme forte, revêtue de force et de

---

(1) Marie-Marguerite de Selves, mariée le 5 avril 1760, à Stanislas-Etienne-Victor-Guillaume de Pomayrols, seigneur de Ginals, ancien lieutenant au régiment de Condé-Infanterie, veuve le 12 août 1802, morte en 1833.

beauté, dont la main s'ouvre et s'étend sur le pauvre. Elle eut à traverser les orages formidables de la Révolution ; au milieu de ces catastrophes, elle garda, sans faiblir, un cœur égal et détaché de tout ce qui tenait à la terre. Nous la trouverons, dans le courant de cette histoire, auprès de sa petite-fille, sur laquelle elle eut une influence décisive. Une sœur de son mari, Agathe de Pomayrols, était religieuse de la Visitation ; chassée de son couvent au nom des libertés proclamées dans les dernières années du dix-huitième siècle, elle habita désormais avec sa belle-sœur, partagea les soins de l'éducation et eut aussi une part d'influence sur l'esprit et la vocation d'Émilie.

Une autre sœur de M. de Pomayrols, du nom de Charlotte, était morte à seize ans avec un grand renom d'innocence et de sainteté. Elle avait été enterrée auprès de ses aïeux, dans la chapelle Saint-Nicolas de l'église des religieux Augustins, à Villefranche. Pendant la Révolution, on viola le tombeau de la famille de Pomayrols ; les profanateurs trouvèrent le corps de Charlotte dans un parfait état de conservation, et ils le respectèrent. Plus tard, vingt ans environ après la mort de cette jeune fille, en réparant la chapelle des Augustins, devenue une des églises paroissiales de Villefranche, on découvrit une seconde fois le corps de Charlotte de Pomayrols. La corruption ne l'avait point encore altérée : un ruban de couleur violette qu'elle avait sur la tête avait conservé tout son éclat. La voix publique reconnaissait dans ce privilège une preuve de la haute vertu de cette jeune fille.

Outre ces exemples et ces souvenirs qui entouraient Émilie, il y avait dans la famille de Pomayrols des renoms plus éloignés et non moins capables d'attirer des grâces dans un jeune cœur et de frapper un jeune esprit. Un Jean de Pomayrols, conseiller du roi, juge criminel au sénéchal et siège présidial de Rouergue, maire de Villefranche en 1628, lors de la peste qui ravagea le pays, ne se contenta pas de veiller au bon ordre et de prendre toutes les mesures nécessaires pour la salubrité de la ville ; il donna son linge, ses provisions et jusqu'à ses meubles pour le soulagement des pauvres. En reconnaissance des services qu'il avait rendus en ces tristes circonstances, son portrait fut placé dans la principale salle de l'hôtel de ville. On l'y voit encore aujourd'hui. Les armes de la ville reconnaissante y sont unies à celles de la famille qu'illustrèrent ce dévouement et cette générosité (1).

(1) *Émilie* de **Rodat** eut pour mère Henriette **de Pomayrols de Ginals**.

Les **Pomayrols de Ginals** sont une branche de la famille de *Pomayrols* qui, vers la fin du xive siècle, vint du Dauphiné à Villefranche de Rouergue, où ses membres, durant plusieurs générations, occupèrent les premières charges de la magistrature et rendirent d'éminents services à l'État et au pays.

Noble Jehan de Pomayrols était maître de la monnaie en 1497. — Son fils, Jehan de Pomayrols, eut la même charge et fut premier consul en 1523. — Pierre de Pomayrols fut,

La famille de Rodat, de son côté, n'était pas dépourvue de beaux exemples ni de ferventes prières. Deux sœurs du père d'Émilie étaient religieuses, et une d'entre elles fut supérieure du couvent de Notre-Dame de Rodez. Ce fut au milieu des prières et de la joie de toutes ces âmes d'élite encore dans les angoisses de la vie ou déjà (comme on a de fortes raisons de l'espérer) dans la gloire de la vie éternelle, que la jeune Émilie reçut le baptême à l'église paroissiale de Saint-Martin de Limouze (2).

comme ses prédécesseurs, directeur de l'hôtel des monnaies. — Pendant la peste qui désola Villefranche, en 1628, JEAN DE POMAYROLS, conseiller du roi et juge criminel au sénéchal et présidial de Rouergue, fut pour sa ville natale ce que Belzunce fut depuis pour Marseille. Il brava tous les dangers sans jamais quitter son poste. Il donna son linge, ses provisions, ses meubles pour soulager les indigents. Il s'occupa nuit et jour des mesures que l'épidémie rendait nécessaires. Il veilla à la sûreté de la ville, réprima le vagabondage, contint les malfaiteurs, conserva les propriétés de ceux que la peur avait mis en fuite, et apaisa les mutineries du peuple toujours prêt à se révolter. Il fut le digne aïeul de la sainte Mère Émilie. (*Documents historiques du Rouergue*, t. IV, p. 32.

(2) « Le six septembre mil sept cent quatre-vingt-sept, Marie-Guillemette-Émilie de Rodat, fille de Jean-Louis-Guillaume-Amans et Henriette de Pomerol (*sic*), mariés, du village de Druelle, est née et est baptisée le lendemain dans l'église de S. Martin de Limouse. Le parrain a été Messire Guilhaume de Rodat, chevalier, seigneur de Druelle, président trésorier de France au bureau des finances à Montauban, grand-père de ladite baptisée; la marraine Marie-Margueritte de Selves de Pomerol de Villefranche, grand'mère, soussignés. RODAT DRUELLES, SELVE DE POMEROL; CARRIÉ, curé. » (*Extrait des registres des actes de baptême de la paroisse de Saint-Martin de Limouze.*)

Elle eut pour parrain son grand-père Messire Guillaume de Rodat et pour marraine Mme Marie-Marguerite de Pomayrols, née de Selves, sa grand'mère.

CHAPITRE II

Enfance et éducation.

La Mère Émilie a raconté elle-même sa première enfance et la manière douce et habile dont l'éleva sa grand'mère.

« A l'âge de dix-huit mois, ma grand'mère me prit avec elle. Dès que j'eus atteint l'âge de raison, elle m'apprit à aimer le bon Dieu. Une de mes grand'tantes, religieuse visitandine, me prodigua, de concert avec elle, les soins les plus tendres. L'une et l'autre alternativement veillaient sur moi d'une manière douce, où je trouvais le plus grand plaisir, bien que cette surveillance fût des plus exactes. Elles ne voulaient pas me perdre de vue. Quand elles m'envoyaient dans quelque chambre de la maison faire les petites commissions de mon âge, elles ne manquaient pas de me recommander de revenir tout de suite auprès d'elles. Elles ne me permettaient pas même d'aller seule à la cuisine.

Quand elles désiraient obtenir quelque chose de moi, au lieu de me le commander, elles me l'insinuaient et savaient me le faire désirer. Quand je commettais une faute, je n'étais pas grondée, encore moins punie ; je ne me souviens pas de l'avoir jamais été. Néanmoins on ne me passait rien ; un avis ou même un regard me faisait reconnaître que j'avais manqué.

« Étant toute petite, j'avais le défaut de bouder. J'allais me tapir dans l'embrasure d'une fenêtre. Alors ma grand'mère me disait : « Émilie, viens « près de moi. » Quand je m'étais rendue à son ordre, elle ajoutait : « Regarde-moi, il faut rire. » Je faisais la revêche. Mais elle persistait jusqu'à ce que je fusse déridée et que j'eusse repris mon air ordinaire.

« J'étais une pleureuse ; elle travailla tout doucement à me corriger et me fit confesser de ce défaut : cela me coûta beaucoup. Ma grand'mère fut obligée de m'amener jusqu'aux pieds du confesseur.

« Elle m'accordait les petits plaisirs de mon âge, tout en me formant peu à peu à des choses plus sérieuses ; quand je fus devenue plus grande, elle veilla très exactement sur mes lectures. Comme mon oncle (1) avait des romans, l'entrée de sa chambre me fut interdite.

---

(1) Stanislas-Guillaume-Victor, vicomte de Pomayrols, mort en 1830.

« Une des principales attentions de ma grand'mère était de m'inspirer en toutes occasions une parfaite modestie. Couchée ou levée, il fallait que mon corps fût réglé dans sa tenue et dans tous ses mouvements. Elle demandait la même attention dans les jeux. Elle me formait à un jugement solide et à des sentiments délicats ; elle ne me passait rien contre l'honnêteté. Lorsque je faisais quelque chose de bien, elle me récompensait par un air et un sourire gracieux. Ma tante en faisait autant. J'étais plus contente que si j'avais reçu une grande récompense. A tant de douceur, ma grand'mère joignait beaucoup de fermeté : quand elle commandait, il fallait obéir ; si je faisais quelques répliques, elle patientait, mais il fallait toujours arriver à ce qu'elle voulait.

« J'étais paresseuse, elle ne me pressa pas ; elle attendit que l'âge me fît connaître le prix du travail. J'étais très délicate pour la nourriture, je ne pouvais me décider à manger des mets que je n'aimais pas ; et ils étaient en grand nombre. Elle pensa que la raison suffirait à vaincre cette répugnance. Cela arriva en effet. Il en fut de même pour la paresse. Ma tante me faisait faire mes devoirs classiques : elle s'appliquait à m'y faire trouver du plaisir ; elle me laissait désirer les livres qu'elle voulait que je lusse ; pour l'étude, elle agissait de même. Autant que je puis me le rappeler, j'aimais à la surprendre en apprenant plus qu'elle ne m'avait marqué : je pris de la sorte un tel goût pour l'étude et la lecture que je ne pouvais m'en rassasier.

« Mme de Selves, ma bisaïeule, demeurait avec nous ; bien qu'elle commençât à tomber en enfance, elle me rendit de grands services. Elle avait toute sa vie donné l'exemple des plus hautes vertus, elle en conservait la pratique malgré l'affaiblissement de sa raison; elle paraissait avoir conservé toute la lucidité de son esprit pour les choses de la religion ; elle ne radotait jamais quand il était question de Dieu. Continuellement occupée de sa sainte présence, elle priait sans cesse. Elle était infirme et ne pouvait s'appliquer à aucun travail ; mais elle me recommandait de travailler. Je me plaisais à lui tenir compagnie ; je l'entendais avec édification réciter des prières ferventes pour toute la famille. Elle disait souvent : « Mon Dieu, quand vous verrai-je « face à face, et sans craindre de vous perdre ? » Elle répétait encore bien souvent : « Vouloir ce que Dieu « veut est la seule chose qui nous mette en repos ! » Son âme jetait ainsi continuellement des aspirations enflammées vers son créateur. Elle m'aimait beaucoup. Je crois devoir à ses prières une grande partie des grâces que Dieu m'a faites. Elle avait obtenu cette grande faveur par une vie toute remplie de vertus, par une patience que ni les injures ni les mauvais traitements ne purent jamais altérer, par une humilité profonde qui la tenait toujours dans son néant. Son détachement de tout était si grand, qu'elle ne pouvait souffrir d'avoir quoi que ce soit en sa possession ; elle ne voulait pas même qu'on lui fît du linge, disant toujours que cela n'en valait pas la peine, et qu'elle mourrait bientôt. Elle s'était dépouillée de son anneau de mariage. L'esprit de miséricorde était en elle. Son père, M. de Ramondy, qui, par ses grandes aumônes dans un temps de famine, était devenu le bienfaiteur de son pays, le lui avait laissé en héritage. Elle se serait ôté le morceau de la bouche pour le donner à un pauvre. Sa dévotion était généreuse, aisée, sans scrupule. Attentive à son ménage, elle veillait à tout, et maintenait l'ordre le plus parfait dans ses affaires.

« La bonne éducation qu'elle donna à ma grand'mère, sa fille unique, fit passer dans cette âme toutes les vertus dont Mme de Selves était le modèle. Marie lui avait conservé cette enfant par une faveur toute particulière, et Marie la lui conserva encore après que Mme de Pomayrols fut établie. Voici dans quelles circonstances. Peu après son mariage, ma grand'mère eut la petite vérole : la maladie fut grave, on craignit qu'elle ne fût mortelle. Un jour, ma grand'mère était dans une extrême agitation, une sueur abondante survint, on crut qu'elle touchait à son dernier moment : tout à coup elle ouvrit les yeux et s'écria : « Je suis gué-
« rie ! » Elle raconta qu'elle avait vu deux hommes noirs qui voulaient la prendre, lorsqu'une belle dame s'était présentée et avait commandé aux deux

vilains hommes de la laisser. Ce songe lui inspira une tendre dévotion à la sainte Vierge. Ma grand'mère conserva précieusement toute sa vie le souvenir de ce bienfait : elle m'en a fait le récit plusieurs fois ; elle portait toujours sur elle une image de celle qu'elle appelait sa chère bienfaitrice ; elle la regardait avec amour. Elle disait tous les jours le saint office avec une grande ferveur. Comme sa mère, elle était la ressource des pauvres. Les malades venaient à elle de tous côtés pour lui demander des remèdes et des onguents qu'elle préparait elle-même, et auxquels Dieu donnait sa bénédiction ; car presque toujours les malades se trouvaient guéris ou du moins soulagés.

« Ma grand'mère mourut après une heureuse vieillesse. Elle avait toujours beaucoup craint la mort : quand la mort approcha, toutes les craintes se dissipèrent, et une douce confiance prit leur place. Elle vit venir ses derniers moments avec une paix profonde, et elle prépara elle-même les boules de coton qui devaient servir pour lui administrer l'extrême-onction. »

Entourée de ces soins vigilants et de ces prières ardentes, Émilie devait se former naturellement, pour ainsi dire, à la vertu : toute jeune, elle la pratiquait déjà et donnait des marques de piété. A trois ans, elle tenait à prier le bon Dieu ; un soir, elle s'était endormie à table, et sa grand'mère ordonna de la coucher : l'enfant, se réveillant, rappela qu'elle n'avait pas dit sa prière. Elle n'oubliait jamais de la faire le matin et le soir ; dans la journée, au milieu de ses jeux, sa pensée se tournait volontiers vers le ciel. En s'amusant avec ses petites compagnes, elle leur disait souvent : « Il faut tout faire pour l'amour du bon Dieu, tout, même le jeu de la poupée ! » Elle avait sept ans lorsque, se livrant avec une enfant du même âge à ce jeu toujours charmant pour les petites filles, il lui arriva deux fois de suite d'aller demander l'heure à un horloger. Cet homme répondit d'abord avec douceur ; la seconde fois il s'impatienta et s'emporta contre les petites importunes. Les enfants s'esquivèrent au plus vite ; mais Émilie eut de grands remords d'avoir dérangé cet ouvrier dans son travail et de l'avoir fâché ; elle revint sur ses pas pour lui demander pardon.

Elle savait, de son côté, supporter les importunités de ses petites compagnes. Jamais elle ne se plaignait de personne ; sa douceur était extrême ; mais son esprit éveillé et toujours en haleine voulait tout savoir, tout connaître et aller au fond de tout. Elle accablait de questions ceux qui l'entouraient. Sa grand'mère et sa tante alimentaient cette ardente curiosité et la nourrissaient de choses saintes. Le lecture de la Vie des Saints transportait Émilie ; elle voulait imiter leurs exemples, elle en était pénétrée jusqu'aux larmes. Son recueillement dans la prière était profond, et tout acte de dévotion charmait son cœur. Il lui tomba entre les mains un recueil de cantiques; elle le lut avec ravissement et reçut de cette lecture la plus vive impression. Ce fut pour son esprit comme une révélation; jamais elle n'avait imaginé qu'il fût possible d'exprimer dans une forme aussi agréable d'aussi beaux sentiments ; elle répétait avec délices les couplets qui l'avaient le plus frappée. C'est de ce jour, assure-t-elle, que date son goût pour les chants sacrés. Elle aimait les pauvres. Ce fut, avec l'amour de Dieu, le principal attrait de sa vie, et il parut dès son plus jeune âge. Elle ne pouvait supporter la vue d'un malheureux sans chercher à le soulager. Elle donnait en aumône tout ce qui était à sa disposition. Ses bonbons recevaient presque tous cette destination. Souvent il lui est arrivé de distribuer aussi les fruits et les tartines de beurre ou de confitures préparés pour son goûter.

Un jour, on lui avait donné vingt sous pour acheter un couteau. Elle partit avec la vivacité naturelle au jeune âge quand il s'agit de satisfaire un désir longtemps entretenu. Elle était à Villefranche, et le chemin n'était pas long pour aller de chez sa grand'mère à la boutique du coutelier. Cependant elle eut le temps de réfléchir. « Annou, dit-elle à la servante qui l'accompagnait, si j'achetais un couteau de six liards, il me resterait dix-huit sous et demi pour les pauvres! » Annou combattit cette pensée; elle trouvait qu'un couteau de six liards ne serait pas bien beau pour une demoiselle. Mais à toutes les objections Émilie répondait : « Dix-huit sous et demi pour les pauvres ! » Cet argument lui parut sans réplique : elle acheta un couteau de six liards.

La bonne discipline, à laquelle l'avait pliée sa grand'mère, portait ses fruits. Émilie avait une réserve extrême dans ses paroles et dans ses actes : la modestie la plus auguste régnait dans son maintien et ses pensées. Aucun nuage ne venait obscurcir la pureté de cette âme toujours contente et toujours soumise. Aucune dissipation ne lui était permise; elle pouvait jouer et se récréer, jamais s'abandonner et se laisser emporter; sa grand'mère, qui voulait que ses jeux fussent toujours réglés, ne lui permettait pas même de se mettre à la fenêtre, trouvant que cela ne convenait pas à la modestie d'une jeune personne. Dans cette sorte de retraite, où elle s'élevait sous les voiles de la modestie la plus sévère et où son cœur se trempait dans l'amour de Dieu, Émilie nourrissait une grande fierté ; elle tenait à être respectée. Étant encore toute jeune, un de ses cousins voulut un jour l'embrasser; elle lui donna tout aussitôt un soufflet. Elle était prompte, et la nature mêlait bien ainsi quelques défauts à tant de vertus naissantes : l'amour-propre vivait dans le cœur d'Émilie ; l'orgueil perçait dans ses actions ; le moindre manque d'égards la blessait. Elle ne savait pas contenir sa mauvaise humeur; si on la menaçait d'en appeler à son confesseur, elle murmurait tout haut et avec violence. Il faut bien retrouver l'infirmité humaine jusque dans les âmes privilégiées; et c'est dans la lutte qu'elles manifestent leur courage.

CHAPITRE III

De l'adolescence de la Servante de Dieu, et comment fut vaincu le démon, qui s'opposait à l'action de la grâce sur cette âme.

Pendant qu'Émilie était élevée sous cette austère et sage discipline, la Révolution avait pris son essor. L'exercice public du culte était devenu impossible. Les couvents avaient été détruits et les prêtres obligés de fuir ou de se cacher. Émilie avait onze ans. elle était avec sa grand'mère au château de Ginals, un des domaines de la famille de Pomayrols. Pendant la tourmente révolutionnaire, les honnêtes gens se pressaient plus étroitement les uns contre les autres; ils s'entendaient au milieu de la persécution et étaient surtout au courant de tout ce qui pouvait intéresser leurs âmes. Aux environs de Ginals, dans une humble et honorable maison, était réfugié un religieux dominicain, un des rares échappés des pontons de Bordeaux et de Rochefort, forcé encore de se cacher à cause des nouvelles violences ordonnées par le Directoire. Mme de Pomayrols profita de la présence du P. Delbès (1) pour faire faire la première communion à Émilie. Les difficultés de l'époque et aussi la bonne disposition de l'enfant

(1) Joseph Delbès était né à Villefranche en 1745. A l'âge de dix-sept ans, il entra au couvent des Dominicains de Toulouse : un de ses oncles maternels appartenait à cet ordre. En 1763, Joseph Delbès fit ses vœux solennels en qualité de clerc de l'ordre des Frères Prêcheurs du couvent de Montauban. Il fut promu au sacerdoce, en 1770, par Mgr de Barral, évêque de Castres. Il se livra à la prédication, et en 1776, fut chargé de la chaire de philosophie à l'Académie d'Avignon. Il professa la théologie à Vienne, fut élu prieur de Montauban ; plusieurs de ses compatriotes qui ont laissé quelque renom dans ces contrées appartenaient à cette maison : les Pères Bonhomme, Tressac et Dutriac. La famille de ce dernier était alliée à celle du P. Delbès. Mlle Éléonore Dutriac, dont il sera question dans l'histoire de la Mère Émilie, était nièce à la mode de Bretagne du P. Delbès. Rappelé à la chaire d'Avignon, qu'il avait déjà occupée avec éclat, le P. Delbès fut ensuite tour à tour prieur des maisons de son ordre à Saint-Gaudens, à Avignon et à Clermont-Ferrand. Il professa la philosophie à Limoges et rentra enfin à Montauban, où les décrets de l'Assemblée constituante le trouvèrent sans charge, livré à un repos que les fatigues lui avaient rendu nécessaire, et dont il ne sortait que pour annoncer la parole de Dieu.

Le 28 février 1791, il déclara à la municipalité de Montauban que son vœu le plus ardent et le plus sincère était de vivre et de mourir dans l'ordre canonial de Saint-Dominique, et qu'il n'entendait nullement s'affranchir des obligations qu'il avait contractées en y entrant. Il demanda de rester à la maison de Montauban autant qu'il le pourrait. Il en sortit le dernier de tous ses confrères. Il se retira au sein de sa famille, conserva son costume, et ne prit l'habit séculier que lorsque l'évêque de Rodez, Mgr Colbert de Seignelay, eut annoncé que le souverain pontife autorisait les religieux à le porter. Quand les temps devinrent plus fâcheux, le P. Delbès sentit aussi se ranimer son

empêchèrent d'exiger une longue préparation. Les grâces qu'elle tira de ce premier acte d'union avec Jésus marquèrent bien que la préparation avait été

zèle ; il portait partout aux environs de Villefranche la consolation des secours de la religion. Caché aux environs de Ginals, où demeurait Mme de Pomayrols avec Emilie, âgée alors sept ans, le P. Delbès disait la messe dans la chapelle même du château. En cas d'alarme, il se réfugiait dans des bois situés de l'autre côté du ruisseau qui coule au bas de la colline sur laquelle est bâti Ginals. C'est dans ce bois que le P. Delbès, dénoncé et trahi, fut arrêté. Conduit à Villefranche, il entra dans la ville accompagné de ses deux frères, venus au-devant de lui pour l'assister dans ce danger. On l'écroua dans la maison d'arrêt au milieu des vociférations et des injures d'une population égarée. Condamné à la déportation, malgré son état de santé qui, selon la déclaration du médecin, aurait dû le faire assimiler aux sexagénaires, le P. Delbès fut conduit à Agen. Il y séjourna quelque temps, ainsi que ses autres compagnons d'infortune, parce que leurs conducteurs ne portaient ni arrêt du département, ni même aucune feuille de route concernant les prisonniers et leur destination. Après l'échange de diverses correspondances entre les autorités des deux départements à ce sujet, le P. Delbès et ses compagnons furent dirigés enfin sur Bordeaux. Ils y furent embarqués sur le *Jeanty*, où ils y retrouvèrent plusieurs prêtres originaires de Villefranche. Sur le même bâtiment était M. Leproust, du diocèse de Tours, qui a laissé de leurs souffrances à tous une intéressante relation publiée dans le second volume des *Serviteurs de Dieu*. Malgré l'état déplorable de sa santé, le P. Delbès supporta ces misères ; il expiait, disait-il, ses péchés. Il quitta les pontons le 12 avril 1793, dimanche de Quasimodo. M. Leproust a raconté de quelle manière fut ordonnée la mise en liberté des détenus à bord du *Jeanty*.

De retour à Villefranche, le P. Delbès s'occupa de combattre le schisme de l'Église constitutionnelle qui s'était installé dans une des paroisses de la ville. Lorsque, sous le Directoire, la persécution recommença, le P. Delbès quitta Villefranche et se retira

suffisante. La Mère Émilie se rendait souvent cette justice qu'elle croyait avoir fait une bonne première communion. Pour rassurer celles des religieuses qui s'inquiétaient de la légèreté apparente des enfants à ce grand acte de la vie, elle n'oubliait pas de dire qu'en sortant de la sainte table, elle s'amusait, en revenant à sa place, à faire tourner ses doigts. Elle ajoutait, après s'être ainsi donnée en exemple, que pourvu qu'un enfant ait l'innocence, Dieu se place de lui-même et agit dans son cœur.

La Révolution n'avait pas banni toutes les familles considérables de France ; au milieu du scandale général, quelques-unes continuaient à donner des exemples de vertu. Émilie put se lier avec des amies de son âge et de sa condition. Une entre autres (1)

---

de nouveau dans le domaine que possédait sa famille aux environs de Ginals. En 1804, il fut chargé de desservir la chapelle du Calvaire de Villefranche. Il mourut en 1808, le 21 janvier.

(1) Mlle Joséphine du Lac de Montvert, décédée quelques années plus tard, avant d'avoir atteint sa vingtième année. La Mère Émilie lui garda toujours le plus fidèle souvenir ; elle resta en rapport avec cette famille, qui lui confia plus tard, à Villefranche, l'éducation de plusieurs des jeunes parentes de Mlle Joséphine, tandis que le neveu de cette ancienne amie, M. Melchior du Lac, qui a été longtemps un des principaux rédacteurs de l'*Univers*, et qui a eu une grande et active influence sur la direction et l'esprit de cette feuille, avait le bonheur d'être placé sous la discipline de M. l'abbé Marty, et de recevoir de ce prêtre remarquable les plus solides notions de la doctrine religieuse. Nous aurons à parler en détail de M. Marty, dont la piété et les lumières ont laissé une grande impression dans le diocèse de Rodez, et dont nous sommes heureux de pouvoir rattacher le nom à celui de l'*Univers*.

appartenait à une maison de mœurs patriarcales dont tous les membres étaient restés fidèles à la pratique des préceptes de la religion. Émilie aimait à s'entretenir avec elle des choses de Dieu. Ginals est situé au-dessus d'un vallon étroit, où l'on descend par des rampes escarpées. De l'autre côté de la rivière, que dominent les terrasses du château, s'étendent des bois où les deux amies se plaisaient à se promener en s'entretenant de leurs lectures et du fruit de leurs méditations. Émilie s'appliquait déjà à ce dernier et salutaire exercice ; elle le faisait avec une sorte de joie sensible et était chaque jour attirée davantage à y rester fidèle. Comme elle le disait plus tard, le bon Dieu faisait lui-même la méditation dans son cœur. Tous les soirs, à la chute du jour, elle se retirait dans le coin le plus solitaire de la maison, et à la faveur de l'obscurité, elle vaquait amoureusement à ce saint exercice. Dieu lui accorda alors des consolations dont plus tard le souvenir la pénétrait de reconnaissance et la touchait jusqu'aux larmes. Sans avoir jamais eu besoin de préparation ni de direction, elle restait ainsi une demi-heure et quelquefois une heure entière en oraison. Elle mettait du mystère à jouir de cette grâce et se cachait avec soin de sa grand'mère et de ses autres parents ; elle croyait n'être remarquée de personne ; on la laissait dans cette persuasion et on n'avait garde de la troubler.

Un jour, pendant sa méditation, le souvenir de sa

bisaïeule traversa l'esprit d'Émilie. Elle était précisément dans l'appartement où Mme de Selves était morte. La pensée de cette mort, l'obscurité et le silence causèrent à l'enfant une frayeur dont elle ne put se rendre compte et qu'elle ne sut maîtriser. Elle sortit précipitamment ; son effroi fut tel qu'elle demeura longtemps sans avoir le courage de reprendre la pratique de la méditation. Elle a toujours pensé qu'il y avait eu là un artifice du démon, et que cette frayeur avait été une tentation. Les effets s'en firent promptement sentir ; dès qu'elle eut quitté la pratique quotidienne de la méditation, les confessions d'Émilie manifestèrent quelque relâchement. Son confesseur l'engagea à se mettre en garde contre la tiédeur. La communion, à laquelle elle restait fidèle tous les quinze jours, ranimait son âme ; elle commençait aussi déjà à visiter les pauvres, et elle s'acquittait de ses visites avec zèle; mais elle était inquiète, elle craignait d'être inspirée par des vues humaines, surtout elle voulait éviter de paraître pieuse. On retrouvait dans son caractère une certaine impétuosité de nature, et son confesseur disait que, si elle venait à tourner mal, elle irait loin.

En 1803 (février), son oncle, M. de Pomayrols, se maria (1). Émilie fut aux noces ; elle ne pouvait faire autrement. Pendant le repas, on lui adressa

---

(1) Stanislas-Guillaume-Victor, vicomte de Pomayrols, épousa Françoise-Adélaïde Genton de Villefranche, fille du baron Salvy Genton de Villefranche et de Louise de Clairac. Le mariage fut

quelques compliments sur son esprit : elle fut sensible à la louange et se reprocha cette complaisance. Quand les danses commencèrent (1), Émilie refusa d'y participer ; néanmoins elle prit plaisir à voir danser. Le monde, la musique, la nouveauté des lieux, le bruit et le mouvement d'une fête troublèrent un peu son cœur ; elle sentit le péril et ne s'effraya point. Assurée dans une fausse confiance : « Dieu me garde, » disait-elle. Dans le tumulte d'une réunion nombreuse, elle put causer comme en tête à tête avec un jeune homme de ses parents et ne songea point à l'éviter ; elle ne s'inquiéta pas de cette sorte de familiarité qui se forme toujours si rapidement en pareille circonstance entre jeunes gens de même âge, et qui, pour être irréfléchie et innocente, si on veut, n'est pas toujours sans danger. Émilie traita son cousin comme elle eût fait un frère ; elle accepta son bras pour la promenade, et ne supposa pas même qu'elle pût en cela commettre le

célébré dans la chapelle du château de Clairac, près de Cordes (Tarn).

Mme de Pomayrols est morte à Villefranche, le 21 novembre 1864, dans sa quatre-vingt-deuxième année.

(1) Faut-il remarquer qu'il y a un dissentiment sur ce point entre le témoignage de la Mère Émilie et celui de sa tante ? Mme de Pomayrols a toujours soutenu qu'on n'avait pas dansé à son mariage, la famille étant en deuil. Des danses eurent-elles lieu à l'insu de Mme de Pomayrols ? Il est certain que la Mère Émilie a raconté à plusieurs de ses filles son refus de prendre part aux danses, sa complaisance à les regarder, et l'impression qu'elle garda de ce spectacle. Elle n'a pu se tromper.

moindre mal. Après les fêtes, sa grand'mère en l'embrassant lui dit qu'elle avait été bien sage. Tout, en effet, avait été dans l'ordre : Émilie avait refusé de prendre part aux danses ; il semblait que son âme avait sans dommage traversé l'atmosphère d'une réunion mondaine. Il n'en était pas tout à fait ainsi. La pureté de l'âme est une vertu délicate que le moindre souffle peut ternir. Émilie avait pris à cette fête l'amour du monde et le goût de la toilette. Désormais, elle commença à apporter quelque recherche à sa mise ; elle n'était pas inspirée par d'autre motif que celui de se complaire à elle-même, et elle évitait encore d'y mettre trop de prétentions, mais elle *déclinait,* comme elle le dit, et elle déclinait rapidement. Elle passa tout le carême sans communier. Elle tenait toujours à se cacher pour accomplir ses pratiques de dévotion ; mais en conservant ce goût du mystère, peut-être en avait-elle changé les motifs ? Elle se confessait à un père chartreux, et elle le quitta parce qu'il lui recommanda de s'approcher plus fréquemment des sacrements.

Après les fêtes de Pâques, Émilie était retournée à Ginals avec sa grand'mère et les nouveaux mariés. Le goût pour le monde trouvait de quoi s'alimenter. Émilie ne songeait pas du tout à la retraite, elle se plaisait dans les réunions ; elle ne manqua pas de se montrer à toutes les personnes qui vinrent visiter M. et Mme de Pomayrols. Elle étudiait les manières des dames qui lui paraissaient avoir bonne façon et s'efforçait de les imiter. Elle ne voulait pas encore chercher à briller ; mais elle voulait donner d'elle bonne opinion. Livrée sans défense à toutes les suggestions qui pouvaient se présenter, elle ne se rendit pas compte d'une sorte d'agrément qu'elle éprouvait à rencontrer un jeune homme qu'elle était à même de voir souvent. Un examen attentif l'eût éclairée facilement sur cette petite complaisance. Heureusement ce jeune homme quitta le pays. « Ce fut, disait plus tard la Mère Émilie, un grand coup de Providence. » L'attrait d'ailleurs avait été léger. L'impression en fut vite effacée. Un autre péril d'une nature différente se présenta bientôt ; Émilie s'y exposa avec le même laisser aller. Une personne imprudente, qui n'avait pas mission de diriger ses lectures, lui prêta des livres peu convenables à une jeune personne. Émilie commença à en lire un qui pouvait être mauvais pour elle. Elle y prenait un certain plaisir. Mais la Providence veillait toujours. Mme de Pomayrols reconnut quel ouvrage lisait sa petite-fille ; elle put enlever le livre avant qu'Émilie y eût rencontré aucun passage dangereux.

Émilie passa ainsi l'été sans avoir même conscience du péril que courait son âme ; elle lisait encore tous les jours l'exercice de la Messe, mais elle recherchait avec soin les livres où il était le plus court. Elle ne communia pas de tout l'été ; elle quitta son confesseur parce qu'il l'exhortait à fréquenter la sainte

Communion. Ses résolutions étaient prises : elle voulait remplir ses devoirs et se sauver, elle voulait aussi se garder de l'exagération du zèle et ne pas renoncer à la part de plaisirs permis que le monde pouvait lui offrir. Elle craignait, pour ainsi dire, de s'engager au service de Dieu; elle s'éloignait de ses invitations, et, pendant l'espace de dix-huit mois, elle s'approcha seulement quatre ou cinq fois de la sainte Table. Le goût du monde augmentait dans son cœur; et, sans commettre aucun acte répréhensible, elle s'y engageait chaque jour davantage. « Ce sont là, disait plus tard la Mère Émilie, des jours que je voudrais effacer de ma vie avec des larmes de sang ! »

Cependant la grand'mère d'Émilie, Mme de Pomayrols, que ses premiers désirs, comme nous avons dit, avaient portée vers la vocation religieuse, après avoir établi ses enfants, songea à se retirer du monde et à aller achever sa vie dans la retraite et la prière. A cette époque, l'orage révolutionnaire avait calmé ses premières fureurs; les religieuses dispersées cherchaient déjà à se réunir pour reprendre ensemble la douce vie que leurs saintes règles leur avaient fait connaître autrefois. Il était impossible de songer à reconstituer toutes les communautés et congrégations dispersées depuis déjà douze ans. Une dame de l'ancienne famille Castanet d'Armagnac, ursuline avant 1789 et appelée en religion Mme Saint-Cyr, avait ouvert à Villefranche de

Rouergue une maison, où s'étaient réfugiées, comme dans un asile bénit, des religieuses de divers ordres, heureuses de fuir le monde où les avaient rejetées les événements de la Révolution. Elles formaient une sorte d'association où chacune en son particulier observait sa règle le mieux possible. La différence de ces diverses pratiques était sans doute une cause de faiblesse pour la communauté; mais dans le dénûment extrême où l'on se trouvait alors, la maison de Mme Saint-Cyr rendit d'importants services et s'éleva rapidement à une certaine prospérité. Le lien commun, qui unit les efforts des âmes qui s'y étaient abritées, fut l'éducation de la jeunesse.

Mme de Pomayrols avait résolu de finir sa vie dans cette maison et d'y entrer en qualité de pensionnaire. Elle hésitait à emmener avec elle Émilie, dont elle ne s'était jamais séparée et dont elle avait bien su démêler les dispositions. En contraignant cette enfant à une manière de vie trop sérieuse, Mme de Pomayrols craignait de l'éloigner davantage de la pratique du bien. Cette institutrice habile usa donc de ménagements comme elle avait toujours fait avec ce jeune esprit facile à s'enflammer. Elle annonça son projet de retraite à sa petite-fille, la laissant maîtresse de l'accompagner chez Mme Saint-Cyr ou de rentrer chez ses parents, à Druelle. Cette alternative épouvanta Émilie. Si l'intérieur d'un couvent lui faisait horreur, la vie retirée

1***

dans une campagne isolée comme Druelle ne lui souriait pas beaucoup. Il y avait un troisième parti qui lui eût fort agréé : c'était de rester à Ginals, auprès de sa jeune tante, au milieu des diverses compagnies qui s'y rendaient des environs. La jeune Mme de Pomayrols eût appuyé cet arrangement de tout son cœur, car elle était attachée à Mlle de Rodat. La grand'mère s'y opposa d'une manière absolue. Émilie pleura ; mais elle comprit qu'il fallait, comme lorsqu'elle était petite fille, en venir à exécuter les volontés de sa grand'mère. Elle choisit la maison paternelle. Sa douleur de quitter Ginals et les distractions qu'elle y avait trouvées, fut extrême : ce fut la peine la plus grande qu'elle eût encore éprouvée. Elle avait près de seize ans.

M. et Mme de Rodat menaient une vie fort retirée dans leur château. Ils étaient d'une sévérité extrême de mœurs. Ils exercèrent sur leur fille la plus exacte surveillance. Ils ne la laissaient jamais sortir seule, et ils avaient continuellement l'œil sur ses actions. Après plusieurs mois de séjour et d'ennui à Druelle, Émilie alla passer quelques jours chez un de ses parents : elle y retrouva encore, à l'occasion d'un mariage, ce mouvement du monde et des fêtes qu'elle aimait ; elle y retrouva aussi les dangers qu'elle avait déjà bravés à Clairac et à Ginals. Jusque-là, elle avait toujours refusé de participer aux danses, et son intention était bien de persévérer dans cette réserve ; mais il était impossible de se tenir sur la pente glissante où elle était placée : elle céda encore sur un point et consentit à se mêler à une ronde. Elle s'est depuis bien souvent reproché ce plaisir : il était innocent en lui-même, sans doute, mais l'état général de l'âme d'Émilie pouvait alarmer sérieusement sur son avenir. Elle n'était en garde contre aucune de ses impressions, elle ne demandait qu'à satisfaire ses désirs. Elle pouvait encore se rendre cette justice qu'elle ne faisait pas le mal; mais elle oubliait que la vie est une lutte et que le chrétien a toujours des ennemis à combattre : c'était là déjà une grande faiblesse. Encore une fois, elle ressentit, et sans s'en alarmer plus qu'elle n'avait déjà fait, un sentiment d'attrait et de complaisance pour un jeune homme qu'elle eut occasion de voir de temps à autre. La Providence ne se lassa pas de veiller sur cette âme si imprudente au milieu des dangers, et si négligente à suivre les conseils de sagesse. Le jeune homme quitta le pays avant que la tranquillité d'Émilie eût été troublée.

Ce cœur si hésitant à embrasser la volonté divine était néanmoins poursuivi par la grâce et portait des signes manifestes de prédestination. Malgré le désir de se donner au monde et de jouir de ses plaisirs, il gardait un vif attrait pour les pauvres. Comme la Mère Anne-Jacqueline Favre au temps de sa dissipation, Mlle de Rodat trouvait une grande douceur à les secourir.

Elle avait, lorsqu'elle habitait Villefranche avec

sa grand'mère, formé amitié avec une sainte fille d'humble condition nommée Marie-Anne Gombert (1), dont l'unique pensée était au soulagement des malheureux. Toutes les fois qu'Émilie le pouvait, elle accompagnait cette fille dévouée dans ses visites aux pauvres et aux malades. Un jour, elles étaient sorties ensemble pour remplir cet office si cher aux élus ; en examinant toutes leurs ressources, elles trouvèrent qu'elles avaient à leur disposition une somme de trois francs. Émilie tenait la bourse, et Marie-Anne, dont l'expérience était plus grande, indiquait la petite somme qu'il fallait laisser dans chaque logis. Au retour, elles se félicitaient d'avoir bien employé leur temps et visité un grand nombre de malades. Elles furent prises de la curiosité d'en savoir le nombre ; elles en comptèrent vingt. Chacun d'eux avait reçu trois, quatre et même cinq sous ; elles eurent beau rechercher si quelqu'autre argent s'était mêlé à celui qu'elles avaient destiné aux aumônes, il leur fut bien prouvé qu'elles n'avaient absolument rien ni l'une ni l'autre en dehors de la somme de trois francs. Marie-Anne, accoutumée aux marques de la protection divine, ne s'étonna point ; elle leva les yeux au ciel et dit ces deux mots : « Providence de Dieu ! »

Émilie aurait pu être troublée davantage, mais, nous l'avons dit, ses résolutions étaient prises ; ces

---

(1) Morte en 1818 ou 1819. Nous la retrouvons plus loin.

prémices des merveilles que la Providence devait opérer entre ses mains dans cette voie du soulagement des pauvres, ne purent rien changer au plan qu'elle s'était formé : elle craignait d'être attirée au service divin; elle voulait goûter aux joies du monde. Dieu employa d'autres moyens pour réduire ce cœur sur lequel l'exemple même paraissait inefficace. Les actes de piété d'une des sœurs d'Émilie la laissaient indifférente; les avis que dans le danger où elle se trouvait, sa tante, la religieuse de la Visitation, pouvait lui donner, ne la touchaient point davantage. Dieu la frappa dans son corps.

Une maladie de langueur s'empara d'Émilie. Elle passa tristement l'hiver à Druelle, s'affectant beaucoup de l'épuisement de ses forces et de l'état de faiblesse où était tombé son esprit. Elle regrettait par-dessus tout les agréments extérieurs de son âge ; elle ressentait un dépit extrême de se voir pâle et languissante. On essayait vainement de la distraire; elle se renfermait dans une morne tristesse. Les médecins ne prescrivaient aucun remède; ils conseillaient un peu d'exercice, des promenades à cheval; ils attendaient le printemps. Émilie cependant ne rentrait point en elle-même ; les avertissements de la maladie semblaient inutiles. Pâques (1804) arriva; elle ne s'aperçut pas du relâchement dans lequel elle vivait. Elle ne songea pas même à s'examiner sur ce point : elle remplit le devoir pascal sans entendre le moindre reproche dans sa conscience. Tout y semblait endormi; rien ne faisait présager les sources de grâces qui allaient jaillir dans ce cœur et l'inonder. Avec le printemps, Émilie retrouva la santé et ne pensa pas plus à remercier Dieu qu'elle n'avait songé à accepter de sa main l'épreuve de la maladie. Cependant, à la Fête-Dieu (1804), à l'occasion du jubilé, elle voulut s'approcher des sacrements. Le prêtre zélé auquel elle s'adressa chercha à lui faire connaître le véritable état de son âme. Tout d'un coup elle fut éclairée : elle vit, elle détesta ce qu'elle appela depuis ses égarements. En un instant, par un de ces coups familiers à la grâce, elle se trouva transformée. Elle n'eut pas besoin de former une résolution; elle trouva sa volonté déterminée à être à Dieu sans partage.

Les folles pensées dans lesquelles elle se complaisait étaient évanouies; il n'y avait plus en elle que des pensées généreuses. Le monde était digne de mépris, ses opinions étaient désormais incapables de toucher une âme tournée vers les célestes désirs. Les vanités et l'amour de la parure étaient remplacés par une complète indifférence. L'amitié humaine même ne lui était plus rien; elle soupirait après Dieu, elle le désirait, elle l'aimait. Son cœur ne pouvait suffire à cet amour, et les transports de la reconnaissance le faisaient déborder. Elle nageait dans les délices : elle éprouvait un bien-être et une joie incomparables. « C'est le Ciel, » disait-elle. Toutes les vertus étaient dans son cœur comme si elle les eût péniblement pratiquées pendant trente ans. Cette âme touchée par la force de Dieu se sentait capable de tous les sacrifices, elle acceptait tous les dévouements et les embrassait à l'avance; elle ne voyait que Dieu, elle ne voulait que Dieu; elle était devant lui, elle le contemplait, elle l'adorait. Elle entra ainsi, avec impétuosité, on peut dire, dans la pratique la plus élevée de la vie chrétienne : en compagnie d'une sainte fille, elle passait les journées entières du dimanche à l'église, variant sans jamais se lasser les exercices de dévotion. Durant la semaine, elle gravissait deux fois par jour une haute montagne sur laquelle était un calvaire et y faisait le chemin de la croix; elle faisait cet exercice par tous les temps et ne l'interrompit pas en hiver; quelquefois elle prenait plaisir à se mettre les genoux sur des pierres ou sur des morceaux de bois. Elle ressentait pour la mortification l'attrait mystérieux et puissant qu'éprouvent toutes les âmes d'élite : elle voulait vaincre son cœur, elle voulait opprimer sa chair ; elle embrassait ardemment la croix, allant toujours à ce qui lui coûtait davantage. Elle aimait l'humilité, elle chérissait déjà l'abjection. Elle avait adopté un costume très-simple et bien au-dessous de sa condition; elle visitait les pauvres avec une ardeur toute renouvelée dans l'esprit de Dieu. Elle les soignait et ne se rebutait pas de leurs infirmités : à l'insu de ses parents, elle soigna et consola une femme atteinte de la lèpre. Elle avait recours à toutes sortes d'industrie ; elle glanait pour les pauvres. Après les vendanges et la cueillette des fruits, elle parcourait les vergers et les vignes pour ramasser les fruits oubliés et en faire des confitures qu'elle distribuait en aumônes.

Cette âme droite et forte était courte dans ses confessions. Son confesseur lui parlait peu : ce peu lui suffisait ; l'amour la conduisait et lui versait ses lumières ; le désir de la sainte communion la brûlait ; elle passait sans dormir la nuit qui précédait le jour où elle devait s'approcher de la sainte table. Tout dans la nature l'élevait vers les pensées éternelles. Il y avait auprès du château un ruisseau qui était pour elle comme une inépuisable source de méditation. La simplicité des filles de campagne la charmait : elle aimait à s'entretenir avec elles et à leur parler de leurs âmes et de Dieu.

Cependant, en même temps que les vertus se développaient dans son cœur, l'esprit actif d'Émilie se nourrissait de fortes et suaves lectures. Sa tante, Agathe de Pomayrols, avait emporté de son couvent des papiers et des livres concernant la Visitation. Émilie avait lu ces divers écrits ; elle s'était familiarisée dans les ouvrages de la Mère de Chaugy avec toute cette pléiade de saintes femmes, amies et disciples de Mme de Chantal, ayant vécu auprès d'elle de la vie communiquée par le cœur embrasé d'amour de saint François de Sales. Émilie se forma avec ce maître charmant à la vie spirituelle; elle s'appliquait à connaître Jésus dans sa vie terrestre : elle savait les Psaumes par cœur, et, dans un commerce continuel avec les divins enseignements, elle acquit une instruction solide qui, unie aux clartés dont Dieu se plaisait à inonder cette âme, étonnait et ravissait ceux qui plus tard furent à même de la connaître.

CHAPITRE IV

Comment la Vénérable rencontra le guide qui devait la diriger dans la vie spirituelle, et comment elle vécut dans l'attente de sa sainte vocation.

Après un an et demi de séparation, Mme de Pomayrols redemanda sa petite-fille. Émilie fut affligée à la pensée de quitter Druelle et les lieux où elle avait été prévenue de tant de grâces. Elle ignorait celles qui l'attendaient à Villefranche. Une des plus utiles et des plus précieuses à son âme fut la direction de M. l'abbé Marty.

M. Marty a laissé un renom considérable dans le diocèse de Rodez. Avant la Révolution, il avait étudié en Sorbonne et professé avec éclat la philosophie au collège du Plessis, à Paris. Il refusa le serment constitutionnel en 1791, et émigra (1) : du-

(1) Antoine Marty, né le 27 mai 1757, à Labastide-Capdenac, près de Villefranche, avait fait ses classes de grammaire, d'humanités et de rhétorique au collège de cette ville, dirigé alors par les Pères de la Doctrine chrétienne. Il étudia ensuite pendant

rant les années d'exil, il poursuivit avec ardeur ses
études théologiques en même temps que son âme
savourait de plus en plus les délices de la piété in-

deux ans au collège de Rodez. Ses talents et leur précocité le
signalèrent à l'évêque, Mgr Champion de Cicé, qui le dirigea sur
Paris pour y poursuivre ses hautes études. Antoine Marty avait
alors quinze ans. Il obtint une bourse au séminaire des Trente-
Trois et suivit les cours de Sorbonne. Il fut licencié en 1783 ; sa
thèse est du 8 novembre. Il se destinait à l'enseignement de la
philosophie; les statuts de l'Université interdisaient cet enseignement aux docteurs, M. Marty ne songea point à obtenir ce
titre. A peine fut-il licencié, qu'il fut pourvu d'une chaire au
collège du Plessis, dont il ne descendit qu'en 1791, en refusant le
serment constitutionnel ; il resta encore quelque temps à Paris et
émigra en 1792.

Dans une lettre adressée à ses filles, la Mère Émilie rapporte
le récit de cet exil, tel que M. Marty l'avait fait lui-même,
un jour (1828), à quelques religieuses de la Sainte-Famille, à
Aubin.

« Un soir, à la récréation, notre Père eut la complaisance de
nous raconter ce qui lui arriva à l'époque de son exil. Afin que
vous partagiez le plaisir que nous avons eu à l'entendre, je vais
vous le répéter.

« En 1792, j'étais aux Eudistes, nous dit-il, c'était le fort de la
« révolution : le roi était enfermé dans la tour du Temple.
« Sachant que les visites domiciliaires s'exécutaient avec rigueur,
« et qu'on devait même venir chez nous, je crus prudent de
« quitter la maison. Je m'adressai au supérieur des Anglais,
« maison voisine de la nôtre, et je le priai de me recevoir en
« pension. Il le fit avec bonté. Deux ou trois jours après, les
« brigands allèrent aux Eudistes. » (*Ce devait être le 10 août,
jour où fut arrêté et conduit aux Carmes le charitable et vénérable M. Hébert, supérieur des Eudistes. Il avait confessé
Louis XVI dans les premiers jours d'août; le roi ne fut enfermé
au Temple que le 13 de ce mois. M. Hébert est mort le 2 septembre,
au massacre des Carmes.*) « Deux prêtres s'échappèrent en sautant

térieure. Après le concordat, retiré à Villefranche pour y exercer les modestes fonctions de vicaire, il se refusa obstinément à tout ministère qui aurait pu

« par-dessus une très-haute muraille qui séparait leur maison
« de celle des Anglais. Tout allait donc bien pour eux; mais ils
« eurent une curiosité dont ils ne furent pas seuls à souffrir ; ils
« s'avisèrent de regarder par-dessus la muraille qu'ils venaient
« de franchir, dans la maison où étaient les assassins : ils
« furent aperçus; les assassins poussèrent des hurlements
« affreux, en criant qu'ils sauraient bien retrouver leurs victimes.
« Les deux pauvres prêtres, épouvantés, coururent à travers le
« jardin vers une fenêtre garnie de barres de fer et donnant dans
« un salon, où étaient en ce moment M. le supérieur et les
« autres prêtres anglais; j'y étais avec eux, ainsi que deux
« autres français. Les deux fugitifs demandent qu'on ouvre par
« charité. « Si nous ne les recevons pas, disent ces messieurs, ils
« vont être sabrés : arrive ce que Dieu voudra ! » Les portes leur
« sont ouvertes.

« Cependant les assassins entrent aussi ; ils pénètrent dans
« le salon et demandent le maître de la maison. Celui-ci (M. le
« supérieur) leur répond avec douceur. « Qui es-tu ? lui demande-
« t-on. — Je suis Anglais. » L'un des nouveaux arrivés lui
« parle en cette langue pour voir s'il mentait; le supérieur,
« comme vous pensez, ne fut pas en peine. Les brigands se con-
« tentèrent de sa réponse. « Ces messieurs sont chez eux, dirent-
« ils, il faut respecter la propriété. » Toutefois ils s'étendaient en
« reproches sur ce qu'on avait reçu des fugitifs. On répondit
« qu'ils s'étaient présentés et qu'on n'avait pas cru mal faire en
« leur ouvrant. On m'interrogea à mon tour; je répondis que
« j'étais Français, et chez les Anglais depuis quelques jours
« seulement. « Tu marcheras avec les autres, » me dit-on.

« M. Godescard, chanoine de Sainte-Opportune, traducteur de
« la *Vie des Saints*, prêtre savant et zélé, était de ceux qui
« devaient marcher ; il dit aux brigands : « Que ferez-vous de
« moi ? je suis cassé de vieillesse, je suis venu dans cette maison
« pour y finir mes jours, qui ne seront pas longs ; laissez-moi je

le mettre en relief : il était jaloux uniquement du salut des âmes. Dans le but de leur être utile, il fonda à Villefranche une école que l'autorité uni-

« vous prie. » Ils eurent égard à sa prière et le laissèrent. Pour
« nous, on nous mena devant un comité qu'ils nommaient
« *permanent*. Il y avait là beaucoup de figures sinistres. Ces
« prétendus juges nous firent question sur question. On nous
« interrogea chacun séparément. Je ne me rappelle pas les
« questions qu'on me fit : ce que je sais, c'est que nous atten-
« dions tous la mort. A la fin, les juges dirent : « Ils peuvent
« rentrer chez eux. » Ils n'eurent pas besoin de répéter leur
« arrêt. Dieu ne voulut pas qu'ils prononçassent le mot fatal :
« Aux Carmes ! » comme ils en avaient l'habitude. Ils aimaient
« à être laconiques dans leurs sentences.

« Je revins chez les Anglais. Je ne savais trop à quoi me déter-
« miner ; j'étais en danger en restant, et je n'avais pas de papiers
« pour m'en aller. Arrive le 2 septembre, jour à jamais affreux !
« Les brigands, soudoyés pour massacrer les prêtres et tous les
« Français détenus en prison, passèrent devant notre porte, plus
« ivres encore de sang que de vin. Chacun de nous songea à la
« mort, et nous pensions la voir arriver avec ces hommes.
« Cependant, soit qu'ils fussent las de tuer, ou qu'ils n'eussent
« point d'ordre, ce qui est plus vraisemblable, ils n'entrèrent
« pas, et j'en fus quitte encore pour la peur ; mais je songeais
« sérieusement à sortir de Paris à tout prix. La chose était
« difficile, la ville était fermée avec soin. La Providence permit
« qu'une porte se trouvât ouverte : quelqu'un eut la charité de
« nous prévenir ; nous partîmes aussitôt, deux autres prêtres et
« moi : nous nous hâtions autant que les Juifs sortant de
« l'Égypte. Je ne me rappelle pas bien si nous avions des malles,
« mais j'emportai mon bréviaire. Nous étions en habit séculier.
« En sortant de Paris, nous trouvons un homme revenant de
« vendre une charretée d'œufs ; il y avait de la paille dans sa
« charrette, nous nous mettons dessus et arrivons ainsi à Saint-
« Denis. Nous gagnons ensuite Beauvais, où nous entrons
« comme si, étant de la ville, nous revenions de la promenade.

versitaire fit fermer en 1811, et qui fut rouverte en 1814. Sous la Restauration, comme sous l'Empire, cette école fit déserter le collège de la ville.

« Quelques personnes nous firent donner un passe-port pour
« l'Allemagne ; en deux jours nous étions hors de France. En
« traversant la Belgique, nous songions à nous délasser un peu ;
« mais les Français ne nous en donnèrent pas le temps. Les
« armées républicaines arrivaient ; il semblait qu'elles pour-
« suivissent les prêtres français jusqu'à l'étranger. Je restai
« cependant quelques jours à Bruxelles. Dans les pays que
« nous traversions, les capucins et d'autres couvents de religieux,
« entre autres les oratoriens, nous nourrissaient. J'étais chez des
« oratoriens, lorsqu'on vint donner ordre au supérieur, de la
« part du roi de Prusse, de ne point garder de Français chez lui.
« Ce bon supérieur vint nous annoncer cette triste nouvelle les
« larmes aux yeux ; il paraissait plus affecté que nous-mêmes. Il
« nous rappela ce passage de l'Écriture : *Priez Dieu que votre*
« *fuite n'arrive pas en hiver*. Il nous exhorta à la résignation, et
« nous montra, par toutes sortes d'égards, combien il lui en
« coûtait d'obéir à un édit qui était pour tous les États du roi de
« Prusse ; la politique des républicains avait forcé le roi de
« donner ces ordres. J'avais envie de voir les principales villes
« des Pays-Bas ; à la faveur d'un petit calme qui survint sur
« ces entrefaites, j'en visitai plusieurs : Louvain, fameuse par
« son ancienne université, Ypres, Malines, Bruges. et Berg-op-
« Zoom ; j'en aurais vu d'autres encore ; mais la tempête revint,
« il fallut changer de demeure. J'y étais habitué, Je restai deux
« ans à Menden. Voici comment : le président, sachant qu'il y
« avait dans la ville trois Français, pensa que peut-être il
« pourrait trouver parmi eux un précepteur pour son fils : il
« demanda au roi de Prusse la permission de les retenir. Il me
« choisit pour donner des leçons de français à ce jeune homme ;
« les leçons avaient lieu tous les jours, elles duraient une heure :
« à mon tour j'étudiai l'allemand. On nous chassa encore. Je fus
« à Munster, évêché dépendant du roi d'Angleterre. On s'était
« accordé dans cette ville à ce qu'un catholique et un protestant

M. Frayssinous, alors président de la Commission de l'instruction publique, imagina pour éteindre la concurrence, de nommer M. l'abbé Marty principal

« serait évêque alternativement ; le duc d'York était évêque de
« Munster alors. » (*Erreur manifeste échappée à la plume de la Mère Émilie plutôt qu'à la mémoire de M. Marty. L'évêché de Munster était, à cette époque, uni à l'archevêché de Cologne, qu'occupait Maximilien d'Autriche, frère de Marie-Antoinette, prélat dont les doctrines joséphites désolaient l'Église.*) « Il y
« avait cependant un grand vicaire pour les catholiques, et des
« chanoines desservaient une collégiale. Un de ces chanoines,
« grand homme de bien, me reçut chez lui et me garda environ
« huit ans. Les choses s'arrangèrent un peu en France ; j'eus le
« désir de revoir ma chère patrie : je quittai donc M. le chanoine
« qui me plaignait, et aurait voulu me garder encore.

« Nous étions plusieurs à vouloir rentrer en France ; arrivés
« dans une ville nouvellement conquise, nous nous présentons
« chez le préfet pour lui demander un passe-port. Il nous répond
« qu'avant tout il faut faire un serment que le gouvernement
« exige : en même temps, il nous montre la pancarte contenant
« les articles dont il s'agissait de jurer l'observance. « Notre
« conscience, répondîmes-nous, ne nous permet pas de faire une
« telle promesse. » Le préfet reprit qu'il ne pouvait pas donner
« de passe-port sans cette formalité. « A ce prix nous ne l'achè-
« terons pas ; nous connaissons le chemin de l'Allemagne, nous
« le reprendrons ! » Nous voilà dans la rue, nous ne pouvions pas
« même rester dans la ville sans risquer notre liberté et peut-
« être notre vie. Je tournai mes vues du côté de Paris. Je savais
« que le cardinal Caprara y était en qualité de légat ; je connais-
« sais son secrétaire. Je dressai un mémoire dans lequel je
« demandais de rentrer dans l'intérieur de la France. Son Émi-
« nence me répondit qu'il venait demander au gouvernement des
« choses qu'on lui avait refusées, qu'il fallait patienter encore,
« ou nous adresser à quelqu'autre qui serait peut-être plus
« heureux que lui. J'envoyai mon mémoire à *l'archevêque de*
« *Malines :* il ne me répondit pas. Que faire ? Il me vint en

du collège de Villefranche. M. Frayssinous connaissait si bien le mérite de M. Marty, qu'il voulut l'appeler à la Sorbonne quand le gouvernement entreprit de reconstituer ce corps célèbre. M. Marty avait plus d'une raison pour refuser cet honneur. Ses connaissances raisonnées et ferventes des droits de l'Église et de la vertu du Vicaire de Jésus-Christ n'auraient peut-être pas très bien cadré avec les préjugés parlementaires et les prétentions royales,

« pensée de tourner mes pas vers Bruges, dont on nous avait
« dit que le préfet allait à la messe. Nous pensions qu'il serait
« plus facile ou plus juste. Nous partons et nous tenons des
« chemins détournés. Arrivés à Bruges, nous entrons comme
« nous pouvons dans la ville. Nous nous présentons à la pré-
« fecture. Le préfet n'y était pas, il aurait peut-être fait des
« difficultés ; nous nous adressons au secrétaire, c'était un brave
« homme. Nous lui demandons des passe-ports : « Très-volon-
« tiers, nous dit-il, je vais vous lire les décrets du gouverne-
« ment, vous ferez ensuite ce que vous voudrez. » Il prend la
pancarte, lit tout gracieusement, ne demande point de serment,
« nous donne un sauf-conduit et nous souhaite bon voyage.
« Nous le remercions à peine, et nous nous hâtons de partir ; nous
« redoutions un contre-ordre. Nous trouvons une diligence que
« nous semble envoyée par la Providence ; nous montons en
« voiture. En deux jours nous étions à Paris. J'en passai six dans
« cette ville ; c'était en 1802. Quoiqu'on eût un peu plus de
« liberté alors, depuis le consulat de Bonaparte, je n'eus pas
« envie de voir cette belle figure, qui pourtant faisait un certain
« bruit, et je partis pour Cahors ; de là je vins à la Bastide. »

» Voilà ce que notre père nous dit de plus intéressant sur son exil... Nous lui demandâmes encore bien des choses auxquelles il répondit avec bonté. A la fin il nous dit : « Nous ferions
« bien comme saint Benoît et sainte Scolastique ! » Il nous donna sa bénédiction, et chacun se retira... »

ménagés alors par presque tous les théologiens les plus avisés et les plus recommandés du moment. M. Marty était de l'école purement romaine : c'est peut-être là le secret de la fécondité de son active et intelligente piété. Sa présence avait ranimé la foi et la dévotion dans Villefranche, et il s'y trouvait, pour ainsi dire, déjà pris dans les liens de ses œuvres.

En présence des désastres spirituels qu'avait amenés l'interruption du culte en France, ce n'était pas tout de s'appliquer aux travaux du ministère paroissial et de s'occuper des jeunes gens. Avant d'avoir rien entrepris pour eux, M. Marty avait pensé aux jeunes filles, privées par la Révolution de tous les moyens d'instruction et d'éducation que l'Église leur avait autrefois prodigués. Le Bon Pasteur cependant n'oubliait pas ses brebis; il ménagea les circonstances pour amener à M. Marty, dans la jeune Émilie, une coopératrice préparée pour ce dessein. M. Marty avait la direction spirituelle de la maison de Mme Saint-Cyr; naturellement il vit Émilie; il la confessa et admira la conduite de Dieu sur cette enfant. De son côté, Émilie trouva cette joie et cette paix sensibles qu'éprouve toute âme placée sous la direction que Dieu lui a préparée. Elle s'ouvrit avec confiance et abandon. M. Marty la confessait trois ou quatre fois par semaine; il l'instruisit à rendre compte de son intérieur et l'admit à la communion fréquente. Les fautes qu'Émilie se reprochait à cette

2*

époque étaient principalement contre l'humilité ; elle tendait à cette vertu avec ardeur, et plus elle s'accusait, plus le confesseur était heureux, plus il portait la pénitente à remercier Dieu des grâces privilégiées qu'elle recevait.

Malgré la joie que les diverses personnes composant la maison de Mme Saint-Cyr avaient éprouvée à se rendre au bon Dieu, et en dépit de leur ferme volonté de vivre conformément à leur premier état, elles n'avaient pas laissé de sentir les atteintes du monde au milieu duquel elles avaient été forcées de séjourner longtemps. Chacune d'elles, d'ailleurs, avait, comme nous l'avons dit, conservé la règle qu'elle avait embrassée autrefois ; bien qu'unies dans un même désir d'appartenir à Dieu et de travailler au salut du prochain, elles ne formaient point une véritable communauté. Émilie ne trouva pas autour d'elle tout ce qui répondait au trait que son imagination s'était formé à l'avance de la vie religieuse. Peut-être, dans la simplicité de sa ferveur, ressemblait-elle un peu à la chère sœur Simplicienne (1), qui ayant pris à la lettre ce qu'on dit des religieuses, qu'elles sont des anges sur la terre et n'ont aucun commerce avec les choses d'ici-bas, s'humiliait de voir les Sœurs prendre leurs repas, et pensait qu'elles agissaient ainsi par charité et par condes-

---

(1) Des Filles de Sainte-Marie. (Voir sa notice dans les *Œuvres de la Mère de Chaugy.*)

cendance, pour l'empêcher elle-même de rougir de n'avoir pas encore triomphé des besoins et des appétits de la nature. Seulement, il y avait de la différence entre la vie austère et admirable des premières Mères de la Visitation et la liberté inséparable d'une maison comme celle de Mme Saint-Cyr. Le tort d'Émilie avait été de s'imaginer trouver la perfection religieuse là où ne régnait pas sans partage la sainte obéissance. Il ne fallait pas s'étonner que des personnes sans règle et sans discipline uniforme ressentissent quelques-unes des infirmités du monde. Mais l'idéal qu'Émilie s'était formé de la perfection religieuse n'avait rien de chimérique : elle avait raison de penser que des personnes vouées au Seigneur ne peuvent pas recevoir de longues et fréquentes visites, et qu'elles doivent être détachées de toutes les choses de la terre. On trouvait cependant son zèle exagéré ; on le regardait comme un feu de jeunesse et de conversion nouvelle ; on lui prédisait que toutes ses effervescences s'apaiseraient au contact des hommes et de la vie. Elle s'attristait alors profondément ; elle se désolait de penser qu'il viendrait un jour où elle serait tiède ; elle redoublait de prières et demandait à Dieu de maintenir et d'augmenter toujours dans son âme cette ferveur ardente qui la consumait. Du reste, rien ne lui indiquait la voie où elle devait entrer. M. Marty, sans lui parler d'aucun projet et sans en former peut-être, attendait que la Providence marquât sa volonté. Émilie vivait dans la maison de Mme Saint-Cyr comme son aïeule et sa grand'tante, simplement en qualité de pensionnaire. Sans changer ce titre, Mme Saint-Cyr la pria de se charger d'enseigner le catéchisme aux jeunes élèves qui se préparaient à la première communion. Émilie se mit à la besogne de grand cœur. La manière dont elle s'acquitta de cette tâche ravit les élèves. Quelque bruit s'en répandit dans la ville, et bientôt les dames de Villefranche sollicitèrent comme une grâce d'assister aux instructions de Mlle de Rodat.

Celle-ci, avant tout, voulait inspirer la piété à ses élèves ; elle cherchait à exciter leur amour pour la sainte Eucharistie qui est la source de la vie chrétienne ; elle parlait souvent de ce mystère adorable, et tout en préparant ces jeunes âmes à recevoir la manne céleste, le pain des forts, la nourriture réservée aux enfants de Dieu, elle les accoutumait à s'approcher avec tremblement, respect et bonheur des autels, à travailler pour leur ornement et à regarder comme un honneur et une joie de disposer les linges, les fleurs et tout ce qui est nécessaire à la célébration du culte et à sa splendeur. Elle mettait tous ses efforts sous la protection de Marie, et n'oubliait pas de recommander sa dévotion ; elle y portait sans cesse ses élèves, leur faisant apprendre et réciter des prières et confiant tout le petit troupeau à la sainte Vierge. Elle se plaisait à la faire honorer sous le nom de divine bergère ; ce titre agréait singulièrement à la piété d'Émilie, et elle a toujours aimé à saluer la Mère de Dieu sous ce humble vocable.

Auprès des âmes qui lui étaient confiées, Mlle de Rodat essayait d'appliquer le système de douceur et de patience dont Mme de Pomayrols avait autrefois usé à son égard. C'était toujours par voie d'insinuation qu'elle cherchait à conduire ses élèves, ne les grondant jamais et s'appliquant sans cesse et en toute circonstance à leur témoigner de l'affection. Elle était attentive à ne pas laisser passer un jour sans donner à chacune d'entre elles une petite marque d'attention particulière : un coup d'œil, une parole gracieuse, un sourire aimable suffisaient, et ces témoignages si simples étaient d'un grand prix pour les enfants. Mlle de Rodat ne manquait aucune occasion de leur témoigner que son affection veillait sur elles. Quand par hasard elle laissait échapper une parole un peu trop vive, elle s'excusait aussitôt : « Veuillez me pardonner, disait-elle, et ne faites pas comme moi ! » Elle assurait plus tard que ces actes d'humilité n'avaient jamais diminué le respect que lui portaient ses élèves. Quand celles-ci avaient quelques torts les unes envers les autres, Émilie s'appliquait à les faire réparer *doucettement*, selon son expression. Quand elle-même se sentait un peu émue, elle différait de réprimander. C'était dans la plus parfaite égalité d'humeur qu'elle imposait les pénitences, marquant qu'elle ne faisait rien que dans l'intérêt des âmes confiées à sa sollicitude. Elle était ferme d'ailleurs, et au milieu de sa douceur ne laissait passer aucune faute. Elle ménageait les amours-propres, réprimandait ses élèves en particulier et récompensait souvent. Au milieu des soins prodigués à ces enfants, Mlle de Rodat fortifiait son cœur et l'exerçait sans cesse. Quand elle désirait voir pratiquer un acte de vertu, elle commençait par se l'imposer à elle-même. La gloire de Dieu était toujours devant ses yeux : c'était l'unique but de ses travaux. Elle préparait ses élèves à la confession, leur désignait des pratiques pour s'exciter à la contrition. Elle indiquait aussi, avec douceur, à celles qui avaient quelque inclination vicieuse, les moyens d'en triompher, et leur faisait avec soin rendre compte de leurs efforts et de leurs progrès.

Ces soins vigilants et animés du seul désir du salut des âmes, étaient couronnés de succès. On cite quelques-unes des élèves de la Vénérable qui, éclairées sur les instincts pervers de leur âme et habilement conduites dans la lutte contre leur naturel, se tournèrent généreusement vers Dieu et gardèrent toujours à leur institutrice une reconnaissance profonde. Une avait l'habitude du mensonge : Mlle de Rodat lui faisait compter tous les soirs ceux qu'elle avait faits dans la journée, et ce seul moyen suffit à la corriger promptement. Une autre paraissait avoir tous les défauts imaginables ; c'était la légèreté, la vanité et la turbulence même. Émilie l'aima d'une affection particulière ; elle usa à son égard d'artifices si saints et si habiles, qu'elle l'enflamma de l'amour de Dieu, et cette âme, sur laquelle toutes les considérations sérieuses paraissaient devoir glisser, entra aux Carmélites. Il y avait cependant bien à faire. La Mère Émilie racontait plus tard que cette postulante avait si peu du recueillement extérieur et du maintien modeste qui conviennent à une religieuse, qu'après être entrée au couvent, elle ne pouvait encore se retenir de sauter quatre par quatre les degrés de l'escalier. La bonne Mère, dont nous aurons à raconter tant de traits de miséricorde, tirait de cet exemple des conclusions analogues à celles que nous avons déjà indiquées au sujet de la première communion des enfants, à savoir que la bonté de Dieu et le travail de la grâce s'accommodent avec bien des imperfections humaines. Elle ajoutait que les supérieurs ne doivent jamais être découragés par les défauts des postulantes et des novices, et qu'avant de les renvoyer ils doivent prier, se mortifier, prendre toutes sortes de moyens ; car, s'ils doivent être moralement sûrs des vocations qu'ils reçoivent, c'est une responsabilité bien redoutable aussi pour eux de refuser l'entrée à une vocation véritable.

Cependant la Servante de Dieu était ainsi entrée par l'instruction religieuse des enfants dans la vie active de la charité, et elle ne devait plus la quitter : chaque jour, au contraire, elle va s'engager davantage dans le service de Dieu et le travail du salut du prochain. Elle ajoute bientôt à sa charge de l'instruction religieuse celle de la surveillance des enfants pendant la récréation. Elle se préparait pour cette dernière tâche avec le même soin que pour le catéchisme, offrant toujours à Dieu ses efforts et le priant de bénir ses intentions. Jamais elle ne permit à ses élèves de la toucher ou même de saisir ses vêtements : elle croyait la chasteté, la délicatesse et même sa dignité intéressées à cette réserve. Elle ne jouait pas avec les petites filles, mais elle s'appliquait à les faire jouer ; gardant toujours la présence de Dieu, elle en rappelait sans affectation le souvenir au milieu des ébats les plus enfantins. Elle s'entretenait avec enjouement de choses sérieuses; piquant la curiosité de ces jeunes esprits par la révélation de quelque secret de la nature, leur montrant la providence de Dieu accomplissant et gouvernant toutes choses, elle amenait par degrés l'attention de son jeune auditoire sur les matières les plus importantes et les plus ardues. Elle ne laissait pas s'écouler une seule récréation sans dire un mot gracieux à chacune de ses élèves, surtout à celles qu'elle avait été obligée de punir ou de réprimander. Bientôt elle se chargea encore de donner aux enfants des leçons de géographie. Comme dans tout elle recherchait premièrement l'édification de ses élèves, elle préparait ses leçons de géographie pour y mêler quelque chose qui pût intéresser le salut des âmes;

elle trouvait moyen de parler des saints qui avaient illustré les villes et les royaumes qu'elle nommait, et des institutions religieuses qui y avaient brillé. Au milieu de ces soins, Émilie n'oubliait pas les pauvres ; elle s'efforçait de faire connaître à ses élèves la douceur de la charité. Elle avait toujours à raconter quelques traits de saints qui avaient le plus particulièrement aimé les pauvres et la pauvreté; elle citait leurs exemples et engageait à les imiter ; elle conseillait les petites mortifications que les enfants peuvent s'imposer, et qui, pour être légères, n'en sont pas moins agréables à Dieu. Selon les conseils de la Servante de Dieu, on se retranchait une pomme, une prune, une châtaigne, quelques bouchées de pain même, en carême, on se contentait de pain au goûter, et ce que les mères avaient préparé pour ce repas était donné aux pauvres. On travaillait aussi pour ces derniers : on fabriquait des vêtements que Mlle de Rodat était chargée de distribuer. On s'appliquait avec ardeur à toutes sortes de petites charités ingénieuses dont les hommes pouvaient rire, mais qui, devant Dieu, avaient le mérite de l'humilité. Les leçons ne furent pas perdues : plusieurs des élèves de la Vénérable portèrent dans le monde les fruits de cette charité, dont la semence avait été jetée dans leurs cœurs par une main si habile et si dévouée.

Émilie n'oubliait pas la fin de l'éducation en ce monde; elle recommandait à ses élèves de bien consulter et d'étudier leur vocation. Celle de Mlle de Rodat se dessinait tous les jours. Elle n'en avait pas encore une conscience bien nette ; mais elle voulait servir Dieu, le servir de toutes ses forces, dans toutes les voies et dans toutes les occasions possibles. Elle allait même au-delà de ce que demandait la prudence, et l'audace de sa charité ne reculait devant rien : elle entreprit une fois de consoler et de guérir une âme blessée dans ses passions ; elle s'aperçut bientôt que le délire de ces malheureuses est contagieux, et que l'imagination subit toujours volontiers le charme d'un langage enflammé. Elle connut ainsi, par expérience, le danger des mauvaises compagnies et les précautions qu'il faut prendre pour ne pas se laisser entraîner par elles ; elle eut recours au remède aussitôt qu'elle sentit le péril : elle n'attendit pas que la paix de son âme fût troublée. Elle courut se confesser et rompit avec la malheureuse, dont les débordements furent excessifs.

Décidée à agir désormais avec plus de réserve, elle reçut néanmoins encore une fois les tristes confidences des égarements d'une autre âme. Elle réussit dans l'œuvre de la conversion qu'elle s'était proposée, et elle ne l'avait entreprise qu'avec la permission de M. Marty. Ce dernier la blâma, toutefois, d'avoir écouté trop volontiers les récits d'une personne dont la vie avait été scandaleuse.

Il faut citer de pareils exemples pour rappeler avec quelle délicatesse on doit, même entre chrétiens et avec les intentions les plus charitables, traiter de certaines matières qui restent toujours dangereuses.

Mais toutes les charités ne font pas courir de pareils périls : l'âme de la Servante de Dieu se fortifiait dans un amour pour les pauvres chaque jour plus ardent : elle leur distribuait tout ce dont elle pouvait disposer; elle vendait ses livres et son linge; elle portait des vêtements d'étoffes communes qu'elle raccommodait et rapiéçait sans cesse. Elle demeura onze ans environ chez Mme Saint-Cyr, pendant six ans, on ne lui vit que trois robes; l'argent qu'on lui donnait pour sa toilette était distribué aux pauvres. Ce qu'elle pouvait recevoir de bonbons ou de friandises avait le même emploi. Sa grand'mère et sa tante la connaissaient si bien, que pour lui faire manger des fruits, elles prenaient soin de tirer d'elle la promesse de ne pas les donner aux pauvres. Mlle de Rodat ne cédait pas facilement; autant que possible, elle esquivait tout engagement afin de pouvoir suivre son attrait. D'autres fois, avant de rien accepter, elle stipulait son entière liberté, disant qu'elle voulait être maîtresse de ce qu'on lui donnait. Lorsqu'il s'agissait de l'intérêt des pauvres, ce que le monde appelle les convenances ne la touchait guère. Pour économiser la petite somme nécessaire à acheter des souliers, elle sortait dans la ville avec des pantoufles de toile grise à demi déchirées. Elle ne se contentait pas d'engager ses jeunes élèves à travailler pour les pauvres et à employer en leur faveur les moindres choses, elle donnait l'exemple ; sa chambre était comme une friperie ; elle faisait toujours des jupes, des langes ou des couvre-pieds avec de vieux chiffons ramassés de toutes parts. Elle ne calculait plus, elle ne réfléchissait plus, pour ainsi dire, devant un pauvre, elle voulait le soulager ; dans cette intention, un jour, à Druelle, elle alla jusqu'à dérober quelques sous à son père. Elle fut bien confuse de ce larcin et en demanda pardon à genoux ; elle garda de ce souvenir une extrême délicatesse de conscience, et plus tard, étant chez Mme Saint-Cyr, elle se reprochait et demandait pardon à sa tante d'avoir sans son avis donné une pomme à un pauvre.

La vivacité de ce premier mouvement du cœur en présence de la pauvreté, n'empêchait pas Émilie d'être persévérante dans ses sacrifices ; elle les poussait avec simplicité jusqu'à l'héroïsme ; rien ne lui coûtait quand le soulagement d'un malheureux était en question. L'image du Sauveur devant les yeux, elle frictionnait des galeuses ; elle mettait sans précautions les mains dans leur lit ; elle immolait toutes les répugnances de la nature, et, un jour, elle revêtit la chemise d'une de ces infortunées. En même temps que Mlle de Rodat, comme sainte Élisabeth buvant l'eau avec laquelle elle avait lavé les pieds du lépreux, offrait à Dieu ces dégoûtants sacrifices, elle lui offrait l'holocauste continuel de ses mortifications. Tant qu'elle demeura chez Mme Saint-Cyr, elle n'alluma pas une seule fois du feu dans sa chambre ; elle approchait cependant du feu sans affectation lorsque les convenances le commandaient. La nuit, elle n'avait qu'une simple couverture de coton, et elle se plaisait à endurer le froid ; elle recherchait aussi la société des personnes dédaignées. Ayant remarqué une ancienne religieuse clarisse d'une grande piété, mais d'un extérieur peu agréable et peut-être d'un caractère difficile, pour qui on ne paraissait pas avoir grande considération, la Vénérable en fit sa société, s'attacha à elle, devint son infirmière et lui rendit les services de la charité la plus affectueuse. La beauté de son âme, disait-elle, m'avait attirée.

Cette beauté qu'elle reconnaissait dans les autres, elle était toujours occupée à la faire reluire et ne la voyait jamais briller dans son intérieur. Fatiguée par les travaux continuels de l'enseignement, elle se reprochait le plaisir qu'elle trouvait à manger du raisin qui adoucissait le feu brûlant de sa poitrine. Elle était jalouse d'acquérir toutes les vertus : on lui reprochait d'être trop sérieuse ; elle lut un traité pour apprendre à être gaie ; elle s'exerça et réussit, dit-elle, à le devenir un peu. M. Marty l'obligeait à parler ; elle obéissait et ne parlait que de Dieu. Elle voulait autant que possible vivre dans la retraite et éviter les visites des personnes du monde. Elle préférait la compagnie des enfants de la maison, et elle passait avec elles tout le temps dont elle pouvait disposer. Quand elle était obligée de sortir, son maintien était si modeste et elle tenait si constamment les yeux baissés, qu'elle ne voyait rien de ce qui se passait autour d'elle, et elle manquait toujours à saluer les personnes qui la rencontraient. Ayant été atteinte d'une fistule à l'œil, elle fut forcée de renoncer à toute lecture et accepta volontiers ce nouveau sacrifice. Elle subit un traitement délicat qui exigeait une main exercée; la présence du médecin autour d'elle importuna sa modestie : elle demanda à la sainte Vierge d'être délivrée de cette maladie, afin de n'être plus obligée de se faire panser. Elle fut exaucée : la fistule disparut ; mais une autre maladie se déclara qui fut bientôt jugée mortelle. On conseilla un remède qui alarmait encore la sainte délicatesse. Elle consulta M. Marty; il la laissa libre d'agir à son gré ; elle refusa le remède, et de bon cœur offrit sa vie à Dieu. Dieu accepta l'offrande, toutefois il ne l'entendit pas dans le sens où la Vénérable l'avait faite. Elle guérit; mais le désir de la vie religieuse était né dans son âme et ne devait plus la quitter.

CHAPITRE V

Des difficultés que la Servante de Dieu rencontra à suivre sa vocation, et comment elle conçut le premier dessein de l'institut de la Sainte-Famille.

Cette vocation était la récompense de tous les sacrifices qu'Émilie faisait chaque jour, et comme le précieux couronnement de sa fidélité à correspondre aux attraits de la grâce. Mlle de Rodat devait chercher cependant bien longtemps encore, frapper à bien des portes, vaincre bien des obstacles et triompher de bien des sentiments de la nature avant de trouver la voie précise où Dieu la voulait. Elle était surtout attirée par le désir des vœux. Les âmes divinement éclairées éprouvent un bonheur étrange à se lier de la sorte, et le commun des hommes ne comprend rien à ces mystérieux attraits. Les différentes maladies que la Servante de Dieu venait d'essuyer lui faisaient craindre de ne pouvoir jamais accomplir son dessein; en outre, il lui semblait qu'elle mourrait quand il faudrait quitter sa grand'-mère. Elle confia néanmoins son désir à M. l'abbé Marty, et il lui fit différer tout essai d'exécution. Il laissa pendant quatre ans le projet mûrir et se développer dans ce cœur, en prendre, pour ainsi dire, pleine possession. Il lui avait permis seulement de prononcer secrètement, entre ses mains, les vœux de religion.

Après cette longue épreuve, il l'autorisa enfin à suivre son attrait : Mlle de Rodat quitta aussitôt (1809) Villefranche pour se rendre à Figeac. Elle voulait entrer dans la congrégation des Sœurs de la Charité de Nevers. Leur vocation paraissait se rapporter assez bien à la vivacité des affections que cette postulante portait aux pauvres. Fondées à la fin du xviie siècle, les Sœurs de la Charité et de l'Instruction chrétienne de Nevers, qui ne comptaient pas moins de cent quarante établissements en 1789, avaient pu traverser la Révolution sans abandonner complètement leurs postes. Comme les Sœurs de la Sagesse, comme d'autres hospitalières en divers endroits, les décrets révolutionnaires, en les privant de leurs biens et en les dépouillant de leurs costumes, n'avaient pu les séparer de leurs pauvres. A Nevers, le directoire du département les avait fait emprisonner ; mais les petites gens du peuple, les mariniers de la Loire surtout, s'étaient soulevés et avaient réclamé en tumulte la liberté de leurs *mères*. Il avait bien fallu obéir et rendre les Sœurs à leurs services de charité: elles les continuèrent durant les plus mauvais jours, et un petit noyau de la congrégation put ainsi se perpétuer à l'hospice même de Nevers sous l'aile de la Supérieure générale.

Celle-ci, la mère Pélagie de Molènes, étant venue à mourir le 27 août 1797, la communauté se gouverna et s'inspira des conseils de son assistante, la Mère Anastasie de Montméjo, alors âgée de soixante-seize ans. Le grand âge n'avait pas affaibli le courage de cette digne Mère; elle multiplia ses conseils et son dévouement aux Sœurs réunies auprès d'elle. Joignant à une prudence consommée une activité qui ne se démentit jamais, elle faisait parvenir des avis aux communautés qui avaient pu rester unies, à celles qui se réformaient tous les jours, à celles même qui restaient dispersées. Sitôt qu'elle entrevit la possibilité de reconstituer la congrégation, la Mère Anastasie ne perdit pas un jour. Le concordat fut signé à Paris le 15 juillet 1801; l'échange des ratifications entre le Saint-Siège et le Premier Consul eut lieu le 10 septembre suivant ; et le 18, la mère Anastasie obtenait de la préfecture de la Nièvre un arrêté qui autorisait les Sœurs de la Charité et de l'Instruction chrétienne à se réunir en communauté. La communauté, encore privée de son costume, procéda aussitôt à l'élection d'une supérieure générale et nomma la Mère Anastasie. Elle s'appliqua dès lors plus énergiquement et plus fructueusement que jamais à renouer les traditions. Elle reconstitua la maison mère, elle réorganisa le noviciat; les aspirantes ne manquèrent pas, le travail non plus ne fit pas défaut.

L'institut, rétabli de la sorte l'un des premiers de France, jeta un assez vif éclat. Une circonstance particulière lui avait acquis la bienveillance toute-puissante du Premier Consul. Il avait, à l'infirmerie de l'école de Brienne, reçu les soins d'une Sœur de Nevers et il en avait conservé une très vive reconnaissance; et il étendit sa gratitude à toute la congrégation, à qui il en donna toujours volontiers des témoignages.

Par une faveur plus précieuse encore, cette congrégation renaissante avait reçu la bénédiction du Souverain Pontife. En 1804, lorsque Pie VII se rendait à Paris, au sortir de Nevers, il trouva agenouillés, sur le bord de la route, la communauté entière des Sœurs, les professes et les novices, leurs pauvres même, tous ceux du moins qu'on avait pu faire sortir, les petits enfants, filles et garçons, qu'elles élevaient à l'hospice ou à qui elles faisaient l'école. Pie VII fit arrêter sa voiture au milieu de ce cortège, qui se resserra autour du Souverain Pontife quand la vénérable Mère s'approcha de lui. La Mère Anastasie avait alors quatre-vingt-trois ans : elle était fort petite de taille, et l'âge l'avait courbée. Le Pape fit abaisser le marchepied de la voiture, et il invita cette digne Mère à monter dessus. Elle s'y agenouilla et elle complimenta le Souverain Pontife avec une ardeur d'éloquence et de piété fort touchante. Elle disait en terminant : « Je puis maintenant m'écrier avec Siméon : Laissez, Seigneur, votre servante mourir en paix, puisque mes yeux ont vu votre Vicaire et que sa bénédiction paternelle est descendue sur moi et sur la famille que vous m'aviez confiée! » Pie VII bénit en effet cette digne Mère; il bénit sa petite congrégation renaissant au milieu des ruines; il bénit les enfants et les pauvres. Il donna ensuite son anneau à baiser à l'heureuse Mère et à toutes ses filles. Il n'oublia pas leur piété, et, en témoignage de l'estime et de l'affection paternelle qu'il portait à la supérieure et à toute la congrégation, il leur fit parvenir de Paris, par les mains de l'évêque d'Autun (1), une parcelle de la vraie croix enfermée dans un magnifique reliquaire.

Ces particularités auraient bien été pour enflammer M. Marty et Mlle de Rodat. Je ne sais cependant s'ils en connaissaient les détails; mais depuis longtemps l'esprit et les progrès de l'institut de la Charité et de l'Instruction chrétienne avaient attiré leur attention. Dès 1805, Émilie écrivait de Villefranche à sa sœur, et lui parlait d'une paroisse

---

(1) Le diocèse de Nevers, supprimé par le concordat de 1801, avait été uni à celui d'Autun. L'abbé de Montrichard, grand vicaire de Mgr François de Fontanges, avait été délégué au gouvernement de la congrégation de Nevers par le prélat qui, de son titre épiscopal, en était le supérieur. L'abbé de Montrichard a soutenu et aidé admirablement la Mère Anastasie dans son œuvre de réorganisation.

d'où il vient, disait-elle, beaucoup de filles pour se faire Sœurs de Nevers. Elle ajoutait : « Ces Sœurs
« sont en grande faveur auprès de Bonaparte, qui,
« à son voyage d'Italie, vit les malades très mal
« servis par des hommes, de manière qu'à son
« retour il a pris cinq Sœurs qui ont été conduites
« en Italie aux frais du gouvernement. On veut en
« prendre pour des maisons d'éducation ; il ne leur
« manque que des sujets : vois si tu veux en être un.
« Demande au Seigneur qu'il te fasse connaître ta
« vocation : je le lui demande pour toi ; fais-en de
« même à mon égard. »

En 1809, Émilie ne doutait pas de sa vocation, et elle croyait bien être décidément un sujet pour les Sœurs de Nevers. La petite communauté, où elle allait postuler, avait elle-même, dans son histoire restreinte, assez de beaux exemples de vertu pour exciter et charmer son cœur.

Cette petite communauté de l'hospice de Figeac venait à peine en effet d'être reconstituée et refondée (1807). Grâce au dévouement des âmes qui la composaient, elle n'avait pas cessé, à travers les persécutions révolutionnaires, de vivre et de travailler pour les pauvres. Chassées de l'hospice au plus gros de la tempête, les Sœurs n'avaient pas voulu quitter le pays : une d'entre elles avait été emprisonnée et condamnée à mort. Elle se nommait Thérèse Pelras et ne souhaitait rien tant que le martyre. Elle en avait un exemple dans sa famille.

Sa sœur selon le sang et la nature aussi bien que selon l'héroïsme et la grâce, Sœur Marie-Henriette (1), religieuse du Carmel de Compiègne, était du nombre de ces seize Carmélites décapitées à Paris, à la barrière du Trône, qui, le 17 juillet 1794, marchèrent à l'échafaud en chantant le *Te Deum*. Leur martyre est célèbre. On sait qu'agenouillées autour de l'instrument de supplice, elles récitèrent le *Veni Creator*, et prononcèrent toutes ensemble, à haute voix, la formule de leurs vœux. Sœur Thérèse eût versé son sang d'aussi bon cœur; mais, quelques jours après le martyre des Carmélites, le 9 thermidor la rendit à la liberté : elle en usa pour reprendre auprès des pauvres son service dans l'obéissance. La Supérieure de la communauté, Sœur Gertrude du Tréjet, qui, en 1794, avait déjà soixante-dix ans, rentra à l'hôpital avec ses Sœurs, aussitôt que les circonstances le permirent. Elle trouva la maison dévastée, le mobilier détruit, les biens dissipés, les revenus anéantis. Elle ouvrit les portes aux pauvres, elle recueillit les vieillards, elle reçut les malades.

(1) Une troisième Sœur de cette glorieuse famille, Émilienne Pelras, était aussi de l'institut de Nevers, et gouverna la congrégation pendant douze ans. La martyre, Marie-Henriette, était d'abord entrée, comme ses sœurs, dans l'institut de la Charité et de l'Instruction chrétienne; mais les dangers, où semblait l'exposer son éclatante beauté, l'engagèrent à se réfugier dans un cloître. Elle trouva au Carmel de Compiègne, sous la direction de la prieure Sœur Lidoire-Marie-de-Saint-Augustin, le court et triomphant chemin du ciel.

Pour les nourrir, elle ajouta à la pratique de ses observances de religion l'exercice de la mendicité, Elle allait avec ses Sœurs quêter par la ville et les campagnes; elle partageait avec les pauvres le pain recueilli dans cette humiliation. Elle soutint ce régime de vie jusqu'en 1807. A ce moment, une assemblée générale des congrégations hospitalières eut lieu à Paris. La Supérieure générale de la Charité et de l'Instruction chrétienne, la Mère Victoire Albouys, y reçut tout l'honneur et y prit tout le crédit que pouvait procurer la bienveillance de l'Empereur. Elle appela l'attention de Madame Mère sur l'hospice de Figeac, et obtint les secours nécessaires pour en assurer le service et fonder la petite communauté qui s'y dévouait au soulagement des pauvres. Elle se composait de la Sœur Gertrude (1), de la Sœur Thérèse, de cinq autres Sœurs et de quelques postulantes parmi lesquelles allait se ranger Mlle de Rodat.

Elle partit joyeusement, enivrée de la pensée de se donner à Dieu et toute recueillie en songeant aux grands devoirs que sa dignité allait lui imposer. On voyage assez lentement aujourd'hui dans les campagnes de l'Aveyron; mais en 1809, les sept lieues qui séparent Figeac de Villefranche étaient un

---

(1) Sœur Gertrude du Tréjet est morte à Figeac en décembre 1816, à l'âge de quatre-vingt-douze ans. On grava sur son tombeau ces grandes et simples paroles : *Sœur Gertrude du Trejet, servante des pauvres pendant soixante-seize ans.*

véritable voyage. Durant tout le trajet, afin de ne pas se dissiper, Émilie s'entretint doucement avec la joie de son cœur. Mais à peine arrivée à la communauté, elle se trouva enveloppée des ténèbres les plus épaisses. Son âme entra dans un état de trouble et d'angoisses qu'elle n'avait jamais connu : les fautes de sa vie passée se représentaient et se grossissaient dans son imagination; elle était désolée et ne savait que devenir. Les avis de la Mère Gertrude, pas plus que les exemples de ses compagnes, ne pouvaient dissiper son trouble. Elle écrivit à M. Marty : ces épanchements et les encouragements qu'il lui adressa, n'apaisèrent point ses peines. Elle ne trouva de tranquillité que lorsque M. Marty, en l'engageant à se soumettre à cette épreuve, lui eut dit que sa place n'était pas dans la communauté qu'elle avait choisie.

De retour à Villefranche, les tentations, loin de s'apaiser, redoublèrent; les ténèbres, les inquiétudes, la conviction de son impuissance, les scrupules la noyaient, pour ainsi dire : elle sentait des répugnances inouïes pour tout ce qui l'avait attirée ; elle avait horreur de l'obéissance, dont le seul nom lui arrachait des larmes de rage et de douleur. Au milieu de ces assauts du démon, la partie supérieure de son âme, comme parle saint François de Sales, restait fermement attachée à sa proposition. Elle conçut le projet d'entrer chez les Dames de l'Adoration perpétuelle de Picpus, vouées à l'enseignement, qui avaient une maison à Cahors. M. Marty s'opposa à cette résolution. Il ne confiait encore rien à Mlle de Rodat des desseins qu'il pouvait former ; d'ailleurs, tout en voyant en elle une âme capable de grandes choses, il ne reconnaissait pas la voie où Dieu la voulait : il priait, demandait des lumières et attendait la manifestation de la volonté divine. Dans l'état violent où était Émilie, tout servait d'aliment à son trouble et à sa douleur. Elle était désolée de l'opposition que M. Marty mettait à ses désirs. Il céda : elle se rendit à Cahors (1). « Dieu,

---

(1) La congrégation de l'Adoration perpétuelle de Picpus a été fondée au milieu des plus grandes violences de la Révolution. Comme on chassait les prêtres et qu'on fermait les églises, une pieuse fille, Suzanne Geoffroy, avait organisé à Poitiers une neuvaine publique de prières pour confier la ville au Sacré-Cœur Voyant les communautés supprimées, elle proposa à trois de ses amies d'en former une entre elles. Les associées restèrent d'abord dans leurs familles ; elles se procurèrent ensuite une maison où l'abbé Coudrin venait leur dire la messe, à la condition qu'elles laisseraient entrer tous ceux qui voudraient y assister. La foule des fidèles privés des sacrements se pressait dans la petite maison de la rue du Moulin-à-Vent. La communauté se recruta des cœurs les plus ardents. Les nouvelles religieuses allaient faire le catéchisme dans les quartiers pauvres, et tâchaient de suppléer, autant que possible, à l'absence et à la dispersion des prêtres. Une congrégation de dames s'était formée sous leur influence, dont le but était de cacher les prêtres, de leur porter des secours et d'en distribuer aux religieuses chassées de leurs communautés.

Tout le mouvement que ces diverses œuvres occasionnaient avait attiré l'attention de la police. Un jour qu'elle avait fait une perquisition très rigoureuse dans la maison, la supérieure,

disait-elle plus tard, a permis mon entrée dans cette maison pour me montrer des modèles de piété. » Elle y fut parfaitement accueillie et s'y trouvait bien heureuse. La pratique de l'adoration perpétuelle la ravissait et enchantait son zèle. Mais elle ne ressentait pas cette impression de paix que son

qui était la fondatrice, songea que pour se préserver de tout danger, elle devait placer deux adoratrices devant le saint Sacrement qu'elles gardaient précieusement en secret. Ainsi fut établie l'Adoration perpétuelle. Les dames de la ville se partagèrent les heures du jour, et les religieuses les heures de la nuit. On sentait en ce temps le besoin de la prière, et la ferveur emportait les âmes jusqu'à l'imprudence. Mlle Geoffroy racontait que, lors d'un changement de maison, au milieu des plus furieuses tempêtes de la Terreur, on avait organisé, une nuit, une procession publique du saint Sacrement. Les prêtres, en vêtements séculiers, portaient et escortaient Notre-Seigneur; les religieuses, les congréganistes, les fidèles, suivaient deux à deux en silence. On traversa ainsi la ville et on déposa Notre-Seigneur dans sa nouvelle demeure.

Fondée au milieu de ces circonstances orageuses, la société des Sacrés-Cœurs et de l'Adoration perpétuelle se développa aussitôt que l'Église eut retrouvé la paix; elle reçut de la voix populaire le nom de société de Picpus, du titre de son principal établissement à Paris, où la garde du cimetière des victimes tombées à la barrière du Trône lui est toujours confiée. Cette société comprend des religieuses et des prêtres; elle est répandue aujourd'hui par tout le monde dans les missions, et elle s'applique en France à l'enseignement des deux sexes dans les séminaires, les collèges et les pensionnats, ainsi qu'à toutes les œuvres de charité. Elle était récemment installée à Cahors, lorsque notre Vénérable s'y présenta. Le supérieur de la maison des Pères, le Père Hippolyte de Launay, mort à Paris en 1841, était alors directeur de la communauté des religieuses.

cœur eût désirée. Quelque chose la troublait qu'elle ne pouvait définir ; elle gémissait et ne trouvait pas en elle-même ce témoignage qu'elle était où le bon Dieu la voulait. « Tout me plaisait cependant, disait-elle, dans la maison. » Elle s'ouvrit à son confesseur. Il demanda trois jours avant de lui répondre. Il les employa à la prière. Au bout de ce temps, il lui déclara qu'à son avis Dieu ne la voulait pas à l'Adoration. « Votre vocation, ajouta-t-il, n'est pas douteuse à mes yeux ; mais Dieu vous destine autre part (1). »

Émilie revint donc à Villefranche. Mme Saint-Cyr essayait en ce moment, sous l'inspiration et la conduite de M. Marty, de réunir, sous une même règle et une seule discipline, les religieuses de divers ordres qui composaient sa maison. M. Marty

---

(1) En obéissant ainsi à sa conscience, qui lui dictait cette réponse, le Père Hippolyte de Launay regrettait de ne pas attacher un tel sujet à sa congrégation. Il garda toujours la plus vive estime pour Mlle de Rodat, et il entretint avec elle durant longtemps un commerce de lettres où il l'excitait sans cesse à accomplir ce qu'il appelait « la bonne œuvre ».

Au moment où Mlle de Rodat allait enfin commencer cette bonne œuvre, et tout en lui renouvelant les encouragements les plus énergiques, le Père de Launay lui écrivait : « Si, après avoir tenté et mis en œuvre tous vos moyens, Dieu ne vous fait pas réussir, et que vous vous croyiez appelée chez nous, nous vous reverrons avec bien de l'intérêt, mais ce ne sera que pour vous, c'est-à-dire que vous y ferez beaucoup moins de bien pour les autres que vous ne ferez dans la position où je vous suppose. »

proposa à Mlle de Rodat d'entrer dans ce dessein et de s'asssocier à la nouvelle congrégation qui devait naître de cette réforme ; mais la réforme ne put s'établir, et les choses demeurèrent dans le même état.

A quelque temps de là, une dame, Mme Genyer (1), qui avait fondé un séminaire à Moissac, établissait dans cette dernière ville un institut destiné au soin des malades et à l'instruction des pauvres. Elle écrivit à M. Marty pour l'engager à se charger de la direction du séminaire, et elle pria Mlle de Rodat de venir la joindre pour coopérer à ses diverses œuvres de

---

(1) Marie-Jacquette-Roberte Gouges, née à Moissac en 1756, a confessé la foi de diverses manières et supporté la prison durant la Révolution. Veuve en 1802, de M. Pierre Genyer, qui la laissa maîtresse d'une fortune considérable, elle l'employa uniquement en bonnes œuvres. Elle fonda et bâtit à ses frais un séminaire à Moissac ; elle fonda à grand'peine une congrégation de Sœurs de la Miséricorde, qui, vers 1809, ne comptait encore que quelques membres, mais avait déjà sa règle approuvée de l'ordinaire, portait le costume et suivait les exercices religieux. La congrégation des Sœurs de la Miséricorde de Moissac s'est développée. La fondatrice, en religion la Mère Marie de Jésus, dite la bonne Mère, est morte en odeur de sainteté le 29 août 1839.

La vie de Mme Genyer, pleine d'épreuves et de merveilles, abonde en leçons et en exemples ; elle a été écrite avec beaucoup de charme par une des Sœurs de la Miséricorde, et imprimée à Toulouse (Devers-Arnaudé, en 1858) par les soins d'un missionnaire du Sacré-Cœur, qui, en la donnant au public, a rendu un véritable service à la piété. Une notice sur Mme Genyer se trouve au tome second des *Serviteurs de Dieu*.

zèle. M. Marty accepta pour lui, et engagea Émilie à ne point refuser. En arrivant à Moissac, celle-ci crut avoir enfin trouvé l'endroit où Dieu l'appelait. La petite congrégation des Sœurs de la Miséricorde était au milieu des merveilles, des entraînements et des joies de la fondation. On servait Dieu, on l'aimait, on soignait et on instruisait les pauvres, on bâtissait la chapelle : tous les cœurs étaient à la joie au sein du travail et de la pauvreté. Au milieu de ces attendrissements, qu'elle était si bien faite pour goûter et pour partager, l'âme d'Émilie ressentit les incertitudes et les troubles qu'elle connaissait déjà : elle se retrouva, comme à Figeac, au milieu de ténèbres profondes. M. Marty la soutenait et la consolait. Il crut démêler que Dieu ne la voulait pas dans cette maison. Émilie désirait persister et rester; Mme Genyer la renvoya.

Tant d'essais infructueux et la confusion que toutes ces tentatives inutiles pouvaient apporter, ne la faisaient pas renoncer à son désir. Elle voulait servir Dieu dans la vie religieuse; après être retournée à Villefranche, elle frappa encore inutilement à une autre porte. La volonté des supérieurs la repoussait de partout.

Au bout d'un an de séjour à Moissac, M. Marty revint à Villefranche; il reprit la direction de Mlle de Rodat. Plusieurs années se passèrent de la sorte. La Servante de Dieu n'oubliait pas les pauvres, qui furent toujours la constante affection de son âme; et, tout en demandant au Seigneur la grâce de se lier par des vœux à leur service en se consacrant à la vie religieuse et à l'éducation des enfants, elle continuait à visiter et à soulager, autant qu'elle pouvait, les malheureux et les infirmes. Un jour (mai 1815), elle était allée visiter une femme malade : c'était une mère de famille, et Émilie trouva auprès d'elle quelques voisines et amies chargées elles-mêmes d'enfants. Ces femmes se lamentaient sur l'abandon où croissaient leurs filles, dans une ville absolument privée de moyens d'instruction pour les pauvres. « Avant la Révolution, disaient-elles, les dames Ursulines enseignaient gratuitement; nous avons été élevées par elles, et aujourd'hui, parce que nous n'avons pas le moyen de mettre nos filles à l'école, il faut les voir croupir dans l'ignorance et grandir dans l'oubli de Dieu ! » Ces paroles pénétrèrent comme un trait le cœur de la Vénérable ; la pensée de toutes ces âmes régénérées par le baptême et privées d'instruction religieuse, la fit frissonner. Cédant à ce premier instinct, à cet attrait tout-puissant pour les pauvres qui lui était devenu comme naturel, elle demanda à ces femmes de lui confier leurs filles, s'offrant de les instruire elle-même. Tout émue et comme transportée, en retournant chez Mme Saint-Cyr, elle prenait Dieu à témoin qu'elle tiendrait sa promesse ; elle protestait qu'elle voulait la compléter et se vouer désormais à l'éducation des filles pauvres.

Elle demanda au Seigneur de manifester sa volonté en inclinant à ce projet le cœur de M. l'abbé Marty, à qui elle voulait soumettre son désir. Nous avons dit que ce sage serviteur de Dieu s'était lui-même fort préoccupé de cette misère; il n'en avait jamais parlé à Émilie; il crut reconnaître une volonté divine dans le dessein qui lui avait été suggéré.

A partir de ce jour, la vocation de Mlle de Rodat tait connue : elle s'y appliqua avec ardeur, et en attendant de pouvoir réaliser complètement sa pensée, elle obtint de Mme Saint-Cyr l'autorisation de faire l'école à toutes les enfants pauvres qu'elle pourrait recevoir dans sa chambre. C'était une petite pièce de deux mètres quatre-vingt-trois centimètres de long et d'un mètre quatre-vingt-dix centimètres de large. Mlle de Rodat parvint à y entasser environ quarante enfants ; elle les mettait partout, sur le lit, dessus et dessous la table, jusque sur le chambranle de la cheminée. Elle embrassait ces enfants d'une affection merveilleuse, mais ne voyait là que le commencement de son travail : elle n'oubliait pas la promesse qu'elle avait faite à Dieu. M. Marty lui désigna, comme pouvant s'associer à son entreprise, trois demoiselles vivant aussi chez Mme Saint-Cyr.

La plus âgée des trois, nommée Ursule Delbreil (1), s'était, dès son enfance, sentie attirée à la

---

(1) Née à Montauban le 16 mars 1790, morte à Villefranche le 18 février 1865.

vie religieuse ; la délicatesse de sa complexion l'avait fait refuser de diverses communautés. Elle avait pensé trouver, dans la maison de Mme Saint-Cyr, une partie de ce qu'elle désirait, et elle avait accepté le soin d'une classe. La conformité d'humeur l'avait dès longtemps liée avec Mlle de Rodat.

Marie Boutaric (1) avait été à quinze ans élève de Mme Saint-Cyr. Rien n'annonçait en elle les vertus dont elle a constamment donné l'exemple durant sa courte vie. Elle avait de grands défauts; elle était violente, portée à la vanité, à la sensualité, surtout à la paresse; son cœur était dur, son caractère rude, ses manières brusques; elle était attachée aux biens de ce monde et n'aimait point à rendre service. Au milieu de ces défauts, Émilie crut reconnaître dans ce cœur quelque penchant à la piété ; elle entreprit de le développer; elle réussit. De son côté, Mlle Boutaric s'appliqua si bien à combattre sa nature, que, dans ce fonds ingrat, elle fit croître les fleurs des plus belles vertus. Nous verrons plus tard quelle influence elle exerça sur l'institut de la Sainte-Famille et quels services elle y rendit. Son nom y rappelle l'humilité profonde, la mortification extrême et le détachement des choses de la terre. La Sœur Marie Boutaric haïssait son corps, elle était dure à elle-même au delà du possible : nous en

---

(1) Née à Meurs (Cantal), en 1798.

citerons quelques traits plus tard. Toute sa conversation était au Ciel, et quand les classes de la Sainte-Famille furent ouvertes, pour faire causer la Sœur Marie sur le séjour céleste, les enfants avaient la malice de lui parler de ses parents. « Mes parents, répondait-elle, je les ai tous au Ciel : Dieu est mon père, Jésus-Christ est le céleste époux de mon âme, la sainte Vierge est ma Mère, les saints et les saintes sont mes frères et mes sœurs ! »

Mlle Boutaric appartenait à une famille aisée : elle quitta encore bien jeune la maison de Mme Saint-Cyr, mais elle était déjà habituée à une piété solide et au-dessus de son âge; elle conserva à Mlle de Rodat la plus vive affection. Elle demeura quelques années avec ses parents; aussitôt qu'elle obtint sa liberté, elle revint à Villefranche vivre auprès de son ancienne institutrice pour mieux profiter de ses conseils. Mme Saint-Cyr, dont le zèle toujours éveillé ne laissait échapper aucune occasion de procurer à ses élèves une maîtresse capable de les former à la vertu, avait bientôt proposé à Mlle Boutaric de faire une classe. Marie Boutaric se trouva, comme Mlle de Rodat, heureuse, avant d'avoir rien décidé sur sa vocation, de travailler à la gloire de Dieu en s'appliquant à le faire connaître aux enfants.

Éléonore Dutriac (1) fut l'enfant de bénédiction de

---

(1) Née à Villefranche le 6 septembre 1799.

l'institut de la Sainte-Famille. Elle était la plus jeune des quatre fondatrices, et elle mourut la première, avant sa vingt et unième année. Orpheline à l'âge de six ans, elle avait été placée de bonne heure chez Mme Saint-Cyr. Mlle de Rodat lui avait prodigué ses soins avec une tendresse maternelle qui trouva immédiatement sa récompense dans les grâces et les progrès de cette sage enfant. Rien n'égalait la douceur, la bonté et la condescendance d'Éléonore. Toute petite, quand ses compagnes l'invitaient à prendre part aux amusements bruyants de leur âge, elle quittait tout aussitôt les plaisirs tranquilles qui convenaient davantage à son humeur. Elle sembla n'avoir jamais d'autre volonté que celle de satisfaire ceux qui l'entouraient. A neuf ans, elle fit sa première communion avec des sentiments profonds d'humilité. Jusqu'à l'âge de quinze ans, elle resta dans la maison de Mme Saint-Cyr, croissant toujours en sagesse et en piété, et particulièrement attachée à Mlle de Rodat. Le désir de la vie religieuse avait pénétré dans son âme, et elle croyait pouvoir faire fond sur ses résolutions. Constance et fermeté disait-elle, étaient sa devise. Toutefois, dès qu'elle fut rentrée dans le monde, elle sentit que la constance et la fermeté d'une fille de quinze ans sont souvent peu de chose. Elle prit goût aux compagnies, trouva du charme à la lecture des romans et s'y livra avec passion. Un mouvement subit de la grâce la pressa de rentrer dans la maison où elle avait goûté les douceurs et les joies de la piété. Elle y retrouva Mlle de Rodat et se mit sous la direction de M. Marty. Elle fit une retraite; elle fut effrayée des dangers que son âme avait courus; elle détesta ses infidélités. Elle parut désormais animée d'une ferveur nouvelle. Elle n'avait pas dix-sept ans lorsque Émilie lui confia ses desseins en lui demandant de s'y associer. Éléonore accueillit cette proposition avec ivresse. Elle se réjouissait en pensant aux épreuves et aux travaux qui accompagnent toujours un institut naissant et qu'elle se voyait appelée à partager. La Providence lui tenait en réserve une grande abondance de ces sortes de joie.

CHAPITRE VI

Comment la Providence détourna tous les obstacles qui s'opposaient à l'établissement du nouvel institut de la Sainte-Famille.

L'établissement d'une bonne œuvre est toujours hérissé de difficultés : les puissances des ténèbres réunissent leurs efforts pour s'opposer à la création et à l'accroissement de tout ce qui peut procurer aux âmes le rafraîchissement et la paix. Les grandes luttes se trouvent à la fondation des instituts de piété et de charité, dont le bienfait doit s'étendre à plusieurs générations. On dirait qu'il est dans les desseins de la sagesse divine de laisser aux démons le pouvoir de contredire, dès leur naissance, ces entreprises où le doigt du Seigneur veut se manifester. Rien ne subsiste dans l'Église qui n'ait été durement éprouvé. Mlle de Rodat et ses trois compagnes devaient expérimenter cette conduite de la Providence.

Elles n'avaient aucun moyen de mettre en pratique leur projet ; elles ne laissaient pas de s'en entretenir et d'avoir confiance en Dieu. Tout en s'occupant de la petite classe que Mlle de Rodat avait installée dans sa chambre, elles se réjouissaient du bonheur de former plus tard une communauté et d'ouvrir une école gratuite, où elles recevraient toutes les enfants pauvres. Les quatre demoiselles n'avaient par elles-mêmes aucune ressource : Émilie et Ursule ne disposaient de rien; Marie et Éléonore étaient encore mineures; elles avaient, en outre, bien des raisons de ne pas compter sur l'appui des hommes, mais elles s'appliquaient à mettre les saints dans leurs intérêts. Tous les jours, elles se réunissaient pour réciter le petit office de la sainte Vierge et faire des invocations à tous les saints fondateurs d'ordres : elles promettaient d'élever et de dédier un oratoire à Jésus enseignant; et pendant six mois, elles récitèrent quotidiennement le *Salve Regina*.

Le premier obstacle que ces âmes d'élite trouvaient à l'accomplissement de leurs desseins, était leur sentiment de reconnaissance envers Mme Saint-Cyr : elles craignaient de l'offenser et de nuire aux intérêts de sa maison. Elles n'avaient jamais eu qu'à se louer de cette dame. Elle avait été l'instrument dont Dieu s'était servi pour réunir nos quatre demoiselles nées en divers lieux et dans diverses conditions : elle avait toujours distingué et apprécié leurs mérites, et ces fondatrices avaient trouvé chez elle le moyen de s'élever aux sentiments de piété et à la pratique des vertus, d'où était né leur saint désir. A tous ces titres, Mme Saint-Cyr avait droit à leur reconnaissance. Elle avait, comme nous avons dit, essayé plusieurs fois elle-même de former une véritable communauté et de donner à sa maison d'éducation tout l'appui et tout le développement qu'une congrégation religieuse seule peut apporter à ces sortes d'établissements. Malgré les divers échecs qu'elle avait éprouvés, la vénérable dame n'avait pas abandonné son dessein; de sorte qu'en formant une congrégation vouée à l'enseignement, Mlle de Rodat redoutait de ruiner le projet que Mme Saint-Cyr avait le plus à cœur. La Servante de Dieu redoutait surtout de compromettre la maison d'éducation que Mme Saint-Cyr avait élevée et soutenue avec tant de peine; car les quatre amies étaient les maîtresses les plus habiles et les plus aimées des élèves et de leurs familles. On se confia à Dieu; on pria et on fit prier avec instance : on implora la sainte Vierge, et on choisit le jour de la fête de l'Immaculée Conception pour entretenir Mme Saint-Cyr des projets qu'on nourrissait. Marie l'avait sans doute préparée à cette confidence. Aucune considération humaine ne toucha Mme Saint-Cyr. Cette vertueuse femme, donnant en cela un exemple que la Mère Émilie a toujours été jalouse de suivre, vit le bien uniquement, y applaudit de tout son cœur, et, loin de s'alarmer du projet dont on l'entretenait, promit généreusement son concours. Elle tint parole, aida de sa bourse la congrégation naissante et lui procura des vases sacrés.

Ce premier point obtenu, les affaires n'étaient pas encore bien avancées; sans se préoccuper autrement des impossibilités humaines où elles se trouvaient, Mlle de Rodat et ses amies songèrent tout de suite à chercher une maison, voulant immédiatement commencer leur entreprise et provoquer Dieu, pour ainsi dire, à bénir leurs projets. Les recherches qu'il fallut faire et les personnes qu'on dut consulter, ébruitèrent nécessairement les nouveaux desseins, et les contradictions s'élevèrent tout aussitôt. On les connaît, elles sont toujours les mêmes et toujours bien fondées selon la raison et la sagesse humaines. Les âmes les plus pieuses et les plus droites les acceptent, s'en effrayent et les grossisssent. Toutes ces oppositions roulent sur un même thème : les entreprises imprudentes compromettent l'Église de Dieu, et elles accusent un orgueil coupable dans ceux qui veulent s'élever au-dessus des règles ordinaires de la prudence. On commence par faire de simples objections; à mesure qu'elles sont repoussées et que les résolutions se manifestent plus inébranlables, on s'irrite et on arrive insensiblement à la critique amère, à la raillerie, à l'outrage et à une sorte de persécution. Les personnes qui vivaient dans la maison de Mme Saint-Cyr,

quoique toutes pieuses, ne manquèrent pas de se
soulever contre le projet d'Émilie et de ses compagnes : on prenait les intérêts de Mme Saint-Cyr
plus chaudement que cette vénérable femme n'avait
fait elle-même : c'était, disait-on, une injustice et
un scandale de l'abandonner et de la laisser sans
maîtresses. On croyait en conséquence faire une
œuvre sainte en contrariant ce qui pouvait amener
la réalisation des projets d'Émilie. On s'appliquait
à empêcher les quatre amies de se réunir. Sitôt
qu'elles étaient ensemble et qu'elles croyaient trouver un peu de repos dans leur intimité, prier et se
livrer en particulier à quelque exercice de piété,
quelqu'un apparaissait, et, sous un prétexte ou un
autre, les forçait de rompre leur conférence; on
tournait en ridicule celles de leurs paroles qu'on
pouvait recueillir. Tout ce scandale n'ébranlait
point des résolutions prises devant Dieu. Les quatre
amies, touchées du désir de le servir, de le faire
connaître et aimer, ne recherchaient que plus
ardemment le bonheur de vivre dans le silence et
la retraite d'un cloître, et d'y vaquer librement
aux saints exercices de la dévotion. Elles entretenaient avec soin ce goût dans leurs âmes, et, ne
trouvant plus moyen de se voir en particulier le
jour, elles prirent sur leurs nuits afin de prier en
commun et de s'encourager les unes les autres à
correspondre fidèlement aux desseins de Dieu.

Cependant l'opposition se propageait jusque parmi

des personnes qui pouvaient avoir autorité sur ces jeunes filles. La grand'mère d'Émilie et sa tante avaient d'abord acquiescé à ses desseins : en présence des contradictions qui se manifestèrent, elles commencèrent à revenir sur leur assentiment. Les autres familles surtout étaient loin de se prêter aux propositions de Mlle de Rodat. Il n'y avait pas à s'étonner que leur tendresse s'alarmât beaucoup. Le monde comprend peu le dévouement, et la pauvreté volontaire est au-dessus de son intelligence. Les personnes du monde, même celles qui veulent vivre chrétiennement, goûtent difficilement la sévérité des conseils évangéliques. Si Émilie et ses compagnes, attirées à en embrasser la pratique, avaient voulu entrer dans une congrégation déjà établie, on n'eût pas manqué d'arguments pour combattre leurs intentions. On est toujours fondé d'ailleurs à se méfier de la légèreté de la jeunesse et de sa présomption à choisir des fardeaux au-dessus de ses forces ; mais, dans les circonstances où l'on se trouvait, les apparences humaines, d'après lesquelles on est accoutumé à juger toutes choses, encourageaient surtout les contradictions. Comment croire que Dieu aurait assez de condescendance pour former une congrégation religieuse par les mains de quatre jeunes filles sans expérience, dont la plus âgée, celle dont le mérite était le plus reconnu, pouvait passer pour une tête inquiète, une imagination exaltée et facile à dégoûter, qui avait déjà essayé de plusieurs communautés sans pouvoir se fixer dans aucune, et qui, dans la constance de son désir d'être à Dieu, changeait de projets à chaque instant et ne savait ce qu'elle voulait ? Ne fallait-il pas chercher à détourner ces jeunes personnes d'une entreprise destinée infailliblement à échouer, et dont tout le résultat ne pouvait être que de jeter du ridicule et un peu de discrédit sur les têtes vives qui auraient eu la présomption de croire à un succès impossible ? Il est inutile d'entrer dans le détail des oppositions et des luttes qui s'élevèrent. Les familles s'alarmaient à bon droit, et elles s'agitaient pour éloigner ce qu'elles regardaient comme le pire des malheurs. Résolument attachées à suivre la volonté de Dieu qu'elles croyaient avoir entrevue, les quatre fondatrices, de leur côté, ne se laissèrent pas ébranler par les reproches, non plus que par les caresses ni même par les violences; car dans l'irritation que causait leur persistance, on ne craignit pas de les menacer et d'essayer même de la rigueur. Leur folie était manifeste en effet, leur entêtement formidable; il était du devoir de ceux qui avaient à veiller sur elles, de recourir à tous les moyens pour les retirer d'une extravagance où leur avenir était en jeu.

Au milieu des difficultés suscitées par des oppositions aussi vives, la Providence ne laissait pas Mlle de Rodat sans encouragements et sans appuis. Outre la force intérieure qui la remplissait, outre l'ardent désir de ses compagnes, la Vénérable recevait du dehors divers encouragements les plus précieux. M. Marty, l'âme et la force de toute l'entreprise, gardait, il est vrai, une discrétion extrême. Il approuvait, mais il se serait gardé de parler. C'était un grand acte qu'allaient accomplir ces jeunes filles. Tous les cœurs attachés à l'Église, encore si dépouillée et si dénuée, battaient d'espérance en apprenant leur dessein, et la faiblesse même des instruments rendait l'émotion plus vive. Le P. Hippolyte de Launay n'avait cessé, de Cahors, de presser M{11e} de Rodat « *d'entreprendre l'œuvre de Dieu*, la bonne œuvre de quelque manière et de quelque forme que ce soit, disait-il. Dans la suite, ajoutait-il, vous la perfectionnerez avec l'aide de Dieu ! » A son gré, il fallait agir : « Vous le verrez, disait-il, malgré vos faiblesses, Dieu vous aidera. » Il avait voulu que la Mère Émilie acceptât et prît la direction de ses compagnes. Il trouvait bon qu'elle gardât tous les ménagements possibles envers Mme Saint-Cyr ; il recommandait de ne rien faire sans l'assentiment de M. Marty ; mais il fallait commencer : c'était son refrain. « N'eussiez-vous, disait-il, ni règle, ni chapelle, ne laissez pas de suivre la voix qui vous appelle à faire la bonne œuvre : Dieu vous bénira ! »

Poussée et excitée de la sorte, la Servante de Dieu n'avait cessé ses prières non plus que ses démarches pour trouver une maison propice au dessein qu'elle nourrissait. Elle parvint à en découvrir une à peu près convenable. Le propriétaire avait de grandes exigences. Après bien des pourparlers, Émilie se décide et consent à passer par toutes les conditions qu'il imposera. Aussitôt l'homme change d'avis et se refuse absolument à faire un bail. Personne ne se souciait de louer à quatre filles de bonne maison, il est vrai, mais sans ressources pécuniaires, ne pouvant donner aucune garantie et voulant, malgré leurs familles, se lancer dans une entreprise, sur laquelle il n'y avait qu'une voix. Dans la ville, comme dans les familles et dans la maison de Mme Saint-Cyr, l'accord était unanime en effet. Si on excepte un des curés de Villefranche (1), et un vénérable ecclésiastique (2) qui, pendant l'absence de M. Marty, avait dirigé la maison de Mme Saint-Cyr, le clergé lui-même riait volontiers des projets de nos pauvres demoiselles, et il ne

(1) Joachim Daures, né en 1755, à Espinassette, exerçait déjà avant la Révolution le ministère à Villefranche, d'où il ne s'eloigna jamais, et où il ne cessa de remplir ses saintes fonctions. Nommé curé de la paroisse de Saint-Joseph de Villefranche, aussitôt que le calme fut rétabli, il garda ce poste jusqu'à sa mort. C'était un homme patriarcal, d'une sévérité exemplaire et d'une humilité admirable.

(2) François-Henri Grimal, de la paroisse de Cassagne-Begonhès, né en 1755, prêtre distingué de toutes manières, canoniste savant et habile jurisconsulte, ne quitta pas le diocèse durant la Terreur ; il rendit de grands services à Villefranche et aux paroisses voisines, où il exerça en secret le saint ministère durant tout le temps des persécutions. Il devint, après le concordat, curé de Rieupeyroux; il mourut à Villefranche le 18 avril 1838. Il avait quatre-vingt-deux ans.

cessait de rire que pour blâmer. Les choses en vinrent à ce point, que le découragement se glissa parmi les compagnes de la Vénérable. Il y eut un peu d'hésitation : on se demanda si on était bien assuré de la volonté de Dieu, et si tant d'oppositions ne contenaient pas quelque manifestation de la Providence. La Servante de Dieu ne partagea pas ces craintes; elle exprima, au contraire, avec tant de force sa conviction qu'elle la fit partager de nouveau à ses compagnes ; comme il arriva plus tard si souvent dans la congrégation de la Sainte-Famille, les scrupules, les hésitations et les raisonnements les plus spécieux du monde ne tinrent pas devant son énergique confiance. Une de ses compagnes, cependant, s'enhardit un jour jusqu'à élever des objections et à demander s'il n'y avait pas quelque entêtement à résister ainsi à des impossibilités manifestes : « Ne faut-il pas aller jusqu'à l'impossible ? » répondit doucement Mlle de Rodat.

Les embarras ne devaient pas durer toujours. Une pieuse demoiselle de Villefranche (1) offrit de

---

(1) Mlle Victoire Alric, native de Lanuéjouls et pensionnaire de Mme Saint-Cyr, aimait beaucoup Mlle de Rodat et rendit à la Sainte-Famille tous les services en son pouvoir. Quand la Mère Émilie se rendait à Aubin, elle acceptait à Lanuéjouls l'hospitalité dans la famille de Mlle Alric, où elle lui était toujours offerte et donnée avec la plus grande cordialité. Les Sœurs de la Sainte-Famille faisaient comme leur Mère, et leur présence causait toujours une joie singulière à Mlle Alric. Elle était d'une douceur et d'une aménité de caractère merveilleuses. Sa charité

louer la moitié d'une maison occupée par divers locataires. La maison était malsaine, sans jardin, masquée par de grands murs qui interceptaient l'air et la lumière. Sans doute, afin de tenter l'impossible, la Vénérable voulut passer par-dessus ces incommodités ; elle remercia le bon Dieu de la belle découverte qu'elle venait de faire, et s'engagea à donner 400 francs de loyer. L'argent manquait tout à fait. Mlle de Rodat avait reçu de ses parents une petite somme destinée à sa toilette ; elle l'employa à acheter quelques provisions. On n'avait rien pour monter l'humble ménage de la nouvelle communauté. Dans cette extrémité et aussi dans son impatience, Émilie se décide à écrire à ses parents pour demander un peu d'argent. On lui répond de vendre quelque chose des provisions de cuisine qu'elle avait achetées. Malgré les résistances qu'elle avait rencontrées dans sa famille, la Servante de Dieu ne s'attendait pas à cette réponse. Son cœur en fut profondément blessé. Elle sentit et vit sa solitude sur la terre ; elle en fut effrayée sans se décourager

---

était grande, et la meilleure partie de son temps était consacrée à la visite des pauvres et au soin des malades, à qui elle préparait les médicaments nécessaires. Il y avait dans ses rapports avec la Mère Émilie une aimable familiarité. « Comment le bon Dieu vous traite-t-il? demandait Mlle Alric. — Toujours la même chose, répondait la Mère ; mais qu'il coupe et qu'il brûle en cette vie, pourvu qu'il m'épargne dans l'autre, je suis contente! » Mlle Alric est morte à Lanuéjouls; nous n'avons pu nous procurer la date de sa mort.

toutefois ; elle tourna ses regards vers Dieu, et alla porter devant le saint Sacrement la réponse qu'elle venait de recevoir ; fondant en larmes alors, elle dit au Seigneur : « Puisque mon père et ma mère re-
« fusent de m'assister, j'ai la confiance que vous
« me tiendrez lieu de l'un et de l'autre. »

Dans cette confiance, et convaincues désormais qu'elles n'auraient aucun appui humain, nos quatre demoiselles n'aspirèrent plus qu'à se retirer au plus tôt dans la petite bergerie que le Seigneur leur avait préparée. Elles voulurent s'abandonner à lui et lui laisser le soin de pourvoir à toutes leurs nécessités, ne songeant, pour leur part, qu'à travailler à sa gloire et au salut des âmes. Les égards qu'elles tenaient à conserver envers Mme Saint-Cyr les retinrent encore quelques jours : la générosité de cette dame et la bienveillance avec laquelle elle avait accueilli leur projet, étaient, aux yeux de nos amies, un motif de garder tous les ménagements possibles. Elles hésitaient à lui causer des embarras ; mais elles soupiraient chaque jour plus ardemment après le moment heureux où elles seraient séparées du monde : la pensée du moindre retard les faisait souffrir ; elles prièrent, et le divin époux ménagea les circonstances. Pendant qu'Émilie et ses compagnes préparaient tout, en effet, pour l'accomplissement de leur désir, Mme Saint-Cyr reprit le projet de former de sa maison une communauté régulière : cette fois, les choses allèrent assez loin pour qu'on crût le succès assuré. Cette nouvelle organisation permit de décharger Mlle de Rodat et ses compagnes des divers travaux d'instruction qu'elles avaient acceptés. En même temps, la portion de maison que Mlle de Rodat avait louée, et qu'elle ne devait occuper qu'à la Saint-Jean, se trouva, par suite de circonstances imprévues, entièrement libre dès le mois d'avril. Vers la fin de ce mois, Mlle de Rodat et Mlle Boutaric étaient allées visiter les lieux et se rendre compte des dispositions à prendre pour leur premier établissement. La propriétaire, qui prenait un grand intérêt à la nouvelle fondation, conseilla à Mlle de Rodat de ne plus quitter la maison, d'écrire à Mme Saint-Cyr et d'envoyer chercher ses deux compagnes. On suivit ce conseil ; et ce soir-là même, 30 avril 1816, elles s'installèrent toutes les quatre dans leur nouvelle demeure.

CHAPITRE VII

Premiers commencements de l'institut de la Sainte-Famille.

———

Aussitôt qu'elles furent réunies, les quatre fondatrices se trouvant hors de l'Égypte et au milieu du désert qu'elles avaient tant désiré, entonnèrent le cantique d'actions de grâces, et immédiatement commencèrent les exercices de la communauté. On sonna une petite cloche pour annoncer le grand silence : on ne se parla plus qu'en se donnant le nom de Sœur, et on se mit à pratiquer exactement un petit règlement qu'on s'était prescrit à l'avance, en attendant que M. Marty pût donner des constitutions. On se proposait d'honorer particulièrement le divin Cœur de Jésus et de vivre entièrement abandonnées aux soins de la Providence. La Providence répondit à cette générosité, et le bon Maître fit goûter à ces âmes le bonheur qu'il y a de tout quitter pour le suivre. Ce fut avec délices qu'elles consommèrent leur sacrifice. Dans cette pauvre et obscure maison habitaient désormais les joies du Paradis. Les choses les plus essentielles à la vie manquaient, car les chères Sœurs, qui n'avaient pensé qu'à traverser la mer Rouge, n'avaient rien emporté des richesses de l'Égypte. La pieuse demoiselle qui leur avait loué la maison, se chargea de pourvoir à leur nourriture et de faire face aux besoins des premiers jours. La Sœur Émilie avait d'autres préoccupations. Dès le premier mai, elle prit et fit prendre à ses compagnes un habit modeste et uniforme. Elles allèrent ensuite en silence, deux par deux, entendre la messe et faire la sainte communion à la paroisse. Le 2, toute la journée fut employée à nettoyer la maison; le lendemain, 3 mai, à l'ombre de la croix et sous la protection de saint Vincent de Paul, on ouvrit la classe gratuite. Pour attirer les bénédictions de Dieu sur le nouvel établissement, on commença par recueillir une pauvre orpheline. On voulut la loger et la nourrir. Les nouvelles Sœurs étaient à peu près aussi pauvres que leur adoptée; les lits ne leur appartenaient pas, on les avait prêtés. La Sœur Émilie céda le sien, ne se réservant pour elle-même qu'une paillasse. Dès le premier jour, la classe gratuite réunit environ trente enfants. Quelques élèves de Mme Saint-Cyr voulurent rejoindre leurs anciennes maîtresses; quelques pensionnaires se proposèrent. On ouvrit une seconde classe, placée sous le patronage de la sainte Vierge. Cette classe n'était pas entièrement gratuite. M. l'abbé Marty avait fait comprendre à la Sœur Émilie qu'il ne fallait pas uniquement travailler au salut des âmes des pauvres, et que toutes étaient précieuses devant Dieu. Fidèle néanmoins aux attraits de son cœur et aux promesses qu'elle s'était faites, la Sœur Émilie, trouvant que les riches ne manquent pas de moyens d'instruction, ne voulut donner dans cette classe qu'une instruction élémentaire et convenable seulement aux familles de condition médiocre. Dieu bénit ces desseins modestes et se réserva les prémices de cette classe. La première élève qui y fut admise se nommait Jeanne Bonnal. Elle devint religieuse de la Sainte-Famille et mourut en odeur de sainteté, supérieure de la maison de Refuge, à Villefranche (1).

Tout manquait dans ces commencements. Il fallut se passer des meubles et des ustensiles les plus indispensables. La généreuse propriétaire avait prêté des lits et des assiettes. Une dame fit don d'une marmite. Une pauvre femme, voyant la pauvreté de ces nouvelles Sœurs, eut pitié d'elles et leur envoya, du peu qu'elle possédait, la misérable

(1) Jeanne Bonnal, en religion sœur Marie-Raymond, née le 10 mars 1806, au Mur-de-Barrez (Aveyron). Elle n'entra au noviciat qu'en 1842 ; elle fut supérieure du Refuge en 1846 ; malgré de grandes peines intérieures, elle gouverna cette maison avec beaucoup de prudence et de sagesse. Les pénitentes l'aimaient et la respectaient ; elle s'est immolée pour ce pauvre troupeau, au milieu duquel elle est morte à Villefranche, le 24 juin 1852.

aumône d'un fagot de sarments, d'une paillasse et de la moitié d'un bois de lit. En voyant ces richesses, la Sœur Émilie remercia Dieu : « Les pauvres nous assistent, dit-elle, c'est bon signe! » Tout, d'ailleurs, trouva facilement son emploi. Le fagot fut bientôt brûlé ; la paillasse commença l'établissement d'un nouveau lit pour une pensionnaire ; la moitié du bois de lit servit à faire des bancs pour la classe, qui en était encore dégarnie. Une vieille femme, nommée Anne Ravel, qui avait servi de bonne à Mlle de Rodat dans son enfance, cette Annou qui se scandalisait du couteau de six liards et avait désormais tant de scandales à déplorer, conservait toujours à Émilie la plus vive tendresse ; la voyant dans de telles extrémités, elle voulut lui venir en aide et se chargea de tous les soins du ménage. Aucune des nouvelles Sœurs ne s'y entendait en effet. Dans un dénûment tout pareil et dans des circonstances à peu près analogues, sainte Chantal et ses compagnes, les fondatrices de la Visitation, ne se connaissaient pas davantage à ces besognes domestiques ; la bonne Anne-Jacqueline Coste dut leur enseigner à laver les écuelles et à garder la vache. Anne Revel rendit à Mlle de Rodat et à ses compagnes un pareil service. Elle n'était pas entrée dans leur compagnie ; mais elle s'appliqua à leur rendre tous les bons offices imaginables : elle achetait le blé, le lavait et préparait chez elle le pain de la communauté. Une autre fille vertueuse et d'aussi humble condition avait pris la sollicitude du linge, et se donna beaucoup de mouvement pour en procurer aux nouvelles Sœurs, qui en auraient tout à fait manqué sans son active charité. Elles recevaient ainsi tout de la Providence, et s'en remettaient à elle des moindres choses ; il fallait bien qu'elle leur suscitât des amis et des protecteurs empressés de subvenir à leurs besoins matériels. Elle-même, cette divine Providence, ne faisait pas défaut, et sa main se montrait quand tout appui humain venait à manquer. On avait donné aux pensionnaires et aux orphelines les plus beaux appartements de la maison ; ils étaient sains, suffisamment clos et aérés. Les Sœurs s'étaient réfugiées au galetas. Elles couchèrent plusieurs mois au haut d'une tour où le froid et le vent se faisaient sentir autant que dans la rue ; néanmoins aucune de ces filles, de complexion chétive, et élevées avec une certaine délicatesse, ne ressentit la moindre incommodité ; il n'y eut pas même un rhume dans la maison. Les Sœurs supportaient sans peine les fatigues excessives auxquelles elles se livraient : l'austérité de leur vie n'épuisait pas leurs forces. Dans les premiers jours, leur nourriture avait été assez bonne ; mais Sœur Marie (Mlle Boutaric), qui se croyait un penchant à la gourmandise, et qui, par conséquent, était fort austère, trouva le pain trop bon et proposa d'y laisser désormais le son avec la farine : on suivit cet avis. Elle trouva que cette nourriture, qu'un bon appétit seul pouvait faire accepter, prêtait encore trop à la sensualité quand le pain était frais; on convint d'en faire beaucoup à l'avance. Cette recommandation s'exécuta si bien, qu'elles le mangèrent habituellement moisi et tout bleu. Quand on s'accommodait de la sorte sur le pain, on comprend ce que devaient être les autres mets. Le vin fut interdit; l'ordinaire se composa de racines et de légumes bouillis et assaisonnés d'un peu de sel; on ne défendit pas d'y introduire un peu de graisse, mais on en usa avec tant de réserve, que ce qu'on en mettait ne paraissait pas du tout (1).

Au milieu de ces privations, la joie était complète. Une chose manquait cependant. Jésus, dans le sacrement de son amour, ne reposait pas dans la maison : il habitait les cœurs et les maintenait au milieu des délices; ces pauvres cœurs ne pouvaient s'ouvrir et s'épancher à leur aise en sa présence réelle. Mgr l'évêque de Cahors (2), étant en tournée pastorale, vint à Villefranche (3). La Sœur Émilie sollicita aussitôt la permission d'avoir la réserve dans la maison; cette maison paraissait trop précaire, et

---

(1) Dans certains diocèses de France, la graisse remplace l'huile ou le beurre pour l'assaisonnement des aliments.

(2) Guillaume-Balthazar Cousin de Grainville, docteur de Sorbonne et vicaire général de Montpellier avant la Révolution, nommé évêque de Cahors aussitôt après le concordat, 5 juillet 1802, mort sur son siège en 1828.

(3) Le diocèse de Rodez, supprimé par le concordat et uni à l'évêché de Cahors, n'a été rétabli qu'en 1822.

3**

elle était fondée trop nouvellement pour qu'on lui accordât une pareille faveur. Les Sœurs souffrirent avec patience ce retardement ; pour se dédommager un peu, elles dressèrent un petit autel, attendant avec confiance le moment où Dieu voudrait venir y reposer. Un autre de leurs désirs était d'observer exactement la clôture. Elles s'abstenaient de faire des visites ; elles recevaient celles qu'on leur rendait dans une sorte de grenier obscur, qui était comme le parloir de la communauté. Malgré tout leur désir de se renfermer, il fallait bien sortir au moins pour aller à la messe. Elles s'y rendaient en silence ; quelque temps qu'il fît, elles n'auraient pas voulu la manquer. Comme elles n'avaient point de parapluies, quand il pleuvait elles se couvraient la tête avec de vieux torchons ou de mauvais chapeaux ; elles n'avaient pas besoin de cet accoutrement pour être tournées en ridicule. La maison nouvelle était un sujet de raillerie pour toute la ville. Lorsque les Sœurs passaient dans les rues, on les montrait au doigt ; les enfants les poursuivaient et les entouraient en riant et en poussant des huées ; quelquefois même, on leur jeta des pierres. La Sœur Émilie était alors au comble de la joie. Il lui paraissait que son œuvre portait tous les caractères de la bénédiction divine. Elle était un objet de scandale au monde ; elle était pauvre, déjà aimée des pauvres, et privée de tout appui humain. Les contradictions, les mépris, les dénûments étaient comme les arrhes de la promesse de Dieu. On n'eût rien voulu faire pour éviter les humiliations ; on les bravait, on était heureux de les éprouver ; peut-être même les recherchait-on avec quelque complaisance. Du moins, la Mère Émilie s'est reproché plus tard d'avoir poussé trop loin cet amour des humiliations et d'avoir agi parfois dans le dessein de les attirer. Comme on n'avait pas de jardin, on menait promener les enfants dans la campagne. Au retour, on rapportait et on tirait après soi des branches et des petits fagots de bois ramassés dans les haies et sur le bord des chemins ; cela suscitait des huées et augmentait les mépris du monde pour le nouvel établissement : on n'en demandait pas davantage.

Il y avait deux mois que la Sœur Émilie et ses compagnes menaient cette vie étrange et scandaleuse aux yeux du monde et même aux yeux de leur famille, lorsque Mgr de Grainville passa une seconde fois à Villefranche (juin 1816). Le prélat vint visiter la nouvelle communauté, il fut ravi de ce qu'il y trouva. Il admira l'ordre qui régnait dans cette maison ; il reconnut l'esprit de Dieu dans cet esprit de pauvreté, de charité et de renoncement qui enflammait les Sœurs. Il leur accorda de tout son cœur la grâce qu'elles demandaient de posséder le saint Sacrement. Dès lors, elles n'eurent plus rien à désirer. On décora du mieux qu'on put la plus belle chambre de la maison ; sans doute on n'y mit pas beaucoup de luxe, mais le Dieu de Bethléhem ne s'effraye pas de la pauvreté. Les choses les plus indispensables au culte furent données, et les familles des Sœurs commencèrent, en cette circonstance, à se rapprocher d'elles. Un ecclésiastique, parent de la Sœur Émilie (1), prêta les ornements sacerdotaux qu'il donna un peu plus tard; sa tante, la religieuse Visitantine, donna le linge de la sacristie et s'employa auprès des personnes de la famille pour procurer diverses choses indispensables. Elle obtint d'une de ses sœurs, comme elle grand'tante d'Émilie (2), une coupe d'argent dont on fit un calice. Mme Saint-Cyr donna les autres vases; enfin la grand'mère d'Émilie, Mme de Pomayrols et diverses personnes pieuses s'employèrent aussi de leur côté. Le 15 juillet, M. le curé de Notre-Dame de Villefranche (3) put faire la bénédiction de la pauvre chapelle. La Sœur Émilie se crut riche : ne possédait-elle pas les trésors du ciel et de la terre? Deux

---

(1) Jean-François-Victor-Anne Grammont de Pomayrol, vicaire général d'Aire, ancien aumônier de Marie-Antoinette.

(2) Catherine-Valentine de Pomayrols, fille de noble Jean de Pomayrols et de dame Marie-Jean-Charlotte de Raynal, née à Villefranche, le 9 août 1742, mariée en 1776 à noble Étienne d'Aribat, chevalier de Saint-Louis, décédée en son domaine du Gay, paroisse de Villeneuve près de Ginals, le 3 mai 1823.

(3) Jean-Pierre Martin, né le 8 septembre 1757, à Malzieu, diocèse de Mende. Il avait été ordonné prêtre le 22 septembre 1781, par Mgr de Malvin de Montazet, archevêque de Lyon, et reçu maître ès arts du séminaire de Saint-Irénée de cette ville, licencié en Sorbonne le 27 février 1786 et professeur de théologie à Clermont le 22 août 1786. Il fut nommé curé de Notre-

nouvelles Sœurs s'étaient déjà réunies aux fondatrices, et elles instruisaient près de cent enfants.

Cependant les mépris du monde ne cessaient pas, et dans leur humiliation les Sœurs eurent même de la peine à trouver un prêtre qui consentît à leur dire la messe (1). M. Marty, directeur de la maison de Mme Saint-Cyr, ne pouvait donner tous ses soins à la communauté naissante. La Sœur Émilie ne le voyait même pas aussi souvent qu'elle eût voulu ; mais il ne cessait pas de la diriger. Un curé (2) d'une paroisse voisine de Villefranche avait la charité de confesser les Sœurs et leurs élèves. Elles vivaient ainsi dans leur pauvreté et leur abaissement ; malgré la grâce que Mgr de Grainville leur avait accordée, personne à Villefranche ne supposait qu'il y eût aucune solidité dans leur établissement, et qu'on pût, dans l'avenir, en tirer quelque bien considérable. Toutes les espérances des habi-

---

Dame à Villefranche, le 6 août 1803, par Mgr Cousin de Grainville, évêque de Cahors. Le 23 juillet 1823, il devint chanoine titulaire de la cathédrale de Rodez, dont le chapitre venait d'être rétabli. Il mourut dans cette ville le 17 octobre 1836.

(1) Il se nommait David; il était né en 1738. Après avoir eu le malheur de prêter le serment constitutionnel, il l'avait rétracté dans les sentiments de la plus vive contrition. Il remplissait à Villefranche les fonctions de prêtre-sacristain de l'église collégiale ; il les conserva jusqu'à sa mort, en 1830.

(2) Jean-Pierre Jourdain, né en 1756, était alors curé de Veuzac; il abandonna plus tard son bénéfice et se retira à Villefranche, où il mourut, âgé de soixante-quinze ans, le 9 août 1831.

tants étaient tournées vers la maison de Mme Saint-Cyr, nombreuse, disposant de grandes ressources, et déjà connue depuis longtemps. Chacun eût voulu en assurer l'avenir; malgré les déceptions éprouvées, on avait encore accueilli avec joie le projet déjà plusieurs fois abandonné d'y former une communauté régulière. Les hommes les plus habiles à discerner les volontés de la Providence ne faisaient cependant pas grand cas de ce projet; M. Marty, consulté sur ce dessein qui recevait l'applaudissement et le concours de tout le monde, disait : « Autant en emporte le vent ! » En effet, quatorze mois après, toutes les espérances qu'on avait fondées sur la maison de Mme Saint-Cyr étaient évanouies, et les personnes qui l'avaient composée étaient dispersées. Pendant ce temps, la petite congrégation de la Sœur Émilie s'était assise et régularisée. Le jour de Pâques, 6 avril 1817, la Sœur Émilie avait fait sa profession; elle s'était enfin engagée au service de Dieu et des pauvres par ce vœu formel qu'elle avait tant désiré. Le nombre de ses élèves s'était considérablement augmenté; la classe gratuite était pleine; l'autre classe, où ne se donnait toujours que l'instruction élémentaire uniquement destinée aux enfants de condition médiocre, regorgeait d'élèves. La maison qu'on occupait était trop étroite : on songea à s'agrandir. Les ressources étaient exiguës; mais pourquoi la Providence aurait-elle abandonné une œuvre qu'elle avait soutenue jusque-là ? Elle pouvait multiplier ses merveilles : pour les attirer on n'avait qu'à répondre fidèlement à ses vues et à continuer d'exécuter rigoureusement ces vœux de pauvreté et d'obéissance qu'on venait de renouveler à la face des autels. Nous avons seulement indiqué les choses ; nous en avons assez dit pour marquer que ces vœux étaient pratiqués dans toute la force et la sincérité de la lettre. On cherchait donc une maison assez vaste. Celle de Mme Saint-Cyr se trouva disponible ; il s'agissait de s'engager à payer un loyer de 700 fr. La somme était considérable ; on compta sur la Providence, on la savait généreuse. Au mois de juin 1817, moins de quatorze mois après l'avoir quittée, la Sœur Émilie, entourée de ses orphelines et de ses pauvres enfants, venait, escortée de huit religieuses, occuper cette maison.

CHAPITRE VIII

Progrès de la communauté. — Histoire de Marie-Anne Gombert.

Une fois qu'on fut dans la nouvelle maison, les choses commencèrent à se débrouiller un peu. On put observer rigoureusement la clôture. On eut un aumônier pour dire la messe et confesser les pensionnaires. M. Marty fut le confesseur ordinaire des religieuses ; c'était lui jusque-là qui, dans toutes les épreuves, les avait soutenues, avait été véritablement leur guide, leur appui, leur conseil et leur père ; il avait maintenu et fortifié le ressort de leurs âmes, leur enseignant à s'élever au-dessus des obstacles et leur inspirant une entière confiance en Celui qui peut tout et ne délaisse jamais ceux qui s'abandonnent à lui. Ce fut une joie pour toute la communauté d'être sous sa direction. En embrassant désormais une vie plus régulière, on ne laissa pas de garder les premières traditions. On continua de vivre au jour le jour, attendant, pour ainsi dire, chaque matin, de la Providence le pain promis à ceux qui cherchent premièrement le royaume de Dieu. Les circonstances étaient devenues difficiles : on souffrait en France d'une grande cherté de grains : l'hectolitre de blé valut jusqu'à cinquante francs ; toutes les denrées étaient à un prix excessif. La Sœur Émilie ne comptait pour rien les biens de la terre : elle s'appuyait uniquement sur la Providence ; elle voulut s'assurer de son secours dans l'extrémité où elle voyait chacun réduit. Elle augmenta de trois le nombre des orphelines qu'elle avait adoptées ; à cause de la dureté des temps, elle entra aussi en accommodement avec les familles des enfants qui lui étaient confiées. Beaucoup des élèves de la classe payante furent exemptées d'une partie ou de la totalité de la petite rétribution d'usage. Les pensionnaires ne donnèrent plus que la moitié ou le quart de la pension convenue. C'est pendant les grandes détresses qu'il convient de faire les grandes charités. On n'était déjà pas très exigeant sur la dot des postulantes : comme l'argent était rare en ces temps, la Servante de Dieu se contenta plus facilement que jamais de la bonne volonté de suivre Jésus au Calvaire.

Ce désintéressement fut agréable au Seigneur. Jamais les Sœurs ni les enfants de la Sainte-Famille ne manquèrent du nécessaire. Au milieu de leur pauvreté, les secours temporels arrivèrent toujours en même temps que les besoins. Pendant cette disette, des personnes charitables prêtèrent du blé, se contentant de l'engagement des Sœurs d'en rendre la même quantité l'année suivante. Les deux dames de Pomayrols, toujours jalouses de se retirer du monde et de vivre le plus possible dans la compagnie de Dieu, désirèrent habiter la communauté; elles voulurent payer une forte pension qui permit d'acquérir quelques meubles (1). L'ancienne religieuse de la Visitation porta ainsi et légua ensuite à la Sainte-Famille un véritable trésor dans les papiers et les livres qu'elle avait emportés de son couvent (2). L'esprit de saint François de Sales, qui avait touché

---

(1) Mme de Pomayrols est morte au mois d'août 1833. La Mère Émilie écrivait à une de ses filles :

« Je recommande à vos prières ma très bonne et très vertueuse grand'mère, que Dieu a retirée de ce lieu d'exil. Elle est morte comme elle a vécu, c'est-à-dire en sainte, et s'est endormie dans le Seigneur dans une paix profonde. Le jour qu'on lui donna l'extrême-onction, elle prépara elle-même tout ce qu'il fallait pour l'administration de ce sacrement. Ma Sœur Félicité la trouva faisant les boules pour les onctions. La mort, qu'elle avait beaucoup redoutée pendant toute sa vie, était devenue l'objet de ses désirs.

« Vous savez toutes les obligations que j'ai à cette chère défunte, presque plus que la vie; c'est elle qui est en grande partie la cause de mon salut. Les services que vous voudrez bien lui rendre par votre intercession auprès de Dieu, c'est comme si vous les rendiez à moi-même. »

(2) C'étaient *les Constitutions; le Directoire et le Grand Coutumier de la Visitation ; les Petites Coutumes d'Annecy; les Réponses et les Épîtres de la sainte Mère de Chantal*; un vol. in-4 de lettres circulaires; les *Vies des quatre premières Mères*

et guidé autrefois la Sœur Émilie, nourrit aussi désormais ses compagnes. Elles furent familières avec les saines et fortes traditions de la Visitation; les œuvres de la Mère de Chaugy leur firent connaître et aimer cette puissante génération des premières Mères qui avait germé et mûri sous l'ardeur du saint amour embrassant le cœur du bienheureux évêque.

Quelques autres ressources vinrent encore se joindre à celles-là : une vertueuse fille, Marie-Anne Gombert, dont nous avons déjà parlé, une fille de chétive condition et de haute vertu, demanda à vivre à la communauté, et elle légua aux Sœurs tout ce qu'elle possédait, c'est-à-dire une somme de 3,000 francs. La Mère Émilie aimait à conter l'histoire de cette sainte fille; elle y trouvait de grands et beaux exemples.

Marie-Anne Gombert était née de parents pauvres. Quand elle était encore toute jeune, sa mère mourut, et son père se remaria. La nouvelle épouse ne voulut point rester chargée de cette enfant; elle la chassa de la maison paternelle. Marie-Anne était alors affligée d'un rhumatisme qui la laissa estropiée toute sa vie. La charité vint à son aide, la soigna, pourvut à sa vie et à son éducation. Ceci se passait

---

de la Visitation, par la R. M. Madeleine de Chaugy; *le Livres des Chapitres; les Vrais Entretiens de saint François de Sales;* la *Vie de saint François de Sales,* par son neveu Charles-Auguste; la *Vie de sainte Chantal,* etc.

avant 1789. Il faut le remarquer pour l'utilité de beaucoup de personnes recommandables, trop faciles à s'imaginer qu'on ne s'est jamais occupé des pauvres autant que de nos jours, et trop portées à admirer les loteries et les autres amusettes contemporaines comme le dernier mot de la charité catholique. Marie-Anne répondit dignement aux bontés de ses bienfaiteurs. Avant la Révolution, cela se voyait moins rarement que de nos jours. Elle devint sage et pieuse ; elle aimait le travail ; elle se faisait remarquer par cette raison calme et aimable qui doit toujours accompagner la vraie religion. Son père étant devenu infirme, elle le recueillit et le soigna avec une tendresse filiale que l'abandon, où il l'avait laissée, n'avait en rien diminuée. Plus tard, elle exerça la même charité envers sa belle-mère : la voyant dans la pauvreté, elle oublia les mauvais traitements de son enfance ; elle la recueillit dans sa maison, acquise du fruit de son travail et de son économie, sans le concours des caisses d'épargne ni des autres inventions, dont notre siècle prétend rehausser l'esprit de charité : la piété est bonne à tout, et elle peut même suppléer à ces mécaniques économiques et financières, fort bien combinées d'ailleurs, dont les hommes du jour attendent la moralisation des classes laborieuses. Marie-Anne Gombert, qui ne songeait qu'à pratiquer la doctrine du catéchisme et à mériter le repos du ciel en travaillant sur la terre, rendit à sa belle-mère des soins que les sociétés de secours mutuels ne remplaceront jamais, des soins tendres inspirés par une charité sincère et un véritable amour de Dieu. Elle supporta avec une inaltérable patience le mauvais caractère de cette belle-mère et se priva souvent du nécessaire pour lui procurer quelques douceurs, la servant aussi dans ses infirmités avec un dévouement héroïque.

N'ayant toujours d'autres ressources que son travail et son économie, Marie-Anne put, en outre, venir au secours d'une de ses sœurs, presque imbécile et souvent furieuse, qui avait eu le malheur de s'égarer dans les opinions schismatiques et révolutionnaires. Marie-Anne recueillit cette infortunée, l'entoura de soins, et après beaucoup de prières et un grand nombre d'actes de vertu offerts pour la conversion de cette pauvre fille, eut la consolation de la voir rentrer dans le sein de l'Église et moruir chrétiennement.

La Révolution avait brisé et renversé bien des positions. Une dame qui était venue au secours de l'enfance de Marie-Anne en lui donnant quelques hardes, tomba dans la misère : Marie-Anne lui fit trouver ce centuple que Dieu promet ici-bas à l'aumône. Elle recueillit cette pauvre dame, qui était fort âgée et assez fantasque, et lui rendit tous les services imaginables. La charité de cette sainte fille ne se lassa pas des plus grandes bizarreries; et jusqu'à la mort, elle servit son ancienne bienfaitrice avec un zèle toujours égal et toujours empressé. Une autre fois, Marie-Anne recueillit chez elle un vieillard infirme ; elle le soigna pendant un an ; au bout de ce temps, il partit emportant tout ce qu'il put dérober à son hôtesse.

Toutes ces œuvres, d'une charité éminente, que Marie-Anne pratiquait ainsi dans sa petite maison, plus voisine cependant de l'indigence que du luxe, ne suffisaient pas à son zèle. On sait, ou plutôt on ne saura jamais ce que peut accomplir une âme touchée véritablement de l'amour de Dieu. Marie-Anne visitait assidûment les pauvres et les infirmes de Villefranche ; elle leur rendait toutes sortes de bons offices ; comme il arrive toujours en pareil cas, son zèle la rendit bientôt la dépositaire et la dispensatrice des aumônes des dames charitables de la ville. Les meilleures maisons connaissaient et estimaient cette précieuse fille : les plus nobles demoiselles n'avaient qu'à gagner dans sa société ; elle les initiait à deux choses également nécessaires à connaître : la pauvreté que tout chrétien a besoin de voir souvent, la miséricorde qu'il a besoin d'exercer toujours. Cette pauvreté à connaître et cette miséricorde à pratiquer établirent et resserrèrent les relations entre Marie-Anne et Émilie. Elles allaient ensemble visiter les pauvres, et nous avons rapporté un fait remarquable d'une de ces visites.

Marie-Anne Gombert, après avoir passé toute sa vie à secourir les pauvres, leur avoir consacré le

fruit de son travail et de ses économies, voulut encore les avoir pour héritiers. Dès qu'elle vit la Sœur Émilie dans la solitude, elle désira avec ardeur l'y rejoindre. Il ne s'agissait pas pour elle de se mêler aux travaux des religieuses et d'entrer dans leur congrégation, mais simplement de vivre au milieu d'elles, afin de s'édifier du spectacle de leurs vertus et de mourir aidée de leurs prières. La Sœur Émilie connaissait bien les qualités de cette âme ; mais elle craignit que la présence d'une personne de cette condition, déjà âgée, ayant ses habitudes et ses manières de voir, ne portât un peu d'atteinte à la régularité. Marie-Anne reçut ce refus avec douceur; la bénignité de son cœur n'en fut point altérée ; l'estime qu'elle portait au nouvel institut n'en fut pas atteinte. « On ne veut pas de moi, dit-elle, je lais-
« serai néanmoins à ces religieuses tout ce que je
« possède. » La Sœur Émilie connut ce propos et ce dessein ; elle ne voulut pas se laisser vaincre en générosité : elle consentit à donner une chambre. Bien loin de troubler l'ordre et d'interrompre le silence par des paroles inutiles, Marie-Anne fut dans le couvent ce qu'elle avait été dans le monde : un sujet d'édification, un exemple d'humilité, un modèle de toutes les vertus. Elle se regardait comme indigne d'être dans la compagnie des Sœurs, elle s'estimait tout au plus comme la servante de la congrégation. Elle trouvait toujours qu'elle était traitée avec trop de déférence. Étant tombée ma-

lade, elle ne s'effraya pas devant la mort : elle la vit venir avec cette douce confiance des vierges qui ont tenu leurs lampes allumées. Elle mourut âgée de soixante-onze ans, vers 1818. Après sa mort, son corps resta souple comme celui d'un enfant.

Nous nous sommes un peu étendu sur Marie-Anne Gombert, à cause de la vénération que la Servante de Dieu conserva toujours à cette humble fille qu'elle regardait comme une des fondatrices de l'institut, et aussi à cause de tout l'intérêt qu'il peut y avoir à mettre sous les yeux des hommes de nos jours ces vies de dévouement et de sacrifice dans les plus humbles conditions.

Cependant Dieu faisait prospérer la maison des nouvelles religieuses ; c'était cette prospérité singulière des œuvres de charité, où les charges s'accroissent plutôt que les ressources. Le nombre des enfants confiées aux soins des Sœurs augmentait chaque jour, comme aussi celui des pensionnaires et surtout celui des orphelines que la Sœur Émilie regardait comme la source véritable des bénédictions répandues sur son entreprise. Chaque jour pourvoyait à ses nécessités. L'aumône n'est-elle pas inépuisable ? Quand l'aumône vient parfois à faire défaut, la Providence n'a-t-elle pas ses ressources réservées et particulières ? laisse-t-elle manquer de pain ceux qui se confient en elle ? La Mère Émilie ne s'étonnait pas des merveilles de la Providence. La voie des prodiges, la multiplication du pain entre les mains de la dépensière, celle de l'argent dans la caisse de l'économe, ne lui paraissait pas plus étrange que la voie ordinaire faisant abonder entre les mains des Sœurs les ressources nécessaires pour soutenir une maison composée d'environ deux cents personnes, tant religieuses ou novices, qu'enfants pensionnaires ou surveillées (1).

Ayant déjà tant éprouvé de la bonté divine après deux ans de séjour dans l'ancienne maison de Mme Saint-Cyr, la Sœur Émilie, pour répondre à diverses sollicitations et surtout à son désir d'accroître le bien qu'elle faisait, ne laissa pas échapper l'occasion d'agrandir son établissement, qui paraissait à peine fondé. Elle acheta diverses parties d'un ancien couvent de Cordeliers, dont le prix total dépassa 42,000 francs. Elle n'avait pas plus d'argent qu'au premier jour. Les parents des Sœurs qui s'étaient unies aux premières fondatrices, n'avaient pas beaucoup d'attraits pour la nouvelle congrégation, et on ne devait pas compter sur leur concours ; mais on avait celui de la Providence. Il ne manqua pas, nous n'avons pas besoin de le dire ; en peu de temps et avant même l'expiration des termes convenus, la Sœur Émilie avait acquitté toute sa dette. Il n'est peut-être pas inutile de remarquer, à ce propos, que

---

(1) On appelle *surveillées* dans les maisons de l'institut de la Sainte-Famille, les enfants qui passent toute la journée à l'établissement sans y coucher ni prendre part aux repas.

la population de Villefranche est encore aujourd'hui inférieure à dix mille âmes, et que les ressources qu'on pouvait naturellement espérer d'y trouver, devaient être assez bornées.

CHAPITRE IX

Nouvelles épreuves. — Mort des Sœurs Eléonore Dutriac et Marie Boutaric.

Le 29 juin 1819, la Sœur Émilie transféra sa communauté dans la maison qu'elle venait d'acquérir. Les Sœurs y étaient destinées à une nouvelle épreuve. A peine étaient-elles installées que des maladies commencèrent à sévir. Les religieuses, les postulantes, les enfants même furent gravement atteintes. M. l'abbé Marty ordonna de suspendre le saint office. La désolation fut extrême, et la congrégation parut sur le point de se dissoudre. La Sœur Émilie put croire un instant que Dieu repoussait son œuvre. Elle songea à la réunir à l'institut des Filles-de-Marie, nouvellement établi à Agen par Mme de Trenquelléon (1) ; avec l'autorisation

---

(1) Adèle de Batz-Trenquelléon, née au château de Trenquelléon le 9 juillet 1789. Émigrée dès son bas âge, elle ne rentra en France qu'en 1802, après le concordat. Accoutumée par sa mère aux exercices de piété et de charité, Adèle s'y livra avec ardeur;

de M. Marty, elle entra en correspondance avec cette dame. Cependant, à Villefranche, la plupart des enfants confiées aux Sœurs avaient été retirées. Il ne pouvait être question d'en recevoir de nouvelles, soit en qualité de pensionnaires, soit même simplement pour suivre les classes. Les postulantes à l'essai avaient toutes quitté la communauté par

---

elle forma et étendit de toutes parts une vaste association de prières et de charité qu'elle dirigea avec zèle et sagesse, et qui fut, en 1808, associée par M. Chaminade à la congrégation que ce dernier avait restaurée à Bordeaux dès 1800. (Voir le chap. xii de ce volume.)

En 1806, le 25 mai, après avoir fermé les yeux de son père, et du consentement de sa pieuse mère, Adèle, sous la direction de M. Chaminade, entreprit à Agen la fondation de l'institut de Filles-de-Marie. Mlle de Lamourous, celle qu'on devrait appeler *la Grande* Mlle de Lamourous, était venue de Bordeaux pour initier les fondatrices à la vie religieuse. M. Chaminade, après quelques semaines d'essai et les exercices d'une retraite, connaissant d'ailleurs depuis longtemps Adèle et ses premières compagnes, voulait leur donner l'habit; mais Mgr l'évêque d'Agen crut plus prudent de différer cette cérémonie jusqu'au mois de décembre. Aux fêtes de Noël 1816, elles revêtirent donc l'habit religieux, et le 25 juillet suivant, sans solennité ni cérémonie, dans le secret même du tribunal de la pénitence, Mlle de Trenquelléon et cinq de ses compagnes faisaient leurs vœux perpétuels.

L'institut des Filles-de-Marie, voué au cloître, à l'instruction des jeunes filles et à l'édification du prochain, prit quelque extension, et les premières maisons furent établies à Tonneins, à Condom, à Bordeaux et à Arbois. La Mère de Trenquelléon mourut à Agen, le 10 janvier 1828. Sa vie a été écrite par un bénédictin de la congrégation de Solesmes. Une notice lui est consacrée au second volume des *Serviteurs de Dieu*.

défaut de vocation ou à cause de maladie. Aucune ne se présentait pour résider dans une maison où paraissaient régner la contagion et la mort. Les vides se faisaient tous les jours dans les rangs de la petite communauté, et les inquiétudes de la Sœur Émilie devaient s'étendre tour à tour sur chacune de ses compagnes. Elle eut d'abord à déplorer la mort de sa tante, l'ancienne religieuse de la Visitation, Agathe de Pomayrols, qui, comme nous l'avons dit, avait voulu rejoindre la Vénérable dans sa retraite. Un mois après, 26 septembre 1819, la Sœur Éléonore Dutriac vint à mourir.

Si la Sœur Émilie avait dans sa fondation compté pour quelque chose les ressources humaines, cette mort eût détruit toutes ses espérances; la Sœur Éléonore appartenait à une famille riche; elle était orpheline, et elle allait être à la veille de disposer de sa fortune lorsqu'elle mourut, quelques jours avant d'avoir atteint l'âge de majorité. Elle était sous d'autres rapports un sujet extrêmement précieux pour la congrégation nouvelle. Pleine de talents, de douceur et de grâce, la Sœur Éléonore avait toujours eu un grand attrait pour les pauvres et les malades. Avant de se vouer à la vie religieuse, elle employait souvent ses récréations à les visiter et à leur faire la lecture: aussi était-elle préparée à se donner généreusement. Les obstacles que sa famille apporta à sa vocation furent le plus vif chagrin d'Éléonore. Elle aimait ses parents:

elle avait eu beaucoup de peine à faire le sacrifice de cette affection; il lui semblait même que ce sacrifice n'avait pas été fait avec assez d'abandon; elle craignait que la vivacité de sa tendresse pour sa famille ne fît obstacle à l'amour qu'elle devait au Dieu à qui elle avait consacré son cœur. Ce Dieu jaloux avait trouvé dans cette tendresse même un moyen de briser ce cœur. Elle comprenait les raisons de ses parents, elle voyait dans leurs démarches une preuve de leur affection; mais lorsqu'elle put craindre un jour qu'on ne voulût de vive force l'arracher à sa solitude, elle comprit combien cette solitude lui était chère et précieuse : « Ma Mère, disait-elle à la Sœur Emilie, l'idée de sortir me fait trembler, je ne puis la supporter; en y songeant, la mort n'a plus rien de pénible pour moi. »

Or l'idée de la mort était la grande terreur de la Sœur Éléonore : elle pâlissait en songeant à la justice de Dieu. Cette âme douce, calme, maîtresse d'elle-même, sans cesse appliquée à faire ce qui pouvait être agréable au prochain, qui ne connut jamais la malice, qui n'eut jamais une pensée de jalousie, qui fut toujours tendre, cordiale, pleine de charité pour tout le monde, avec qui, disait-on, la bonté semblait née et qui était comme revêtue d'un charme incomparable d'amabilité, cette âme n'était pas conduite par Dieu dans les voies de la douceur. Jamais elle n'a goûté la joie des consolations sensibles. Dès qu'elle fut entrée dans la solitude, le démon la persécuta de mille manières, suscitant dans son esprit des tentations contre l'espérance et toutes sortes d'inquiétudes pour la détourner de son nouvel état. Elle trouvait désagréable et pénible tout ce qui l'entourait : les plus petites choses avaient pour elle de l'amertume. Dieu cependant la soutint dans ce combat avec tant d'avantages, que jamais rien de ses répugnances ne parut à l'extérieur : elle se portait avec une bonne grâce si parfaite à ce qu'on demandait, qu'on eût cru qu'elle trouvait plaisir à tout. Elle savait qu'elle obéissait et qu'elle faisait la volonté de Dieu : cela suffisait pour couvrir toutes les répulsions de la nature. Elle en éprouvait une très grande, et que l'on conçoit parfaitement dans une fille de bonne condition, à laver la vaisselle et à toutes les autres besognes de la même sorte. Elle y allait néanmoins de grand cœur et avec un air toujours joyeux. La Mère Émilie lui avait dit d'apprendre à faire la cuisine. Sœur Éléonore s'y mit aussitôt d'un grand zèle : elle accablait la cuisinière de questions, elle voulait tout savoir et tout faire. Elle aurait pu penser qu'il y avait là une épreuve et qu'un pareil emploi ne lui serait jamais donné ; les autres Sœurs se disaient : « Sœur Éléonore a trop de talents pour être appliquée à la cuisine, ce n'est point son affaire ; » mais la Sœur, qui abondait en simplicité, ne se permettait pas de raisonner de la sorte. Elle obéissait à tout avec une entière soumission, sans réplique intérieure ni extérieure. Elle avait pour règle ces deux mots de saint François de Sales : « Ne rien demander, ne rien refuser ! » Pendant sa dernière maladie, on lui donna l'emploi de sacristine ; elle le remplit avec l'affection qui répondait à la vivacité de sa foi. Sa maladie augmenta, elle avait beaucoup de peine à laver les purificatoires. On lui demanda si elle voulait être déchargée de son emploi : « Je n'ai jamais rien demandé ni rien refusé, dit-elle, je ne veux pas commencer aujourd'hui. »

Pour lutter contre ses peines intérieures, contre les désolations et les inquiétudes de son âme, elle n'eut jamais que deux armes : la prière et une entière confiance dans ses supérieurs. C'est là qu'elle a puisé son courage. Elle priait avec tant de recueillement et d'un air si respectueux, que son maintien suffit à déterminer une vocation religieuse. Elle aimait particulièrement le saint office; elle l'a peu récité à cause de son état habituel de faiblesse ; mais toutes les fois qu'il lui était permis de le dire, elle était pénétrée de joie, d'une joie qu'elle témoignait par son maintien plutôt que par ses paroles. Elle parlait peu. Elle évitait avec le plus grand soin ce qui aurait pu la faire connaître; si son esprit, ses talents et ses vertus n'eussent paru malgré elle, sous le voile de la simplicité, on eût pu la prendre pour la dernière de toutes. Le singulier, l'extraordinaire n'était pas de son goût;

la vie la plus commune était celle qu'elle aimait de préférence.

Sa confiance en ses supérieurs était telle, qu'elle disait quelquefois à la Sœur Émilie : « Je ne connais rien en moi qui vous soit caché, et si je venais à découvrir quelque chose, je ne manquerais pas de vous le faire connaître. » Il suffisait que la Sœur Émilie lui dît de ne pas penser à une chose pour qu'elle soumît aussitôt son jugement et sa raison.

Elle avait, étant en religion, conservé pour les pauvres cette prédilection dont nous avons parlé. Elle était toute à ses Sœurs et aussi à ses élèves : elle faisait la classe avec une tendre affection, corrigeant les enfants avec douceur et fermeté. Un de ses plus grands chagrins était quand elle voyait qu'elles n'aimaient pas Dieu autant qu'elle l'eût désiré ; elle croyait en être cause et s'humiliait profondément. Tout en aimant sa classe, si elle avait suivi l'attrait de son cœur, elle eût demandé à faire la classe des pauvres. Elle prenait un singulier plaisir à en entendre parler. Lorsque les Sœurs qui en étaient chargées racontaient quelque chose de leurs élèves, elle les écoutait avec attention et ne pouvait souffrir qu'on les interrompît. Lorsqu'elle rencontrait une enfant de cette classe, elle l'interrogeait avec une expression de tendresse particulière, s'informant de son nom, de son âge, de ses progrès. Elle avait la même tendresse pour les orphelines élevées à la Sainte-Famille, et sa joie était grande d'en voir augmenter le nombre. En tout on reconnaissait un cœur formé par la Sœur Émilie et qui avait profité de ses leçons. On l'eût reconnue aussi fille de la Vénérable Mère Émilie à son amour pour la pauvreté et à la rudesse avec laquelle elle se traitait elle-même. Elle était malade, on lui avait déjà fait quitter sa classe, elle allait mourir; on lui proposa de lui donner un matelas : « Non, dit-elle, je suis religieuse, je veux ma paillasse ! » C'est sur cette paillasse qu'elle rendit le dernier soupir. Elle ne voulait pas qu'on lui donnât, sous prétexte de soulagement, des choses coûteuses ou délicates : « Ceci n'est pas pour une religieuse, » disait-elle; et pour le lui faire accepter, il fallait en appeler à la sainte obéissance. Quand le goût défaillait et qu'elle ne pouvait achever de prendre ce qu'on lui avait préparé (n'y eût-il que deux cuillerées de bouillon), elle recommandait de le garder et de le lui donner plus tard; elle regardait comme contraire à la sainte pauvreté, dont elle voulait faire profession jusqu'au bout, de perdre la moindre chose.

Dieu récompensa cette fidélité à garder les vœux ; aux approches de la fin, il ôta à la Sœur Éléonore ces appréhensions de la mort qui l'avait tant fait souffrir. Il l'inonda des consolations qu'il lui avait retranchées durant sa vie : « Les grâces pleuvent sur moi ! » disait-elle. Dieu se manifestait à elle comme un tendre père, et elle n'eut pas la moindre crainte sur son entrée au ciel ; elle se tenait dans une ferme confiance, promettant à chacune des Sœurs de présenter leurs demandes au Seigneur lorsqu'elle le verrait. Elle répétait souvent qu'on ne connaissait le prix de la vocation religieuse qu'à l'heure de la mort.

Elle avait prononcé ses vœux comme tous les autres actes de sa vie religieuse, sans goût, sans joie, sans affection sensible, uniquement parce qu'elle reconnaissait la volonté de Dieu et que le salut de son âme y était intéressé. Deux mois avant sa mort, la Sœur Émilie lui demanda si elle n'aurait pas la dévotion de renouveler et de faire perpétuel son vœu de virginité. Le confesseur lui en ayant donné la permission, elle le fit avec des transports de joie inexprimables. Elle reçut l'extrême-onction, qui lui donna, disait-elle, de la force et du courage. Elle ne s'entretenait plus que du saint paradis, et se plaignait quand on ne lui en parlait pas. « Quand verrai-je mon Dieu face à face? » répétait-elle souvent ; et elle avait besoin d'une plus grande résignation pour accepter la vie que pour accepter la mort. Elle se faisait faire, ou elle se faisait elle-même tous les jours la recommandation de l'âme. Tous les exercices de la communauté lui étaient toujours chers. Elle y a été fidèle jusqu'à la fin : le dernier jour de sa vie, elle a encore récité le chapelet avec ses Sœurs. Elle avait toujours témoigné un grand désir de la sainte communion. Sa faiblesse, ses sueurs continuelles, l'enflure de ses jambes, l'accablement où elle était, le besoin de prendre de la nourriture, la soif ardente qui la dévorait, toutes ces infirmités ne l'empêchèrent jamais de faire la sainte communion selon son usage. La dernière semaine de sa vie, elle eut le bonheur de communier tous les jours. Elle trouvait dans cette divine nourriture une force ineffable et un accroissement sensible de la paix de son âme. Elle en avait besoin. Le démon, qui rôde toujours autour du lit des mourants, revint à la charge et lui livra de rudes assauts dans les derniers jours. Elle fut éprouvée par des douleurs plus vives et par des tentations d'impatience au milieu desquelles Dieu semblait l'abandonner, lui cachant sa sainte présence et la livrant en quelque sorte à elle-même. Son courage et sa patience ne se démentirent pas. Fortement attachée à son Dieu, le saint nom de Jésus toujours sur les lèvres, elle ne cessa de baiser la croix. Si la force de la douleur lui arrachait quelque plainte qui ne se formula jamais que par le désir de la mort, elle se reprenait tout aussitôt, protestant qu'elle voulait souffrir tant qu'il plairait à Dieu : « Tant que vous voudrez, Seigneur, disait-elle, tant que vous voudrez ! »

La veille de sa mort, elle entra dans une paix profonde ; elle était pénétrée de reconnaissance ; elle a répété plus de trente fois ces paroles : « Mon Dieu, je vous remercie de m'avoir appelée à la sainte religion ! » Elle célébrait la bonté de Dieu : « Aimez-le beaucoup, disait-elle, oui, beaucoup ! » Un instant elle parut toute transportée de joie : « Oh ! s'écriait-elle, quelle belle couronne je vois, quelle belle couronne ! — Comment est-elle? lui demanda l'infirmière. — Elle est verte et rose, répondit la pauvre mourante, et un grand nombre de personnes l'entourent. » On lui dit de les compter. « Je ne le puis, » répondit-elle.

Tout le temps qu'elle put parler, elle ne cessa d'exprimer la vivacité de son amour; on était obligé de chercher à la modérer, et on ne pouvait y parvenir. Un peu avant sa mort, elle perdit connaissance, et elle s'endormit ensuite dans le Seigneur avec tant de tranquillité, qu'à peine la vit-on expirer. Elle était âgée de vingt ans et quelques mois.

Un mois après, les mêmes scènes se reproduisaient dans le couvent. La Sœur Marie Boutaric expirait à l'âge de vingt-quatre ans. Celle-ci n'avait pas été, comme Sœur Éléonore, une enfant de bénédiction, prévenue de toutes les grâces et attirant tous les cœurs : c'était par des efforts inouïs qu'elle avait fait habiter et fructifier la vertu dans son cœur. Au fond, leur histoire à toutes deux était cependant la même. Dans sa lutte contre tous ses instincts, Sœur Marie n'avait jamais, il est vrai, éprouvé les tentations qui désolèrent Sœur Éléonore, et remplirent d'amertume cette vie si consolante et si aimable pour tous ceux qui y furent mêlés. Sœur Marie avait toujours vécu dans la présence sensible de Dieu ; ce fut cette sainte présence qui l'éleva au-dessus d'elle-même et soutint son courage héroïque. La mort ne lui fit jamais peur. « Comment craindre ce qui doit m'unir à mon Dieu ? disait-elle. Ne me suis-je pas donnée tout entière à lui et sans réserve ? »

Elle voyait Dieu en tout et elle marchait vers lui d'un pas ferme et régulier, pour ainsi dire, sans jamais s'embarrasser en rien aux choses de la terre ni aux attraits de la nature. Le soin des enfants lui répugnait extrêmement. Sœur Marie ne se contenta pas de remplir la tâche qui lui était assignée, elle fut toujours la première à se présenter pour remplacer celles des Sœurs qui ne pouvaient remplir leurs offices auprès des enfants. Elle voulait travailler pour Dieu. Malade et ne pouvant plus se soutenir, elle se faisait porter dans sa classe et voulait la faire encore. « Il faut travailler jusqu'à la mort ! » disait-elle. Incapable d'enseigner, elle demandait à être chargée de la surveillance des enfants pendant les exercices d'écriture.

« Mais, lui disait-on, vous souffrez trop. — Il est vrai que je souffre, répondait-elle ; mais quel bonheur de mourir en instruisant les enfants ! »

L'attrait le plus vif et le plus sensible du cœur ne peut aller aussi loin. C'était le zèle du salut des âmes qui la sollicitait, c'était surtout l'amour de Dieu qui la brûlait ; elle eût voulu que toutes les âmes fussent enflammées de ce feu sacré. « Aimez Dieu, disait-elle quelquefois, en répétant les expressions du catéchisme; aimez Dieu de tout votre cœur, de toute votre âme et de toutes vos forces! » Et elle mettait à ces paroles un tel accent que, longtemps après sa mort, ses élèves en gardaient encore l'impression. Tout ce qui n'était pas de Dieu lui était indifférent. Entièrement détachée de la terre, elle aimait uniquement la sainte pauvreté, trouvant toujours trop bon et trop beau tout ce qu'on laissait à son usage. Une seule fois il lui arriva de demander un tablier : on lui dit que le sien était encore bon; elle s'humilia en disant qu'en effet c'était la vanité qui l'avait portée à faire cette demande. Il y avait deux choses dont elle s'accusait volontiers : la vanité et l'immortification. Étant malade, elle mangeait un jour avec plaisir ce qu'on lui avait apporté, et elle était même bien aise qu'on s'aperçût du goût qu'elle y trouvait. Réfléchissant ensuite sur ce qu'elle venait de faire, elle s'en accusa, comme d'une grande faute, à l'infirmière, et demanda qu'on ne lui servît plus du mets qui avait éveillé cette petite délectation. Elle était ainsi toujours en garde et avait peur de trop accorder à la nature.

Un jour, la communauté était réunie autour d'elle à l'infirmerie. On s'entretenait de la charité mutuelle. La Sœur Marie, sans faire attention à ses souffrances ni à l'enflure de ses jambes, qui refusaient de se plier, se mit à genoux, et à haute voix se prit à demander pardon aux Sœurs du mauvais exemple qu'elle leur avait donné par son orgueil, sa méchanceté, sa vanité, son mauvais caractère, sa gourmandise, son immortification..... La Sœur Émilie, comme toutes ses compagnes, émue jusqu'aux larmes, interrompit cette chère mourante sans lui permettre d'en dire davantage, l'aida à se relever et lui imposa silence, car elle cherchait à s'humilier encore.

Deux mois avant sa mort, elle répétait souvent qu'elle irait fêter la Toussaint au ciel. Sur la fin d'octobre, on vit son mal augmenter, et comme on lui demandait si elle voulait recevoir la visite du médecin, qui pourrait peut-être calmer un peu ses douleurs, elle répondit qu'elle avait surtout besoin du médecin de l'âme : elle demanda le saint viatique ; elle le reçut dans les sentiments de la plus vive reconnaissance. La paix et la joie dont son âme fut inondée ne purent demeurer secrètes ; elles parurent sur son visage : il revêtit, durant ces derniers jours, une sérénité et un agrément qu'on ne lui connaissait pas. Même après la mort de la Sœur, cette grâce persista et son visage conserva comme un rayonnement des dernières faveurs que Dieu avait accordées à la mourante. Elle répéta plusieurs fois qu'elle espérait aller en paradis la veille de la Toussaint. Elle reçut les commissions qu'on voulut lui donner pour le séjour céleste. « Je les ferai demain, » disait-elle le 30 octobre. Une heure avant sa mort, on lui demanda si elle souffrait beaucoup. « Non, répondit-elle; mais je croyais que Dieu attendrait à demain, il veut me prendre aujourd'hui. » Elle demanda son confesseur pour qu'il lui appliquât l'indulgence *in articulo mortis*. On lui dit qu'il allait venir bientôt. « Tout de suite, reprit-elle; il ne serait plus temps. » Il vint et lui donna ce qu'elle désirait. Elle demeura dès lors unie à Dieu, prononçant doucement les noms de Jésus, de Marie et de Joseph, et mourut en présence de toute la communauté, le 30 octobre 1819, trois ans et demi après l'établissement de la maison dont elle avait été une des fondatrices.

Nous insistons sur les détails de ces deux morts. La mort est la véritable épreuve des chrétiens. Ce que nous avons pu recueillir des derniers instants de ces Sœurs témoigne de quelle trempe étaient les âmes formées par la Sœur Émilie, et quel esprit animait la nouvelle congrégation. Cependant ces spectacles si consolants pour les anges pouvaient, en se renouvelant, compromettre l'avenir de la congrégation sur la terre. Les Sœurs qu'on avait dans la gloire manquaient aux travaux du jour : l'état des santés, malgré toutes les précautions, devenait chaque jour plus alarmant. On n'avait plus qu'à essayer d'un remède, dont la Sœur Émilie avait toujours éloigné l'usage : c'était de faire sortir et promener les Sœurs. Elles n'avaient pas fait vœu de clôture, mais elles la gardaient étroitement; et la

Sœur Émilie voyait dans cette observance une des forces de son institut. Dans l'extrémité où elle se trouvait réduite, ou de voir périr ses Sœurs, ou d'introduire le relâchement dans leur manière de vie, elle s'adressa à Dieu avec une nouvelle ferveur; elle prit pour protecteur spécial, dans cette affaire, saint Charles Borromée, ce grand ami de la discipline religieuse, et promit de lui ériger un oratoire dans l'intérieur de la maison. Ses prières furent exaucées : la santé des Sœurs s'améliora, et le jour même qui avait été fixé pour leur première promenade, elles s'engageaient par vœu à garder la clôture.

Quelques mois après, à la Notre-Dame de septembre (1820), les Sœurs, qui n'avaient jusque-là porté qu'un habit uniforme, reçurent avec les cérémonies usitées l'habit religieux des mains de leur supérieur. Elles firent aussi les vœux de religion entre les mains de M. Marty. La Sœur Émilie les fit perpétuels.

Il y avait alors dans la communauté une novice malade depuis son entrée dans la maison, c'est-à-dire environ depuis deux ans. L'état de sa santé paraissait mettre un obstacle insurmontable à son désir d'embrasser la vie religieuse. Elle accusait les symptômes les plus graves d'une affection pulmonaire. Les médecins avaient déclaré leur art sans ressources et la maladie sans remède; ils n'avaient pas laissé ignorer à la novice qu'elle devait se résigner à une vie languissante et à une mort prochaine. Ce n'était pas la mort qui alarmait son courage; mais cette vie languissante, cette vie inutile, cette vie à passer loin du service des pauvres et sans doute hors de l'asile béni dans lequel le divin berger avait cependant paru l'appeler et où elle avait espéré revêtir cet habit des épouses, qu'il faut prendre sur la terre si on veut le porter au ciel; cette vie, si courte qu'elle fût, loin de tout ce que pouvait aimer et désirer son cœur, épouvantait cette âme attirée vers les pâturages divins. Elle voulait espérer contre l'espérance, et comme la Sœur Émilie tenter aussi l'impossible. Il avait fallu un ordre des supérieurs pour la contraindre à faire des promenades à cheval, qui lui paraissaient incompatibles avec la vie religieuse et qui outrageaient cet amour de la clôture que le monde ne peut comprendre, et qui est si vif et si jaloux dans le cœur des religieuses. Ces promenades, en outre, semblaient préluder au dernier malheur, à la sortie définitive du couvent. C'était là le calice que cette âme refusait d'accepter et qu'elle priait Dieu d'éloigner d'elle. Cependant tous les remèdes étaient restés inefficaces; et le 8 septembre, la Sœur Émilie et ses compagnes prenaient l'habit et faisaient les vœux de religion. Notre jeune novice était dans une affliction extrême : elle se voyait frustrée d'un bonheur qu'elle eût désiré au delà de tout. Au moment de la cérémonie, ses sanglots et ses pleurs éclatèrent dans la chapelle. Pour que les offices ne fussent pas troublés, la Sœur Émilie fut obligée de la faire sortir du chœur et l'engagea à monter à l'infirmerie. Là, la pauvre malheureuse put donner un libre cours à ses soupirs et à ses larmes. Elle devait sa vocation religieuse aux grands exemples que lui avait donnés la Sœur Éléonore, dont elle avait été l'élève, et elle aimait à lui en reporter le mérite. Reconnaissant à l'infirmerie le lit où, un an auparavant, elle avait vu mourir cette chère Sœur, la novice éplorée se prosterna à terre, et avec toute la ferveur et la foi que la vivacité de sa douleur lui inspirait, elle pria la Sœur Éléonore de ne pas l'abandonner, et, après lui avoir autrefois obtenu la grâce de ses premiers pas dans la vie religieuse, de lui obtenir aujourd'hui la faveur de se lier par les saints vœux.

Cette prière ne fut point vaine. Elle n'était point terminée que le calme se répandit dans cette âme. Les nuages se dissipèrent. La tristesse et la désolation firent place à la joie et à la paix; la volonté jusque-là si rebelle se soumit à tout ce que Dieu exigeait, et entra dans une ferme disposition d'accepter de sa main les derniers sacrifices. La novice fut tellement étonnée de ce changement subit, qu'elle ne se reconnaissait plus. En même temps, cette grâce de l'âme s'était, pour ainsi dire, communiquée au corps : les douleurs avaient disparu, la fièvre avait cessé, le sommeil et l'appétit ne tardèrent pas à revenir. Cette personne qui, un instant auparavant, se soutenait avec peine, se releva aussi forte et aussi agile que si elle n'eût jamais été malade ; son visage avait repris un air de santé, sa poitrine était assez forte pour que le soir même elle pût chanter un cantique d'une voix haute et distincte. Quand la cérémonie fut achevée, elle courut annoncer à ses Sœurs la grâce que la chère Sœur Éléonore lui avait obtenue : son cœur tressaillait de joie ; elle ne pouvait modérer les transports de sa reconnaissance ; elle eût voulu la publier partout, afin que chacun s'unît à elle pour remercier sa chère bienfaitrice. Les Sœurs, du moins, n'y manquèrent point.

La novice rendue à la santé put bientôt se consacrer à Dieu, et supporter les austérités de la vie commune sans voir reparaître son ancienne maladie.

CHAPITRE X

Travail du démon.

L'œuvre entreprise par la bonne Sœur Émilie portait les marques de la bénédiction divine; au milieu des contradictions et des difficultés, elle progressait tous les jours, s'établissait de plus en plus et commençait à prendre de la consistance aux yeux mêmes des hommes les plus aveugles et les plus dédaigneux. Tant qu'elle avait été en butte à la dérision et au mépris, la Sœur Émilie avait vécu en paix; elle avait eu les moments de trouble intérieur dont nous avons parlé lorsqu'elle cherchait sa vocation; jamais elle n'avait rien éprouvé qui pût lui faire concevoir la pensée de l'orage qui allait fondre sur elle.

C'est pour certaines âmes une joie inextinguible de se donner à Dieu, de se consacrer uniquement à son service, de se vaincre en tout, de se refuser tout et de marcher impitoyablement contre leur propre cœur pour l'amour de Jésus-Christ. La pauvreté, l'humiliation, les douleurs les plus cuisantes ont des saveurs délicieuses lorsqu'on les accepte pour le Dieu du Calvaire, en union avec les douleurs, les opprobres et le dépouillement du Crucifié. Il sort de la couronne d'épines et du côté ouvert du Christ, comme un rayonnement divin du paradis qui séduit ces âmes, les enivre, les attire et parfois les affole. Lorsque le séraphique Père saint François, en butte aux huées du peuple et aux sévices de son père, venait de se dépouiller de ses biens et même de ses vêtements pour se remettre tout entier entre les mains du Seigneur et se livrer aux abjections de la mendicité, il fut saisi par des voleurs, roué de coups et jeté par eux dans une fosse remplie d'eau glacée et de neige, et, dit saint Bonaventure, il s'y mourait de joie. Quand le renversement de la nature est ainsi complet, et que les âmes généreuses et transportées ne voient plus rien que du regard de la foi, il semble que Satan ait quelque droit de tenir le langage qu'il adressait à Dieu au sujet du saint homme Job : « Job ne vous sert pas pour rien ; vous avez élevé un rempart autour de lui ; tout lui succède sous vos bénédictions ; mais étendez la main et frappez, et vous verrez s'il ne vous maudit pas. » Aussi Dieu livre quelquefois ses amis, comme le saint homme de la terre de Hus, à toutes les suggestions de la puissance des ténèbres.

Leur douleur devient alors sans consolation : la présence du Sauveur n'est plus sensible, toutes les grâces de tendresse et d'amour qui découlent de la Croix semblent taries ; l'âme éperdue cherche le soutien, la saveur, l'enivrement qu'elle a connus et qui lui sont désormais refusés ; elle ne court plus, pour ainsi dire, par-dessus la nature, elle marche péniblement, entravée dans ses efforts et se sentant enfoncer à chaque pas dans les boues de la corruption. Sainte Chantal a passé par cet état ; presque tous les saints en ont connu l'amertume. Le 9 août 1820, un mois avant que la Sœur Émilie s'engageât par des vœux perpétuels, les tentations les plus horribles fondirent subitement sur elle comme un orage, selon son expression. Elle se trouva tout à coup enveloppée des ténèbres les plus épaisses et livrée à toutes les suggestions diaboliques les plus étranges. Épouvantée de cet état inouï, elle courut à son confesseur ; elle ne trouva pas auprès de lui la consolation qu'elle réclamait. Le combat ainsi engagé dura trente-deux ans. Pendant trente-deux ans, la Vénérable Mère Émilie, appliquée à toutes sortes de bonnes œuvres, occupée aux saints travaux de la charité et aux plus pures pratiques de la dévotion, n'eut pas un instant de répit, ne ressentit pas un moment de soulagement, de paix et de lumière dans son âme, sinon lorsque ses souffrances corporelles devenaient plus aiguës, ou qu'elle était engagée dans les travaux et les perplexités des fondations nouvelles. Les attentions divines sont grandes à ne pas laisser aux hommes des fardeaux qui dépassent leurs forces; mais la Providence ne veut pas non plus enlever à ses amis les couronnes qu'ils peuvent acquérir; aussi, quand la Mère Émilie ne rencontrait pas à ses fondations les difficultés qui les entourent presque toujours, elle ne trouvait pas non plus cette paix et cette clarté dont son âme jouissait ordinairement au milieu de ces entreprises.

La tentation qu'elle avait à supporter atteignait à la fois toutes les forces de son âme, et elles étaient comme détruites. La foi était comme évanouie; toutes les vérités étaient voilées et obscures; l'âme ne se sentait pas même la force d'adhérer et de se soumettre aux vérités mystérieuses et révélées : il lui semblait qu'elle était sans puissance devant elles et sans ressort pour les embrasser. En même temps l'espérance, cette espérance surnaturelle que la foi fait germer et qu'elle entretient, semblait anéantie; l'âme se voyait comme abandonnée de Dieu; tout paraissait concourir à lui prouver qu'elle était perdue sans ressource. Dieu lui apparaissait comme un ennemi, et la charité aussi, pour ainsi dire, n'existait plus. Comment l'aimer, ce Dieu cruel acharné à la perte de sa créature? Ces pensées horribles, que nous n'oserions transcrire si nous ne les trouvions écrites de la main de la Mère Émilie dans une relation de son intérieur que son confesseur lui avait

4***

ordonné de faire (1), ces pensées se présentaient à chaque instant à son esprit éperdu ; la moindre circonstance suffisait à les éveiller ; la moindre incommodité qui pût affliger les sens suscitait des orages, faisait naître des révoltes dans le cœur de cette pauvre femme épouvantée. Tout semblait lui mettre devant les yeux l'injustice de Dieu. La faiblesse de l'esprit humain, ses ténèbres, ses passions, dont elle faisait toujours l'expérience, et dont elle sentait toujours l'aiguillon, lui rendaient comme évidente cette injustice du Seigneur. Elle ressentait alors un éloignement incroyable pour l'humanité sacrée de Jésus-Christ, et sans ressource désormais, sans appui, sans consolation, elle entrait dans d'épouvantables désolations. Le souvenir de l'union si douce où elle avait vécu avec son Sauveur, lui apparaissait alors ; les joies qu'elle avait goûtées dans cette union, le rafraîchissement que son âme y avait trouvé, les faveurs, les moindres caresses qu'elle avait reçues de son Bien-Aimé se présentaient avec vivacité à son esprit, et ne servaient qu'à raviver sa douleur. Elle était comme un homme qui, de la plus haute élévation, serait tombé dans la misère la plus affreuse, et qui, du milieu de son dénûment, se rappelle avec désespoir les prospérités et l'abondance qu'il a connues. Elle n'était pas seulement dans le dénûment : elle était continuellement dans

(1) Cette relation se trouve imprimée dans l'*Esprit de la Mère Émilie*, t. I, p. 278.

les frayeurs les plus vives, elle était sur le bord des abîmes, elle en mesurait la profondeur, elle s'y voyait tomber, rien ne pouvait la retenir; son âme se brisait et se fondait à chaque instant au milieu de ces angoisses. Elle fermait les yeux et se sentait entourée de périls que rien ne pouvait conjurer, dont rien ne pouvait la défendre. Ce qui lui restait de lumières, ce qui lui restait de forces ne lui servait qu'à éclairer et qu'à explorer les dangers qui l'environnaient, et où il lui semblait toujours que l'œuvre de son salut allait échouer et se briser. Dieu permit que toutes les consolations qu'on pouvait lui apporter ne servissent jamais qu'à l'affliger, en sorte que pour elle les remèdes se tournaient en poison. Les paroles de son confesseur l'exhortant à la paix l'épouvantaient, augmentaient sa peine et renouvelaient ses tourments. Lorsqu'elle voulait aller vers Dieu, elle se sentait repoussée et rentrait dans de nouvelles épouvantes; elle eût dit comme le Prophète : « Où fuir pour me dérober à la colère de Dieu? »

En même temps, elle éprouvait du dégoût pour tout. Rien ne pouvait la distraire, et les choses où elle paraissait le plus appliquée, ne détournaient pas son imagination de ces affreuses pensées. Les personnes qu'elle aimait le plus lui étaient à charge, les œuvres auxquelles elle donnait sa vie lui étaient importunes; elle était comme ayant perdu la faculté d'aimer, ne trouvant plus de jouissance à rien au monde, triste, renfermée dans une douleur morne et sans issue puisqu'il lui semblait que Dieu repoussait tous ses efforts. Elle ne pouvait que souffrir. La sainte communion, qui était sa force, était devenue un tourment, aussi bien même que l'application du précieux sang de Jésus-Christ dans le sacrement de pénitence. Ce fut à cause de ces douloureuses angoisses que, pendant les dix dernières années de sa vie, son confesseur lui donna l'absolution et la fit communier tous les jours. La prière, qui avait été ses délices, lui était insupportable. Elle ne pouvait se résoudre à aller à la chapelle; elle comptait les instants qu'elle y passait. Si de bonnes pensées ou de saints désirs se présentaient à son esprit, cela augmentait sa douleur « d'une façon que je ne saurais expliquer », écrit-elle. La pensée de la mort ajoutait à ses terreurs; il lui semblait qu'elle allait tomber entre les mains d'un maître impitoyable : cette pensée, l'éloignement qu'elle ressentait pour Dieu paraissaient l'empêcher de vouloir rien faire pour son amour. Dans tout ce désordre d'imaginations, si elle parvenait à se surmonter, elle était aussitôt portée à murmurer, à accuser le Seigneur de n'être pas touché des services qu'elle lui rendait, et à lui reprocher tout ce qu'elle faisait pour lui. Alors elle ne pouvait supporter de parler ou d'entendre parler de Dieu. Les contradictions qu'elle éprouvait de la part des hommes l'accablaient; elle ne sentait que faiblesse au dedans d'elle, et elle ne trouvait aucune force auprès de la croix.

Dans cet état étrange d'une âme éprouvée, les lectures pieuses ne paraissent plus servir à rien. Souvent elle ne peut comprendre ce qu'elle lit. Son esprit est incapable de lier les mots et les phrases; elle prend le blanc pour le noir, et ce qui devrait la consoler fait sa désolation. Les actions des saints, la conversation des personnes pieuses irritent ses douleurs; le soin des âmes lui est odieux; tout acte de sa vocation lui répugne; en même temps ses passions semblent ranimées et lui font une rude guerre, elle se croit sans force pour les combattre et ne sait comment leur résister. Quelque chose l'entraîne et en même temps quelque chose la retient. Elle est dans une angoisse inexplicable. Si elle succombe dans quelque tentation, elle se sent portée au désespoir, et les souvenirs de sa vie passée lui sont représentés d'une façon terrible. Si elle triomphe un peu d'elle-même, l'orgueil enfle aussitôt son cœur, la colère le soulève, et elle accuse Dieu d'être injuste et sans pitié pour elle et de ne pas récompenser ses efforts. Elle a pour son corps un amour excessif qui lui est reproché vivement, durement, amèrement. La paresse et la gourmandise l'assiègent, et tout cela est accompagné d'une anxiété qu'elle n'a jamais pu définir. Il lui semble qu'elle suit sa volonté entraînée au mal et qu'elle ne peut s'en défendre; elle veut la désavouer, et aussitôt le mal qu'elle avait vu disparaît à ses yeux ; elle reconnaît qu'elle a été le jouet d'une illusion, et un instant après l'illusion recommence, tous les fantômes reprennent devant elle l'apparence de la réalité et se remettent à enchanter sa volonté et toutes les puissances de son âme.

Aux grandes fêtes elle souffre davantage. Les démons, qui d'ordinaire en ces jours redoublent d'efforts pour éloigner les cœurs des grâces que l'Église veut dispenser, les démons s'acharnaient de nouveau sur la pauvre Sœur. Les joies de l'Église ajoutaient à sa tristesse. Elle ne pouvait entrer dans l'esprit des mystères qu'on célébrait ; elle était semblable à un aveugle qui entend vanter autour de lui les magnificences de la nature, ou plutôt pareille à un homme affamé assis à une table chargée de mets exquis et ne pouvant prendre goût à rien.

Tout cela se passe, il est vrai, dans la partie inférieure de l'âme, mais les tentations ordinaires voltigent, pour ainsi dire, à l'extérieur ; l'âme en les combattant sent qu'elle n'appartient point à l'ennemi ; dans les tentations où était induite la pauvre Sœur Émilie au contraire, il lui paraissait qu'elle était vaincue. Elle croyait se voir au pouvoir du démon et livrée à ses suppôts. Au milieu de sa douleur, elle poussait vers le Ciel des cris enflammés et qui auraient dû la consoler ; mais il lui semblait que ces étincelles venaient d'un foyer étranger, et elle s'affligeait qu'elles n'eussent pas porté la chaleur et la flamme dans son intérieur froid, vide et désolé.

Dans cette détresse, cette nuit et cette tempête où elle était plongée, la pauvre Sœur avait pour guide unique l'obéissance. Elle obéissait passivement, songeant souvent à Nabuchodonosor changé en bête, et ne se permettant aucune réplique à son confesseur. Si par hasard une observation lui échappait, elle s'en humiliait tout aussitôt et en demandait pardon, rentrant quelquefois au confessionnal à cet effet. Du reste, au milieu de cette lutte effroyable, les confessions de la Mère Émilie restèrent toujours brèves. Elle ne venait pas chercher de consolation au confessionnal; elle accusait ses fautes; un mot lui suffisait pour en indiquer le genre et un autre pour marquer le nombre. C'était la méthode que lui avait enseignée M. Marty; elle y demeura toujours fidèle : elle ne voulait pas que le confessionnal fût pour elle une occasion de prononcer des paroles inutiles; elle voulait d'ailleurs économiser le temps du confesseur, afin qu'il pût s'employer au soin des autres âmes. Si dans les dix dernières années de sa vie, elle se confessa tous les jours, ce fut l'obéissance qui l'y obligea. L'état de son âme demandait bien quelque exception aux règles ordinaires; et le confesseur avait remarqué combien la sainte absolution fortifiait cette pauvre âme malgré ses terreurs. Pour elle, elle y trouvait une mortification extrême, car presque jusqu'à ses derniers jours, il lui en coûta beaucoup de s'accuser et de s'humilier. Elle ne cherchait pas, d'ailleurs, à parler de ses peines : quand le confesseur l'interrogeait, elle répondait, toujours brièvement. C'était un de ses principes, que moins il y a de paroles au confessionnal et plus il y a de componction, moins il y a de l'homme et plus il y a de Dieu. Elle restait, dans la pratique, fidèle à ce sentiment. Elle s'ouvrait davantage dans les conférences de direction ; mais elle n'y cherchait pas le soulagement de ses peines. Elle avait à faire connaître son état intérieur, elle s'acquittait de ce devoir ; Dieu lui refusait la douceur que quelques autres éprouvent à exposer leurs souffrances à une âme compatissante et paternelle, qui enseigne à tout supporter en union avec le divin Crucifié. Trois ou quatre fois seulement, il est arrivé à la Mère Émilie d'aller chercher par obéissance un peu de consolation et de force auprès de confesseurs extraordinaires. La Providence ne permit pas que leurs paroles et leurs conseils apportassent la moindre paix au milieu des orages soulevés dans cette âme. C'était par un dessein de miséricorde que le bon Dieu la voulait dans la douleur. « En pensant à votre peine, écrivait à la Mère Émilie la supérieure des Carmélites de Figeac, la Mère Thérèse de Saint-Augustin (1), morte en odeur de sainteté et conduite

(1) La Mère Marie-Thérèse de Saint-Augustin, dont nous ne connaissons pas le nom de famille, a été une âme tout à fait privilégiée et éprouvée ; la notice que ses filles ont donnée

elle-même dans cette voie crucifiante, en pensant à votre peine je n'y vois qu'une conduite toute d'amour de la part de Dieu. Si vous ne souffriez pas,

d'elle après sa mort rappelle toutes les merveilles de la vie des saints.

Elle était née au diocèse de Cahors, au mois d'août 1802, dans une humble paroisse où, quelque temps après sa première communion, s'érigea une petite communauté dans laquelle elle entra, à la grande douleur et du plein assentiment de sa mère. L'affection qu'elle avait pour ses parents et surtout pour sa mère fut son premier supplice ; l'épreuve dura longtemps. Marie-Thérèse, car nous ne pouvons lui donner un autre nom, s'essayait à la vie d'immolation, et elle aspirait à s'immoler plus qu'on ne faisait dans sa petite communauté ; or, un jour de la fête de saint Bruno, durant son oraison, il lui fut dit intérieurement d'aller à Cahors ; le même avertissement lui fut renouvelé quelques mois après, au jour de saint Joseph. Elle voulait résister, ou plutôt elle n'osait se fier à ces indications ; mais l'attrait de la grâce la pressait : une occasion se présenta, et la grâce sans doute continuant à la diriger à son insu, la conduisit à Cahors, chez les Dames de la Miséricorde. Marie-Thérèse crut un instant avoir terminé là la recherche amoureuse de son époux ; le sentiment intérieur de son âme l'avertit bientôt de son erreur. Elle devait chercher et trouver autre chose. La supérieure de la Miséricorde cependant avait entrevu le riche fonds de cette postulante et désirait l'attacher à son institut ; elle l'envoya à Moissac, auprès de la fondatrice Mme Genyer, dont nous avons déjà parlé. Mme Genyer lui donna à lire une *Vie de sainte Thérèse*. Marie-Thérèse aussitôt comprit que sa place était au Carmel, et son âme y vola. Elle connaissait le monastère de Cahors, où elle avait visité une novice. La supérieure l'avait même entretenue un instant, et avait été tellement frappée du mérite de cette jeune fille, qu'elle avait aussitôt demandé à Dieu de la donner à sa communauté. Ce n'était qu'au prix du sacrifice qu'elle devait y entrer. De retour à la Miséricorde de Cahors, Marie-Thérèse ne

votre congrégation irait mal. C'est par cette continuelle croix que sa perfection et la vôtre seront consommées. Dieu trouve sa gloire et son plaisir dans cette vie de mort. Vous lui avez donné mille fois votre consentement, il en profite. Laissez-le faire : un temps viendra où la paix vous sera rendue. »

Dans un tableau énergique et d'autant plus vrai qu'elle en pouvait connaître les détails par elle-même, la Mère Thérèse de Saint-Augustin a résumé, avec l'accent des grandes âmes, les traits que nous avons essayé de rassembler ici, et sur lesquels nous aurons plus d'une fois à revenir. « Le saint Époux, écrivait-elle, veut l'âme morte à tout désir et à tout

---

trouvait plus dans son cœur que des répugnances pour le Carmel ; elle marcha sur les répulsions avec autant d'entrain qu'elle en avait mis à suivre les attraits. En vain, sa famille unit ses efforts à ceux de ses anciennes compagnes et du curé de la paroisse pour arrêter son vol. Les combats continuèrent même lorsqu'elle se fut reposée sous l'abri que le Seigneur lui avait montré ; son père venait pleurer à la grille du parloir et tenter de l'arracher au cloître ; on voulut faire intervenir l'évêque. Le plus pénible encore pour la postulante était de trouver son cœur, son propre cœur révolté contre ses projets : livrée à elle-même, elle se sentait d'accord avec ceux qui voulaient la ravir au Carmel. Elle resta, malgré tout, fidèle à la vocation qui lui avait été indiquée aux jours de lumière. Bientôt sa santé parut y faire un nouvel obstacle : les combats qu'elle avait à soutenir ruinaient son pauvre corps ; ses vœux ressemblèrent à des funérailles : ceux qui y assistèrent crurent que sa profession aurait à peine huit jours de durée. Elle avait vingt-trois ans en entrant au monastère ; on devait être en 1826. Elle fut bientôt maîtresse des

vouloir propre. Ce que Dieu demande de l'âme c'est une grande indifférence pour l'état où il la tient, en sorte qu'elle se fasse gloire de l'abjection de ses dispositions crucifiantes et humiliantes. Dans cet état de sacrifice et d'abandon, elle est très agréable au Seigneur ; qu'elle ne cherche donc pas autre chose ! Une âme souffrante doit se dire à elle-même : — « Courage, supporte avec une foi ferme l'exil que Dieu fait éprouver à ton cœur ! Il se plaît à y opérer à ton insu, ne te laissant sentir qu'un vide très pénible ; il est néanmoins présent, et jamais il ne t'a tant aimée. Tu souffres, tu n'as pourtant que ce que tu as désiré ; mille fois tu as dit à Dieu de briser tous tes liens et que tu ne voulais que lui ! Voici qu'il t'a prise au mot ; il a tout renversé,

---

novices, et lorsque, vers 1830, la prieure de Cahors alla fonder le monastère de Figeac, elle laissa à Marie-Thérèse le gouvernement de la communauté. Elle y fit l'apprentissage de la supériorité. Six mois après, elle fut appelée à Figeac et prit le gouvernement de cette maison.

Nous ne dirons rien de cette première prieure du monastère de Figeac ; les actions les plus étonnantes, les sacrifices les plus héroïques, la vie la plus mortifiante et la plus éprouvée furent son partage et firent briller sa vertu. De nombreuses faveurs de Dieu la soutinrent dans toutes ses épreuves et ses pratiques. Elle vécut dans des souffrances aiguës tout à fait inouïes, au milieu desquelles sa vie était comme un miracle ; le récit de son agonie est le récit d'un martyre. Elle mourut en la fête du Patronage de saint Joseph, le 21 avril 1850, dans la quarante-huitième année de son âge et la vingt-cinquième de sa profession. Sous le titre de *Fleurs du Carmel*, une notice lui est consacrée au second volume des *Serviteurs de Dieu*.

il a fermé toutes les avenues afin qu'aucun bien de consolation ne vienne jusqu'à toi ; il a permis au démon et à la nature de te faire sentir leurs révoltes afin, sous ces dehors humiliants, de pouvoir t'établir dans une voie toute d'amour pur. On ne peut appeler de ce nom le plaisir que l'on trouve à servir Dieu dans le beau jour des consolations : il s'y glisse toujours bien des misères qui ont besoin d'être purifiées dans le creuset où tu te trouves; c'est d'ailleurs la conduite que ce divin époux tient à l'égard de ses saints. La Mère de Chantal éprouvait de ces sortes de peines : elle se voyait en proie à la tentation, elle gémissait de se voir à la tête de ses filles, et disait éprouver toutes les misères et les tentations qu'elles éprouvaient, et tout cela durant les dernières années de sa vie. Ne te trouble donc pas de ton opposition à Dieu ; cela est étranger à ton cœur qu'il tient entre ses mains. Tu n'es pas aise de faire le mal, c'est un sentiment qu'il permet pour te tenir dans l'humiliation. Laisse-le faire, dévoue-toi à tout ce qu'il voudra, donne-toi en victime à son amour sans te mettre en peine de ce que tu éprouves. C'est imparfait de vouloir sentir autre chose que sa corruption ; puisque Dieu le permet, c'est que cela le glorifie ; et moins cela est de ton goût, plus cela est du goût de Dieu. »

« Demeurez, ma très chère Sœur, dans votre état de souffrance, protestant à Dieu par paroles vocales, si vous ne pouvez autrement, que vous voulez vivre de sa mort et vous nourrir d'amertume, sans chercher ni goût, ni sentiment, ni connaissance ; car ce bon père vous veut toute sienne, sans réserve, tout abandonnée à son amoureuse conduite. Mon Dieu! que vous êtes heureuse d'être ainsi serrée et tenue de près par Jésus! Adorez en silence! jetez-vous dans ses bras malgré le repoussement que vous éprouvez. Ne craignez point qu'il vous rejette, ni que le démon ait aucun avantage sur vous. Les révoltes de la nature ne vous rendent point coupable. Dieu fait en vous de grandes choses à l'ombre de vos misères. Un jour viendra où toutes ses richesses vous seront montrées à découvert; maintenant c'est le temps des ténèbres. Laissez faire, taisez-vous, continuez votre abandon. C'est Lui qui vous presse, c'est Lui qui vous donne cette faim de Lui et ce dégoût de tout le créé. C'est une grâce très précieuse. Votre attrait, c'est la croix. Sondez votre cœur. C'est l'attrait de Dieu sur votre âme. Il n'est content que lorsque vous êtes en proie à la plus douloureuse souffrance. Votre dévouement vous prouve que vous voulez qu'il accomplisse envers vous ses desseins. Ne vous mettez donc pas en peine du reste. Plus vous serez morte sur vos intérêts, plus Dieu aura de facilité pour vous façonner à son gré. Vos répugnances sont des grâces. »

CHAPITRE XI

Maladies de la Vénérable.

Dans la vie du chrétien, la lutte ne doit jamais cesser. Les œuvres que la Providence veut bénir ne prospèrent qu'en traversant chaque jour de nouvelles épreuves. Le bon Dieu se complaît, pour ainsi dire, à rappeler à la faiblesse humaine que le succès et la force ne reposent que sur lui. Les contradictions que le nouvel institut avait suscitées n'avaient pas arrêté son établissement, et les avanies que les Sœurs rencontraient, ne devaient pas non plus troubler leur paix. La Sœur Émilie regardait les humiliations comme des faveurs. C'est une grâce, disait-elle, que le bon Dieu nous fait de nous humilier ; n'oublions pas les jours où nous avons de telles occasions de mérite, ils sont précieux ! Plus l'humiliation était grande, plus la joie devait éclater, plus aussi une religieuse devait s'abîmer dans son néant. On peut marcher sur nous impunément, disait la Mère. Les plus grandes injures, à son avis, ne pouvaient pas troubler la paix d'une épouse de Jésus-Christ.

Un jour, dans ces commencements de l'institut, une Sœur converse reçut un soufflet sur la place du marché de Villefranche. La nouvelle en fut portée au couvent avant que la Sœur y fût rentrée. Quand celle-ci arriva, elle trouva la Servante de Dieu qui l'attendait pour savoir de quelle manière avait été accepté cet outrage.

« Je n'ai rien dit, dit la pauvre tourière.

« — Et vous avez bien fait, reprit la Sœur Émilie; si vous vous étiez vengée de quelque manière, vous ne seriez pas rentrée à la maison : je vous attendais ! »

Elle était de l'avis de ce frère Zacharie, dont il est question dans les histoires monastiques (1), qui, défaisant sa coule et marchant dessus, disait que pour être religieux il fallait être prêt à être traité de la sorte. C'était là l'esprit que la Vénérable Mère s'efforçait de maintenir dans la congrégation, et qui avait inspiré les fondatrices. Mais après avoir bravé les mépris des hommes et triomphé de cette pénible épreuve de la maladie et de la mort de ses membres, la petite communauté allait essuyer une épreuve plus sensible encore, et qui devait plus que toute autre lui faire sentir le besoin de la protection divine. La

---

(1) *Biblioth. Pat.*, Smaragde, *Diadème des moines.*

Sœur Émilie avait soutenu le courage de ses Sœurs durant toutes les angoisses qu'elles avaient éprouvées; mais elle tomba elle-même gravement malade dans le courant de l'année 1821. La fatigue et surtout les peines intérieures, que nous avons essayé de décrire et auxquelles elle n'était point accoutumée, lui avaient ôté le sommeil : elle s'affaiblit tellement qu'elle fut obligée de garder le lit. Depuis l'année 1818, elle était atteinte d'un polype au nez, et elle en avait ressenti de vives douleurs. Aux premiers symptômes de cette infirmité, elle s'était beaucoup effrayée; toutefois, elle maîtrisa son cœur et ne formula aucune plainte. Les Sœurs s'aperçurent de la difficulté qu'elle avait à parler. On consulta : les médecins déclarèrent qu'elle était menacée d'un cancer. On se désolait autour d'elle : « Quand j'aurais dix cancers, disait la malade, cela vaudrait mieux qu'un seul péché mortel. »

La maladie s'aggrava ; on fit une opération qui ne réussit point, il fallut la renouveler : et comme cette seconde opération devait être plus douloureuse encore que la première, on proposa de lier la patiente. Elle s'y refusa énergiquement : « Je tiendrai le crucifix entre mes mains, ce sera une assez forte chaîne. »

Elle ne bougea pas, en effet, durant l'opération qui fut longue. Les chirurgiens s'étonnèrent de sa fermeté, la trouvant au-dessus des forces de la nature et avouant qu'il y avait là quelque chose de divin. Leurs soins d'ailleurs furent inefficaces ; ils parlèrent d'une troisième opération, demandant de la différer un peu afin de laisser reposer la malade et de lui éviter quelques souffrances. La Sœur Émilie n'entendit point à de pareilles considérations. Elle était heureuse de ne pas s'épargner les douleurs ; elle savait d'ailleurs qu'on n'avait pas toujours de pareils ménagements pour les pauvres; elle voulait être traitée comme ses amis les plus chers. Par ses vœux ne s'était-elle pas engagée dans leurs rangs? Surtout, elle voulait en finir vite avec les dispenses de clôture dont sa maladie était l'occasion. Elle désira que la troisième opération eût lieu sur l'heure, tout aussitôt qu'on la crut nécessaire. Elle fut encore à peu près inutile. Elle mit la malade dans la nécessité de souffrir de longs et douloureux pansements : le chirurgien désirait s'en charger, la Sœur Émilie s'y opposa ; elle voulut que l'infirmière apprît à la panser, préférant souffrir de sa maladresse et de la lenteur des pansements, et persévérer dans son humilité, sa pauvreté, sa clôture et aussi le respect de la sainte vertu. On lui appliqua encore divers remèdes dégoûtants et pénibles; on la soumit à un régime de laitage; aucune amélioration ne se manifesta. On s'attendait chaque jour à voir empirer cet état douloureux, on redoutait qu'il n'eût une issue prochaine et funeste. Dans cette extrémité, M. Marty conseilla aux Sœurs d'invoquer saint Joseph ; on lui dressa un oratoire; on le para de tout le luxe possible. La Vénérable, qui ne trouvait pas de délassement ni de plaisir plus grand que de décorer les autels, travailla volontiers, quoique malade, à l'ornement de cet oratoire. Les Sœurs firent vœu que pendant un an, l'une d'entre elles jeûnerait et ferait la sainte communion tous les vendredis. Le premier vendredi de chaque mois, la communauté entière jeûnait et récitait les litanies de saint Joseph, en se rendant en procession du chœur à l'oratoire du saint. La Providence parut un instant agréer ces mortifications et exaucer ces prières : la santé de la Servante de Dieu s'améliora un peu; elle fut loin toutefois de se rétablir. Après l'accomplissement de leur vœu, les Sœurs durent persévérer dans leurs supplications; elles sentaient bien que l'existence de leur petite congrégation, qu'elles aimaient tant, dépendait de la vie de la Vénérable. Quelqu'une d'entre elles était toujours en prière; elles étaient quelquefois sept ou huit ensemble prosternées devant les autels, les bras en croix, poussant des soupirs vers le ciel, demandant la santé de celle dont paraissait dépendre le progrès spirituel de toutes. Le Seigneur parut se complaire à les voir dans cet état d'affliction et d'alarme.

Outre les peines intérieures de la Vénérable Sœur, qui étaient excessives, il plut à la miséricorde divine de l'affliger constamment par des maux de toutes sortes. Elle ne pouvait supporter qu'une si petite quantité de nourriture que sa vie semblait un miracle; du moins les aliments qu'elle prenait paraissaient-ils tout à fait insuffisants à soutenir et prolonger son existence. Le bon Dieu voulut ainsi, sans doute, durant la longue carrière de la Mère, rappeler sans cesse à toute sa congrégation, vivant au jour le jour, dans quel esprit de dépendance et de ferveur elle devait aussi recevoir et demander cette vie spirituelle, dont la Mère Émilie était pour toutes ses filles l'âme et le canal.

CHAPITRE XII

Les congrégations. — Correspondance de la Vénérable
et de Mme de Trenquelléon.

———

La Servante de Dieu n'avait jamais songé à la gloire de fonder un institut. Elle voulait accomplir la volonté divine et servir les pauvres. Elle était toujours prête, d'ailleurs, à s'effacer et à laisser agir la Providence. Lorsqu'elle avait vu ses compagnes malades et hors d'état de travailler à la fin qu'elles s'étaient proposée, elle avait cru un instant que le bon Dieu refusait de reconnaître la petite famille qui commençait à se former autour d'elle. Elle avait alors songé à joindre ses efforts à ceux d'une communauté déjà établie. Quand les santés furent raffermies à Villefranche, elle ne renonça pas à ce projet. M. Marty en avait approuvé la proposition ; peut-être la Providence avait-elle voulu manifester sa volonté. Mlle de Rodat, d'ailleurs, considérait la supériorité comme une charge ; elle eût craint d'écouter son attachement pour les âmes qu'elle avait enfantées à la vie religieuse, et elle ne demandait pas mieux que de remettre à d'autres leur gouvernement et leur direction.

Il y avait à Agen, avons-nous dit, une communauté établie depuis 1816, sous le nom de Filles de Marie. Mme de Trenquelléon, qui, disait-elle humblement, « avait coopéré de sa fortune à la fondation de cet institut, » en était véritablement la fondatrice à l'instigation d'un vénérable chanoine de Bordeaux, M. l'abbé Chaminade (1). A cette époque,

(1) Guillaume-Joseph Chaminade, né à Périgueux au mois d'avril 1761, avait deux frères, l'un récollet et l'autre jésuite. Il fit ses études auprès de ce dernier, au collège de Mussidan; il demeura ensuite dans cet établissement à titre de professeur; il y était encore au moment de la Révolution. Il se retira alors à Bordeaux; il émigra plus tard en Espagne et se réfugia à Saragosse. Il combina et nourrit aux pieds de Notre-Dame-del-Pilar ses divers projets d'apostolat pour la France. Aussitôt qu'il le put, il reparut à Bordeaux; avant de quitter l'exil, et afin d'être plus fort dans l'exercice de son zèle, il avait demandé et obtenu du Saint-Siège le titre et les pouvoirs de missionnaire apostolique. L'abbé Chaminade avait dès lors fixé sa pensée sur les congrégations; elles lui paraissaient, ainsi qu'à la plupart des hommes qui travaillèrent dans ces temps au réveil de la foi et à la consolation de l'Église, le moyen d'action le plus simple et le plus efficace; toutefois il ne négligea aucun de ceux dont il put disposer : son activité profitait de toutes les circonstances et embrassait volontiers toutes les inspirations. On dit que sa charité s'exerça fructueusement parmi les prêtres assermentés et qu'il eut la joie d'en réconcilier un certain nombre. Le dernier évêque de Bazas, Grégoire de Saint-Sauveur, lui avait conféré des pouvoirs particuliers pour l'administration de son diocèse, et M. Chaminade en fit usage jusqu'à la suppression de ce

l'Église cherchait à réparer ses désastres ; ils étaient immenses. Au moment du Concordat, quand elle commença à sortir de l'abîme que la révolution avait ouvert en France, l'Église n'apparut pas seulement dépouillée de ses biens, elle sembla aussi comme privée de ses forces. On pouvait douter qu'elle eût la puissance d'embrasser et de nourrir désormais ce peuple qu'on avait violemment éloigné de son giron pendant plusieurs années. Elle était toujours la maîtresse de la vérité, mais les moyens de répandre et de propager cette vérité au milieu des hommes semblaient lui faire défaut ; elle n'avait pas même le nombre de prêtres nécessaire pour assurer le ministère sacerdotal dans les paroisses. Tous les puissants auxiliaires d'autrefois pour exciter le zèle, prêcher les peuples et entretenir l'esprit de piété, n'étaient pas sortis de leurs ruines. L'état

---

diocèse par le Concordat. Il eut le bonheur de travailler, à Bordeaux, à l'œuvre de la Miséricorde, fondée par Mlle de Lamourous, qu'il dirigea pendant plusieurs années, et qui, à son tour, l'aida à former les premières Filles de Marie. Du sein des congrégations d'hommes qu'il avait établies dans diverses villes, il tira, vers 1817, les membres les plus fervents pour former la Société de Marie, dont le but est de s'appliquer à toutes sortes de bonnes œuvres, entre autres à la direction des écoles et des collèges. Il dirigea cette Société jusqu'en 1841, et résigna alors les fonctions et le titre de supérieur général. Il mourut à Bordeaux, au milieu de ses enfants, le 22 janvier 1850. La Société de Marie, composée de prêtres et de laïques, continue de prospérer ; elle dirige, en France, divers établissements d'éducation, notamment, à Paris, le collége Stanislas.

lamentable d'abandon où Mlle de Rodat avait trouvé les jeunes filles de Villefranche, n'était pas particulier à cette ville ; il en était de même dans toute la France ; nulle part, pour ainsi dire, les premiers éléments de l'enseignement chrétien n'étaient distribués au peuple ; à peine si les villes possédaient quelques institutrices laïques, ou quelques essais de communautés appliquées à l'éducation des jeunes filles riches. Celles des classes pauvre et moyenne étaient à peu près sans ressource. Les désordres qu'entraîne l'ignorance religieuse ne trouvaient point de remède. Les malades des villes et ceux des campagnes surtout étaient sans secours. En présence de tant de misères et de tant de besoins, les âmes fidèles à l'Église dépensaient leur zèle de tous côtés. Plusieurs s'étaient senties touchées et enflammées comme Mlle de Rodat. C'était parmi elles un empressement et une activité souvent admirables à travailler par tous les moyens en leur pouvoir à l'avancement de l'Église. Ces âmes n'étaient pas nombreuses, il est vrai, et toutes ne réussirent pas dans leurs desseins comme la Vénérable Mère Émilie ; mais à voir leur courage et leur esprit d'entreprise, il y avait bien lieu d'espérer que rien n'était perdu en France. Pour assurer le succès de leurs efforts, elles avaient compris qu'elles devaient éviter l'isolement, se grouper et s'appuyer les unes sur les autres afin de multiplier leurs forces pour le bien. « Nous avons, écrivait M. de Bonald à

M. de Maistre, nous avons un nombre considérable de jeunes gens de toute condition, depuis la pairie jusqu'à l'humble place de commis, qui se dévouent aux actes sublimes et touchants d'humanité avec une ferveur, un zèle, une tendresse vraiment admirables. Quand on est trop aigri par tout ce qu'on voit, ce qu'on entend, quand on est prêt à désespérer de la France, il faut, pour *rasséréner* son âme, aller voir les différentes œuvres entreprises par ces jeunes gens (1). » Au milieu des tristes prévisions que lui inspirait ainsi tout ce qu'il voyait et tout ce qu'il entendait, les constitutions écrites, les assemblées parlantes, les législateurs en permanence, la consommation de la vente des biens de l'Église, toute la politique enfin du gouvernement d'alors, M. de Bonald, dans sa correspondance avec M. de Maistre, revient en effet avec plaisir sur la consolation, l'espérance et la joie que lui causent les œuvres de ces bons jeunes gens. Il n'était pas seul à penser de la sorte. Les ennemis de l'Église semblaient partager son avis, et ils dirigeaient tous leurs efforts contre ces modestes associations. Ils en faisaient grand bruit et affublaient de leur nom un fantôme destiné à épouvanter le peuple. Ils avaient assez bien réussi, et le simple nom de la Congrégation portait l'ombrage dans beaucoup d'esprits; les congrégations, dans le fait, se bornaient à fournir aux

---

(1) *Lettres et opuscules de Joseph de Maistre*, t. I, p. 541, 15 décembre 1817.

jeunes gens le lieu de réunion et l'encouragement au bien que leur ont présenté depuis les conférences de Saint-Vincent-de-Paul.

Le zèle a toujours besoin d'être entretenu ; rien ne l'excite autant que l'exemple. L'édification mutuelle est surtout nécessaire dans les jours où ceux qui connaissent Dieu sont en minorité. Aux temps de l'Empire et de la Restauration, cette minorité était encore plus sensible qu'aujourd'hui. S'il était indispensable de s'appliquer à l'éducation de la jeunesse, comme avait fait M. Marty, il n'était pas moins nécessaire de garantir cette jeunesse des dangers du monde, de lui ménager quelques endroits où elle pût entendre parler du Dieu qu'on lui avait enseigné, et s'assurer que ce Dieu gardait encore des adorateurs. Plusieurs prêtres avaient essayé de répondre à ce besoin de leur époque. Les Jésuites, dont le rétablissement était, aux yeux de M. de Bonald, « une compensation à cet affreux déchaînement d'athéisme répandu dans toute l'Europe, à cette rage de détruire le catholicisme portée alors à son dernier excès (1), » les Jésuites aussitôt rentrés en France, et lorsqu'ils taisaient encore leur nom devenu un objet de terreur pour les philosophes, avaient cherché à former de ces précieuses réunions. A Paris, la Congrégation s'occupait des œuvres de charité : M. de Bonald les énumère rapi-

(1) *Lettres et opuscules de Joseph de Maistre*, t. I, p. 524, 16 novembre 1814.

dement : le patronage et l'instruction des jeunes libérés, le catéchisme des petits Savoyards, la visite des pauvres et celle des malades dans les hôpitaux, etc. Le prosélytisme sous toutes ses formes était surtout le but des congréganistes. Ils se réunissaient le dimanche matin, entendaient la messe ensemble et écoutaient une instruction. Ranimés de la sorte dans leur ardeur, ils devaient ensuite, en vaquant à leurs travaux et à leurs devoirs de famille et de société, poursuivre partout la gloire de Dieu et profiter de toutes les circonstances de la vie, de leurs relations d'affaires et du monde, pour faire briller la vérité aux yeux des âmes qui en étaient éloignées.

A Bordeaux, M. l'abbé Chaminade, ancien élève des Jésuites, et dont le frère avait été recteur d'un des collèges de la Compagnie avant la suppression de 1771, M. l'abbé Chaminade, au retour de l'émigration, fonda une congrégation de jeunes gens. Elle avait pour unique but d'exciter le zèle, et n'employait pas d'autre moyen que la prière. Les congréganistes se réunissaient tous les dimanches, assistaient aux offices, recevaient des instructions, mais n'étaient pas chargés de s'occuper d'œuvres particulières de charité; chacun suivait l'attrait de sa dévotion; tous devaient travailler à procurer la gloire de Dieu et le salut du prochain. La congrégation de Bordeaux fut très prospère : elle fit beaucoup de bien, et le Souverain Pontife l'enrichit de plusieurs indulgences. Elle était d'abord composée à peine d'une demi-douzaine de membres; dès la première réunion, M. Chaminade leur fit prendre l'engagement d'amener chacun un candidat à la réunion suivante. Il continua quelque temps à user de ce procédé, et eut bientôt groupé autour de lui toute la jeunesse fervente de Bordeaux. De pareilles réunions, si nécessaires aux hommes, pouvaient être aussi utiles aux femmes. Celles-ci ont, en effet, bien des dangers à courir, et à certaines époques surtout une mission particulière à remplir dans le monde; elles doivent souvent y vivre au milieu de l'indifférence et du mépris de toute pratique religieuse, et elles ont d'abord à s'en défendre; elles peuvent en outre travailler efficacement à propager cette connaissance du nom et des vertus de Jésus-Christ dont le monde est toujours si éloigné, et dont il avait alors peut-être plus besoin que jamais. Les congrégations de femmes furent établies sur le modèle de celles des hommes. Les congréganistes y rendaient compte exactement de leurs efforts pour la gloire de Dieu; elles devaient, dans leurs familles, auprès de leurs amies, de leurs voisines, des personnes de leur dépendance, travailler à faire connaître et aimer le bon Dieu. Qui peut dire le nombre d'œuvres saintes accomplies par les congréganistes? Le catéchisme était enseigné aux enfants, les malades étaient visités, on veillait à leur procurer les derniers sacrements; le dimanche on s'appliquait à détourner des danses et des plaisirs dangereux les jeunes filles des diverses conditions; on les réunissait, on cherchait à les divertir et à les instruire; les congréganistes s'intéressaient encore aux lectures des personnes auprès desquelles elles pouvaient avoir crédit et accès; elles s'appliquaient à leur mettre de bons livres entre les mains; elles faisaient ainsi tout ce que le zèle les poussait, tout ce que l'exemple les encourageait à entreprendre; pardessus tout, elles cherchaient à procurer la fréquentation des sacrements. Du sein de ces associations de charité, afin de les fortifier, de les diriger et de les propager, naquit l'institut des Filles de Marie. Mme de Trenquelléon était depuis plus de quinze ans appliquée à l'œuvre des congrégations lorsqu'elle put réunir autour d'elle quelques-unes des plus zélées d'entre ces congréganistes. Elles se lièrent par des vœux, et outre le soin des congrégations, se proposèrent celui de l'éducation des enfants. Dès 1809, Mme de Trenquelléon avait entendu parler à Figeac de Mlle de Rodat, et elle avait songé à engager la Vénérable dans le travail des congrégations. En 1819, l'éducation des enfants, dont s'occupaient également les Filles de Marie et des Sœurs de la Sainte-Famille, pouvait être un motif tout naturel de rapports entre les deux supérieures. La recherche amoureuse de la gloire de Jésus-Christ, à laquelle elles s'appliquaient l'une et l'autre, suffisait néanmoins. Elles se mirent d'abord en union de prières.

Mme de Trenquelléon, qui naturellement était ardente, fit les ouvertures. Elle écrivit la première, le 21 juin 1819 : « Je désirerais, Madame, nous unir de prières afin de nous aider, par un mutuel effort, à obtenir de plus en plus le secours du Seigneur : nous en avons besoin dans une œuvre que le démon voudra sans doute combattre de toutes ses forces, puisque nous lui avons juré une guerre à mort. » Dans l'animation de cette guerre déclarée au démon, Mme de Trenquelléon ne souhaitait rien tant que la propagation du moyen auquel elle avait dévoué sa vie, et dès ce premier abord, elle demandait à la Sœur Émilie si elle pourrait implanter les congrégations à Villefranche. Entrant dans le détail, elle lui écrivait : « Vous ne sauriez croire le bien qu'elles produisent. Les mères de famille et les demoiselles âgées forment une classe, les jeunes personnes une seconde, les filles de service une troisième : c'est toujours la même congrégation, mais les réunions sont séparées, parce que les instructions doivent parfois être un peu différentes. Les réunions ont lieu le dimanche soir, après les offices des paroisses et à l'heure des promenades, pour en retirer les congréganistes. On fait une instruction, on chante des cantiques, on tâche de rendre la chose agréable, on raconte la vie d'une sainte... Les congréganistes ont pour nous une grande confiance : elles nous font part de leurs petites peines. Nous sommes obligées de les voir souvent, car nous les dirigeons pour ainsi dire. Il y a aussi, ajoutait Mme de Trenquelléon, des cours pour les hommes, dont nous ne nous mêlons pas et qui sont plus édifiants que ceux des filles. » Pour ne rien oublier, Mme de Trenquelléon priait M. Marty de se mettre en rapport avec M. Chaminade, afin de chercher s'il n'y aurait pas quelque chose à organiser à Villefranche. La Servante de Dieu accueillit avec joie cette proposition, l'exécuta en tout ce qui dépendait d'elle ; elle établit la congrégation au couvent de Villefranche ; elle y obtint le succès qu'elle avait déjà obtenu lorsqu'elle faisait les catéchismes chez Mme Saint-Cyr. Les personnes les plus recommandables de la ville entrèrent dans la congrégation. La Sœur Émilie suivait docilement les avis de Mme de Trenquelléon ; selon ses conseils, à cause du petit nombre et des grandes occupations des Sœurs de la Sainte-Famille, elle n'avait formé à Villefranche qu'une seule réunion. La Sœur Émilie y parlait de Dieu avec une force et un agrément extrêmes. Le zézaiement qui lui était naturel n'enlevait rien à son éloquence douce, forte, cordiale surtout. Le charme qu'elle possédait et qu'elle portait partout, n'était jamais plus puissant que lorsqu'elle parlait en public. Il semblait évident alors qu'elle avait un don particulier pour faire goûter et aimer la vertu. On n'a pas oublié à Villefranche cette grâce éloquente de la Vénérable Mère. Pendant plusieurs années, elle s'appliqua avec simplicité à cette œuvre qui donna d'excellents fruits et cessa en 1825. Des missionnaires venus alors à Villefranche formèrent dans la ville diverses congrégations, entre lesquelles la Mère Émilie engagea à se partager celle qui se réunissait au couvent.

Cependant la correspondance avec Mme de Trenquelléon ne languissait pas. Il n'y était pas seulement question des congrégations, de leur mécanisme et de la manière de les diriger. Les âmes des deux fondatrices s'ouvraient l'une à l'autre : la Sœur Émilie n'en était pas encore à pratiquer vis-à-vis d'elle-même cette rigueur et cette sévérité inouïes, qui lui firent plus tard se retrancher toute manière d'épanchement même avec ses filles. Nous n'avons pas ses lettres à Mme de Trenquelléon ; celles que Mme de Trenquelléon écrivait sont d'une ouverture de cœur et d'un entrain qui devaient être motivés par quelque chose d'analogue. La Sœur Émilie, la première, avait demandé la plus intime confiance dans ce commerce, Mme de Trenquelléon répondait : « Ma très chère Sœur, j'éprouve une grande consolation de notre correspondance ; oui, j'adhère à vous écrire avec la plus intime confiance ; nous courons la même carrière ; bien jeunes encore, nous sommes placées sur le chandelier et appelées à la conduite des âmes. Oh! quel besoin n'avons-nous pas d'implorer ensemble les lumières du Saint-Esprit et de demander la sagesse divine, afin d'éviter les fautes considérables que notre peu d'expérience pourrait nous faire faire ! » On entrait dans le détail des deux communautés, on s'instruisait par l'exemple, on se donnait des conseils, on s'encourageait à tous les devoirs de la supériorité dont la responsabilité est terrible : « Allons, ma chère et bonne Sœur, efforçons-nous de répondre aux grands desseins du Seigneur, soyons généreuses à son service. Regardons-nous comme victimes. Ne faut-il pas l'être pour être de véritables mères ? Soyons pénétrées de la grandeur de nos obligations de supérieures. Nous devons être la lumière de la communauté par le bon exemple. Que nos filles trouvent toujours notre cœur ouvert à tous leurs besoins, prêt à supporter toutes leurs faiblesses, pour qu'elles ne jettent pas un regard de regret sur le monde ! » La pensée de ces grands devoirs revient à chaque instant : « Nous sommes venues en religion pour suivre notre divin époux jusqu'au Calvaire ; nous devons trouver notre joie dans les contradictions et les épreuves. A l'exemple de saint Paul, faisons-nous toutes à toutes ; c'est là le grand devoir d'une supérieure ; soyons faibles avec les faibles, infirmes avec les infirmes. Hélas ! notre jugement sera plus terrible, parce que nous aurons à répondre pour toute la communauté. Veillons sans cesse sur notre cher troupeau ; tâchons de perfectionner de plus en plus nos chères filles. Sanctifions-nous nous-mêmes ; soyons l'exemple en tout. »

En même temps qu'on s'excitait ainsi à procurer le bien spirituel des religieuses, on s'apitoyait sur leur santé : « Je suis encore sur la croix, disait Mme de Trenquelléon ; deux de nos Sœurs sont tombées malades. » Un retour vers Dieu lui faisait ajouter : « Notre institut sera plus solide, si de bon cœur nous savons le fonder sur la croix. » Un autre jour, elle était inquiète sur l'état de santé d'une de ses filles : « Un de nos meilleurs sujets, dont la perte me paraîtrait irréparable ! écrivait-elle ; mais disons avec le saint homme Job : Le Seigneur me les avait données, le Seigneur me les a ôtées, que son saint nom soit béni ! Nous recevons les biens de sa main : pourquoi n'en recevrions-nous pas les maux ? Hélas ! j'ai l'air d'être forte; dans la pratique, un rien m'abat et me décourage. » Cette pensée de sa faiblesse revient à chaque instant au cœur de l'ardente fondatrice : « Priez, ma chère Sœur, priez pour moi, qui n'ai pas du tout l'esprit intérieur, je me livre trop aux œuvres extérieures, et je néglige le soin de mon âme; cependant, que nous servira d'avoir gagné tout l'univers, si nous venons à nous perdre? Travaillons à notre sanctification, ma chère amie: une supérieure sainte fera beaucoup de choses, tandis qu'une supérieure imparfaite arrêtera les grâces de Dieu et y mettra obstacle. Quel compte à rendre!... Je suis quelquefois découragée par mon peu de capacité et surtout mon peu de vertu. Je suis très vive et très immortifiée;

lorsque quelques-unes de mes filles sont dans des moments pénibles, je les fuis au lieu de les rechercher comme mon devoir m'y oblige ; je n'aime à travailler que sur le velours ; j'ai besoin d'être prêchée sur l'article de la patience et de la mortification intérieure. » En dévoilant ainsi ses propres faiblesses, on se racontait ce qui se passait d'édifiant dans le couvent. Le récit de la mort de la Sœur Éléonore transportait Mme de Trenquelléon et ravissait ses filles ; elle encourageait la Sœur Émilie au milieu des maladies qui sévissaient à la Sainte-Famille, lui rappelant que c'était là le propre signe de la bénédiction de Dieu. On s'inquiétait, néanmoins, des moyens de parer à ces malheurs. Si le devoir des supérieures est de veiller au bien spirituel, elles doivent aussi veiller à la santé de leurs filles, et cette correspondance, que nous analysons rapidement, nous montre des tendresses de mères attentives à donner les petits soins à leurs enfants : « Mes pauvres filles souffrent bien de la poitrine ; je veille à ce qu'elles prennent quelque chose d'adoucissant et de chaud après les classes et les instructions. »

En s'écrivant de la sorte, on était parvenu à bien se connaître. Lorsque la Sœur Émilie est malade, Mme de Trenquelléon, qui d'habitude exposait ses misères, demandait des prières ou des conseils, donne alors son avis et le donne avec force et insistance : « Je vous prie, ma chère Sœur, de faire tous les remèdes nécessaires ; vous le devez à vos filles, vous le devez à votre maison, vous le devez au bon Dieu, qui veut se servir de vous pour être un instrument de sa grâce envers bien des âmes. Allons, embrassez et chérissez cette croix ; c'est un joyau précieux que Dieu vous présente ; c'est une épine de sa couronne dont il vous fait cadeau. Ménagez-vous, suspendez vos travaux, ne vous livrez pas à des inquiétudes rqui aigriraient votre sang ; que votre abandon à la volonté de Dieu remplace tout ; votre perfection, dans ce moment, doit être dans cette conformité. C'est là la vertu qui fait les saints et qui les a toujours caractérisés. »

Au milieu de ces épanchements, Mme de Trenquelléon avait saisi avec une ardeur et un désir extrêmes la proposition qui lui fut faite d'unir les deux communautés. Dès les premières relations cette pensée lui avait traversé l'esprit ; en s'unissant de prières et de communions avec la Sœur Émilie, elle écrivait : « Peut-être un jour formerons-nous le même institut. » Lorsque le dessein en fut proposé, on se communiqua les règlements, on se fit connaître les costumes des deux communautés ; Mme de Trenquelléon se livra à toutes ses espérances ; elle voyait dans ce projet la prospérité de son ordre et l'accroissement de l'œuvre des congrégations à laquelle elle avait voué sa vie ; cette extension devait donner de la stabilité à son institut et rendre plus facile l'approbation du Saint-Père, qu'elle sollicitait en ce moment à Rome. Au milieu de ces espérances, où se complaisaient son cœur et son imagination, elle ne laissait pas de soumettre le tout à la divine Providence. « J'abandonne ce désir de mon cœur à la volonté de Dieu ; peut-être veut-il nos deux instituts comme deux plantes dans le parterre de son Église. » Mais elle revenait bientôt avec impétuosité à son désir, voulait entreprendre le voyage de Villefranche, demandait à la Vénérable de faire celui d'Agen, et avouait avec franchise qu'elle était bien heureuse de trouver dans M. Chaminade et dans M. Marty ce tempérament qui paraissait parfois lui manquer.

Enfin, après deux années d'attente, les choses semblèrent prendre assez de consistance pour autoriser le voyage à Agen de M. Marty et de la Sœur Émilie. Il fallait traverser un admirable pays, où la fertilité du sol et les richesses de la culture semblent avoir tout fait pour l'agrément et le charme des yeux. On était au mois de juillet (1822) : le soleil éclatait sur les moissons dorées, pénétrait à travers les arbres chargés de fruits, caressait, illuminait, vivifiait tout. M. Marty ne pouvait se lasser de contempler toutes ces beautés et ces splendeurs ; il y reconnaissait et y admirait la bonté et la puissance de Dieu. Il eût voulu faire partager son enthousiasme à la Sœur Émilie ; mais celle-ci avait fait un pacte avec ses yeux, et elle s'était promis de se refuser l'innocent plaisir d'admirer ces merveilles. Pour n'avoir pas à répondre aux invitations de M. Marty, elle feignit de sommeiller et arriva à Agen sans avoir rien vu des beaux pays qu'elle venait de traverser.

D'après les lettres que nous avons citées, on devine l'accueil de Mme de Trenquelléon. La Sœur Émilie, de son côté, fut grandement édifiée de tout ce qu'elle vit. L'ordre, l'humilité, la piété régnaient parmi les Filles de Marie. La Sœur Émilie fut bientôt persuadée que ses filles n'auraient qu'à gagner à passer sous la direction de Mme de Trenquelléon. M. Marty et M. Chaminade s'entendirent facilement; la réunion fut résolue; la Vénérable avait hâte de la voir réalisée; Mme de Trenquelléon ne le désirait pas moins. Il restait à consulter les Sœurs de Villefranche. La Sœur Émilie se chargea d'obtenir leur consentement. Tout allait au gré des fondatrices. La Sœur Émilie repartit pour Villefranche. Elle devait à son retour pousser jusqu'à Toulouse pour consulter un fameux médecin. M. Marty oublia le projet; la Servante de Dieu se garda de l'en faire souvenir. Toujours heureuse quand il s'agissait de souffrir ou d'avoir une ressemblance de plus avec les pauvres, qui ne font guère de voyages pour consulter les médecins fameux, elle revint directement à Villefranche. Elle rassembla sa communauté et lui fit part du nouveau projet; elle raconta tout ce qu'elle avait vu au couvent d'Agen et l'édification que lui avait donnée la sainte vie des Filles de Marie. Seulement la Vénérable s'était trop oubliée elle-même pour que le projet pût être accepté par les Sœurs de la Sainte-Famille. Il avait été convenu, en effet, qu'elle et ses compagnes seraient à la disposition de Mme de Trenquelléon, à qui était déféré le titre de supérieure générale. La maison de Villefranche devait subsister; la supérieure générale la prenait à sa charge; elle devait avoir le droit d'y mettre qui bon lui semblerait, d'y envoyer de nouvelles filles, d'en retirer ou d'y laisser celles qui l'avaient fondée, M. Chaminade devait être le supérieur de la nouvelle congrégation; M. Marty conservait la direction de la maison de Villefranche, qui serait ainsi devenue maison secondaire de l'institut des Filles de Marie. Lorsque les Sœurs connurent tout ce dessein, quand elles virent qu'elles pourraient être séparées de leurs saints fondateurs et ne plus vivre sous leur direction, elles déclarèrent unanimement qu'elles n'y consentiraient jamais, et que rien au monde ne pourrait les séparer de leur Mère. L'avis fut exprimé si nettement, qu'il fallut abandonner tout à fait cette pensée. Mme de Trenquelléon écrivait : « Il faut donc renoncer à l'union projetée ; je mentirais si je disais que c'est sans peine. J'ai même toujours en moi un vouloir sur cet article : j'en fais le sacrifice à mon Dieu. Je ne veux que sa plus grande gloire. » Dans l'émotion que leur avait causée la crainte de quitter peut-être la Mère

Émilie, les Sœurs de la Sainte-Famille se pressèrent autour d'elle avec plus de vivacité et d'affection ; c'est de ce moment qu'elles commencèrent à lui donner le titre de Mère (1). Elles adoptèrent aussi à ce moment un costume peu différent de celui qu'elles avaient porté jusque-là, et qui se rapportait assez à celui des Filles de Marie ; toutefois elles n'avaient point encore de constitutions. M. Marty travaillait à les rédiger. La communauté se dirigeait toujours d'après les traditions des fondatrices et d'après le petit règlement que la Mère Émilie avait dressé.

Mme de Trenquelléon, dont il est tant parlé dans ce chapitre, est morte à Agen le 10 janvier 1828. La communauté des Filles de Marie annonça cette mort à la Mère Émilie par la lettre suivante :

« Agen, 14 janvier 1828.

« O MON DIEU, QUE VOTRE VOLONTÉ SOIT FAITE.

« Madame, je viens réclamer les secours de vos prières pour la plus tendre des Mères, qu'il a plu au Seigneur d'appeler à lui le 10 janvier. Hélas ! vous devinez que je veux vous parler de notre si digne fondatrice, Mme de Trenquelléon. Elle n'est plus avec nous, cette Mère chérie ! Dieu a voulu la

---

(1) Jusqu'à ce jour la fondatrice n'avait porté que le titre de *Sœur*. Si nous l'avons plusieurs fois nommée la *Mère Émilie* dans le courant du récit, c'est par une sorte d'anticipation.

récompenser. Elle jouit de son Dieu ; tout nous donne cette assurance. Sa mort a été des plus belles et des plus édifiantes : toujours unie à son Sauveur, jamais la moindre plainte malgré les maux affreux qu'elle endurait, sans cesse occupée de chacune de ses filles, le sourire sur les lèvres, une paix inaltérable, un amour ardent pour Notre-Seigneur Jésus-Christ, dont elle baisait les cinq plaies à chaque instant! Ses dernières paroles ont été : Hosanna ! salut et gloire au fils de David! et elle a expiré tout aussitôt sans convulsions, sans aucun mouvement. Sa belle âme s'est envolée vers son créateur.

« Après sa mort, son visage est devenu beau, un air de joie et de contentement était répandu sur cette belle physionomie... Notre perte est grande et notre douleur égale. Dans la ville, l'affliction est générale. Chacun la regrette et nous plaint. C'est nous, en effet, qui sommes à plaindre. Notre Mère jouit, et nous gémissons; elle triomphe et nous combattons! etc... »

CHAPITRE XIII

Fondation de la maison d'Aubin (1822).

La santé de la Mère Émilie était toujours déplorable. Le cancer qu'elle avait au nez faisait des ravages et lui causait de grandes douleurs. Sur l'insistance des religieuses et pour réparer son oubli, M. Marty envoya la Mère consulter, à Aubin, petite ville du diocèse de Rodez, un médecin renommé qui parvint en effet à la soulager. Par une singularité où il est difficile de ne pas reconnaître la main de Dieu, qui voulait sa servante dans les douleurs, par une singularité incroyable, la Mère voulut plus tard avoir recours au même médecin, et il ne put jamais retrouver la composition du remède qu'il avait ordonné : le pharmacien qui l'avait préparé ne s'en souvint pas davantage (1).

(1) Ce fait, affirmé par des témoins irréfutables, paraîtra surtout extraordinaire quand nous aurons nommé M. Brassat-Murat (Louis-François), dont la réputation était européenne, et

Peut-être l'efficacité du remède a-t-elle dépendu du soin que la Vénérable Mère prit, à son premier voyage, d'établir à Aubin une maison de la Sainte-Famille ? C'est une remarque constante de toute sa vie, que ses tentations et ses peines intérieures cessaient lorsqu'elle était dans les perplexités et les fatigues des nouvelles fondations. Les douleurs physiques ont pu être adoucies à Aubin en même temps que les peines spirituelles.

La Servante de Dieu n'avait pu se résoudre, en effet, à venir dans cette ville pour s'occuper uniquement de sa santé : c'était un grand sacrifice de quitter la solitude et le cloître ; elle voulut essayer de rendre ce sacrifice utile à la gloire de Dieu. Une demoiselle, pensionnaire du couvent de Villefranche et native d'Aubin, avait entretenu plusieurs fois la Mère de la possibilité de fonder une maison de la Sainte-Famille dans cette dernière ville, et elle avait offert une petite maison à cet effet. M. Marty con-

---

qui était consulté, peut-on dire, de tous les parties du monde. Il était originaire d'Aubin, qu'il n'a jamais voulu quitter. Extrêmement bon et charitable, il mettait toute sa science et tout son zèle au service des pauvres. Il rendit de grands services aux Sœurs de la Sainte-Famille à Aubin ; il leur prodigua ses soins et son dévouement en qualité de médecin, et il exerçait encore l'aumône à leur égard, leur faisant souvent part des cadeaux en nature, fruits, légumes, poissons, que la reconnaissance des populations lui adressait en abondance.

Il est mort à Aubin, le 27 mars 1829, à l'âge de soixante-dix-neuf ans.

sentit à laisser essayer de réaliser ce projet, qui devint aux yeux de la Mère Émilie le principal objet de son voyage. La charitable demoiselle, qui désirait être la bienfaitrice du nouvel établissement, accompagna la Vénérable à Aubin. Voulant toujours intéresser le Ciel dans ses entreprises, la Mère Émilie promit d'élever un oratoire à saint Jean-Baptiste, et le 29 août, fête de la Décollation, elle fit les premières démarches. Elle était arrivée la veille au soir, et ce commencement avait le caractère de dénûment et de faiblesse que le Ciel se plaît souvent à bénir et que la Mère Émilie aimait par-dessus tout. Elle écrivait joyeusement à ses filles, ce même jour, 29 août.

« Loué soit Jésus-Christ.

« Mes très chères filles,

« Nous sommes arrivées à Aubin hier soir accompagnées de notre chère fondatrice, qui a beaucoup de bonté pour nous et a soin de nous faire rire. Notre première soirée s'est passée sans tristesse et dans une certaine disette des biens de ce monde ; malgré cela, nous avons soupé de fort bon appétit ; la nuit s'est passée assez tranquille, sauf un grand orage qui nous menaça d'inondation ; car la pluie vint à pénétrer dans notre appartement. Nous avons été à la sainte messe, que nous avons entendue en l'honneur de saint Jean-Baptiste, le prenant pour protecteur de notre fondation, et nous commencerons d'agir dès ce soir. Priez le bon Dieu qu'il inspire de bonnes pensées à M. le curé (1) et à M. le maire. Nous avons déjà vu toutes nos anciennes élèves et particulièrement deux d'entre elles qui nous ont témoigné beaucoup d'affection, surtout Mlle Fournols (2), qui nous a donné un déjeuner aussi copieux que le souper d'hier avait été mince. Elle nous a accompagnées ensuite chez M. Brassat-Murat, qui nous a fort bien reçues. Il a une affection particulière pour les religieuses. Il nous a offert son jardin pour nous promener. Nous avons accepté parce que ce jardin est près de nous et solitaire. Nous sommes logées chez une demoiselle qui est un modèle de vertu.

« Il pleut à verse. Nous sommes consolées de ce temps par la pensée qu'il vaut mieux faire la fondation avec la pluie qu'avec le beau temps. On dit qu'il n'y a pas de lieu où l'on ait plus qu'ici besoin d'eau, et l'on prétend que tout le monde verra cette pluie de bon œil.

« Priez notre très cher père (*M. Marty*) de se souvenir auprès du bon Dieu de ses pauvres filles

---

(1) M. l'abbé Bruel, dont la Mère Émilie appréciait les lumières et la piété, mourut curé d'Aubin en 1831.

(2) Mlle Séraphine Fournols garda toujours à la Sainte-Famille l'affection qu'elle avait montrée à la Mère Émilie, et elle en donna à la communauté d'autres témoignages que le copieux déjeuner du premier jour.

qui sont au milieu de Babylone ; pour vous, mes très chères Sœurs, félicitez-vous d'être auprès du sanctuaire. Aimez bien le bon Dieu. Aimez-vous les unes les autres. Soyez extrêmement douces. Obéissez à ma Sœur Athanasie (1) avec promptitude et

(1) Sœur Athanasie (Charlotte Rozié), née en 1798, assistante de la Mère Émilie, rendit de grands services à la congrégation ; elle était de Najac, et appartenait à une excellente famille. Entrée à quatorze ans pour achever son éducation dans la maison de Mme Saint-Cyr, elle s'y fit remarquer par sa piété, sa modestie et une précieuse rectitude de jugement. Elle s'attacha à Mlle de Rodat, et résolut de la suivre dans son petit institut dès qu'elle le vit commencer. L'esprit de douceur et de sagesse qui était en cette jeune fille triompha de tous les obstacles que devait rencontrer sa vocation : ils étaient grands. Sa famille savait apprécier le vrai trésor que lui avait donné la Providence et l'enfant avait à vaincre son propre cœur ; ce cœur simple, sensible, reconnaissant, était étroitement uni à ses parents. Sœur Athanasie accommoda ces difficultés avec une détermination inébranlable ; elle immola avec courage ce qu'elle devait immoler, et sut tout concilier et apaiser en atteignant à son but. Le 30 juin 1816, deux mois à peine après la première installation de la Mère Émilie et de ses compagnes, elle entrait au noviciat de la Sainte-Famille. Elle supporta la pauvreté et l'humiliation de ces petits commencements, et prononça ses vœux, une des premières, le 25 août 1817, de l'entier assentiment de sa famille. Ses talents lui attirèrent de grandes charges. A ses fonctions d'assistante, elle joignit celles de maîtresse des novices et de première maîtresse du pensionnat. Elle suffit à tout en esprit de paix. Les fréquentes absences, à cette époque, de la Mère Émilie, laissaient souvent à la Sœur Athanasie le poids de la supériorité. Elle le portait avec aisance. Elle avait le don du gouvernement ; elle était ferme, douce, affable et imposante ; le secret de son activité et de sa puissance était son union à Dieu. Rien ne pouvait la distraire de son oraison, qui était pleine de suavité ; la bonne

allégresse. Adoucissez son fardeau par votre fidélité à tous vos devoirs; par là, vous jouirez toutes d'une grande paix. »

Le bon Dieu entendit les prières des Sœurs de Villefranche. Il inspira de bonnes pensées au curé, au maire et aux habitants d'Aubin. Tout le monde vit de bon œil la pluie qui tombait par torrents en effet, et le dessein que voulait réaliser la Servante de Dieu. Moyennant une petite rente, on lui céda

Sœur y trouvait la force et la joie, et la maladie ne put même altérer la paix de son âme : en proie à de cruelles souffrances, elle vaquait à tous les devoirs de ses diverses charges et à toutes les obligations de sa piété avec une ferveur et une bonne grâce qui ne se déconcertèrent jamais. Elle avait demandé à Dieu de souffrir beaucoup, afin de ressembler davantage au divin Sauveur. Sa prière fut exaucée, ses douleurs, durant sa dernière maladie, furent affreuses; sa patience resta inaltérable : pour peu qu'on la plaignît, au milieu des crises les plus violentes, elle se prenait à sourire et assurait qu'elle ne souffrait pas beaucoup. La comparaison de la croix adoucissait tout. Le délire, dont elle eut quelques accès, ne triompha pas même de son union avec Dieu; elle l'appelait avec ferveur et demandait la sainte communion. Elle avait toujours eu une faim extraordinaire de la divine eucharistie, et sa longue maladie ne troubla pas l'ordre de ses communions. La veille de sa mort, malgré la soif qui la dévorait, elle resta à jeun pour pouvoir communier. Unie à son Dieu, assurée sur les paroles de son amour, que dans le secret de son cœur elle avait écoutées et goûtées avec fidélité, elle avait toujours envisagé la mort sans crainte : c'était le terme béni du pèlerinage, le moment ineffable de l'éternelle union avec le chaste époux dont les promesses l'avaient attirée; sa confiance ne se démentit pas aux derniers instants, et elle s'endormit en paix dans le Seigneur le 10 février 1830.

une maison voisine de celle qui lui était donnée ; elle put encore en acquérir une troisième contiguë aux deux autres. Les autorités d'Aubin virent avec faveur cet établissement. Outre le soin des enfants, les Sœurs se chargeaient de visiter les malades et les pauvres de la paroisse, et de distribuer les secours dont disposait la municipalité. Le 28 octobre, M. Marty amena à Aubin trois religieuses et deux Sœurs converses. Ces dernières devaient visiter les pauvres et les malades, les Sœurs cloîtrées s'occuper des enfants dans l'intérieur de la maison. Le 30 octobre, on bénit la chapelle ; les classes furent ouvertes le 5 novembre. La population d'Aubin accueillit les religieuses avec reconnaissance ; elle était privée de tout moyen de secours et d'instruction ; elle fut bientôt édifiée et ravie de la charité et de la bonne grâce des nouvelles institutrices des pauvres. La première bénédiction que Dieu accorda à leurs travaux et à leurs prières, fut de leur adresser un certain nombre de filles et de femmes, d'un âge déjà assez avancé, qui n'avaient point fait la première communion. Ces malheureuses vinrent demander à la Vénérable Mère de les instruire. L'ignorance de ces pauvres créatures était le fruit le plus incontestable de cette révolution, où certains esprits prétendent toujours apercevoir un progrès. En même temps que la Mère Emilie et quelques-unes de ses filles s'appliquaient à réparer ces désastres des âmes qu'aucun avantage ne pourra jamais compenser, les autres Sœurs visitaient, consolaient et soulageaient les malades et les mourants ; la bonne odeur des vertus et de la sainte discipline de ces humbles servantes des pauvres se répandit bientôt à Aubin. Plusieurs jeunes personnes du bourg et des environs, touchées de ces exemples et jalouses de les imiter, voulurent entrer dans l'institut de la Sainte-Famille.

Au milieu de ces succès et de ces joies, le démon ne ralentissait pas ses efforts. Il parvint à susciter des embarras et à soulever des orages. Les embarras surgirent à l'occasion des affaires temporelles. La première donatrice était morte ; le don qu'elle avait fait fut contesté et révoqué ; la maison, qui avait été acquise moyennant une rente, donna lieu à un second procès qui fut perdu ; enfin une troisième sentence de la justice humaine infirma encore un autre don fait à la communauté d'Aubin. La Mère Émilie aimait le dépouillement : elle put le pratiquer à son gré. Obérée de la sorte, privée de ressources, la communauté d'Aubin ne pouvait se soutenir que par l'aide de la Providence : et c'était la grande joie de la Servante de Dieu. Les douleurs vinrent d'un autre côté. M. Marty avait d'abord acquiescé au projet de la nouvelle fondation ; il avait encouragé la Mère à y travailler, et avait approuvé ses arrangements pour se procurer le local nécessaire. Mais devant les difficultés il changea d'avis ; et puisque les ressources sur lesquelles on avait compté étaient venues à manquer, il eût trouvé bon qu'on abandonnât l'entreprise. Il blâmait la Vénérable et trouvait qu'elle s'avançait trop hardiment. De son côté, la Mère Émilie voyait autour d'elle une population pauvre, des malades sans secours, des enfants sans instruction, elle ne pouvait se résoudre à ne pas embrasser toute cette besogne que la Providence lui avait, pour ainsi dire, préparée. Elle résistait donc à l'avis de son supérieur, elle insistait du moins sur le grand bien qu'il y avait à faire à Aubin ; d'ailleurs, elle avait donné, pour ainsi dire, sa parole, elle était engagée vis-à-vis des habitants, et à aucun prix elle ne voulait leur manquer. Comme M. Marty hésitait à se rendre à ces objections et que les hésitations se prolongeaient, la Mère Émilie se recommanda de quelques personnes influentes auprès de lui et travailla ainsi indirectement à gagner son consentement.

Dès le début, dans le désir de s'en remettre entièrement à la Providence, elle avait déclaré qu'elle ne demandait aucun secours de la commune, et M. Marty avait été mécontent. A son avis, ce n'était pas compter sur la Providence, c'était la tenter que refuser les voies ordinaires par où elle vient en aide aux œuvres qu'elle bénit.

La Servante de Dieu, emportée ainsi par son zèle, abondait dans ses pensées sans voir ce qu'il y avait de défectueux dans cette opposition à la volonté de son supérieur et dans la manière détournée dont elle avait obtenu un consentement dont elle n'eût pas voulu se passer. Après avoir fait un assez long séjour à Aubin, elle était revenue à Villefranche. Sa santé restait toujours chétive et n'était qu'une suite de souffrances : si elles semblaient apaisées un instant, c'était pour revenir bientôt encore plus vives; en même temps, les troubles intérieurs avaient redoublé, pour ainsi dire, de frénésie ; la pauvre Mère était ébranlée dans tout son être. M. Marty la traitait assez rudement : il la grondait, il cherchait à l'humilier, il voulait s'efforcer d'arrêter les cris d'orgueil et les derniers excès de ces tentations incompréhensibles où il voyait cette malheureuse âme. Rien ne pouvait calmer ces agitations. La douceur les faisait redoubler, la sévérité les excitait encore. La Mère restait quelquefois trois ou quatre heures dans le chœur sans avoir même la faculté de penser. Elle avait un livre entre les mains, elle en comptait les lignes et les lettres pour chercher à faire diversion aux tumultes, aux cris, aux blasphèmes qu'elle entendait au dedans d'elle, aux images qui passaient devant ses yeux et qui la faisaient frissonner. M. Marty lui disait quelquefois : « Il a donc fallu que Dieu appliquât le fer et le feu! » Quand il l'avait grondée, elle s'en réjouissait ; mais tous les scandales de son intérieur, si on peut s'exprimer de la sorte, étaient réveillés : tout était en révolte dans son âme. L'horreur qu'elle ressentait pour tout ce qui se passait au dedans d'elle-même, l'éperdument de sa douleur lui faisaient rechercher les lieux les plus obscurs et les plus retirés du couvent ; elle s'y anéantissait, elle montrait ses plaies à Jésus-Christ et le regardait avec amour, ne sachant que lui dire et n'ayant pas même la force d'énumérer ses misères. L'Époux, cependant, n'abandonnait pas cette âme ; il ménageait ses forces, il les entretenait, il les relevait même par quelques faveurs. La Mère Émilie ne s'ouvrait pas volontiers sur ces grâces ; comme toutes les âmes privilégiées, elle en renfermait autant que possible le secret dans son cœur. Un jour entre autres, accablée de tristesse, elle était montée au haut de la maison, et s'était réfugiée dans un coin du galetas; elle se mit à y lire les *Relations de la vie et de la mort de quelques religieux de l'abbaye de la Trappe* (1). Il se passa en elle quelque chose qu'on n'a jamais bien su : elle répéta plusieurs fois que ce fut un des moments les plus extraordinaires de sa vie : elle y avait compris, disait-elle, l'état dans lequel étaient les martyrs pendant leurs souffrances.

Dieu lui accorda aussi, en ce temps, une grâce qu'elle estimait plus précieuse que les plus grandes suavités spirituelles. Il lui fit connaître les fautes où elle était tombée durant la fondation d'Aubin. Elles étaient contre son supérieur ; ce fut à lui qu'elle en voulut faire l'aveu. Elle s'ouvrit avec une

(1) Par l'abbé de Rancé, 4 vol. in-12.

entière franchise. Ces fautes n'étaient, pour ainsi dire, que matérielles. La Mère Émilie en conçut néanmoins une telle douleur et son repentir fut si vif qu'elle resta plusieurs jours sans pouvoir prendre de nourriture. Elle ne cessait de pleurer, et ne pouvait définir ce qu'elle éprouvait de contrition. Son cœur était brisé. Elle répéta une seconde fois sa confession à M. Marty avec les mêmes sentiments de douleur. Désormais cette faute ne sortit plus de sa pensée; il n'y eut pas de semaines où elle ne s'en accusât. Son dernier confesseur, celui qui fut le dépositaire de ses plus secrètes pensées pendant les onze dernières années de sa vie, assure qu'elle en renouvelait ses sentiments de douleur et de contrition dans presque toutes ses confessions.

Pour expier ces fautes au lieu même où elle les avait commises, elle se mit à genoux en plein chapitre à Aubin et demanda pardon à ses Sœurs. Elle avait toujours aimé par-dessus tout l'obéissance. Les entraînements de son zèle, à Aubin, ranimèrent encore son amour pour cette vertu divine. La Vénérable devint désormais encore plus scrupuleuse à son sujet, et plus attentive à n'en pas altérer la délicatesse. Nous la verrons, dans les circonstances les plus pénibles et les plus difficiles, sacrifier tout plutôt que de risquer d'entamer le moins du monde cette vertu si méprisée des hommes. Ces réparations n'apaisèrent point les regrets de la Mère Émilie. La pensée de ses fautes était toujours aussi poignante dans son cœur, et elle saisissait toutes les occasions de la raviver. « Le seul nom d'Aubin, écrivait-elle, est pour moi le chant du coq. » Elle s'attribuait toutes les fautes qui se commettaient dans cette maison ; et les contradictions auxquelles cet établissement ne cessa d'être en butte étaient, disait-elle, son ouvrage. Dans sa correspondance avec les supérieures d'Aubin, souvent quand elle a à donner un avis pour un manquement quelconque, on entend le gémissement de son cœur et on devine l'accablement de sa douleur. Elle s'accuse alors, elle demande avec instance à ses Sœurs de travailler courageusement à réparer le mal qu'elle a commis. « C'est à moi, avec juste raison, que j'ai attribué tout ce dont vous me parlez dans votre dernière lettre. C'est le mauvais exemple que j'ai donné dans les commencements de la maison qui en est cause. Maintenant, faites votre possible pour réparer le mal que j'ai eu le malheur de commettre et le préjudice que j'ai porté. »

Dans d'autres circonstances, elle entrait dans le détail de ses fautes : elle était persuadée que les sentiments naturels auxquels elle avait obéi durant la fondation, avaient altéré le principe de tous ses actes ; elle savait si bien que les œuvres de piété et de charité n'ont de fondements solides que les surnaturels ; elle s'affligeait de voir dans l'édifice qu'elle avait élevé à Aubin tant de fissures au travers desquelles passait l'esprit du siècle : un esprit trop oublieux de l'exactitude de la discipline conventuelle, un esprit de condescendance naturelle et non plus uniquement de charité divine.

« En revenant sur le temps que j'ai passé à Aubin, écrivait-elle au renouvellement d'une année, j'ai reconnu que j'avais fait une infinité de fautes qui ont été pour vous de mauvais exemple : entre autres, sur le silence, contre lequel je reconnais m'être donné trop de liberté à *Sainte-Marthe* (la cuisine) et à ma chambre. J'ai souvent parlé sans que la nécessité ou l'utilité m'y obligeassent. J'ai été trop facile pour les permissions, et n'ai jamais été assez ferme pour l'obéissance au règlement. Ces paroles si frappantes me sont souvent revenues à l'esprit depuis mon retour : Celui qui vit de la règle vit de Dieu. Puissions-nous, vous et moi, mes très chères Sœurs, nous en bien pénétrer, afin d'aimer cette règle sainte de manière à la porter gravée dans nos cœurs, à ne vivre que pour l'observer et à l'aimer plus que notre vie ; en la suivant exactement, nous honorons nos bien-aimés modèles Jésus, Marie et Joseph. Que nous sommes heureuses d'être dans une si sainte et si aimable compagnie ! Que ne faudrait-il pas pour répondre à l'infinie bonté de Dieu à notre égard ! Je désire ardemment vous donner désormais de meilleurs exemples que je n'ai fait par le passé, et sous ce rapport être meilleure Mère ; sous celui de ma tendresse, vous savez qu'il n'y a rien à ajouter. »

Dans une autre circonstance, elle écrivait : « En voyant le vif attachement de *** pour la maison d'Aubin, je me suis rappelé le grand nombre de fautes que je à cet fiste fondation ; j'eus le malheur alors de parler d'une manière propre à détacher de la maison mère ; et la peine, qu'a eue ma Sœur *** pour revenir ici, me paraît mon ouvrage. Vous pouvez vous rappeler que j'ai dit qu'on était mieux dans une maison secondaire, qu'on y était mieux vu des habitants du lieu, qu'on n'avait pas tant de caractères à supporter, et bien d'autres choses qui sont aujourd'hui le sujet de ma douleur. Je disais que nous faisions le bien et que nous travaillions à la gloire de Dieu : cela à la vérité pouvait se dire un peu, mais il ne fallait pas tant peser là-dessus ; car il est toujours dangereux de regarder le bien dont on est l'instrument. Dites-vous souvent à vous-même et inspirez fortement à vos filles que la maison d'Aubin doit être à l'égard de celle-ci (*celle de Villefranche*) comme une fille à l'égard de sa mère. Que les Sœurs aiment Aubin parce que Dieu les y veut ; mais qu'elles s'estiment toujours heureuses de revenir dans le lieu où elles se sont consacrées à Dieu et à Jésus-Christ. »

Elle écrivait encore : « Je me reproche d'avoir agi de telle manière que les Sœurs étaient portées à avoir pour moi une tendresse humaine. Je leur témoignais trop d'affection, et je n'étais pas soigneuse à écarter les démonstrations de la leur.

Maintenant je sens qu'il faut s'aimer en Dieu et pour Dieu, et que ce sentiment mutuel ne doit être ni trop senti, ni trop exprimé. Je me rappelle encore d'avoir trop laissé parler du dehors, des amis de la maison, etc..... Rappelez-vous les autres fautes par lesquelles j'ai donné mauvais exemple, et tâchez de réparer le mal que j'ai fait. »

Jusqu'à son dernier jour, elle persévérera dans ces sentiments de douleur et de contrition.

Dans ses dernières années, son confesseur l'a obligée à lui raconter toute la suite de sa vie; lorsqu'elle en vint à la fondation d'Aubin, elle demanda de se mettre à genoux pour faire, disait-elle, cette triste histoire. Elle demanda aussi l'absolution, qu'elle reçut avec un tel repentir et une telle effusion de larmes, que le confesseur les entendait tomber sur le plancher et que, dit-il, il en avait le cœur brisé.

CHAPITRE XIV

Comment on vit dans un couvent, et à quoi s'y employait la Vénérable Mère.

La vie de couvent ne consiste pas, comme on se l'imagine peut-être volontiers, dans l'éloignement du monde, l'oubli des affaires temporelles et la douce quiétude de quelques âmes douées de goûts simples, amoureuses de la tranquillité et de la paix, heureuses de satisfaire leurs désirs honnêtement sous le regard de Dieu, et entremêlant de prières des occupations faciles et prises à loisir. C'est une vie dure, austère, laborieuse, une immolation quotidienne de la nature et de ses appétits les plus légitimes. Quand une âme s'est arrachée aux séductions du monde et qu'elle s'est retirée sous le voile; quand elle a embrassé la retraite et qu'elle s'est donnée à Dieu, le sacrifice n'est pas consommé; il commence. Il durera autant que la vie, se renouvelant tous les jours et à tous les instants. Le monde suppose qu'il n'y a rien de plus héroïque que de renoncer à ses délices. La sagesse la plus frivole ou, à son défaut, une courte expérience suffirait cependant à démontrer la vanité de ses joies. Pour embrasser la vie souffrante de Jésus-Christ, il faut des cœurs d'élite et des courages surhumains. Les âmes qui vivaient sous la discipline de la Mère Émilie, voulaient surtout aimer et honorer le Sacré Cœur de Jésus, le prendre pour leur *demeure* et pour *l'école* où elles devaient s'instruire. Ce qu'elles désiraient principalement connaître, c'étaient les sentiments de ce divin cœur sur la pauvreté, les souffrances et les humiliations. « Pour obtenir la grâce de connaître Jésus pauvre et humilié, disait le petit règlement que la Servante de Dieu avait tout d'abord proposé à ses compagnes, pour obtenir la grâce de connaître Jésus pauvre et humilié, nous pratiquerons ces chères vertus de son divin Cœur, la pauvreté et l'humilité, en vivant détachées de tout : chacune de nous voulant de tout son cœur être comptée pour la dernière, aimant les emplois les plus bas et les places les plus incommodes. »

La pauvreté est laborieuse, et pour satisfaire à toutes ses obligations, elle doit ordonner ses travaux avec soin. Les Sœurs de la Sainte-Famille s'éveillent à cinq heures du matin. Leur première parole est un cri d'amour : Vive à jamais le Sacré Cœur de Jésus dans tous les endroits de la terre ! La prière se fait en commun comme dans toutes les familles chrétiennes, et la journée se prépare par la méditation. Après avoir épanché leurs cœurs devant Dieu en célébrant ses louanges et en récitant les petites heures de l'office de la Vierge, chacune des Sœurs vaque à son emploi ; comme des abeilles avides de composer le miel où le divin Époux des âmes a voulu mettre ses délices, elles se répandent à leurs diverses besognes : la lingerie est occupée, l'économe tient ses livres, le feu s'allume à Sainte-Marthe, la maison est balayée, les maîtresses de classes préparent leurs leçons ou reçoivent les enfants qui arrivent déjà : tout est en activité et en haleine, et tout se réunit bientôt pour entendre la sainte messe. Ensuite a lieu le déjeuner : la pauvreté préside au réfectoire comme partout; chaque Sœur a sa place marquée, elle y trouve déposée par les soins de la dépensière la portion frugale qui lui convient; on déjeune en silence et promptement, car les classes vont bientôt commencer.

C'est principalement au milieu des enfants pauvres que s'épuisent la vie et la santé des Sœurs de la Sainte-Famille. La Mère Émilie désirait les pénétrer de la grandeur de leur mission; elle leur donnait les âmes à garder, à éclairer, à sauver. « Nous devons regarder le soin des enfants, disait le règlement, comme faisant partie de notre salut. C'est le désir de leur donner une éducation chrétienne qui nous a rassemblées. Tout ce que nous avons de force et de santé doit être pour elles ; il faut vivre pour elles et nous estimer très honorées d'avoir été choisies pour un si noble emploi. » Voilà le précepte. La pratique n'excédera jamais. Travailler jusqu'à la mort et se faire porter dans la classe comme la Sœur Marie Boutaric, lorsque les jambes refusent leur service, ce ne sera qu'exécuter la lettre du règlement. Il est inutile de rappeler ce que le soin des enfants pauvres peut offrir de dégoûtant et de répugnant à la nature, ce qu'on peut y rencontrer de découragement et y dépenser de travaux superflus; la Mère Émilie le savait; elle avait mis à l'avance ses filles en garde contre leurs faiblesses en ne leur permettant de préférence que pour les enfants les plus difficiles et qui donnaient le plus de peine.

Quand les classes sont finies, les Sœurs qui en sont chargées rentrent à la salle commune pour reprendre les divers travaux qui leur sont attribués au sein de la communauté. Tout s'y fait sans bruit. On ne doit parler que pour les choses nécessaires ou utiles. Il y a même des instants qu'on nomme proprement *le silence, le grand silence,* où il est défendu de prononcer une parole, à moins de nécessité absolue. Les travaux ne sont pas interrompus; mais tandis que les mains et les esprits s'activent et s'appliquent à leurs diverses besognes, les cœurs s'élèvent et se pressent davantage vers Dieu. Dans les commencements de la Sainte-Famille, le silence durait depuis onze heures jusqu'après les Grâces qui suivent le dîner. Plus tard, les Sœurs furent rigoureusement obligées au silence toute la journée, excepté le temps des deux récréations. Vers onze heures, la communauté se réunit de nouveau à la chapelle pour prier en commun et faire l'examen particulier.

L'examen particulier est un exercice recommandé par les maîtres de la vie spirituelle. Saint Ignace le regardait comme une des meilleures armes du chrétien dans ce combat qui est toute sa vie. Cet examen consiste à regarder avec quel succès on a, depuis un laps de temps assez court, combattu un défaut qu'on s'est proposé de détruire, ou pratiqué une vertu qu'on veut acquérir ou perfectionner. Le vrai chrétien a toujours besoin de se défendre. Ceux qui pactisent avec le monde, n'ayant de chrétien que le nom, ne comprennent pas cette nécessité. Ils laissent l'ennemi pénétrer dans des cœurs ouverts de toutes parts : le diable est trop habile pour faire grand bruit dans des possessions qu'on lui livre sans résistance; il entretient dans une paix factice ces malheureuses âmes, satisfaites de leurs perfections, s'applaudissant avec le Pharisien et buvant souvent l'iniquité comme l'eau. Mais lorsqu'on veut pratiquer l'amour et la connaissance de Dieu, les choses changent de face : l'ennemi menace et rugit autour des forts qui lui refusent accès. Il les attaque tantôt à l'improviste et par des efforts impétueux, tantôt avec lenteur et persévérance, d'une façon sourde et discrète. Le seul rempart à lui opposer, c'est la prière, c'est l'amour de Dieu, ce sont les mérites du sang de Jésus-Christ auxquels il faut toujours participer abondamment. Dans l'examen particulier, l'âme se rend compte du résultat de la lutte sur un point donné. A-t-elle laissé arracher ou entamer quelques pierres à la muraille qui la sépare de l'ennemi ? A-t-elle, au contraire, réparé les anciennes brèches, et rendu une nouvelle solidité et un nouveau lustre à ce rempart puissant dont l'ombre la protège ? Elle fait le tour de la place, examinant chaque chose en détail : quand un endroit est remis en bon état, elle passe à un autre qui semble péricliter un peu. Toujours vigilante, toujours en haleine, elle sait que l'ennemi ne lui laisse pas de repos ; les intervalles qu'il paraît mettre à la lutte, sont des stratagèmes pour couvrir de nouvelles et plus redoutables entreprises. Notre-Seigneur n'est pas venu apporter la paix, mais la guerre. Cette guerre glorieuse revient surtout aux âmes d'élite qui veulent vivre sous la loi la plus étroite du Sauveur. C'est l'honneur des chrétiens, c'est leur gloire de conserver intacte cette muraille que le sang de Jésus-Christ a élevée entre eux et leurs ennemis : c'est le devoir étroit que le voile impose aux âmes généreuses qui ont voulu se vouer à l'amour de Jésus-Christ. On comprend de quelle importance est pour elles l'exercice de l'examen particulier. Après y avoir reconnu l'état de la lutte et avoir puisé dans leurs résolutions de nouvelles forces pour la continuer avec courage, les Sœurs songent aussi à réparer leurs forces matérielles.

Le dîner se fait en commun et toujours en silence. La règle préside à tout; elle bannit toute singularité. Les Sœurs usent de ce qui leur est distribué avec simplicité, et elles ne renvoient pas ce qu'on leur a servi, sous prétexte de mortification, et encore moins si la mortification se rencontre, par hasard, à faire usage des mets présentés. Des esprits badins ont quelquefois plaisanté de la table des religieuses et de sa prétendue délicatesse. Si ces rieurs aimables faisaient une seule fois usage de la cuisine d'un couvent, ils comprendraient que la sensualité n'y trouve pas son compte. Pour se défendre contre les satisfactions qu'un corps épuisé peut prendre à réparer ses forces, on fait une lecture pendant le repas. Après le dîner, les Grâces, une nouvelle visite et de nouvelles prières à la chapelle, a lieu la récréation.

Qu'est-ce qu'une récréation de religieuses? Le règlement de la Mère Émilie l'indique: « La récréation se prend en commun, dans l'union la plus parfaite, avec toutes sortes de déférences et d'honnêtetés de la part des Sœurs, les unes envers les autres. Elles s'appellent ma Sœur, et ne doivent se servir d'aucun autre terme d'affection ou de familiarité, comme mon amie ou mon enfant, » de telles façons de parler étant contraires à la gravité religieuse. Les

Sœurs doivent être gaies : leur gaieté est modeste; elles évitent une joie bruyante et dissipée ; elles s'abstiennent de rire aux éclats et elles n'oublient pas, au milieu de leurs délassements, leur titre d'épouses de Jésus-Christ. La gaieté n'exclut pas la charité ; cette vertu est délicate : on se garde de tout ce qui pourrait la blesser. La critique même la plus légère est proscrite; pas de raillerie, rien que de la bonne humeur, de la simplicité et de la bonne grâce. Privée ainsi des agréments que le monde recherche, la compagnie des Sœurs n'en est pas moins aimable et leur récréation enjouée. Après la récréation, on retourne à la classe ou aux divers emplois ; le reste du jour s'écoule comme s'était passée la matinée, dans une alternative de travaux, de classes, de prières, de méditations. Cette journée, dans ses diverses phases, se reproduit invariablement toute l'année. Une seule chose doit distinguer le jour qui s'écoule de ceux qui l'ont précédé: c'est le progrès des Sœurs dans la vertu, dans la générosité de l'amour de Dieu, dans la pratique de la charité et de l'humilité.

Cet ordre des exercices est à peu près celui qu'on observe dans toutes les communautés ; mais il ne donne qu'une faible idée de la vie de couvent ; il en est le cadre, pour ainsi dire. Dans ce cadre, toutes les vertus doivent trouver leur place. Elles se résument dans cet état de victimes où la Mère Émilie voulait se voir, elle et toutes ses filles : « Nous ne serons jamais les filles du divin Cœur, disait le règlement, si nous ne nous mettons dans un état de victime. » La victime souffre dans tous ses membres, et elle meurt. Le règlement des Sœurs de la Sainte-Famille ne leur impose pas d'austérités corporelles; il faut souffrir cependant, et il faut mourir. Tout se passe dans le cœur. C'est la nature qu'il faut attaquer, affaiblir et vaincre. Il faut lui refuser la moindre satisfaction ; et chaque jour fait connaître à ces âmes appliquées à la pénitence un nouveau retranchement qu'elles peuvent s'imposer. La Mère Émilie entrait dans cette recherche avec ses filles. Elle le faisait avec douceur, dans un esprit de charité et de condescendance, à l'aide d'un langage gracieux et aimable qui élevait les âmes et les fortifiait même en les réprimandant. Elle ne manquait pas de rappeler ses fautes et son expérience. Elle joignait aux avis nécessaires aux Sœurs ceux qu'elle jugeait utiles aux Mères:

« Je crois, écrivait-elle à une des supérieures, que vous vous grondez trop vous-même. Croyez-moi, prenez votre esprit et votre cœur tout doucement, vous y aurez plus d'avantage. Aimez le bon Maître: aimer, c'est le remède à tout! Pensez peu, parlez peu et faites tout pour le mieux. Je suis bien aise que ma lettre commune vous ait profité ; je crois que le grand nombre de paroles nuit extrêmement. Une chose que je ne pouvais vous recommander dans cette lettre et qui néanmoins est très essentielle, c'est d'éviter de parler, même sous prétexte du bien. Par exemple, vous devez être le plus laconique possible avec ma Sœur ***. Si vous preniez l'habitude de causer de ce qui regarde la maison, ce serait à n'en plus finir, et vous perdriez beaucoup de temps. Ici, nous ne disons rien ou presque rien avec les Sœurs du conseil ; nous attendons le lundi, et encore le conseil est très court. Autrefois, nous avions la coutume de parler de ce qui se passait dans la maison ; il nous semblait que le bien le demandait : nous avons reconnu le contraire. Notre Père dit que là où il y a beaucoup de paroles il y a peu de l'esprit de Dieu. Depuis quelque temps, ma grande occupation est d'en diminuer le nombre, soit pour moi, soit pour les autres. »

Il ne faut pas s'étonner de cette occupation, qui paraîtra singulière à plus d'un lecteur. Le silence est la vie et la joie d'une communauté. Le monde n'en connaît pas le prix. La Mère Émilie en goûtait la beauté et en savourait la douceur. Pourvu que le silence fût gardé, disait-elle, elle répondait de la régularité d'une maison. Elle savait combien l'exemple de la supérieure est un puissant argument de persuasion ; et, dans l'intérêt de la discipline comme dans celui de son âme, elle s'appliqua toujours à retrancher les paroles inutiles. Elle veillait sur elle, même en traitant les affaires les plus importantes, et ne manquait jamais de s'examiner sur le nombre et la nécessité des paroles qu'elle avait dites.

« Croyez-moi, écrivait-elle à une de ses Sœurs, soyons sobres de paroles, n'en disons pas pour nous contenter. » En s'avançant dans cette voie du retranchement, à mesure que la congrégation de la Sainte-Famille s'accrut et que de nouvelles maisons s'établirent, elle diminua toujours le nombre et la longueur de ses lettres. Elle se réduisit à l'essentiel, et l'essentiel est peu de chose. Quand les cœurs sont bien réglés, il leur faut peu de discours.

« J'apprends avec plaisir, écrivait-elle encore à une Supérieure, que les Sœurs vous donnent leur confiance. Que la vôtre soit toute en Dieu : tâchez de puiser dans la poitrine du Sauveur ce que vous avez à leur dire : sans être sèche, ayez peu de paroles. Les longs discours diminuent l'esprit de Dieu. Évitez de beaucoup parler même à votre assistante. Ici, nous passons quelquefois plusieurs jours sans nous adresser la parole. Nous ne nous rencontrons pas : elle n'a rien à me dire, ni moi à elle; ce qui n'empêche pas que nous ne soyons très unies. Le bon Dieu nous a fait connaître que c'était une perte de temps de dire bien des choses qui, au premier abord, paraissaient avoir de l'intérêt et qui, après avoir été examinées, sont reconnues superflues. »

Ce n'était pas seulement en traitant des affaires de la communauté que la Mère pratiquait cette modération dans les paroles. Elle voulait aussi, on le sait, l'appliquer aux affaires de la conscience. elle veillait sur elle en se confessant, et elle recommandait à son confesseur de l'avertir s'il s'apercevait qu'elle prononçât quelques paroles inutiles : après avoir accusé ses fautes, elle ne manquait jamais à s'examiner quelques instants pour s'assurer si elle n'avait dit que les mots absolument nécessaires.

Ce qui répugne au monde encore plus que cette réserve dans les paroles, c'est le silence intérieur que le couvent exige des âmes: elles ne doivent pas seulement veiller sur leurs langues, elles doivent veiller aussi sur leur imagination : parler peu et penser peu. La Mère Émilie insiste à diverses reprises sur ce calme intérieur : « Ne pas penser, ne pas raisonner, mais faire. « Cette volubilité de pensées, pour ainsi dire, dans laquelle se complaisent certaines âmes, est inutile au bon Dieu : c'est un désordre de l'imagination et une faiblesse contre laquelle il faut se prémunir. « Ne pensons pas à l'avenir, il n'est pas à nous ; laissons-en le soin à la divine Providence. » Il faut être soumis à ses volontés et ne pas vouloir empiéter sur ses droits. La soumission ne raisonne pas, elle ne cherche pas à savoir les motifs des ordres qu'elle reçoit : « Ne dites pas en vous-même pourquoi notre Mère veut-elle que je fasse ainsi ? et contentez-vous de le faire sans rien penser. »

Au milieu de ce silence et de cette activité des âmes appliquées à veiller toujours sur elles-mêmes, à se vaincre en tout et à saisir l'occasion de se mortifier, la Mère Émilie n'oubliait pas le travail manuel. Il est indispensable dans une communauté dénuée de toutes ressources. Mais la Vénérable le considérait à d'autres points de vue. Le travail de l'homme est conforme à la volonté de Dieu; c'est une pratique de pénitence, c'est une marque de pauvreté. Toujours prompte à s'accuser, la Mère Émilie écrivait à la supérieure d'Aubin : « Il me semble que j'ai donné mauvais exemple à vous et à nos Sœurs en ne travaillant pas assidûment. C'est pour le réparer que je vous dis que je me suis corrigée. Je travaille toujours en allant et venant dans la maison, en causant avec nos Sœurs lorsqu'elles me parlent de leur intérieur, au parloir où j'aime surtout à le faire ; il me paraît que par ce moyen je ne m'y dissipe pas autant. Depuis que je suis corrigée, j'ai plus de courage pour recommander aux autres de ne pas perdre le temps et de travailler en esprit de pénitence.

Le parloir est toujours un danger dans une communauté. Plus la séparation avec le monde est complète, en effet, plus les Sœurs sont étrangères à ce qui se passe parmi les hommes, et plus aussi leur ferveur est grande, et forte la discipline de la maison. Dès l'origine, la Mère Émilie l'avait bien senti. Le petit règlement, dont nous avons déjà parlé, recommandait de ne jamais répéter dans la communauté les nouvelles même bonnes qu'on pouvait savoir du dehors. La clôture alors n'était pas établie, mais les Sœurs étaient déjà séparées du monde par le désir ; elles ne devaient pas sortir sans permission, elles ne devaient même pas regarder aux fenêtres. Après le vœu de clôture, la séparation fut encore plus exacte. Le parloir était le seul lieu où les Sœurs eussent des communications avec le monde : c'est pour cela que le parloir leur était signalé comme un lieu redoutable ; les premières compagnes de la Mère Émilie en connaissaient les dangers ; et la Sœur Éléonore, dont le cœur était resté si plein d'affection pour ses parents, se troublait et défaillait quand un d'entre eux la demandait au parloir. La Mère Émilie non plus n'y entrait jamais sans se recueillir un instant ; quand elle en sortait, elle faisait un petit retour sur elle-même pour examiner comment elle s'était comportée pendant le péril qu'elle venait d'affronter. Durant les temps de trouble et d'agitations politiques, on persévérait dans la même réserve. Au moment de la révolution de 1830, la Mère Émilie écrivait à la supérieure d'Aubin : « Vous me dites que vous ne savez rien, ni nous non plus, sinon le changement de gouvernement. Le drapeau tricolore flotte au haut du clocher ; on crie : « A bas la religion ! A bas les prêtres ! A bas le couvent ! » Mais on ne fait de mal à personne, et nous espérons qu'on se contentera de crier. Au reste, nous sommes entre les mains de Dieu, qui est notre père et qui sait ce qu'il nous faut. Il faut prier et peu parler. Nous nous sommes proposé, toute la communauté ensemble, de ne pas nous entretenir des affaires présentes. A l'obédience, je me contente de dire en peu de mots ce que je sais; nous renouvelons notre résolution, et on se tait là-dessus. » Les motifs d'inquiétude cependant étaient graves dans les premiers jours. La Mère Émilie recommandait qu'on prît garde à empêcher les enfants de se disputer et de se battre à cause des différences d'opinions. Pour elle, reconnaissant que la plupart des paroles n'aboutissent à rien, elle n'avait qu'une recommandation à faire : « Aimons bien le bon Dieu, aimons-le de tout notre cœur. » Cela lui paraissait suffisant à calmer toutes les anxiétés: même elle ne tarda pas à trouver qu'elle avait fait trop de concessions aux sollicitudes des esprits. Quelques jours après la lettre que nous venons de citer, elle écrivait de nouveau: « Aimons bien Dieu et faisons notre petit chemin vers la céleste patrie; faisons-le, dis-je, avec confiance, paix et même joie intérieure; les révolutions de la terre ne nous empêcheront pas d'arriver. Il a été bien convenu et bien arrêté que les Sœurs ne diraient mot des affaires politiques; ma Sœur *** (*une Sœur tourière*) n'en ouvre pas la bouche, pas même à moi; et elle ne dit pas plus les bonnes nouvelles que les autres. Dans ma dernière lettre, je vous disais que je parlais à l'obédience de ce qui se passe ; je ne le fais plus. Comment le ferais-je, puisque je n'en sais pas plus que nos Sœurs? Cela eut lieu seulement les trois premiers jours. Ainsi, si vous voulez des nouvelles, il faut vous adresser ailleurs, je n'en sais pas. Il a encore été convenu que le roulement du tambour que nous entendons fréquemment nous animerait pour le combat spirituel ; que les cris, que notre chère solitude n'empêche pas d'entendre, nous rappelleraient les clameurs des Juifs lorsque notre très doux Sauveur était sur la croix. » Voilà le fruit que l'on tirait, au couvent, des catastrophes politiques et des inquiétudes qu'elles auraient pu faire naître légitimement. Tout bruit du monde doit expirer, en effet, dans ces retraites où s'abritent la prière, la chasteté et l'obéissance. Il n'y a rien à ajouter à ce qui vient d'être rapporté. La Mère Émilie est un historien assez explicite de ce qui s'est passé dans l'intérieur de la congrégation en cette circonstance : la docilité des Sœurs fut entière, pas un mot des événements ne fut prononcé durant les récréations, et si quelque retentissement en parvint au cœur des religieuses, les bons anges en firent leur profit : « Depuis tout ceci, écrivait encore la Mère Émilie, nos Sœurs disent qu'elles sont plus unies à Dieu, et ont bien plus habituellement le souvenir de sa sainte présence. » Le bon Dieu ne se laisse pas vaincre en générosité : il aime les âmes qui s'abandonnent entre ses mains et qui veulent se reposer uniquement sur son amour.

Ce repos des âmes unies à leur Sauveur ne court pas seulement risque d'être troublé par les catastrophes des empires. Derrière les murs du couvent, dans les humbles et rudes travaux entrepris pour Dieu et au milieu des prières qui lui sont adressées, quelque chose d'humain subsiste toujours. Si les efforts venaient à faiblir un seul instant, la paix serait bientôt compromise. Cette vie surnaturelle, en effet, où aspire chacune des religieuses, ne se conserve pas sans sacrifice. Il ne suffit pas de dominer les alarmes de son cœur au jour des révolutions : il faut le subjuguer en toutes circonstances et ne lui rien accorder de ce qui fait la joie et la douceur les plus légitimes des gens du monde. A leurs yeux, le charme de la vie la mieux réglée est la familiarité d'un commerce aimable entre quelques esprits d'élite. On laisse aux dissipés et aux frivoles, à ceux qui n'ont aucun souci de leur salut, les plaisirs bruyants, le tourbillon des fêtes, l'animation des foules ; les sages, les discrets, les réservés se réjouissent entre eux, ils goûtent les délices de l'intimité et se complaisent à faire choix des esprits qui leur agréent pour les admettre dans leur privauté. Une pareille manière est aussi éloignée de la coutume des couvents que la plus grande dissipation des fêtes. Ce qu'on appelle les amitiés particulières en est absolument banni. Il faut vivre avec la communauté entière, aimer également toutes les Sœurs, ne point chercher à faire un triage, éviter surtout les âmes vers lesquelles la nature se porterait avec plus de sympathie. Les récréations se prennent en commun : rien de confidentiel, rien de particulier, rien d'intime entre quelques Sœurs. L'affection qu'elles se portent les unes aux autres doit être un fruit de charité ; les complaisances de la nature, ses délectations et ses attraits ne s'y mêlent pas. Une supérieure, par exemple, doit avoir une tendresse ineffable pour les filles dont le salut lui est confié, une tendresse toute maternelle, mais en même temps toute débarrassée des aveuglements et des sensibilités de la nature. « Vous vous exprimez avec bien de la vivacité, écrit la Vénérable à une supérieure ; votre cœur parle, les sentiments en sont trop vifs. Croyez-moi, ma chère Mère, il ne faut s'attacher à aucune créature ; ce n'est pas pour elles que nous sommes faits, ce n'est point en elles que nous devons chercher notre contentement, notre repos et notre appui. C'est en Dieu, et en Dieu seul, que doit être notre espérance. Le reste est vain. Je crois que nous vous avons rendu service en vous prenant ces Sœurs. Mais prenez garde de ne vous point attacher aux autres, surtout à ma Sœur ***. Je le crains et pour vous et pour elle. Vous savez qu'ici vous y étiez portée. » Tout doit être surnaturel dans le commerce de ces âmes vouées à Dieu : aussitôt qu'elles cèdent à la nature, la communauté tout entière languit et souffre. « Nous avons tenu conseil, écrivait la Mère Émilie, sur ce qu'il y a de défectueux à Aubin et sur ce qui en était la cause ; il nous a paru que la principale était trop de tendresse naturelle. Souvenez-vous comme l'on fait à Agen (1) : ici nous faisons comme cela ; il faut faire de même à Aubin. »

« Combattez autant que vous pourrez, recommandait-elle encore, ce penchant que vous avez à aimer d'une manière trop naturelle : cela nuit beaucoup à l'âme, qui ne peut se remplir de Dieu qu'en se dépouillant de la nature. » On s'aime au couvent, mais sans se prendre aux agréments de certains esprits, ni se complaire aux conformités de certains caractères : il faut s'aimer en Dieu et pour Dieu ; une religieuse doit toujours être prête à se séparer, au gré de la volonté de Dieu, des Sœurs avec lesquelles elle a vécu le plus longtemps et le plus agréablement. « Vous exprimez trop vivement vos désirs sans que cela ait aucune utilité ; il faut avoir plus de résignation et garder cette simplicité enfantine qui doit caractériser une bonne Sœur de la Sainte-Famille. Pourvu que vous trouviez Dieu, que vous importe ? Nous ne sommes pas venues dans ce bienheureux désert pour chercher notre satisfaction, mais pour porter la croix du bon Maître. Portons-la de bon cœur, elle nous portera à son tour. Il ne sert pas de grand'chose de tant témoigner à ma Sœur*** combien on la désire. Son retour est à la volonté de notre Père (*M. Marty*), et il sait ce qui est pour le mieux. »

---

(1) Dans la communauté des Filles de Marie.

Cette réserve ne doit pas seulement exister entre les Sœurs, elles doivent aussi la garder à l'égard de la supérieure. La confiance envers la Mère doit être sans bornes, l'affection pour elle peut être vive et profonde, mais elle doit toujours être réglée selon Dieu ; c'est une affection surnaturelle ne connaissant rien des apitoiements, des caresses ni des condescendances des cœurs humains : « Je suis bien aise que vous reconnaissiez qu'il est indigne d'une religieuse d'avoir pleuré presque tout le jour du chagrin de ne pas soigner la Mère. Cela annonce beaucoup d'humain dans les rapports que vous avez avec elle. Il ne faut pas vous borner à détester cette faute ; il faut vous examiner sérieusement devant Dieu, le prier de vous éclairer, de vous faire connaître les attachements trop naturels qui sont dans votre âme et de vous en découvrir les racines. Croyez-moi, cette faute n'est pas seule : vous en faites bien d'autres de ce genre qui ne vous sont pas connues. Comme c'est avec la Mère, vous ne vous méfiez pas de vous-même. Je crois aussi qu'elle ne veille pas sur elle et qu'elle vous témoigne trop de tendresse ; elle est naturellement bonne et aimante : ces qualités vous attirent ; mais est-ce bien selon Dieu ? » Le défaut que la Servante de Dieu réprimandait avec tant de sévérité dans les âmes confiées à sa sollicitude, était cependant bien naturel à de jeunes cœurs dévoués et simples qui ne demandaient qu'à épancher leurs affections.

Aussi à cette vigilance pour les relever vers Dieu et diriger sur lui seul tout le cours de leur tendresse, la Mère Émilie mêlait la douceur, et craignant que cette lettre ne fût trop dure, elle ajoutait en *postscriptum :* « Après avoir lu cette lettre, elle m'a paru sévère ; j'ai craint qu'elle ne vous fît de la peine. Mais au lieu de la récrire, comme je suis souffrante, je pense que vous m'obligerez en voulant bien m'excuser. Ne soyez pas fâchée. » C'était surtout auprès des supérieures qu'elle insistait à ce propos ; elle craignait qu'elles ne détournassent à leur profit l'affection que les cœurs doivent porter à Dieu. « Vous témoignez trop d'amitié et de tendresse, vous êtes trop riante, trop amicale. Comment avez-vous fait, par exemple, pour faire déjeuner nos Sœurs le lendemain de leur arrivée ? Ne les avez-vous pas pressées ? N'avez-vous pas dit plus de paroles qu'il ne fallait ? Ici, nos nouvelles arrivées trouvèrent à leur place ce qu'on jugea à propos de leur donner pour déjeuner, et personne ne leur dit mot. » Dans les recommandations aux supérieures d'Aubin, la Mère Émilie revenait toujours ainsi sur l'exemple de Villefranche, parce qu'elle trouvait qu'à cause des mauvais exemples qu'elle s'accusait elle-même d'avoir donnés dans les commencements, on n'avait pas à Aubin pour la maison mère le respect et l'affection que les Sœurs devaient avoir. Elle trouvait aussi qu'il y avait un défaut habituel de régularité et de cette sévérité nécessaire pour la maintenir. « La communauté est si petite ! disait-on. — Plus elle est petite, plus elle a besoin de surveillance ! reprenait la Mère ; on commet plutôt des manquements lorsque l'on est peu. » Les encouragements se retrouvaient cependant toujours au milieu de la sévérité : « Quand vous avez des peines, écrivait-elle à la supérieure, pensez au bien que procure notre petite maison d'Aubin. Voyez les âmes qu'elle attire à Dieu. Déjà plusieurs sont dans la possession de la gloire. Mes Sœurs Stanislas, Eulalie et Séraphine n'auraient vraisemblablement pas été religieuses, et mes Sœurs Lucie, Eudoxie et Stanislas (1) ne le seraient pas non plus si notre pe-

(1) Nous arrêterons un instant le lecteur sur ces diverses Sœurs ; elles sont les vraies filles de la Mère Émilie ; leurs vertus et leurs mérites ajoutent aux mérites de celle dont Dieu s'est servi pour les appeler, les attirer et les élever à la vie religieuse.

Sœur Stanislas (Élisabeth Calmette), née en 1801, sur la paroisse d'Aubin, entra au noviciat en 1822, fit sa profession le 16 mai 1824, et mourut le 16 février 1826. On eût pu fonder de grandes espérances sur les vertus et les talents de cette chère Sœur. Elle avait eu quelque peine à se séparer du monde. Jeune, riche, belle, pleine de talents et d'amabilité, la vie s'ouvrait joyeuse et facile devant elle, lui présentant toutes les délices de la terre, lorsqu'elle entendit dans son cœur l'appel de Dieu, qui la conviait à la pénitence, à la prière, au renoncement. Elle fut effrayée et résista d'abord de toutes ses forces : dans sa naïveté et son innocence, elle priait le bon Dieu avec larmes de la laisser à la maison paternelle et aux jouissances ordinaires de ce monde, promettant de rester solidement chrétienne et sage, et de servir toujours Jésus-Christ. Le Dieu jaloux la voulait toute à lui. Elle se refusa ainsi un certain temps ; mais il fallut bien se rendre à la miséricordieuse pour-

tite maison n'avait pas existé. Soyons de bons instruments : nous le serons si nous sommes humbles. »

Une supérieure de communauté a en quelque sorte suite. Élisabeth entra au noviciat de la Sainte-Famille; elle y fit des progrès extraordinaires. Ce ne fut pas sans combats. Elle eut à passer par des angoisses et des ténèbres qu'elle regardait comme le châtiment de ses anciennes résistances; elle marcha généreusement contre toutes les appréhensions de la nature; et tous les efforts du démon ne purent, une fois qu'elle eut mis la main à la charrue, l'engager à jeter un regard en arrière. Les grâces qui furent le prix de sa générosité, ses dons naturels et l'onction de sa parole la désignèrent au choix de ses supérieures. A peine eut-elle fait sa profession religieuse qu'on la donna pour aide à la maîtresse des novices. Elle réussit merveilleusement dans cet emploi : en la voyant si jeune, si bien douée et prévenue de tant de priviléges, on pouvait espérer qu'après avoir travaillé à nourrir et à développer le bon esprit parmi les novices, elle serait un jour, par ses vertus, un des plus fermes appuis de l'institut. La Providence avait d'autres desseins. C'était par la souffrance et une mort prématurée que la Sœur Stanislas devait aider à instruire ses Sœurs. Sa maladie fut longue, et, dans les premiers mois, mêlée d'une terreur excessive de la mort. Elle triompha de cette tentation, et la paix la plus profonde régna dans son âme; elle aimait à s'entretenir de sa fin qu'elle entrevoyait et de son union avec Dieu, qu'elle allait enfin consommer. Elle n'était point impatiente; elle attendait, le sourire sur les lèvres, l'instant heureux qu'elle ne pouvait s'empêcher de désirer. Les douleurs les plus vives n'altérèrent pas cette sérénité, ne troublèrent point cette espérance; elle s'endormit vraiment dans le Seigneur, à l'âge de vingt-cinq ans, après deux ans et six mois de profession.

La Sœur Eulalie se nommait Joséphine Manheric. Elle était née, en 1796, à Firmy, dans le canton d'Aubin. Bien différente de la Sœur Stanislas, la Sœur Eulalie voulait être à Dieu; mais la délicatesse excessive de sa santé semblait un obstacle insurmontable. Elle ne se découragea pas, et, malgré sa chétive

charge de la direction des âmes ; ses filles s'ouvrent à elle et reçoivent d'elles les avis qui leur sont nécessaires. Il faut que cette ouverture des filles soit

santé, persista à demander l'entrée du couvent et la faveur d'y être admise à l'essai. On céda à ses instances : les portes lui furent à peine ouvertes, que sa santé parut se raffermir. La Sœur Eulalie eut au noviciat des forces qu'on ne lui avait jamais connues, et l'austérité de la vie paraissait lui réussir mieux que toutes les recherches que ses parents avaient jusqu'alors estimées nécessaires. Ce n'est pas là d'ailleurs un fait singulier : on le rencontre assez fréquemment dans les histoires des congrégations religieuses. La Providence semblait donc manifester sa volonté sur la Sœur Eulalie ; mais le démon faisait aussi tous ses efforts pour l'arracher à son salutaire dessein. Heureusement, la novice était obéissante, et elle avait, à l'égard de ses maîtresses, une ouverture de cœur admirable. Ce fut à force de simplicité qu'elle résista au tentateur. Elle avait une conscience délicate et sensible, et qui, facilement, eût été en alarmes. La crainte et le découragement l'assiégeaient sans cesse : elle triompha par l'obéissance, la simplicité et l'ouverture du cœur. Elle s'abandonna, malgré les efforts de l'ennemi, entre les bras de Dieu, et immola généreusement à son amour la victime qu'elle voulait lui offrir.

Comme si la Providence avait uniquement voulu lui ménager ce bonheur, une fois qu'elle eut prononcé ses vœux, la Sœur Eulalie vit s'évanouir les forces extraordinaires qu'elle avait eues durant son noviciat ; sa santé déclina, toutes sortes de souffrances furent désormais le partage de cette humble et heureuse épouse de Jésus-Christ. Sa sérénité et sa patience ne se démentirent pas un instant ; la pensée de son bonheur et du privilège qui lui avait été accordé réjouissait son âme. Les derniers sacrements accrurent sa joie en fortifiant son union avec Dieu, qui consacra, sans doute, irrévocablement le dernier appel auquel elle répondit doucement le 12 mai 1826, trois mois après la Sœur Stanislas.

Elles ont été, l'une et l'autre, cueillies comme des fleurs fraî-

sincère, complète, et que la Mère, comme disait la Sœur Éléonore, sache tout ce qui se passe dans leur cœur. « Que deviendraient les branches d'un arbre

chement écloses au petit parterre de la Sainte-Famille. La troisième (Charlotte Ségala) fut prise, on peut dire, à peine en bouton. Née à Aubin, en 1811, elle mourut le 15 août 1825. C'était donc une enfant, mais une enfant privilégiée : à douze ans, elle montra un tel désir, elle déploya une telle énergie, que ses parents cédèrent à sa volonté et la présentèrent au noviciat. Elle unissait à la vivacité et à la grâce de l'enfance, toute la solidité et la force que peut communiquer la piété la plus droite et la plus vive. Son caractère était franc et ouvert. Après avoir dit adieu à ses parents, qu'elle chérissait tendrement et dont elle était tendrement aimée, pour s'enfermer au cloître, elle s'appliqua, avec une générosité bien au-dessus de son âge, à toutes les vertus de la vie religieuse. Aucune pratique ne la rebuta. Le silence ne lui fut point à charge, et son intelligence des devoirs de la religion, son désir de recevoir le saint habit, semblèrent tels que les supérieurs inclinaient à le donner à cette petite enfant. On lui fabriqua d'abord un petit costume semi-religieux ; elle le portait modestement et joyeusement, demandant, avec tant d'humilité et d'instance, le véritable habit des novices de la Sainte-Famille, qu'on ne crut pas pouvoir le refuser à une enfant si véritablement et si singulièrement conduite par Dieu. On lui donna le nom de Séraphine. Après une longue maladie, qu'elle supporta avec patience, ses parents firent des instances pour qu'on l'envoyât à Aubin. On céda à ce désir. Mais, dans les visites fréquentes qu'elle recevait de sa famille, la jeune Sœur accorda un peu trop à la nature ; elle apprit à ses dépens combien le contact du monde est préjudiciable à une religieuse. Sa ferveur avait déjà subi une notable diminution lorsque ses supérieurs la rappelèrent à Villefranche. Elle reconnut sa faute et sentit son infidélité ; elle vit les liens auxquels elle s'était reprise et résolut de réparer sa faiblesse. La Providence voulut-elle lui en fournir l'occasion ? La vie joyeuse et calme de l'enfance cessa tout à coup pour Séraphine : elle perdit le sentiment de cette présence

si elles se séparaient du tronc? disait la Mère Émilie. Elles sécheraient, et il en serait de même de vous si vous n'étiez intimement unie à votre

divine qui avait été son bonheur et son attrait; la miséricorde fut, pour ainsi dire, voilée à ses yeux, et elle se sentit devant les rigueurs de la justice. Les tentations, le dégoût, les amertumes, la crainte remplissaient et effrayaient cette jeune âme. Elle eût dû être accablée par une si lourde croix; mais l'obéissance soutenait Séraphine et la guidait; la résignation était son partage; elle baisa la main qui la frappait, et sa fidélité à persévérer lui attira une nouvelle grâce. La paix lui fut rendue, et ses délices ne furent pas altérées dans la dernière maladie, qui fut courte et violente. La petite épouse de Jésus-Christ resta au couvent de Villefranche, malade pendant trois jours. Il y a lieu d'espérer qu'ensuite la miséricorde divine l'appela dans le ciel, à consommer les noces éternelles auxquelles elle avait prétendu. Elle partit le sourire sur les lèvres, avant d'avoir consommé sur la terre sa quinzième année.

La Sœur Lucie (Marie Bouyssou), née en 1800, à Cransac, aux environs d'Aubin, appartenait à une pauvre famille. Elle avait un tel désir d'être à Dieu, que le curé de la paroisse disait que, pour être religieuse, elle eût volontiers traversé les mers et fût passée au nouveau monde. Elle alla frapper au noviciat de la Sainte-Famille sans autre dot que son généreux désir. La Mère Émilie ne lui en demanda pas davantage. On reconnut dans la Sœur Lucie, dès son entrée au noviciat, le 7 août 1823, une volonté effective; elle accomplissait tous ses exercices spirituels avec une ardeur et une exactitude qui faisaient plaisir à voir. Sa ferveur à la prière, et l'entier anéantissement où elle paraissait plongée, témoignaient de l'intime communication de cette âme avec Dieu. Elle avait d'elle-même les sentiments les plus bas, qui la portaient, envers ses compagnes, sans aucune acception de personnes, aux attentions les plus délicates et à la charité la plus suave. Elle fit sa profession le 10 février 1825, et on lui donna l'emploi d'infirmière. Elle donna là libre carrière à sa charité, sans lui sacrifier toutefois aucune des pratiques de son

supérieure. » Cette union ne devait pas exister seulement entre les filles et la supérieure générale ; dans les maisons secondaires de l'institut de la

état. Elle était fidèle au silence, et conservait en tout une simplicité dans l'obéissance, et une naïveté enfantine dans l'ouverture du cœur, qui éloignèrent toujours de son âme les inquiétudes et les dangers. Elle aimait par-dessus tout la vie commune et ne voulait avoir aucun goût particulier ; même lorsqu'elle était malade, il fallait un commandement formel de sa supérieure pour lui faire exprimer un désir. Une fois, peu de jours avant sa mort, travaillée d'un dégoût excessif de tout aliment, et sentant son estomac bondir sur tout ce qu'on lui présentait, il lui arriva de laisser échapper qu'elle mangerait bien un peu d'épinards. Elle se reprocha cette parole comme une grande faute et n'osait en conséquence s'approcher de la sainte Table.

Son amabilité et sa générosité l'avaient rendue chère à toutes ses compagnes ; on la regardait comme un exemplaire de fidèle observance, de ferveur et de simplicité. La communauté multiplia les prières quand on la vit malade ; on eût voulu conserver un si précieux sujet. Ces supplications prolongèrent-elles ses souffrances ? La maladie fut longue et fut l'occasion de nouveaux mérites pour cette chère Sœur. Elle reçut les derniers sacrements avec une joie extrême, et dès lors vécut dans l'entier abandon. Toutefois, à travers sa faiblesse et au milieu de son agonie, pour ainsi dire, la charité continuait à brûler dans son cœur, et elle veillait à ce que ses compagnes de l'infirmerie, les Sœurs malades, ne fussent pas oubliées. Pour elle, jusqu'aux derniers instants, et tout en recevant avec simplicité les secours des infirmières, elle s'appliqua à épargner leurs peines. Elle avait toujours été avide de la sainte communion, et toute défaillante dans les bras de la mort, dévorée d'une soif ardente, elle ne voulut se priver d'aucune de celles qui lui étaient permises. La veille de sa mort même, elle communia à jeun. Le lendemain, après avoir reçu le saint viatique, elle se tourna vers la Mère Émilie et la pria de ne la plus quitter ; elle s'unit aux prières de la recommandation, et, en prononçant les noms de Jésus,

Sainte-Famille, il fallait le même lien entre les filles et la Supérieure. « Promettez-moi, disait la Mère Émilie à une de ses filles, que vous irez trou-

Marie, Joseph, elle expira entre les bras de sa supérieure et de sa vraie mère, le 4 mai 1829, après six ans et demi de vie religieuse.

Joséphine Tourille, en religion Sœur Eudoxie, née le 21 janvier 1807, appartenait à une bonne famille de Livinhac. L'aisance de ses parents, l'amour qu'ils lui portaient et l'affection qu'elle avait pour eux, auraient pu être des obstacles à sa vocation : elle triompha de toutes ses difficultés, car elle avait un vrai désir de se donner à Dieu. Ce désir se manifesta, — une fois qu'elle fut entrée au noviciat, le 21 octobre 1827, — par une exacte pratique de toutes les vertus religieuses. Son attrait était pour le silence ; elle était encore postulante, que ce point avait été remarqué. Il n'échappa pas à la sagacité des pensionnaires, et la malice de ces petites filles, excitée par la réserve scrupuleuse de la postulante, s'évertua à lui tendre des pièges : on se promettait de bien rire si on pouvait la surprendre. L'occasion se présenta, entre autres, à propos de petits canards dont le soin avait été confié à notre Joséphine. Elle se vit tout à coup entourée d'une bande joyeuse qui s'empressait autour d'elle, lui proposant toutes sortes d'aides, lui faisant mille questions et lui jetant mille propos en l'air. « Mademoiselle Joséphine, voulez-vous bien que nous vous aidions? disait l'une. — Ah! voilà un canard qui vous échappe ! disait l'autre. — Celui-ci a-t-il mangé ? reprenait une troisième.— Tenez ! tenez! en voilà un qui a mal à la patte! Et celui-ci ! et celui-là ! » Et toutes riaient et tiraient chacune à soi la bonne prétendante, qui, sans s'impatienter ni se troubler, souriait et répondait avec grâce en posant son doigt sur ses lèvres. Elle se retira discrètement sans avoir dit une parole, et les petites filles, fort bien initiées au jugement et aux pensées de la Mère Émilie, se disaient les unes aux autres : « Oh ! elle sera bonne religieuse, celle-là ! Elle garde le silence ! »

La Sœur Eudoxie, en effet, admise au noviciat au mois d'ocobre 1827, y fut un modèle de régularité et de générosité. Il lui

ver votre supérieure ; vous lui direz : « Ma Mère,
« jusqu'à présent j'ai eu le cœur un peu serré
« toutes les fois qu'il a fallu vous rendre compte de

en avait fallu beaucoup pour triompher de la résistance de ses parents. Ils avaient tout mis en œuvre pour l'empêcher d'entrer au couvent ; ne se tenant pas pour vaincus, ils continuèrent leurs tentatives durant son noviciat, et ils redoublèrent surtout d'efforts à l'approche de la profession. Ils ne pouvaient comprendre la force de sa résistance. La bonne Sœur trouvait ses armes et son courage dans la sainte Eucharistie. Mais sa douceur, sa patience et surtout la vivacité de la nature empêchaient ses parents de perdre tout espoir : ils luttaient pour remettre dans le monde cette chère enfant, que le bon Dieu, de son côté, appelait, attirait et retenait. Le combat fut si violent, que la santé de la pauvre Sœur en parut compromise. « On ne veut pas que je sois religieuse, disait-elle : j'en mourrai ! » Disait-elle vrai ? Elle obtint, de guerre lasse, le consentement de ses parents ; elle fit sa profession le 11 mars 1829 ; mais elle ne traîna plus qu'une vie languissante. Une fièvre lente la minait ; elle expira le 6 janvier 1832.

La seconde Sœur Stanislas (Marie Lescure) était née à Flanhac, canton d'Aubin, le 1er janvier 1809. Elle fut admise au noviciat le 6 octobre 1828. Sa profession est du 11 mars 1829. Elle mourut le 5 juin 1832. Cette bonne Sœur aimait tout particulièrement son état, et durant sa courte existence, son cœur resta pénétré de reconnaissance pour la grâce de sa vocation, qu'elle ne cessait de savourer. Aussi était-elle singulièrement chère à la Vénérable Mère et à M. Marty. Elle aimait la pauvreté par-dessus tout, et on remarquait en elle une grande simplicité ; elle avait le rare privilège de conformer sa pensée à celle de sa supérieure. Il suffisait à la mère Émilie de lui dire : « Croyez ainsi, pensez de la sorte, » et aussitôt la Sœur Stanislas le croyait et le pensait. Quelques instants après la mort de cette excellente Sœur, la Mère Emilie adressait à M. Marty le récit de ses derniers moments.

« Ma Sœur Stanislas vient de rendre le dernier soupir, mais

« l'état de mon âme ; mais à l'avenir je viendrai en
« toute confiance. » Sans cela, ma chère fille,
ajoutait la Mère Émilie, vous n'avancerez jamais
dans les voies de la perfection comme Dieu le de-

avec tant de paix, que nous n'avons pu l'apercevoir ; en sorte que nous n'avons connu qu'elle était morte que parce qu'elle ne respirait plus... On est venu m'appeler sur les trois heures : je l'ai trouvée avec beaucoup de soif ; elle ne voulait pas boire, parce qu'elle voulait faire la sainte communion. Je lui ai dit qu'elle pourrait la recevoir en viatique. Nous avons fait appeler M. l'aumônier, qui lui a fait essayer une hostie, qu'elle n'a pas pu avaler, ce qui lui a été bien pénible. « Mon Dieu ! a-t-elle dit, que je ne puisse plus faire la sainte communion ! » Un instant après, elle a perdu connaissance.

« La confiance la plus parfaite a été son partage durant sa maladie et jusqu'à son dernier soupir. Il lui tardait beaucoup d'aller avec Dieu, et elle disait souvent : « Quand est-ce ?... » Elle ajoutait : « La sainte volonté de Dieu soit faite ! Je suis bien contente de l'accomplir. Je désire d'aller au ciel ; mais tant qu'il voudra me laisser, je suis contente. Parlez-moi du paradis ! Oh ! que j'aime à en entendre parler !... »

M. Marty, dont nous avons déjà signalé la tendresse et la délicatesse d'affection pour toutes les Sœurs, attendait, avec une certaine anxiété, des nouvelles de la maladie, et il répondait à la Mère : « Quand j'ai reçu votre lettre, j'ai eu la pensée que vous alliez m'annoncer la mort de notre chère Sœur Stanislas, et j'y ai vu, en effet, que vous aviez reçu son dernier soupir. Elle est donc allée célébrer, dans le ciel, l'octave de l'Ascension. La douceur de son passage, le soin qu'elle a eu de s'y préparer et le désir qu'elle en avait, nous autorisent à croire qu'elle est avec son Époux, et qu'elle a obtenu le bonheur qu'elle était venue mériter au couvent. Il est consolant pour nous tous de savoir qu'elle a dit, comme Suarez : « Je n'aurais pas cru qu'il fût si doux de mourir, » et que la mort, qui l'avait effrayée de loin, lui a paru aimable de près. »

mande de vous. » C'est à la Mère, en effet, de discerner les remèdes qui conviennent à chacune des filles. « Je compatis à vos maux, disait-elle à une d'entre elles, mon cœur les ressent vivement. J'en ai parlé à notre Père, qui veut vous faire revenir, si cela ne change pas; nous y forcerez-vous? Ne ferez-vous pas votre possible pour mettre ordre à votre âme et pour la guérir? Il nous paraît que les meilleurs remèdes sont de rendre compte fréquemment de votre intérieur à la Mère, pour le moins deux fois la semaine, et cela simplement, sans grimaces, de lui dire toutes vos vivacités, tant intérieures qu'extérieures, et d'accepter enfin avec docilité les pénitences qu'elles vous donnera. Dites-lui de ma part que je la prie de ne pas vous épargner; elle peut vous punir en vous faisant faire des *coulpes*, demander pardon aux personnes à qui vous avez manqué, ou bien baiser leurs pieds, en vous occupant au travail manuel, comme écurer la vaisselle, balayer, nettoyer : que vous ayez du goût ou non, il faut faire votre devoir! La lumière et la paix vous seront données quand vous aurez fait des efforts pour acquérir les vertus, surtout celle qui vous fera soumettre votre raison pour obéir aveuglément. »

Ce ne sont pas seulement des conseils, en effet, que la Mère doit distribuer : en certaines circonstances il y a des actes extérieurs qu'elle ordonne, ce qu'on appelle au couvent des *pratiques*. Toutes ont trait à briser la volonté et à détruire l'orgueil. On fait sa coulpe en présence de la communauté entière, en accusant les fautes commises contre la règle. Les *pratiques* sont des pénitences dans le genre de celles que la Mère Émilie indiquait tout à l'heure. Quelquefois la Mère les impose sans raison apparente et uniquement pour briser la volonté. Les religieuses aiment les *pratiques*; cela entretient la ferveur, disent-elles, et ranime le zèle. On les multiplie pour celles qui en ont plus grand besoin, que ce besoin naisse de l'imperfection de la nature, ou, au contraire, des grandes dispositions du cœur vers certaines vertus. Il faut que la supérieure veille à ce que chacune de ses filles soit dans sa voie et la parcoure jusqu'au bout. Il faut réparer les moindres défauts ; il faut goûter les grâces les plus relevées. « Ma Sœur *** n'est pas aussi sage que vous croyez, écrit la Mère à une supérieure : nous avons vu, en la suivant de près, qu'elle est toujours la même; c'est le même orgueil, la même dissipation, le même enfantillage; aussi lui ai-je dit qu'il fallait guérir à tout prix, qu'elle aurait beau être triste et se troubler, que nous n'y ferions aucune attention et que nous lui donnerions tous les remèdes que nous trouverions convenables. Elle a répondu qu'elle acceptait cette conduite, qu'elle voulait s'y soumettre et guérir. »

« Vous dites qu'il vous faut vivre dans vos dépits comme dans votre élément, écrit-elle à une Sœur. Détrompez-vous : la paix vous est réservée; elle sera accordée à vos efforts, à votre courage, à votre bonne volonté et surtout à votre confiance en Dieu. Ne vous découragez pas, quoique vous tombiez dans des fautes très fréquentes ; faites-en humblement l'aveu ; priez le bon Dieu, reconnaissez votre faiblesse et proposez-vous de mieux faire. Je désire que vous me donniez fréquemment des nouvelles de votre intérieur, que je recommande très particulièrement à la sainte Vierge, afin qu'il devienne humble et paisible. Ne soyez pas contristée si la Mère vous reprend souvent et si elle croit qu'il y a en vous de l'inquiétude, tandis que vous n'en reconnaissez point. Méfiez-vous de votre jugement. Pensez que les autres, et surtout nos supérieurs, nous connaissent mieux que nous ne faisons nous-mêmes. Le plus sûr est de croire ce qu'on nous dit et de corriger l'air ou les manières qu'on trouve répréhensibles. Croyez-moi : livrez-vous à une obéissance aveugle ; c'est le chemin de la paix et de l'union la plus intime avec Dieu. »

« Je vous félicite et me félicite des nouvelles que vous me donnez de votre intérieur, disait-elle à une autre. Profitez du bon vent ; soyez bien fidèle à Dieu, et il vous accordera toujours de nouvelles grâces. Vos sentiments sur l'obéissance me font grand plaisir. Ne vous départez jamais de là ; c'est une route assurée, l'on ne saurait y faire naufrage. »

« Je suis très sensiblement affligée de l'état pénible où est votre intérieur. Je voudrais qu'il fût en mon pouvoir d'y apporter quelque soulagement. Je vous prie de ne pas vous laisser abattre ni décourager. Dieu est avec vous; il ne vous délaissera pas. Quoiqu'il semble éloigné, il n'en est que plus près. C'est maintenant que vous pouvez vous rendre agréable à ses yeux : vous verrez un jour combien on est heureux de porter la croix à la suite de Jésus. »

C'est ainsi que la supérieure se donne à toutes ; elle modifie son langage selon les caractères et les circonstances ; elle entre dans les peines et les combats de ses filles ; elle s'apitoie avec les unes, elle réprimande les autres ; mais c'est toujours pour relever et soutenir les courages. « Vous n'avez pas sans doute été contente de moi à notre rencontre ? écrit-elle à une Sœur affligée. Je vous ai traitée bien sèchement et bien rondement ; cela était comme nécessaire. Si peu que je me fusse arrêtée et que je vous eusse témoigné la part que je prends à votre peine, vous vous seriez attendrie; cela aurait diminué le sacrifice que Dieu demande de vous. Il ne faut pas se contenter de lui donner ce qu'il demande ; il faut l'offrir généreusement et avec une volonté entière, sans plainte, sans réflexion, sinon pour penser que tout lui est dû et qu'en donnant tout nous ne faisons que notre devoir. Aimons bien le bon Dieu, et les sacrifices, si grands qu'ils soient, nous paraîtront bien peu de chose. »

« Quelque vive que soit la peine que vous éprouvez, écrit-elle à l'occasion de la mort d'un frère, je suis persuadée, ma très chère Sœur, que vous la supporterez avec paix et résignation : ce coup est terrible, j'en conviens, mais il faut toujours dire, et dire de bon cœur : Mon Dieu ! votre volonté soit faite ! C'est le langage des saints dans les plus grandes afflictions : ce doit être le nôtre. Nous sommes leurs enfants et nous devons marcher sur leurs traces ; nous devons reproduire en nous leurs exemples, leurs sentiments et leurs paroles, puisque nous aspirons à la même récompense. Tâchez, ma chère Sœur, de ne pas vous laisser abattre ; par une soumission entière vous pouvez beaucoup gagner, acquérir une plus grande union avec celui que vous avez pris pour votre unique partage, et obtenir des grâces à celui que vous pleurez. »

Tout dans la vie chrétienne doit être employé au salut. Dieu ne visite pas seulement les siens par le retranchement des faveurs spirituelles et les afflictions du cœur ; la maladie, selon la Mère Émilie, est un temps de bénédiction pour les âmes : elles peuvent s'unir plus intimement à Jésus souffrant, qui leur offre, en effet, alors un moyen tout particulier de le connaître et de l'aimer ; c'est donc l'instant de se donner parfaitement à lui. « Soutenez avec courage et confiance en Dieu cette longue épreuve, écrivait la Mère à une malade ; j'aime à penser, ma bien-aimée Sœur, que soumise au bon plaisir divin, vous baisez la main qui vous frappe dans des vues de miséricorde. Pour vous unir à Dieu, si quelquefois vous vous sentez découragée par la longueur de votre maladie, rappelez-vous le jour où vous avez prononcé les saints vœux ; vous avez pris, ce jour-là, Jésus pour votre seul et unique partage ; vous avez embrassé sa croix, bien résolue de la porter jusqu'à votre dernier soupir. Cette croix, que la nature répugne tant à porter, est un véritable bien ; elle vous ouvrira un jour les portes du ciel ; nous n'en connaîtrons tout le prix que lorsque nous aurons eu le bonheur d'entrer dans le séjour de la véritable félicité. »

« Supportez avec courage cette épreuve qui vous a été ménagée par la divine Providence pour votre sanctification ; ces souffrances passeront, l'ennui passera aussi, mais Dieu ne passe pas, et il vous fera éprouver un jour combien on est heureux de vivre à l'ombre de la croix. Les soins charitables que vous rendent nos Sœurs avec tant d'affection, vous font apprécier le bonheur qu'il y a d'être dans la compagnie de Jésus, de Marie et de Joseph. Sans doute vous ne manquez pas d'en témoigner au bon Dieu votre reconnaissance. »

Pour rester en union avec Dieu et profiter des avantages que peut apporter la maladie, il faut, il est vrai, rester ferme dans le dessein qu'on s'est proposé, et ne pas détourner vers la famille naturelle et les divers liens de la terre, l'âme uniquement consacrée à Dieu. Il y a là tout un ordre de tentations que la Mère s'empressait de prévenir. La profession religieuse, en effet, ne détruit pas les sentiments du cœur : elle les règle et les élève. C'est en Dieu désormais, pour Dieu et d'une façon toute spirituelle, qu'une religieuse aime les siens : l'affection qu'elle leur porte selon l'esprit est bien différente de celle de la nature; elle s'intéresse aux âmes : c'est un amour plus fort, plus profond, plus généreux, plus dévoué, qui ne se recherche pas, et qui ne prétend pas ici-bas aux consolations et aux douceurs sensibles que peuvent réclamer et donner les créatures qui ne sont pas entrées dans la voie surnaturelle des conseils évangéliques. « Dieu vous ménage durant la maladie, ma très chère Sœur, un grand moyen de salut; il veut vous unir à lui par la croix ; par elle, il vous fera de grandes grâces : ne les perdez pas. Tâchez de pratiquer un entier abandon entre les bras du meilleur et du plus tendre des pères. Unissez-vous dans vos souffrances à votre divin Époux; il en a enduré de bien plus grandes pour vous témoigner son amour. Prenez garde surtout à ne pas tourner les yeux vers le lieu de votre naissance; vous en êtes rapprochée à Aubin. Le démon pourrait se servir de cette circonstance pour vous tenter, vous donner l'idée d'écrire à vos parents sous prétexte qu'il faut leur apprendre que vous êtes malade : ce qui les ferait venir au parloir et vous donnerait le désir d'y aller. Cependant nous voilà en carême. Votre tuteur, votre frère et les autres viendront d'eux-mêmes peut-être vous demander. Si vous m'en croyez, vous refuserez d'aller au parloir. Dans tous les temps, nous devons être fidèles à Dieu ; mais il faut surtout redoubler d'exactitude dans la maladie, où nous avons besoin de secours particuliers. Croyez-moi, ma très chère Sœur, ne refusez rien à votre bien-aimé, lui qui vous aime avec tant de tendresse et qui se donne tout à vous dans la sainte communion. »

Je ne sais pas si ces citations parviennent à bien montrer la vie du couvent et les fonctions qu'y remplit la Mère. C'est elle qui propose les sacrifices et qui encourage les Sœurs à se dépouiller complètement, à se remettre entre les bras de Dieu et à ne rien regarder des choses d'ici-bas. La tendresse de la Mère pour ses filles est pleine de prévenances selon la grâce : la nature la trouverait rude ; la Mère a toujours soin, en effet, de commander à son propre cœur ; elle suit l'esprit et poursuit uniquement l'avantage spirituel des filles ; elle n'est la Mère qu'à condition de les conduire dans la voie du salut ; elle connaît d'ailleurs les faiblesses humaines, souvent il lui serait doux d'y condescendre ; mais il faut s'armer, ne rien laisser à la nature et tout rapporter à l'Époux divin ; cet Époux est jaloux, il veut de la générosité dans les sacrifices. Aussi la Mère n'a rien à imposer, elle propose : elle met les Sœurs en garde contre leurs propres tentations, elle les encourage à ne pas y succomber et leur laisse ensuite tout le mérite de la victoire. Elle se contente de conseiller aux malades de ne pas voir leurs familles pendant le carême. Le carême est un temps où le parloir est tout à fait interdit. La Mère aime mieux détourner la pensée d'une exception que d'avoir à la refuser et surtout peut-être à y condescendre. Quelquefois, quand la permission est accordée, la Mère montre qu'il y aurait une plus grande perfection à s'abstenir encore ; elle dresse ainsi les âmes au retranchement de tout ce qui peut satisfaire la nature. Le sacrifice doit être complet ; plus il coûte, plus il a de mérite devant Dieu et plus il apporte de forces au chrétien.

« Ma chère Sœur, disait après une retraite la Mère à une de ses filles, vos parents ont demandé de nos supérieurs et obtenu pour vous la permission d'aller, avant de retourner à votre poste, voir votre mère qui est très malade. Je ne m'y oppose pas, puisque vous le pouvez sans manquer à votre vœu de clôture; toutefois je dois vous faire remarquer que le bon Dieu vous offre de la sorte l'occasion d'un sacrifice, qui lui sera d'autant plus agréable qu'il sera plus volontaire et plus pénible à votre cœur : je n'ajoute pas qu'il sera d'une très grande édification pour vos Sœurs. Du reste, ma bonne Sœur, en allant voir votre mère, vous ne la guérirez pas, et il vous en coûtera beaucoup de vous séparer d'elle;

tandis que si vous faites ce sacrifice au bon Dieu, il vous méritera beaucoup de grâces pour vous et pour elle. »

La pauvre Sœur avait le cœur navré, et se jetant aux pieds de sa supérieure en fondant en larmes : « Ma Mère, dit-elle, je ne voudrais pas y aller, mais je crains de n'avoir pas la force de résister aux sollicitations qui me seront faites ! Priez le bon Dieu de me donner le courage de refuser. Ce qui me coûte le plus, ce n'est pas de faire le sacrifice, c'est de l'imposer à ma mère. »

La Mère Émilie la relevant, lui dit : « Je vous promets, ma chère Sœur, que je prierai le bon Dieu : j'espère qu'il vous donnera, à vous le courage de refuser, et à votre bonne mère la force de recevoir ce refus avec résignation. Allez, ne craignez pas ! »

Cette promesse ne fut pas vaine, elle parut se réaliser tout aussitôt. La Sœur, appelée en ce moment au parloir, vit les larmes dont elle était inondée sécher immédiatement ; elle se sentit pleine de courage, elle résista à toutes les sollicitations et reçut sans se troubler les reproches de ses parents. Sa pauvre mère apprit ce refus avec la plus grande résignation ; elle ne cessa pendant le peu de temps qu'elle vécut encore de calmer ses autres enfants. Elle leur disait qu'elle était bien contente de mourir sans embrasser sa fille, parce qu'elle espérait que Dieu lui ferait la grâce de la voir dans le ciel !

En demandant à ses Sœurs de pareils sacrifices, la Mère savait cependant compatir à leurs faiblesses, et elle recommandait d'apporter des ménagements selon les divers esprits. Elle indiquait par exemple la conduite que doit tenir une supérieure envers les Sœurs malades. « Pour les soulagements dont je crois que les Sœurs ont besoin, il y en a que je laisse libres et d'autres à qui je dis : Faites ! On ne peut guère avoir de règles là-dessus ; cela dépend du caractère, de l'attrait, du besoin plus ou moins grand qu'ont les Sœurs. En général, quand on voit que la personne à qui on propose un adoucissement a, malgré son refus, un désir secret d'être pressée et en quelque sorte contrainte d'accepter, il est bon de lui dire de le prendre quand même elle n'en aurait qu'un faible besoin ; j'ajoute, même quand le besoin ne serait que dans son idée, parce qu'il faut contenter les esprits tant que l'on peut. »

On voit comment les choses se passent dans la vie religieuse : la Mère a le pouvoir, dans quelques circonstances, de faire fléchir la règle, même devant les ombrages que peuvent se faire certains esprits. A plus forte raison, lorsqu'il y a nécessité, use-t-elle de son autorité. Néanmoins sa joie est de voir l'entier accomplissement de toutes les obligations de pénitence que les Sœurs se sont proposées en se consacrant à Dieu. « Notre père nous a procuré de grandes lumières sur le jeûne et l'abstinence ; plusieurs d'entre nous qui pensions ne pouvoir observer ces saintes lois de l'Église, avons essayé et soutenu le jeûne sans aucun adoucissement et sans en être incommodées. Notre bon Père ne nous obligea pas à le faire, il nous en avait même dispensées; mais il nous laissa notre liberté, et nous en avons profité à notre consolation. Plût à Dieu que nous eussions eu ce bonheur au commencement du carême! Notre Père dit, et l'expérience nous l'a prouvé, qu'on peut plus qu'on ne croit. En mon particulier, je me trouve bien déchargée, car je ne presse plus nos Sœurs de prendre tel ou tel soulagement; après le leur avoir proposé, je les laisse libres d'accepter ou non, à moins que ce ne soit absolument nécessaire. Aussi leur ferveur n'est plus contrainte. Je crois que le jeûne et le maigre sont accusés de bien des maux qu'ils ne font pas. » Si la Mère a besoin quelquefois de relever le courage de ses filles, il est bien vrai qu'elle a le plus souvent besoin de le modérer et de contraindre un peu leur ferveur. Elle ramène tous les désirs à la pratique de la règle ; elle disait à une Sœur qui demandait à s'imposer une pratique de mortification : « Ma chère Sœur, quand vous garderez bien le silence, que vous supporterez patiemment les contradictions inhérentes à votre emploi, que vous serez fidèle à tous les points de la règle, je vous permettrai de faire ce que vous demandez! » Toutes les pénitences que la Mère pouvait imposer avaient, en effet, toujours trait à l'entier accomplissement de cette règle.

Les mortifications, d'ailleurs, doivent s'accomplir dans un esprit de paix et d'allégresse. La pénitence, par elle-même, n'a rien de triste ni de sombre. C'est la vraie voie des enfants de Dieu. Dieu veut l'épanouissement des âmes dans ce chemin ardu de la croix où il les invite. Les Sœurs ne doivent pas se replier sur elles-mêmes, elles doivent s'entretenir dans une sainte joie. Les délassements ne leur sont pas interdits, et la Mère Émilie prenait grand soin d'en procurer à ses filles. C'étaient toujours des délassements de religieuses, pleins de modestie, ayant ce caractère de simplicité qui convient à des cœurs innocents, dont tout le souci est d'être petits et, selon le précepte divin, de garder la ressemblance des enfants. La Vénérable proposait des énigmes et des charades ; elle jouait au furet et à la ronde, de tout cœur et avec un entrain inouï. Par quelle merveille cet esprit bourrelé et dont nous n'avons fait qu'indiquer les tourments, pouvait-il se détendre de la sorte et s'appliquer à de pareils amusements ? La règle et le devoir le voulaient ; il n'y avait plus de goûts ni de répugnances : il fallait faire les choses franchement et rondement : cela importait au bon exemple.

Quand la Mère ne paraissait pas aux récréations, tout languissait ; les jeux étaient sans âme, la gaieté sans expansion. Les Sœurs connaissaient bien la cause de cette langueur, et pour la conjurer elles se mettaient à chanter. La Servante de Dieu avait un attrait particulier pour les cantiques; elle en savait un très grand nombre par cœur et elle aimait à les redire et à les entendre. Elle succombait alors à la tentation où on voulait l'induire, et elle venait bientôt se joindre à ses filles, apportant au milieu d'elles la paix et l'allégresse. Cette joie venait du fond des cœurs : le bonheur d'être l'épouse de Jésus-Christ ne devait-il pas faire oublier toutes les afflictions? « Ce bonheur, écrivait la Mère Émilie, doit produire en nous une véritable joie. Repoussez loin de vous les pensées de tristesse; soyez gaie et contente, soignez des fleurs, lisez, etc. »

Ce qui entretient la gaieté, c'est l'abandon à la divine Providence ! La Mère Émilie aimait la vertu d'abandon par-dessus tout ; elle en recommandait sans cesse l'exercice dans la vie spirituelle; elle ne manquait pas à la pratiquer dans toutes les affaires temporelles. Elle voulait des filles pauvres au sein d'une communauté pauvre. La pauvreté des filles s'obtient par leur détachement de tout ce qui est entre leurs mains. Il n'est pas besoin de dire que dans la congrégation de la Sainte-Famille personne n'a rien à son usage particulier. Le linge, par exemple, sert à toutes les Sœurs; aux jours déterminés la lingère distribue à chacune ce qui lui est nécessaire. La Mère Émilie faisait, comme les autres, usage de ce qu'on lui donnait ; elle ne voulait pas qu'on lui préparât à l'avance quelque chose d'ajusté à sa mesure; lorsque la guimpe qu'on lui avait apportée était trop grande, elle faisait un pli au bandeau : chacune de ses filles faisait ainsi. Elles ne devaient pas même être attachées aux petits objets de dévotion, aux images, aux croix, aux chapelets ou aux reliquaires qui étaient entre leurs mains. La Mère voulait des âmes libres et dégagées de tout : « Quittez tout, disait-elle, quittez tout, et vous trouverez tout. Je vous le répète, quittez tout, absolument tout : il ne faut rien vous réserver. N'ayez aucun objet en propre, si petit qu'il soit, pas même une image, un chapelet, le moindre petit souvenir. Si vous en avez, défaites-vous-en. Ne gardez pas les lettres qui vous sont écrites. Ce sont là de petits fils qui empêchent l'âme de s'élever à Dieu. Ne vous attachez pas non plus aux objets à votre usage. Si vous vous apercevez que votre cœur s'y prend, venez me le dire, je vous les ferai changer avec vos Sœurs. » Une Sœur lui dit qu'elle tient à son chapelet de costume, la Mère le prend aussitôt et lui donne le sien. La Sœur, ravie, se trouva bien récompensée de son sacrifice. « N'ayez pas en réserve des objets de votre emploi, disait encore la Mère ; quand on rencontre chez l'économe du papier bien joli, des plumes bien fines, des modèles parfaits, on se dit : Je vais en prendre pour l'année prochaine, de crainte de ne pas en trouver à cette époque d'aussi beaux. Le bon Dieu n'aime pas cela : l'année prochaine, il pouvoira à vos besoins. Ne vous attachez jamais trop naturellement à aucune créature, pas même à votre supérieure. Il faut aimer les supérieures en Dieu et pour Dieu. »

Elle discourait d'une façon admirable sur le bonheur d'une âme détachée de tout. Elle-même s'appliquait scrupuleusement à ne s'attacher à rien de la terre. M. Marty l'aidait comme elle aidait les Sœurs. Elle avait occasion de distribuer aux enfants, aux pauvres, aux diverses personnes du monde, des images et de petits reliquaires : elle eut le scrupule de savoir si elle pouvait garder ces objets dans sa chambre et se dispenser d'en demander à l'archiviste toutes les fois qu'elle en avait besoin. M. Marty l'autorisa bien à les avoir à sa disposition, mais non pas dans sa chambre; elle dut les déposer dans la salle du chapitre. M. le curé de Pibrac lui avait envoyé une image à laquelle était attachée une bénédiction particulière pour la personne. La Mère hésitait à savoir si elle pouvait garder cette image dans sa chambre, ou si elle devait la mettre à un des oratoires de la maison. M. Marty répondit que la Mère n'avait pu rien accepter et ne pouvait rien retenir comme propriété particulière; elle ne pouvait rien recevoir qu'au nom de la communauté. Au risque donc de voir perdre l'indulgence, il fallut placer l'image dans un oratoire commun. Une autre fois, c'était M. Marty qui avait pris dans son bréviaire et donné à la Mère Émilie une image de Notre-Dame des Sept-Douleurs. La Mère découvrit bientôt qu'elle y était un peu attachée : elle en fit l'aveu à son supérieur, lui demandant en même temps si elle pouvait conserver sur sa cheminée une image du Vénérable Benoît Labre, auquel elle portait une singulière dévotion : elle n'avait pas songé plus tôt, ajoutait-elle, à demander cette permission. L'abbé Marty répondit de se séparer de l'image de Notre-Dame des Sept-Douleurs comme de celle de Benoît Labre.

On voit avec quel scrupule la Mère Émilie voulait éviter la simple apparence d'une propriété particulière ; mais si tous ces objets, dont le but est d'élever vers Dieu, pouvaient nuire à la perfection des âmes, celles-ci pouvaient encore courir un autre danger en s'appuyant sur les biens possédés par la communauté entière. La Mère Émilie ne faisait jamais fond que sur la divine Providence. Pourvu que ses filles fussent avancées dans la perfection, elle ne voulait pas s'inquiéter d'autre chose. « Défaites-vous, disait-elle, de toutes sollicitudes pour les biens de ce monde, vous en aurez toujours assez. » Ce n'était pas qu'on nageât dans l'abondance ; on en était bien loin ; et il n'était pas toujours superflu d'essayer à concourir au travail du bon Dieu ; les Sœurs cherchaient, par leur économie, à faire profiter la communauté de tous les biens envoyés par la divine Providence ; elles tentaient même de procurer par leur industrie quelques avantages à la congrégation. La Mère Émilie ne s'opposait pas à ce qu'on agît de la sorte, d'autant moins que tout bien apporté au couvent se traduisait par quelque nouveau soulagement donné aux pauvres. Elle ne se fiait pas d'ailleurs aux vues éloignées ou indirectes : et dans la crainte que la faiblesse ne prît de l'attachement aux prospérités de la terre, elle se réjouissait volontiers quand les calculs d'intérêt ne réussissaient pas : elle trouvait au moins un profit dans cette pratique de la pauvreté imposée par la volonté divine : « Le bon Dieu, écrivait-elle à Villefranche, ne veut pas que nos sœurs d'Aubin aient un intérêt sur la terre. Il leur en ôte les moyens. Vous savez l'espoir qu'elles avaient de profiter beaucoup en ayant un cochon qu'elles soignaient et nourrissaient on ne peut mieux, et qui malgré tout cela ne faisait que dépérir. Il fallut le tuer, et on trouva une épingle dans ses intestins. Un second n'a pas mieux réussi; il était de belle taille et donnait les plus grandes espérances. Jamais cochon n'a dû donner plus de lard ni de graisse. La meilleure nourriture lui était prodiguée, mais ce fut en vain; il fit un faux pas, se cassa un os, et il fallut le tuer, malgré les regrets de l'économe, qui a résolu de ne plus avoir de cochon. » Si la Mère Émilie applaudissait ainsi à la déconfiture des projets de l'économe, elle était bien plus heureuse encore quand la ruine des Sœurs profitait directement au prochain, et qu'avec un gain de moins dans la caisse du couvent, elle pouvait mettre une bonne action de plus dans le trésor du ciel. « Vous savez, écrivait-elle aux Sœurs de Villefranche, que le jardin (d'Aubin) rapporte beaucoup : nos Sœurs vendaient une grande quantité de légumes, ce qui était pour elles un grand sujet de dissipation. Dieu a permis, par un effet de sa très douce Providence, qu'un jardin vis-à-vis du couvent ait été affermé à un jardinier, de sorte que nos Sœurs ne débitent plus rien, à mon grand plaisir : je leur ai conseillé d'embrasser une autre manière de vente qui sera plus lucrative et à laquelle personne n'apportera d'obstacle, c'est de mettre leurs légumes dans le tablier des petites pauvres qui viennent à l'école : elles ont commencé et débitent à merveille ; plusieurs corbeilles de choux, de salades, d'oseille, de blettes sont ainsi débitées en quelques minutes ; les enfants sont tout à fait simples, elles s'adressent à la Sœur *classière* avec une confiance qui fait plaisir. Je pense que vous féliciterez nos Sœurs de la branche de commerce qu'elles ont embrassée, et vous vous féliciterez vous-même, puisqu'étant leurs associées, les profits doivent être communs. »

Cet oubli des biens de la terre ne s'allie pas avec le goût des jouissances qu'ils peuvent donner. La pauvreté la plus exacte présidait à tout dans le couvent. La Mère Émilie en donnait rigoureusement l'exemple : elle était heureuse de pouvoir partager avec les pauvres le peu que la Providence lui envoyait ; et elle avait grand soin de n'employer pour les Sœurs, et surtout pour son propre usage, que la moindre partie de ce peu. Toute économie lui paraissait bien placée, si elle pouvait se résoudre en une mortification imposée aux Sœurs et une charité distribuée aux pauvres. Elle avait fait choix pour les vêtements de sa congrégation des étoffes les plus communes ; et la nourriture la plus grossière restait dans les usages de la Sainte-Famille. Les vêtements devaient être portés jusqu'à la fin. La Mère était, pour ainsi dire, toute revêtue de la pauvreté ; elle en continuait au couvent la pratique qu'elle avait si rigoureusement observée dans le monde ; sa robe, son voile, tous ses habillements étaient usés, rapiécés, quelquefois tout changés de couleur ; pour les lui faire quitter, il fallait employer la ruse ou invoquer l'autorité du supérieur. Dans l'intérieur de la maison, elle se servit longtemps de pantoufles qu'on ne pouvait lui faire abandonner malgré leur état de vétusté : un jour elle allait à Aubin, et les Sœurs arrangeant son petit bagage sur la selle de l'ânesse qui devait lui servir de monture, eurent la malice de placer les pantoufles de telle sorte qu'elles furent perdues en route. La Mère connut plus tard l'artifice qu'on avait employé, et elle imposa une pénitence aux coupables. Elle se servait ainsi d'une ânesse dans ses voyages à Aubin par amour de la pauvreté, et peut-être aussi par souvenir de l'Évangile.

Si une postulante apportait à la communauté du linge fin, la Mère le faisait vendre ou distribuer aux pauvres ; elle ne voulait pour elle et ses Sœurs rien que de grossier et de commun, et elle mettait même beaucoup de réserve à en user. Quand elle quittait sa chambre, elle avait soin d'éteindre les tisons ; elle conservait les allumettes après s'en être servie, et les donnait à la sacristine pour qu'elle en allumât la lampe de la chapelle. Elle ramassait elle-même les feuilles d'artichaut, la fane des carottes, les feuilles de vigne, les herbes du jardin, et les faisait donner aux pauvres pour leurs brebis. Dans le jardin, où elle se refusait le plaisir de sentir une fleur, elle avait soin de recueillir les petites branches tombées des arbres ; elle en faisait de petits amas qu'elle envoyait aux pauvres. C'étaient là, il est vrai, les pratiques particulières de charité et de pauvreté de la bonne Mère ; mais elles peuvent faire connaître l'esprit de la congrégation. Par esprit de pauvreté, la Mère Émilie recommandait qu'on ne laissât rien dans les plats ni dans les assiettes ; pour peu qu'il y restât quelque chose, elle y passait du pain et le mangeait. Par esprit de mortification, elle portait à sa bouche le pain et les fruits mordus et gâtés par les enfants.

Au milieu de cette pauvreté, elle ne s'affligeait d'aucun accident : et elle supportait les dommages avec une égalité d'âme parfaite. Un jour une Sœur avait brisé une pile d'assiettes : dans l'état des ressources de la communauté, c'était une perte assez sensible ; en outre, il y avait peut-être bien de quoi s'impatienter un peu contre soi-même : la bonne Sœur n'y manqua pas. La Mère Émilie la reprit sévèrement, lui reprochant de s'affliger et de s'humilier de sa maladresse plus que d'une offense contre Dieu. Un autre jour, tout à fait dans les commencements de la congrégation (1820), comme la Mère Émilie sortait du parloir, tenant par la main une enfant recueillie dans la rue et confiée à sa charité, une Sœur venait de briser une grande mesure toute pleine de vin, et s'affligeait de voir autour d'elle le liquide répandu : « Consolez-vous, lui dit la Mère, nous avons plus gagné que perdu : voyez cette pauvre petite! » et elle montrait l'enfant qu'on venait de lui confier, toute galeuse et pleine de vermine. Celles-là, en effet, étaient le véritable objet des préférences de la Vénérable Mère. Les *demoiselles* ne manquent pas de caresses, disait-elle; les pauvres petites filles saisies dès leur naissance par la misère, et livrées à toutes les duretés de la vie, lui attendrissaient le cœur. Elle voulait s'appliquer sérieusement au salut de toutes les âmes qui lui étaient confiées; mais ses plus douces tendresses étaient aux pauvres. Pour eux, elle ne se rebutait de rien ; elle lavait, elle peignait, elle habillait elle-même avec un grand amour la petite galeuse qu'elle avait recueillie ; comme elle n'avait pas la force de faire les frictions ordonnées par les médecins, elle chargea de ce soin une des Sœurs, l'assurant qu'elle ne prendrait pas l'affreuse maladie, dont l'enfant guérit en effet, sans que la Sœur ni la Mère se ressentissent de la contagion,

Les petites pauvres qui fréquentaient l'école de la Sainte-Famille connaissaient bien cette sorte de faiblesse de la Mère Émilie à leur égard ; quand elles avaient commis une faute, elles cherchaient à se réfugier auprès d'elle ; sitôt qu'elles l'apercevaient, elles couraient vers elle, lui criant : « Ma Mère ! ma Mère ! on veut me punir ! » La Mère, en effet, se mettait volontiers entre elles et le châtiment. « Pauvre Sœur, disait-elle un jour à une religieuse qui était sur le point de punir une orpheline, pauvre Sœur, cette enfant est bien coupable, mais aussi elle doit être bien repentante ; je vous demande pardon pour elle, ne me refusez pas cette grâce si vous le pouvez ! »

La Mère Émilie savait bien qu'il y a beaucoup à redresser dans les jeunes esprits qu'on veut former au bien ; mais elle se complaisait à employer envers les pauvres les procédés dont on avait usé envers elle-même : beaucoup de douceur et beaucoup d'affection.

« Vous me faites le plus grand plaisir, écrivait-elle d'Aubin à Villefranche ; vous me faites le plus grand plaisir de me parler de nos chères enfants. Rien ne peut m'être plus agréable que d'entendre parler de cette petite famille. Notre bonheur est grand d'avoir été appelées par la divine Providence à faire connaître et aimer le bon Dieu ! Et vous en particulier, n'êtes-vous pas trop heureuse d'avoir à garder un si aimable et précieux troupeau ? Ces petits agneaux sont à la vérité un peu légers et étourdis ; c'est de leur âge, et ils ne peuvent guère être autrement. Recommandez-les bien souvent à leurs anges gardiens. Il faut espérer que la piété viendra avec le bon sens. Dites-leur bien des choses de ma part, et qu'il me tarde beaucoup de les voir. Je les engage à être sages, et pour les aider à le devenir je leur envoie des pastilles. » Elle aimait aussi à leur faire de petites fêtes, et avait un plaisir extrême à leur donner le moindre régal. « Pour faire aimer l'école aux enfants, écrivait-elle d'Aubin, nous leur avons dit de venir dimanche après vêpres : on leur promit de leur faire chanter des cantiques et de leur donner des *raiforts*. Elles furent fort exactes, leurs visages étaient rayonnants, ce qui ne les empêchait pas de très bien garder le silence. Leur joie paraissait entière, et les *raiforts* furent mangés de bon appétit. » C'étaient là les grandes joies de la Mère Émilie ; ses Sœurs les partageaient volontiers avec elle. Le commerce qu'on faisait, comme nous avons vu, des produits du jardin d'Aubin, s'était plus tard développé à Villefranche. « Je vous félicite du bon débit que vous avez pour le jardin, écrivait la Mère aux Sœurs d'Aubin ; je puis vous dire que nous avons ici le même avantage : tous les jours nos chères enfants ne manquent pas de nous demander des choux pour faire la soupe, du persil, des blettes, de la salade, etc. ; un carré d'oignons leur est destiné. Leurs cochons et leurs ânesses ne sont pas même mis en oubli; les enfants ont soin d'apporter des corbeilles que *** remplit avec bien de la satisfaction d'avoir un pareil emploi; elle est aussi chargée de ramasser les fleurs qui leur sont données pour récompense et qui leur font grand plaisir. » Quand la Mère était séparée de ses enfants, sans doute elle ne les oubliait pas devant Dieu; mais elle songeait encore à leur faire plaisir et elle leur écrivait. Ces lettres sont de petits chefs-d'œuvre de grâce et d'amabilité :

« Mes très chères enfants, écrivait-elle d'Aubin aux petites filles de Villefranche, comme je ne suis pas auprès de vous pour vous obtenir le pardon des fautes que votre âge, bien plutôt que la mauvaise volonté, vous fait commettre, tenez-vous si bien sur vos gardes, après avoir bien prié votre saint ange gardien, que vous n'en commettiez point; et si votre légèreté vous fait tomber quelquefois, je prie nos très chères Sœurs de vous traiter avec beaucoup d'indulgence. Je dis pour des fautes de légèreté ; car si malheureusement vous vous teniez mal dans le chœur, si vous disiez un mensonge ou que vous eussiez assez de malice pour vous battre, pour des fautes aussi graves, je ne puis pas prier vos maîtresses de vous pardonner; si je le faisais, je ne serais pas une bonne Mère ; car votre intérêt, mes chères enfants, est qu'on vous corrige : si on ne le faisait point, que deviendriez-vous ? Mais je suis persuadée qu'on ne me dira pas à mon retour que vous avez commis de pareilles fautes. »

Parmi ces enfants que la charité embrassait d'une si aimable affection, les préférées étaient encore les orphelines. N'était-ce pas une justice de leur rendre quelque chose de la tendresse maternelle dont elles étaient privées ? Elles étaient, à proprement parler, les enfants de la Sainte-Famille. Dieu les avait confiées à la charité du couvent; on devait en rendre compte au divin Maître. On sait ce que la misère enfante de vices, et ce qu'il y a parfois de corrompu et de gâté dans les jeunes cœurs livrés à eux-mêmes, à toutes les suggestions de la nature déchue et souvent à celles du mauvais exemple. Le goût de l'indépendance, de la vie oisive et vagabonde prend promptement racine. Quelquefois des enfants tirées de la plus profonde misère ne tardent pas à se dégoûter d'une vie réglée ; elles s'ennuient; elles prennent en haine la maison qui leur a donné asile et où rien ne leur manque. La Mère Émilie ne se laissait pas vaincre; elle connaissait les artifices du démon et redoublait de charité ; elle s'appliquait à apprivoiser, pour ainsi dire, à force de bonté ces esprits rebelles et farouches; elle leur faisait des concessions : elle promettait, par exemple, à une orpheline, de s'employer à la faire sortir de temps en temps de ce couvent, où elle se trouvait comme en prison. La Mère priait alors des personnes pieuses d'avoir cette charité de temps à autre. Aucune sollicitude ne lui semblait superflue. « Quand vous n'empêcheriez qu'un seul péché véniel, disait-elle à ses Sœurs découragées quelquefois de l'inutilité de leurs efforts, quand vous n'empêcheriez qu'un seul péché véniel, croyez-vous que ce ne serait pas un grand bien? » Cette pensée d'alléger ainsi le fardeau de Jésus-Christ dans sa douloureuse agonie la transportait. Rien ne lui paraissait rebutant ou difficile quand il s'agissait du salut d'une âme. « Ma Sœur, disait-elle à une religieuse qui demandait le renvoi d'une enfant, je vous autorise à la renvoyer si vous me répondez qu'elle ne se perdra pas dans le monde. — Allez souvent au pied de la Croix, disait-elle à une autre qui souffrait beaucoup auprès de ses élèves, allez au pied de la Croix, priez, priez beaucoup ; présentez à Dieu toutes vos élèves. En allant en classe, invoquez leurs saints anges gardiens ; priez-les de leur inspirer d'être bien sages! » La prière est le remède à tout ; c'est elle qui donne la force de se plier à toutes les exigences du travail du salut des âmes.

La Mère Émilie ne s'y épargnait pas : dans ses relations avec les Sœurs et les enfants, elle ne craignait pas de s'humilier. S'il lui arrivait parfois de froisser quelqu'un, la différence d'âge et de dignité ne la retenait pas. Un jour (1816), dans les commencements de la maison, pendant le dîner, une orpheline vint demander quelque chose à la Mère, qui répondit sèchement; l'enfant était à peine retournée à sa place que la Vénérable l'appelle, se lève de table, et, en présence des pensionnaires et de toute la communauté, se met à genoux et lui demande pardon. Elle agit ainsi bien des fois avec ses élèves quand il lui était échappé quelque parole trop vive. Elle engageait même les Sœurs à en faire autant. Elle assurait, avons-nous déjà dit, que loin de compromettre leur autorité en agissant de la sorte, elles ne feraient que l'affermir. Pour elle, elle ne manquait pas à observer cette pratique envers les Sœurs en toutes circonstances. Elle avait d'elle-même, en effet, les sentiments les plus bas et ne redoutait pas l'humiliation; elle se méfiait de ses propres lumières, et la charité qui la portait à reprendre ses Sœurs de leurs fautes, lui faisait toujours craindre d'avoir manqué envers elles ou de leur avoir donné mauvais exemple. Elle leur faisait des excuses pour avoir dit une parole inutile, pour s'être laissée aller à un petit mouvement d'impatience, pour des choses dont les Sœurs, le plus souvent, ne s'étaient pas aperçues.

Il est bien vrai que ces humiliations et ces rabaissements de la Mère augmentaient la vénération des Sœurs. Les enfants non plus ne perdaient pas le respect. La charité, qui craignait tant de froisser leurs cœurs, étendait sa prévoyance sur tout ce qui pouvait concerner leur salut. Une orpheline, après une longue maladie, était demandée par ses parents, qui voulaient la garder le temps de sa convalescence. Ces gens tenaient auberge et donnaient à danser. La Mère Émilie craignit pour l'âme de son enfant; elle intéressa une personne charitable qui emmena l'orpheline à la campagne, et eut pour elle des soins que la famille n'aurait pu lui donner. Dieu bénit cette attention. L'enfant, préservée du péril, grandit au couvent et entra dans la congrégation de la Sainte-Famille.

Le soin des âmes était sans doute la première sollicitude de la Mère; elle voulait aussi qu'on eût pour les corps ces petites attentions où se complaisent trop uniquement les mères selon la nature. Elle ne voulait pas qu'on forçât les enfants à manger ce qu'elles n'aimaient pas; mais elle recommandait de les engager avec beaucoup de douceur, d'autorité et de persévérance à se vaincre elles-mêmes et à s'accoutumer peu à peu à toute espèce de nourriture. En attendant, souvent elle faisait remplacer par des fruits ou des confitures les mets qui auraient excité chez quelques enfants de trop vives répugnances. Une après-midi, la dépensière portait le goûter des orphelines; la Mère touche le pain et le trouve sec. Il avait été coupé au moment du dîner; on était dans les grandes chaleurs. La Mère réprimande sévèrement la Sœur de son peu de charité, et, autant pour sa pénitence que pour lui faire savoir par expérience combien le pain dur est agréable, lui dit de manger elle-même les petites tranches desséchées qu'elle fit enlever de dessus les morceaux. Les orphelines étaient alors nombreuses à la Sainte-Famille, et il y avait dans ce pain desséché de quoi satisfaire plusieurs jours l'appétit d'une religieuse. L'officière ne recula pas et se mit à l'œuvre de grand courage. La Sœur qui lui aidait à son service remarquant la préférence exclusive qu'elle donnait tout à coup à des croûtes durcies, lui en demanda la raison ; la dépensière n'avait pas de motifs pour cacher son aventure ; elle raconta sa faute et la pénitence que la bonne Mère lui avait infligée. La Sœur, touchée de compassion, alla trouver la Mère Émilie et lui demanda comme une faveur de pouvoir aider son chef d'emploi dans sa pénitence. La Vénérable, avec un élan merveilleux et un sourire d'une grâce indicible, s'écria : « Pauvre Sœur dépensière ! oh ! oui, aidez-la ; j'ai bien plaisir que vous me fassiez cette demande ! » Sa maternité rayonnait, sa tendresse était peut-être soulagée de pouvoir adoucir une pénitence qu'elle trouvait un peu rude, et elle était surtout ravie du double mérite qu'une seule pratique apportait à deux de ses filles.

Pour soutenir l'affection des Sœurs, le petit règlement leur rappelait que les enfants étaient l'objet et la cause de la fondation de la Sainte-Famille, le but de l'institut étant d'ouvrir les jeunes âmes à la vérité et à la vertu. Comme on ne peut rien dans cette voie sans le secours de Dieu, « la première chose à faire quand une enfant nous est confiée, disait le règlement, c'est de l'amener aux pieds du Seigneur Jésus, et de le supplier de la prendre à son école et de la mettre sous la protection de Marie et de Joseph. » Ce n'était pas seulement la prière des Sœurs qui était nécessaire, la Mère tenait à y associer la prière des enfants, autant que l'âge pouvait le leur permettre. En passant devant la porte de la chapelle, elles devaient modérer les éclats de leurs petites voix. La Mère Émilie avait pour le lieu saint le respect le plus profond ; elle ne cessait de le recommander à ses Sœurs, et les exhortait de la manière la plus pathétique à l'inspirer aux enfants. C'était à ses yeux le fondement de l'éducation chrétienne. Avant même que les enfants eussent l'âge de discernement, elle voulait imprimer dans leur âme ce respect qu'elle sentait si vivement; il devait se montrer dans l'attitude modeste et profondément recueillie de toute l'assistance. La plus petite légèreté, la moindre étourderie à l'église lui paraissait un scandale. Souvent, lorsque les enfants entraient ou sortaient de la chapelle, elle avait soin de se trouver dans l'avant-chœur afin de voir si elles prenaient de l'eau bénite et faisaient le signe de la croix avec dévotion. Elle montait aussi à l'infirmerie, et placée derrière un vitrage, elle examinait de quelle manière les enfants entendaient la sainte messe, comme elles se levaient et s'agenouillaient. Après l'exercice, elle avertissait les maîtresses des enfants qu'elle avait remarquées. Mais si elle voyait quelque manquement du fait des religieuses, si une jeune Sœur, par exemple, avait souri ou tourné la tête, la Servante de Dieu tout aussitôt s'effrayait et s'affligeait ; elle avertissait la délinquante en particulier et avec douleur; si la faute était plus grave, si quelque chose avait frappé l'imagination de quelques Sœurs de manière à leur arracher dans le lieu saint un éclat de rire involontaire et bien vite comprimé, la Mère alors parlait avec sévérité ; elle faisait faire amende honorable de l'outrage adressé à la majesté divine, et quelquefois elle conviait la communauté entière à cet acte de réparation.

En tout temps, la Mère Émilie a repris avec une grande sévérité les moindres fautes commises à l'église ; son âme en était profondément blessée ; devant la majesté de Dieu, elle s'anéantissait dans un esprit d'adoration et avait même scrupule de lever les yeux vers le crucifix placé dans l'intérieur du chœur des religieuses. Toute préoccupation devait cesser dès qu'on entrait à l'église ; elle ne voulait pas que les Sœurs s'occupassent de relever et d'arranger leur robe avant de se mettre à genoux: c'était là, à son avis, une irrévérence qui ne pouvait se souffrir. Avant d'entrer dans le chœur, les Sœurs se recueillaient un moment. Dès lors, leur esprit devait être tout entier absorbé dans la contemplation de Dieu, et une contemplation assez profonde et assez ardente pour les empêcher de rien voir ni rien entendre des choses extérieures. Le voile baissé sur leur visage, elles ne devaient pas savoir s'il y avait déjà quelqu'un dans le chœur quand elles y entraient.

Le soin des autels était une des joies de la Mère : « Y a-t-il rien de plus essentiel que l'ordre et la propreté dans la maison de Dieu ? Ce sera en l'y entretenant avec zèle, disait-elle aux Sœurs chargées de cet office, que vous aurez part au mérite de Madeleine lorsqu'elle répandit ses parfums sur les pieds sacrés de Jésus. » Chacune des novices passait de semaine à son tour et s'acquittait de ce devoir.

« Un des plus grands avantages que nous puissions avoir, disait la Mère Emilie à ses Sœurs, est de témoigner à Dieu notre amour et notre respect ; nous en avons l'occasion lorsque nous avons le bonheur d'être employées à entretenir l'arrangement et la propreté dans le lieu où il veut bien habiter pour être le compagnon de notre exil. Quand votre tour viendra, vous vous en estimerez heureuse et indigne ; vous vous acquitterez de ces fonctions avec une ferveur toute particulière. C'est lorsque Zacharie passait de semaine que l'ange Gabriel lui apparut pour lui annoncer qu'il deviendrait père de saint Jean-Baptiste. » Elle donnait l'exemple de cette ferveur ; elle s'était chargée du soin de garnir les vases des oratoires du chœur et de l'église. Tous les matins, avant la messe, elle changeait l'eau du vase placé devant l'image de la divine bergère ; elle ôtait avec soin toutes les fleurs fanées ; elle allait elle-même en cueillir au jardin, quelque temps qu'il fît. Quand elle plaçait des roses sur les autels, elle avait soin d'ôter les épines ; à son avis, il ne fallait pas en laisser au bon Dieu ; elle disait que si on les lui ôtait, il saurait bien à son tour nous les ôter.

L'amour de la Vénérable s'étendait à tous les objets consacrés au culte ; elle ne voulait pas qu'ils fussent employés à d'autres usages. Elle éprouvait une grande joie à arranger les vases et les chandeliers de la chapelle du Jeudi saint ; elle ressentait une véritable affliction à être contrainte de donner pour la distribution des prix des enfants le tapis qu'on étendait dans le sanctuaire les jours de fête.

Si elle voulait honorer Notre-Seigneur présent sur nos autels, elle voulait aussi le secourir dans la personne de ses pauvres. S'occuper d'eux, rechercher les moyens de les soulager restait toujours une pensée de prédilection de la Mère. C'était lorsqu'il s'agissait de leur intérêt, qu'elle ne s'arrêtait à aucune considération et s'en remettait de l'avenir aux soins de la Providence. Sa charité n'était pas bornée par les murs du couvent, et le soin des enfants ne suffisait pas à la satisfaire. Sans sortir de son asile, elle savait faire partout pénétrer ses bienfaits. Tout appliquée à la direction de ses filles, elle avait toujours un regard de tendresse pour les pauvres. Elle leur réservait les prémices de son jardin, et sa joie était de les cueillir elle-même. Elle faisait porter à des pauvres honteux des sacs de blé ou de farine, quelquefois des pains ou des couvertures de lit. Quand il fallait dissimuler le bienfait, elle avait mille inventions pour le faire pénétrer dans le sein du pauvre sans humilier son amour-propre. Une famille manquait de linge, la Mère Émilie lui envoya demander de vieux draps et des chemises usées dont elle avait besoin, disait-elle, pour les infirmes, insistant avec force pour qu'on voulût bien lui échanger ces objets contre du linge trop dur et trop ferme pour l'usage des malades. L'échange accepté, la Mère Émilie donna du linge neuf, et en donna beaucoup plus qu'elle n'en reçut de vieux. Un jour, à l'entrée de l'hiver, elle distribua une bonne partie des bas et des jupes de laine destinés à la communauté. Lorsque le froid commença à se faire sentir, on fut obligé d'emprunter de l'argent pour fournir les Sœurs de ces objets indispensables.

Sa charité ne se rebutait pas plus auprès des pauvres qu'auprès des orphelines; c'était toujours le salut des âmes qu'elle poursuivait, et la pensée de leur ruine glaçait son cœur d'effroi. Une femme, à cause de ses défauts, de son mauvais caractère et de son irrévérence envers les Sœurs, avait été renvoyée d'un hospice. Elle était retournée dans son pays et n'y avait pas d'autre asile qu'une écurie. On la transporta à Villefranche, et ne pouvant la placer nulle part, on demanda à la Servante de Dieu de la recevoir dans sa maison. Le but de la Sainte-Famille était alors l'éducation de la jeunesse; mais il s'agissait de sauver une âme. D'après ce qu'on disait de la malheureuse, la Mère Émilie ne douta pas qu'avec une grande pauvreté on ne trouvât chez elle une grande misère morale. Elle accueillit avec joie la proposition au moins singulière qu'on lui faisait. La communauté entière fut appelée au parloir, et Christine (c'était le nom de la pauvre femme) fut reçue comme la bonne fortune. On l'installe à l'infirmerie, on l'entoure de prévenances; la Mère Émilie la visite tous les jours, satisfait ses désirs, lui porte des friandises, envoie les Sœurs pour lui tenir compagnie, en désigne une pour la servir. Au bout de trois ou quatre jours, Christine commence à s'ennuyer : cette vie tranquille et uniforme ne lui convient point; elle se fâche contre tout le monde, dit des mots grossiers, insulte les Sœurs, crie à gorge déployée, ne peut souffrir qu'on lui parle de Dieu et tient des discours obscènes. La Vénérable ne se rebute pas; elle fait tous ses efforts pour calmer cette malheureuse; elle exhorte les Sœurs à prendre patience : l'espoir de gagner une âme à Dieu la transporte. Christine devient plus exigeante et plus incommode; elle veut tous les jours une bouteille de vin qu'elle prend dans son lit; deux fois par jour elle gâte son lit par malice, et il faut la changer entièrement comme une enfant. La Mère Émilie n'hésite pas à persévérer dans son entreprise. Ce manège dure trois mois; la charité de la Mère n'a pas diminué; elle est toujours décidée à rester, elle et ses filles, les servantes de cette insolente et mauvaise créature; mais M. Marty s'y oppose; il trouve du danger à conserver au couvent cette méchante femme. Obligée de la faire sortir, la Mère ne l'abandonne pas; elle recommande à une personne de la ville d'en prendre soin. Mais il n'y avait que la charité de la Mère Émilie pour supporter les extravagances d'une pareille vilaine. Au bout de trois ou quatre jours, la personne qui s'était chargée de Christine n'en veut plus. La Mère Émilie n'est pas lasse; elle fait transporter son indigne protégée à Aubin, et recommande à la Sœur chargée de visiter les malades d'en avoir un soin particulier. Christine mourut dans cette ville misérablement. Il est impossible d'indiquer et de concevoir à quels excès cette malheureuse s'était portée envers la Mère Émilie; mais ni les incommodités ni les injures n'étaient capables d'arrêter la Servante de Dieu et de l'empêcher de poursuivre le but qu'elle s'était proposé du salut d'une âme. Le défaut de ressources matérielles n'était pas pour l'arrêter. Elle savait en créer. Quand il s'agissait des pauvres, un rien entre ses mains devenait quelque chose de considérable. Avec toutes les petites industries dont nous avons déjà parlé, elle parvenait à nourrir plusieurs enfants. Il y en avait toujours dans la classe gratuite un certain nombre auquel elle faisait distribuer le pain en même temps que l'instruction. La communauté de Villefranche devait être chargée de dix-huit orphelines logées au couvent, instruites et entretenues de toutes choses. A l'aide des restes recueillis dans les classes et au réfectoire, la Mère Émilie en nourrissait environ huit autres. La classe entière des orphelines se composait de cinquante enfants. Il y en avait vingt-quatre qui auraient dû payer cinq, huit ou au plus dix francs par mois. Mais la Mère Émilie, qui avait reçu Christine dans l'intérieur de la maison, ne savait pas refuser une enfant abandonnée qu'on venait présenter à sa classe, et souvent les cinquante orphelines se sont toutes trouvées uniquement à la charge du couvent. Outre les orphelines, la classe gratuite comprenait environ deux cents enfants. Sans parler de toutes les occasions de charité qui appelaient la Mère Émilie au parloir et qui imploraient sa compassion du dehors, elle avait parmi ces deux cents enfants de quoi exercer sa générosité. Avec quoi y subvenait-elle? La communauté ne possédait rien au delà des bâtiments du couvent. On avait eu même grand'peine à en payer le prix. Quelquefois on s'effrayait des dépenses; et lorsque plus tard la congrégation s'accrut, ces dépenses devinrent en effet très considérables. La Mère Émilie voulait que partout on en usât avec les pauvres comme on faisait à Villefranche. « Je ne compte pour rien les secours humains, disait-elle ; les pauvres et la Providence, voilà mes seules ressources ! » Jamais elle ne s'effraya d'une perte d'argent. Elle en eut cependant d'assez considérables à essuyer, soit par l'infidélité d'agents du dehors, soit par suite de circonstances imprévues. Quand la communauté d'Aubin prit du développement, la Mère Émilie fit l'acquisition d'une grande et belle maison : elle était sans ressources pour le payement; elle dit aux Sœurs de prendre six orphelines, et que cela les aiderait à acquitter leurs dettes. Elle avait toujours devant les yeux le gouvernement de la Providence, avec lequel les hommes ne comptent pas assez. Dans un petit écrit qu'elle a laissé, elle rappelle, en traitant ce sujet, les premières années de la fondation : « Il a plu à la divine Providence de pourvoir à tous nos besoins; d'après la raison humaine, nous devions manquer de tout, et notre petite maison devait crouler faute de moyens humains. Dieu nous fit la grâce de voir les choses d'une autre manière : persuadées que notre entreprise ne serait pas ruinée de ce côté, nous avons pris quatre personnes à nourrir pour rien. Nous n'avons point été trompées dans notre attente : quoique cette année ait été bien misérable, que nous ayons acheté le blé à un très haut prix, que toutes les autres denrées aient été fort chères, que nous ayons pris les filles qui ont voulu se donner à

Dieu pour une très petite pension, que de tous nos parents il n'y ait eu que le père d'une de nous qui ait donné une petite pension à sa fille, que n'ayant aucun meuble il ait fallu acheter les plus nécessaires, Dieu a tellement pourvu à nos besoins, que nous avons eu autant de pain que nous avons voulu et même au delà. Apprenons donc à compter sur Dieu, qui ne manque jamais. » Elle disait encore dans la même note : « Que les Sœurs soient bien assurées que tant qu'elles mettront leur confiance en Dieu, rien ne leur manquera ; et quand cela arriverait, elles devraient s'en réjouir, parce qu'elles auraient par là quelque conformité avec Jésus pauvre. C'est dans la sainte pauvreté qu'elles trouveront de vrais trésors que rien ne saura leur ravir. » Avec une pareille philosophie, rien ne pouvait arrêter la Mère Émilie. Elle l'a mise en pratique toute sa vie.

« Vous me demandez le moyen d'attirer la bénédiction de Dieu sur vous, disait-elle à une supérieure : le meilleur de tous est d'avoir une confiance sans bornes et de ne pas dire et penser : Comment ferons-nous ? Comment fait un enfant qui est endormi sur le sein de sa mère ? il est tranquille. Eh bien ! il faut être de même entre les bras de Dieu. Quelle idée avez-vous eue de compter ce que vous dépensez pour le pain chaque mois ; croyez-vous que ce calcul vous en procurera ? Lisez le cantique sur la Providence, entrez dans les sentiments qui y sont exprimés; devenez raisonnable, et pensez souvent que le salut est tout. »

« Un entier abandon et une confiance sans bornes à la divine Providence, voilà, disait-elle encore, ce que Dieu demande des Sœurs de la Sainte-Famille et surtout des supérieures. Ne faites pas injure à l'infinie bonté de Dieu par vos craintes et vos chagrins; livrez-vous à la confiance : Dieu pourvoira à tout. N'est-il pas notre Père ? Celui qui fait croître le lis des champs, et qui donne la nourriture aux petits oiseaux, pourrait-il laisser manquer ses épouses lorsqu'elles sont occupées à son œuvre ? c'est impossible. Dieu pour vous nourrir enverrait plutôt un corbeau comme il fit autrefois au prophète Élie. Ne craignez rien : la divine Providence a des greniers inconnus aux mondains. Pourvu qu'une maison religieuse vive dans la ferveur, il est impossible que Dieu ne la soutienne pas. Que la régularité règne dans votre maison comme elle a régné jusqu'ici, et rien ne vous manquera. »

Elle recommandait aux économes de faire attention à éviter toutes les dépenses inutiles, mais de ne jamais s'inquiéter du temporel : « Vous êtes une peureuse, disait-elle à une Sœur qui s'alarmait de voir le blé devenir tous les jours plus cher, sans qu'on eût encore pu songer à faire la provision du couvent; vous êtes une peureuse, il faut avoir plus de confiance en Dieu. Si vous étiez bien persuadée que Dieu est notre père, craindriez-vous comme vous le faites? Est-ce qu'il ne peut pas nous donner pour payer le blé à trente-cinq francs comme à dix-huit ? » Elle comptait ainsi toujours sur Dieu, et si par hasard la Providence la laissait dans l'embarras, elle remerciait le bon Dieu des occasions de mérite qu'il procurait ainsi à ses enfants. Du moins la Mère ne donnait pas à ses Sœurs à porter un faix qu'elle n'eût précédemment soulevé elle-même. Elle était la première à s'offrir aux souffrances que la charité pouvait imposer ; mais les souffrances ne faisaient que se montrer, pour ainsi dire : on les acceptait, et le bon Dieu les ôtait aussitôt. Un jour les Sœurs manquaient de souliers; la Sœur économe s'en aperçut et alla prévenir la Vénérable. Le besoin était urgent : la Mère Émilie n'avait en caisse qu'un liard, et un liard percé, dit-elle en riant; mais, recommanda-t-elle à l'économe, ne dites rien, je prierai les Sœurs de prendre patience. Le lendemain, en effet, la Mère Émilie sonne une conférence; elle dit à ses Sœurs qu'elle connaît leurs besoins, mais que ses ressources pécuniaires sont *un peu* épuisées : elle engage celles qui auront à pâtir à avoir confiance en Dieu, qui ne manquera pas de venir à leur aide, et à être heureuses et bien heureuses de leur pauvreté. Quand elle abordait ce sujet, elle parlait avec une véhémence et une foi incomparables. Elle soulevait les âmes, elle les pénétrait de cette joie vive et ardente qu'elle ressentait si bien à faire quelque sacrifice pour Dieu et à s'abandonner à la divine Providence. On se livra à ses soins entièrement, joyeusement, généreusement ; le lendemain, un don de 600 francs mettait la Mère Émilie à même de fournir à ses filles les souliers nécessaires. Tous les jours, pour ainsi dire, des faits analogues se renouvelaient dans l'intérieur du couvent, et ils étaient bien propres à exalter la confiance de la Mère et des filles. Constamment la communauté semblait sur le point de manquer de tout, et chaque jour un secours inespéré subvenait aux besoins avec un à-propos où l'on ne pouvait s'empêcher de reconnaître une bénédiction de Dieu. Les aumônes abondaient dans les mains de la Mère Émilie pour toutes sortes de bonnes œuvres. Quelquefois même, la divine Providence agissait directement et sans intermédiaire humain. La Mère Émilie la laissait agir dans le secret : elle ne s'empressait point de manifester des merveilles où l'on aurait volontiers pensé que la vertu de la Mère était pour quelque chose. Jamais elle ne voulait qu'on comptât l'argent qui était en caisse ; lorsqu'il s'agissait d'une nouvelle entreprise, la volonté des supérieurs était à son avis la seule chose dont on eût à s'assurer ; sur leur ordre, elle n'eût pas hésité à s'engager sans un sou dans une opération qui eût exigé plus de 100,000 fr. Elle était persuadée, en effet, que Dieu lui-même parlait par la bouche de ses supérieurs. Dans son commerce intime avec le bon Maître, elle avait entrevu combien sa miséricorde est grande et comment il répond à la confiance de ceux qui s'en remettent à lui de toutes choses. Un jour, dans les commencements de la maison, elle avait un payement à faire ; n'ayant pas d'argent, elle allait envoyer les Sœurs par la ville chercher si les bourses des amis du couvent pourraient lui venir en aide. Avant de se mettre en quête, on voulut connnaître exactement ce qu'on avait en caisse. On y avait déposé quelques petites sommes ; mais on savait que cela ne devait pas monter bien haut, on compte, et on trouve 8,000 francs : toutes les Sœurs présentes furent confondues, et tombant à genoux remercièrent Dieu, ne doutant pas du miracle qui venait d'être opéré en leur faveur.

Des faits analogues se sont souvent renouvelés ; nous aurons à en citer plusieurs ; on ignore le plus grand nombre. Personne n'était instruit des détails de l'intimité de la Mère Émilie avec le bon Dieu. Quand quelqu'une des Sœurs avait été témoin d'un fait surprenant, la Mère lui imposait le silence le plus absolu. Cependant quelque bruit vague avait transpiré jusque dans le monde, et dans l'intérieur du couvent on ne doutait pas qu'il ne se passât souvent des choses extraordinaires entre le bon Dieu et sa Servante. Tout dans l'extérieur de cette dernière indiquait une âme merveilleusement unie à son créateur. La dignité de son maintien, la sérénité de son visage, la flamme qui sortait de ses yeux et de ses lèvres quand elle parlait de Dieu et de son amour, surprenaient toujours, confondaient et ravissaient les Sœurs. Elles ne connaissaient rien du foyer qui brûlait dans cette âme, elles en voyaient seulement le rayon, et elles supposaient volontiers que le centre de cette ardeur n'était que lumières et délices. La croix est toujours un chemin inconnu aux hommes : en dépit des paroles mêmes de Jésus-Christ, la nature veut croire encore que ce grand Roi a apporté sur la terre la gloire et la joie d'Israël. Mais quelle que fût leur erreur sur les désolations de la Mère, les Sœurs ne se trompaient pas en la croyant fermement unie à son Dieu, et en pensant que Dieu la couvrait de ses miséricordes et de ses grâces. Cette pensée les tenait toutes dans l'allégresse; elle soutenait leur vocation et ranimait leur confiance; si elles avaient abandonné le monde et ses biens, elles avaient trouvé au fond de leur solitude une richesse immense dans le trésor que le bon Dieu communiquait à leur mère.

CHAPITRE XV

Comment M. Marty quitta Villefranche, et comment les Sœurs de la Sainte-Famille priaient pour la conservation de leur Mère.

Jusqu'au mois de septembre 1822, les Sœurs avaient été connues sous le nom de Sœurs de Saint-Joseph. Mais à cause des grandes associations d'ouvriers établies à Paris sous ce nom, M. Marty trouva à propos de changer celui de la congrégation, et il la plaça sous l'invocation de la Sainte-Famille. Quelques mois après, M. Marty quitta Villefranche. Le siège de Rodez, que le Concordat avait supprimé et réuni à celui de Cahors, venait d'être rétabli. Mgr Ramond de Lalande, promu évêque de Rodez (1), choisit M. Marty pour vicaire général. Cette

(1) Charles-André-Bruno Ramond de Lalande, né à Labastiolle, près Montauban, le 1er novembre 1761, resta à Paris pendant la Révolution. Il y avait trouvé asile, ainsi que l'abbé de Sambucy, chez une pieuse famille tenant atelier de ferronnerie dans la Cité. De la maison, on pouvait voir les charrettes sortir de la Conciergerie. L'abbé de Lalande, placé à la fenêtre d'un des

dignité ne l'empêcha pas de rester supérieur de la congrégation de la Sainte-Famille ; néanmoins son éloignement fut une grande cause d'affliction pour

étages supérieurs, donnait l'absolution anx victimes. Il échappa longtemps à toutes les perquisitions des patriotes, qui soupçonnaient la présence des prêtres. Il fut enfin arrêté dans les premiers jours de thermidor, avec son héroïque hôtesse, Mme Bergeron, aïeule de M. l'abbé Hamelin, aujourd'hui curé de Sainte-Clotilde, à Paris. La mort de Robespierre mit l'abbé de Lalande en liberté, ainsi que sa bienfaitrice, après environ trois semaines de détention. Il profita de l'apaisement de la Terreur pour redoubler de zèle. Un grand vicaire de Mgr de Juigné, M. de Dampierre, plus tard évêque de Clermont, arrêté comme prêtre réfractaire, avait été amené à Paris pour y être jugé. Mis en liberté après le 9 thermidor, il avait pris en main l'administration du diocèse. La loi du 3 ventôse (21 février 1796) avait reconnu la liberté des exercices du culte. Un décret du 11 prairial (30 mai) ordonna de restituer aux fidèles un certain nombre d'églises, et, à Paris, un arrêté de l'administration municipale en désigna quinze. En outre, divers oratoires avaient été ouverts par l'initiative des prêtres ou des fidèles. L'abbé Decagny entre autres (de qui j'ai reçu le saint baptême), mort le 15 février 1826, après avoir été quarante ans curé de Notre-Dame-de-bonne-Nouvelle, à Paris, où il a laissé les plus beaux souvenirs, n'avait pas voulu quitter sa paroisse, et y avait établi une chapelle rue Cléry. Malgré la loi récente, les droits religieux n'étaient pas encore bien définis ni bien respectés ; et de temps en temps sous le jeu des passions et des décrets, avaient lieu des recrudescences de persécution. Le 24 février 1796, dimanche de la Septuagésime, pendant sa messe, l'abbé Décagny vit sa chapelle (l'annotateur des *Mémoires* de Picot dit qu'elle était rue Vieille-du-Temple) envahie par la force armée conduite par le commissaire de police du quartier, prêtre apostat. La fermeté du célébrant imposa aux envahisseurs ; mais en descendant de l'autel, il fut conduit en prison. C'était la troisième fois qu'il était arrêté depuis la Révolution. L'oratoire fut fermé ; mais l'abbé Decagny

toutes les Sœurs, et personne ne dut la ressentir comme la Mère Émilie. M. Marty avait eu part à toutes les tribulations des premiers jours : les reli-

n'était pas homme à se décourager. A peine élargi, il rouvrit une autre chapelle sur un autre point de sa paroisse. Beaucoup de prêtres faisaient comme lui. Plusieurs, même après la Terreur, furent exécutés avec ou sans jugement. Ce n'était qu'à force de zèle, d'habileté, de courage et de bonheur qu'on exerçait alors le ministère dans Paris. L'abbé de Lalande s'était installé à la Sainte-Chapelle, d'abord dans l'église basse, ensuite dans l'église haute. Il y avait organisé une véritable paroisse dont il tenait les registres et qu'il administrait avec toute la régularité que comportaient les temps. L'abbé Borderies, son compatriote, plus jeune que lui de quelques années, s'était, au retour de l'exil, précisément vers 1795, associé à son zèle. Les catéchismes qu'ils faisaient prirent un certain éclat aussitôt que la liberté religieuse put s'affirmer davantage. En 1799, quelque temps après le 18 brumaire, M. Rauzan prêcha la retraite de la première communion aux catéchismes de la Sainte-Chapelle. Après le concordat, l'abbé de Lalande fut appelé à la cure de Saint-Thomas d'Aquin. Dès 1817, il fut désigné pour rétablir le diocèse de Rodez, supprimé depuis 1801. Les difficultés éprouvées par le concordat de 1817 retardèrent son sacre jusqu'au 13 avril 1823. Le 8 juillet suivant, il faisait son entrée à Rodez, et prenait possession de l'ancien palais épiscopal. Son premier soin fut de réorganiser le chapitre. Il appela les prêtres de Saint-Sulpice à la direction du séminaire, favorisa les bonnes œuvres et les communautés, et, le 9 janvier 1830, fut, par ordonnance royale, transféré à l'archevêché de Sens. Mais il ne devait pas s'asseoir sur ce siège. En quittant Rodez, afin de se rendre à Paris pour les informations, il était déjà profondément atteint : ses forces diminuèrent chaque jour. Le jeudi saint, il voulut célébrer la messe à Saint-Thomas d'Aquin. En descendant de l'autel, il perdit connaissance, et sans l'avoir retrouvée, expira le samedi saint, 10 avril. Il a été inhumé au cimetière du Mont-Valérien ; sa tombe y est auprès de celle de Mgr de Boulogne, évêque de Troyes.

gieuses lui donnaient à plus d'un titre le nom de Père. Il était à la fois le fondateur, le directeur et le supérieur de la communauté. Il semblait qu'il allait laisser un grand vide dans la congrégation. La Mère Émilie était accoutumée à ne rien faire et à ne rien entreprendre sans ses conseils : elle allait désormais être abandonnée à elle-même, au milieu de ses perplexités. Le bon Dieu ne voulait pas lui retirer son assistance ; mais il voulait la sevrer de la consolation qu'elle pouvait goûter à avoir un soutien auprès d'elle. Dans les fondements de toutes les œuvres bénies de Dieu, il faut toujours trouver le sacrifice et le brisement du cœur. Le dévouement de la Mère Émilie, les austérités de ses Sœurs, les peines intérieures de cette vénérable supérieure ne suffisaient pas à l'édification de la congrégation de la Sainte-Famille. Il fallait aussi que M. Marty, qui avait été le conseiller et l'instigateur de tout ce bien, eût sa part des douleurs et du déchirement des entrailles. C'était pour lui une joie immense et presque céleste, la vraie joie des amis de Dieu, de voir la ferveur de la congrégation naissante, son esprit de prières et de détachement, et tout le bien qu'elle opérait et tout celui qu'elle pouvait faire encore : il en suivait le progrès avec l'anxiété, la consolation et le ravissement, pour ainsi dire, de l'amour paternel. Il avait le cœur compatissant, l'âme tendre et naturellement portée aux douces affections. Quelquefois, en l'absence de la Mère Émilie, il la remplaçait auprès des

Sœurs : il faisait l'entretien particulier et tenait le chapitre ; mais il ne savait point faire les réprimandes, ni imposer les pénitences. Un jour, une Sœur fit sa coulpe en sa présence pour n'avoir pas obéi avec assez de promptitude à l'assistante; en voyant la pauvre Sœur à genoux et humiliée, M. Marty fut tout aussitôt touché de compassion ; sa paternité s'était attendrie, et il ne put trouver aucune parole de blâme; il se contenta de dire avec émotion à la délinquante : « Le bon Dieu vous fera la grâce de vous corriger, puisque vous faites l'aveu de vos fautes en présence de vos Sœurs. »

Il ressentit une vive douleur à se séparer de ses enfants. Il l'exprimait avec la résignation et la sérénité d'une âme unie à Dieu, dans une lettre adressée à une des religieuses absentes, lors des adieux qu'il avait faits à la Mère et à ses filles, réunies autour d'elle :

« Ma très chère Sœur, ce fut avec peine que je ne vous vis point chez la Mère, où s'étaient réunies toutes les Sœurs. Je vous excuse parfaitement ; mais votre chagrin plus que votre absence était un surcroît de peine pour moi. J'étais en général fort affecté de la tristesse que je laissais dans les cœurs; elle augmentait celle que j'avais de me séparer des personnes qui ont été l'objet de mon attachement le plus sensible; car il n'y a pas de lien plus fort que celui qui est formé par la religion. Oh ! comment ne s'aimeraient pas des âmes qui, dans la même voie et dans le même esprit, courent après le Bien-Aimé commun, entraînées vers lui par l'odeur de ses parfums ? Heureusement, ma chère Sœur, le cœur de notre Dieu et Sauveur est assez spacieux pour nous servir de demeure commune en quelque lieu que nous soyons sur la terre ; il faut tenir nos âmes détachées de tout ce qui n'est pas lui, et vivre de peines et de sacrifices durant le court espace de ce pèlerinage. Je vous ai laissé un guide prudent et éclairé ; je connais son caractère droit, simple et bon : vous vous apercevrez de plus en plus combien il est digne de votre confiance, et j'espère que vous serez tranquille et contente, etc. »

Cependant, au chagrin que les Sœurs éprouvaient de l'éloignement de M. Marty, se mêlaient les inquiétudes causées par la santé de la Mère. Son état continuel de souffrances s'était sérieusement aggravé, et tous les efforts des médecins n'avaient paru avoir d'autres effets que de la faire souffrir davantage. En 1824, la fièvre maligne se joignit à ses divers maux. Dans leurs angoisses, les Sœurs ranimèrent leur confiance, multiplièrent les jeûnes et les prières, et virent bientôt leur Mère, au moment où elles la croyaient pour toujours ravie à leur amour, rendue à ce qu'elles appelaient son état de santé. Cet état était toujours assez chétif pour entretenir les inquiétudes. Quand elles devenaient plus vives, on redoublait de prières et d'actes de dévotion. Au mois de juin 1825, pour obtenir le soulagement de leur Mère par l'intercession de la sainte Vierge, les Sœurs se revêtirent toutes du saint scapulaire. Cependant la pauvre Mère traînait sa vie dans des souffrances continuelles, et elle les supportait avec une inaltérable patience. Fidèle aux conseils qu'elle donnait à ses Sœurs, elle profitait de la maladie pour s'unir encore plus étroitement à Dieu, acceptant les remèdes que les médecins ordonnaient et refusant tout soulagement qui n'avait pas trait à la guérison. Durant les trente-deux dernières années de sa vie, elle trouva dans ses incommodités des exercices constants de mortification. L'ulcère qu'elle avait au nez la tourmentait continuellement; elle avait sans cesse envie d'y porter la main, et elle se dominait assez pour ne se satisfaire, même par inadvertance, qu'à de bien rares intervalles. Pendant les longues insomnies de ses nuits, elle était tentée de compter quand l'heure sonnait : elle était assez habituée à veiller sur elle-même pour se retenir, et elle n'a jamais été surprise à se laisser aller volontairement à cette tentation.

Nous avons déjà parlé de l'état de délabrement de son estomac débilité par les jeûnes, les austérités ou une volonté particulière de la Providence. Il refusait les aliments, et elle en diminuait tous les jours la quantité. Elle éprouvait par conséquent à chaque instant le besoin de se nourrir; elle savait vaincre ce désir. Comme toutes les personnes malades, elle aurait désiré varier ses aliments ; elle a toujours attendu pour le faire que son estomac refusât absolument ce qu'elle s'était prescrit. Elle aurait voulu rester soumise au régime de la communauté et se contenter des mets grossiers en usage à la Sainte-Famille. M. Marty s'y opposa.

« Pour ce qui se fait au réfectoire, lui écrivait-il, abstenez-vous de comparer ce que l'on sert aux autres avec ce que l'on vous sert à vous-même. Il faut oublier en ce moment que vous êtes supérieure, et recevoir avec simplicité ce qui vous est présenté. » Malgré ces ménagements, les répugnances de l'estomac continuèrent et les repas de la Mère diminuaient toujours de quantité. « Il me semble, disait M. Marty, que vous pourriez manger plus que vous ne faites. Quand un peu de nourriture vous pèse, vous concluez qu'il faut manger moins. Je doute que cette conclusion soit juste ; je ne suis pas médecin ; mais il me semble que l'estomac ferait mieux ses fonctions si on lui donnait de quoi digérer. Sa chaleur naturelle se tourne contre lui-même quand elle ne peut s'exercer sur les aliments. Voyez donc, je vous prie, si la grande chaleur que vous éprouvez quelquefois, si vos insomnies et vos autres incommodités ne proviendraient pas de privation de nourriture, et si vous n'y remédieriez pas en mangeant plus de choses saines et bien digestibles. » La Mère se conforma à ces avis : elle régla ses repas ; elle chercha à en augmenter la quantité : les choses n'en allèrent pas mieux ; les répugnances et les désordres continuèrent. L'estomac ne pouvait supporter que des aliments liquides. Les médecins essayèrent le laitage. La Mère prenait à peine la valeur de deux tiers de litre de lait par jour. On ne s'expliquait pas comment elle pouvait subsister. M. Marty à bout de conseil et d'observations, avait fini par dire qu'il comprenait que Dieu voulait la nourrir par lui-même.

Le monde partageait cette pensée : la longue existence de la Mère Émilie, subsistant presque sans nourriture, le frappait d'admiration et attirait sa curiosité. La vénération publique pour la Mère s'augmentait des bruits qui se répandaient à ce sujet sur son compte. On était porté à proclamer qu'il y avait là une merveille, et que Dieu, en effet, s'était chargé de nourrir cette sainte femme. Toutefois ce privilège, s'il existait, était pour la Mère une cause de souffrances et de combats. Elle ressentait ces envies, ces besoins factices, ces désirs immodérés de tous les estomacs débilités. Pendant des années entières elle a eu envie d'une châtaigne, et elle n'a jamais satisfait son désir. Malgré toutes ces privations et cette surveillance continuelle sur elle-même, elle s'accusait à sa mort d'avoir manqué de générosité. Elle n'avait pas attendu ce moment, d'ailleurs, pour s'humilier et faire pénitence des irrégularités où la maladie pouvait l'entraîner. Elle était devenue sourde. Cette infirmité l'incommodait beaucoup ; non seulement elle ressentait des tintements et des bourdonnements continuels dans les oreilles, mais elle ne pouvait plus mesurer la portée de ses paroles. Quelquefois, lorsqu'elle avait quelque chose à dire, elle élevait un peu trop la voix ; elle avait prié ses Sœurs de l'avertir quand cela lui arrivait, et elle demandait aussitôt pardon du mauvais exemple qu'elle pensait avoir ainsi donné. Elle assembla même un jour la communauté pour s'humilier à l'occasion d'une de ces irrégularités qu'elle avait commises durant une retraite.

Si la maladie ne devait pas l'empêcher de mener une vie mortifiée, elle n'arrêtait pas non plus sa vigilance à remplir ses devoirs particuliers de supérieure. Lorsque ses souffrances devenaient plus vives, les Sœurs s'abstenaient bien autant que possible d'aller lui parler ; mais elle retenait celles qui avaient occasion d'entrer dans sa chambre pour leur dire un mot du bon Dieu, et alors, emportée par son zèle, elle parlait avec une véhémence quelquefois bien au-dessus de ses forces. Les Sœurs avaient beau lui dire : « C'est assez ; vous êtes fatiguée. — Laissez-moi, reprenait-elle, on ne se fatigue pas à parler du bon Dieu. » Elle leur disait : « Aimez à être inconnues et comptées pour rien. » Elle répétait cet avis et aurait voulu voir toutes ses filles comprendre le bonheur qu'il y a d'être oublié des créatures. « Ah ! disait-elle quelquefois, si nous savions faire quelques minutes d'oraison, que nous serions heureuses ! »

En 1828, l'ulcère du nez s'aggrava de nouveau. La Mère Émilie alla encore se faire soigner à Aubin. Les remèdes augmentèrent tellement le mal et la douleur, qu'elle crut plusieurs fois toucher à ses derniers instants. Le médecin désespéra de la maladie ; il renvoya la Mère à Villefranche, disant que l'air lui conviendrait mieux. L'affliction des Sœurs fut profonde quand elles virent que la science humaine se déclarait impuissante à guérir leur Mère. Elles eurent recours à leur remède accoutumé : elles prièrent, jeûnèrent, et prirent en chapitre la résolution d'augmenter de deux le nombre des orphelines qu'elles élevaient gratuitement. M. Marty les engagea, en outre, à élever deux oratoires à sainte Madeleine et à saint Augustin. Dieu se montra encore une fois propice à leurs désirs : le danger semblait dissipé ; il devait bientôt reparaître. Les Sœurs, excitées par le besoin d'implorer la miséricorde, multipliaient leurs prières et leurs aumônes ; elles élevaient sans cesse de nouveaux oratoires pour obtenir la conservation de leur Mère. Elles érigèrent dans l'intérieur du couvent un oratoire au Saint-Esprit et un autre aux Cinq Plaies de Notre-Seigneur. M. Marty approuvait tous ces actes de piété : ils sont dans l'esprit de l'Église. Il approuvait aussi leurs actes de charité. La congrégation s'engagea à dispenser une postulante de la petite dot qu'on demandait ordinairement aux Sœurs de chœur ; et comme on ne pouvait satisfaire tout de suite à cette promesse, on recueillit en attendant une orpheline de plus.

Au milieu de ces inquiétudes, de ces prières et de ces aumônes, la congrégation prenait du développement. Pour assurer la régularité, la Mère Émilie aurait désiré acquérir une maison dont le voisinage était fort incommode. Un café y était établi, et les fenêtres donnaient sur l'enclos des Sœurs. Deux choses seulement manquaient pour qu'on pût songer sérieusement à faire cette acquisition : l'argent dans la caisse des Sœurs et le désir de vendre dans l'esprit du propriétaire, à qui on aurait voulu acheter. La Mère Émilie eut recours à la prière. Il faut chasser le diable à coups de chapelet, » disait-elle. Les Sœurs ne doutèrent pas du secours de la Providence, et les choses, en effet, s'accommodèrent bientôt : le propriétaire désira vendre sa maison, et les Sœurs trouvèrent tout l'argent nécessaire pour payer le prix qu'il exigeait.

Quelques années plus tard, la Mère Émilie fit une nouvelle acquisition d'une maison encore contiguë au couvent. Le prix était fort élevé : il s'agissait de 30,000 francs ; mais la Mère comptant sur les ressources de la Providence, et trouvant cette maison utile au développement et à la discipline de la communauté, n'hésita pas à s'engager. Sur ces entrefaites, elle perçut de sa famille une somme de 20,000 francs. Au lieu de chercher tout aussitôt à éteindre sa dette, elle proposa à M. Marty de consacrer cet argent à fonder à Villefranche un couvent de Carmélites. La Mère Émilie connaissait l'importance de la prière et de la vie mortifiée; elle avait toujours eu le désir de voir les filles du Carmel à Villefranche. Elle avait une grande dévotion et elle avait consacré dans l'intérieur du couvent un oratoire à sainte Thérèse. Toutes les fois qu'elle passait devant cet oratoire, elle se plaignait à la sainte qui n'exauçait pas ses vœux. M. Marty entra dans les intentions de la Mère; mais Mgr l'évêque de Rodez s'opposa à ce que cette entreprise se fît de la sorte. La Mère Émilie se soumit. Toutefois, comme cet argent lui était venu d'une façon inespérée, elle demanda à M. Marty la permission de prendre six orphelines de plus à la charge de la communauté, afin, disait-elle, de reconnaître les bienfaits de la Providence. On en avait pris douze dans le principe : ce nombre avait ensuite été augmenté de trois durant les maladies de la Mère Émilie.

A peu de temps de là, la congrégation de Picpus établissait aux environs de Villefranche, à Graves, une maison d'éducation pour les jeunes gens. L'établissement de ces Pères de Picpus, fit supposer que leurs Sœurs ne tarderaient pas à s'établir à Villefranche; la Mère Émilie accueillit ce bruit comme une espérance. Elle avait des obligations de reconnaissance envers la congrégation de Picpus, elle aimait la prière, et surtout la pratique de l'adoration perpétuelle, à laquelle s'adonnent les religieuses des Sacrés-Cœurs, enchantait sa piété. La Vénérable avait en outre toujours souhaité voir cette grande et sainte pratique en vigueur à Villefranche, et elle trouvait les dames de Picpus bien lentes à réaliser son désir. Un jour que le supérieur du collège de Graves était venu l'entretenir de quelque affaire, elle lui demanda l'époque de leur arrivée. Ce Supérieur, — c'était le P. Bernard Jansens, — lui fit remarquer que si quelqu'un devait être impatient de voir les Sœurs de Picpus à Villefranche, ce ne pouvait être la Sainte-Famille. « Vous savez bien, ajouta-t-il, que si nos Sœurs viennent ici, elles fonderont un établissement qui ne peut que vous porter préjudice. — Ah! repartit la Mère en levant les yeux au Ciel, vous me connaissez bien mal si vous me supposez jalouse du bien que peuvent faire ici vos dignes Sœurs. Écrivez-leur que je les engage à venir ; je me charge, selon mes faibles moyens, des premiers frais de leur établissement ! Quelle consolation pour moi, mon Père, quelle joie, ajoutait-elle, si je pouvais voir l'Adoration perpétuelle établie aux quatre coins de la ville ! »

Cette pensée la transportait, disait le P. Bernard, et lui faisait oublier tout autre intérêt. Elle ne voyait en tout que la gloire de Dieu et le salut des âmes.

CHAPITRE XVI

Fondation de la maison de Livinhac (1832).

Mgr Ramond de Lalande avait été nommé archevêque de Sens au commencement de 1830, et Mgr Pierre Giraud (1), qui fut plus tard archevêque

(1) Pierre Giraud, né à Montferrand (Puy-de-Dôme), le 11 août 1791, après avoir fait ses études au lycée de Clermont, fut appelé, à dix-sept ans, à la maîtrise d'Amiens, où l'abbé de Sambucy, après la dissolution de la Société des Pères de la Foi, avait réuni quelques-uns de leurs anciens élèves pour les former à la vie commune et les occuper à l'éducation de la jeunesse. Parmi eux se trouvaient M. Carrière, mort supérieur des prêtres de Saint-Sulpice; le R. P. Achille Guidée, tour à tour recteur et provincial dans la Compagnie de Jésus ; M. Grimal, qui fut vicaire général de Rodez. Mais en 1811, l'abbé de Sambucy fut arrêté et enfermé à Vincennes. La petite communauté qu'il avait formée fut obligée de se dissoudre. Pierre Giraud, au mois d'octobre 1812, entra au séminaire de Saint-Sulpice; il y reçut le sacerdoce au mois de septembre 1815. Rappelé alors dans le diocèse de Clermont, il y fut tour à tour professeur au petit séminaire, supérieur des missionnaires diocésains, et en 1823, curé de la cathédrale de Cler-

de Cambray et cardinal, lui avait succédé sur le siège épiscopal de Rodez. Mgr Giraud, faisant la visite pastorale de son diocèse, s'arrêta à Livinhac, sur les confins du département du Cantal. Il y avait, dans cette paroisse, une association de quelques filles pieuses qui, sous le nom de Sœurs de l'Union et sous l'invocation de saint François de Sales, se livraient aux travaux manuels, enseignaient les éléments du catéchisme et apprenaient à lire aux enfants. Elles étaient cinq vivant en commun : la supérieure (1) était une demoiselle du département du Cantal. Attirée à Livinhac par les encourage-

mont. En 1825, il prêcha le carême à la cour, et l'avent en 1827. Nommé évêque de Rodez au mois de janvier 1830, il fut préconisé le 5 juillet suivant. La révolution qui survint quelques jours après, apporta de grands retards à la remise de ses bulles. Sacré le 30 novembre, il fit son entrée à Rodez, le 22 décembre 1830. Il administra ce diocèse jusqu'au 4 décembre 1841, jour de sa promotion à l'archevêché de Cambray. Nommé cardinal le 11 juin 1847, il est mort dans son palais archiépiscopal, le 17 avril 1850.

(1) Sophie Vallon, né à Cassagne, canton de Montsalvy (Cantal), le 13 août 1807, avait été élevée chez les religieuses de l'Enfant-Jésus à Aurillac. Elle avait entendu de bonne heure l'appel divin ; mais, malgré son désir de se consacrer aux pauvres, et en dépit du désir des bonnes Sœurs, à qui sa famille avait confié son éducation, une voix intérieure l'avait empêchée de se fixer au milieu d'elles. Elle rentra chez ses parents, où le curé de Livinhac la rencontra ; il lui persuada de se vouer à l'enseignement des enfants dans sa paroisse, au milieu des Sœurs de l'Union. Elle y prit le nom de Séraphine, et elle était depuis peu la supérieure du petit couvent, lorsque Mgr de Rodez y fit sa visite.

ments de M. le curé de cette paroisse(1) et un désir ardent de servir Dieu et les enfants pauvres, Sœur Séraphine n'y avait cependant pas trouvé tout à fait ce qu'elle désirait ; et en accomplissant de tout son cœur le bien qu'elle pouvait faire autour d'elle, elle priait et faisait prier Dieu de la soumettre à une règle plus parfaite et plus austère que celle de l'Union. Quand elle vit l'évêque, Sœur Séraphine lui exprima son désir. Le prélat offrit de les agréger, elle et ses Sœurs, à une communauté enseignante qu'il lui désigna. Sœur Séraphine ne se sentait aucun penchant de ce côté. L'évêque parla alors de la Sainte-Famille : « C'est, dit-il, un institut que j'ai chéri dès que je l'ai connu, et je goûte fort les pieuses règles qui s'y pratiquent. » Au seul nom de la Sainte-Famille, Sœur Séraphine se sentit tressaillir d'allégresse. Depuis plusieurs années, elle connaissait l'institut et se fût estimée heureuse de devenir une fille de Jésus, de Marie et de Joseph. Les Sœurs de l'Union, consultées par le prélat, acquiescèrent au désir de leur supérieure.

Cependant, quand l'évêque fut parti, elles se prirent à réfléchir et à s'alarmer sur ce qu'elles avaient promis. Les conséquences d'un pareil engagement leur semblèrent terribles : quitter un genre de vie auquel elles étaient habituées, se soumettre à des étrangères, leur livrer, en quelque sorte, leurs per-

---

(1) M. Bousquer, mort en octobre 1868.

sonnes et leurs biens, leur parut une folie. Les imaginations s'exaltèrent, et le démon sans doute chercha à fomenter les troubles et à porter toutes sortes d'ombrages dans les esprits. Les Sœurs, bien tourmentées, consultèrent M. le curé de Livinhac. Celui-ci, fondateur de l'Union, n'avait aucun goût à voir bouleverser sa création ; il ne connaissait pas d'ailleurs la Sainte-Famille; mais il ne vit rien de sérieux dans les craintes qu'on lui témoigna. Il calma les Sœurs en leur disant que l'évêque de Rodez et son grand vicaire, M. Marty, avaient beaucoup d'affaires importantes et qu'il n'était pas probable qu'ils eussent le temps de songer à la petite communauté de Livinhac.

Sœur Séraphine ne s'accommodait pas de cet apaisement; elle rappela aux Sœurs leur promesse, et combien l'affaire était sérieuse. Pour elle, elle restait persuadée que leur avantage était, ainsi que la gloire de Dieu, intéressé à l'exécution de leur parole. Elle parvint à dissiper les préventions. Les Sœurs comprirent le bien que devait produire leur sacrifice, et elles se préparèrent à l'exécuter généreusement. Toutefois, de grandes difficultés subsistaient; les habitants de la paroisse ne voyaient pas de bonne grâce le changement proposé; ils désiraient une maison de travail et non pas une maison d'éducation. Sœur Séraphine ne se découragea pas. Assurée que la gloire de Dieu était en question, elle n'abandonna pas son dessein. De son côté,

Mgr l'évêque de Rodez ne le perdit pas de vue. Il envoya M. Marty sur les lieux afin de peser et d'examiner toutes choses. En présence des obstacles qu'il reconnut et de l'animation des esprits, M. Marty trouva le projet chimérique; il retourna à Rodez, persuadé qu'il fallait laisser le couvent de l'Union tel qu'il était, et que le mieux était de ne rien changer. Sœur Séraphine, dans cette extrémité, ne cessa pas d'espérer. Elle redoubla de ferveur et de prières : elle écrivit à Villefranche pour recommander aux prières des Sœurs de la Sainte-Famille une affaire importante, qu'elle se garda bien de désigner plus clairement. En même temps, elle se donna beaucoup de mouvement pour éloigner les obstacles qui surgissaient de toutes parts. L'œuvre de Dieu ne se fait pas sans travail. Séraphine, à bout de forces, eut recours à l'intervention d'une dame pieuse, qui avait un don particulier de persuasion. Celle-ci parvint à apaiser les esprits prévenus et alarmés, et les amena à donner leur complet acquiescement.

Dès lors, M. Marty n'eut plus qu'à écrire à la Mère Émilie; il la chargea d'aller à Livinhac et de donner au couvent de l'Union une forme de maison religieuse destinée à l'enseignement de la jeunesse, selon les pratiques de Villefranche et d'Aubin. M. Marty ne se dissimulait pas qu'il y avait là une œuvre délicate à entreprendre. Il fallait former une maison régulière et ne pas froisser les Sœurs de l'Union, habituées à un genre de vie différent de celui de la Sainte-Famille. Dès les premiers jours, on tint conseil ; il fut décidé que les Sœurs de la Sainte-Famille ne seraient point gênées dans l'exécution de leur règle et que la vie serait commune : on fit la distribution des emplois. Une Sœur de l'Union, Sœur Marie, fort avancée en âge, fut présidente du conseil ; la Mère Émilie eut l'économat ; Sœur Séraphine resta supérieure des Sœurs de l'Union ; elle se regardait toutefois comme aspirante parmi les Sœurs de la Sainte-Famille. La plus jeune Sœur de l'Union eut bientôt compris, comme Séraphine, tout le prix de la discipline qu'on lui enseignait. Mais les trois autres étaient déjà anciennes ; elles étaient des âmes simples, aimant et servant Dieu de bon cœur, mais ne sentant pas l'importance des changements proposés à leur ancien mode de vie. Leur maison et leur enclos étaient un lieu de passage pour les habitants de la paroisse, et les bonnes filles ne voyaient pas de nécessité à se clôturer davantage. Elles-mêmes, à l'occasion, ne faisaient pas difficulté d'entrer ou de sortir par-dessus la muraille : elles s'étonnaient qu'il fût question de parloir. Leur vie, d'ailleurs, était fort rude ; et elles s'accommodaient d'un genre de nourriture que les estomacs débilités des nouvelles arrivées ne purent supporter ; il fallut renoncer à la nourriture commune et faire deux ordinaires. En même temps ces bonnes filles de l'Union avaient une répugnance extrême à se servir du même linge que les Sœurs de la Sainte-Famille ; on leur avait tant dit qu'on mourait jeune à la Sainte-Famille, qu'elles étaient effrayées de la résolution prise d'abord au conseil. On revint sur cette décision et on laissa aux Sœurs de l'Union du linge à leur usage particulier. Il y avait donc, pour ainsi dire, deux communautés dans la même maison ; le problème était de les unir et de les fondre dans un même esprit. La Mère Émilie y apportait tout le dévouement et toute la charité possible. Les Sœurs de l'Union, de leur côté, y allaient de bonne volonté. Mais la nature humaine vit toujours, et les oppositions du dehors suscitaient encore les esprits contre ce qu'on appelait des nouveautés inutiles. La Mère Émilie, en qualité d'économe, commença par faire vendre bien des choses qui lui semblaient superflues, et, entre autres, des provisions qui lui parurent trop abondantes. Les Sœurs de l'Union n'étaient pas accoutumées à vivre dans cet abandon à la Providence, qu'on honorait particulièrement dans l'institut de la Sainte-Famille ; naturellement, elles devaient voir, avec peine, disposer de leur bien. La Mère Émilie eut beaucoup à faire pour calmer le ressentiment qu'on chercha à élever dans leurs cœurs à cette occasion. En toutes circonstances, d'ailleurs, il en était à peu près de même. Souvent les Sœurs de l'Union avaient approuvé un changement, et néanmoins le cœur leur défaillait et les larmes leur venaient aux yeux quand elles voyaient de nouvelles dispositions dans la maison où elles avaient toujours vécu. Les choses n'allaient plus à leur gré ; le jardin n'était pas traité à leur façon, qui était la bonne ; il fallait des intermédiaires et des pourparlers à tout instant. « Nous avons vendu le veau, que nous ne regrettons pas, malgré son amabilité, écrivait la Mère Émilie aux Sœurs de Villefranche; la sœur de M. le curé vint ici pour y décider ma Sœur Marie, qui eut beaucoup de peine à s'y résoudre. » Au milieu de ces difficultés de tous les jours, la Mère Émilie se comportait avec une admirable condescendance. « Il faut, disait-elle, vivre dans l'union avec nos Sœurs de l'Union. Nous le ferons, s'il plaît à Dieu, en les prévenant de toutes occasions, en leur cédant en tout, à moins qu'il ne s'agisse de notre devoir, en obéissant exactement à ma Sœur Marie. Nous ferons tout cela, et, Dieu aidant, nous le ferons de bon cœur : car y a-t-il quelque chose de meilleur que de dépendre ? Aussi faisons-nous de telle sorte, que nous ne levons pas le doigt, si je puis m'exprimer ainsi, sans permission ; ne nous plaignez pas : faut-il plaindre ceux qui sont nourris de la viande la plus exquise ? »

Une autre viande exquise dont la Mère Émilie ne pouvait se rassasier, c'était la pauvreté. Elle avait si bien réduit toutes choses à Livinhac, qu'elle pouvait écrire à ses Sœurs de Villefranche : « S'il y en a quelqu'une parmi vous qui soit mignarde, il faut qu'elle vienne ici : nous sommes si pauvres, qu'elle

9

aura lieu d'être contente; quand nous voulons faire cuire des pommes de terre, il faut attendre d'avoir trempé la soupe pour avoir la marmite. » Tout en s'occupant de l'enseignement des enfants, les Sœurs de la Sainte-Famille se trouvaient appliquées à des besognes qu'elles ne connaissaient pas. Une d'entre elles avait grand'peur du cochon, et, étant chargée de le garder, avait peine à ne pas se sauver toutes les fois qu'il remuait; elle s'effrayait de la vache et lui trouvait des yeux si gros qu'ils l'intimidaient. Il fallait cependant se plier à tout. « Je suis aide de cuisine, écrivait la Mère Émilie; je fais bouillir le pot, je pèle les pommes de terre et choisis les haricots. » Un autre jour, elle avait changé d'emploi, et elle écrivait avec gaieté : « Tout en gardant la vache, j'ai pensé de vous écrire un mot, mes très chères Sœurs; c'est bien commode de garder la vache; certes, il faut l'éprouver pour le savoir; cette pauvre bête se dirige avec une grande docilité vers l'endroit où on veut qu'elle paisse, ne donne aucun tracas d'esprit et est tranquille on ne peut davantage. Il est juste, mes très chères Sœurs, qu'après vous avoir fait part du tracas et du travail que j'ai eus pendant quelque temps, je vous parle un peu de mon repos qui est aussi grand que l'occupation a été considérable; maintenant, peler des châtaignes, faire quelques visites au cochon, nettoyer le petit cabinet, porter du bois à ma *Sœur Marthe*, voilà mes occupations : elles sont de mon goût.

Nos enfants sont très dociles, et par conséquent ne donnent pas de peine; nos Sœurs sont bien sages et ne m'occupent guère, sinon pour quelques petites conférences; nous avons un grand silence, presque pas d'affaires, pas de parloir : voilà ma vie. Dans ce calme profond, je ne vous oublie pas; vous m'êtes souvent présentes à l'esprit. Je me rappelle en particulier ma chère Sœur Fébronie (1), qui porte mon

(1) C'était son assistante. Sœur Fébronie (Élisabeth Bouquiers), née à Cajare (Lot), le 14 février 1809, avait fait sa profession le 15 octobre 1826. Elle fut maîtresse d'instruction à Villefranche, et, en 1832, avait été choisie pour assistante. Elle est morte le 4 mai 1833. La Mère Émilie écrivait au sujet de cette mort : « Il faut aimer la Croix... Sœur Fébronie nous le fait connaître par son exemple. Par quelles peines elle a été préparée à la mort ! Dieu le sait, et moi aussi un peu. Quelles afflictions intérieures l'ont inondée ! Dieu le sait. En combien de manières le démon la tentait ! Dieu le sait. Et ses peines du corps, nous les avons vues : cela faisait fendre le cœur. Maintenant, elle s'est paisiblement endormie dans le Seigneur et le possède. Après sa sainte mort, elle avait l'air endormie; le sourire était sur ses lèvres, et nous ne pouvions nous lasser de la contempler. » M. Marty écrivait, de son côté : « Parmi les pertes douloureuses qu'a éprouvées jusqu'ici notre cher institut, celle de notre très aimable Sœur Fébronie est sans doute une des plus pénibles: elle soutenait la régularité par son zèle et par son exemple ; elle faisait fleurir l'instruction par son talent; elle était prudente, sage, modeste dans le conseil. Sous quelque rapport qu'on la considère, elle laisse après elle une odeur de suavité, et sa mémoire sera toujours parmi nous en bénédiction. Faisons de nécessité vertu en souffrant avec soumission aux décrets de Dieu, la privation de cette Sœur. Toutes les vertus qu'elle a pratiquées en gouvernant en votre absence, devaient être le couronnement de sa vie, et celles par lesquelles elle a édifié toutes les Sœurs pendant sa

fardeau à votre satisfaction et à la mienne. Je suis persuadée que vous continuez toutes à le lui rendre léger, de manière à être plus consolée que fatiguée. Combien nous serions heureuses si, avec notre bonne Mère, nous nous donnions demain (*fête de la Présentation de Notre-Dame*) à Dieu sans réserve et sans le moindre partage. Les âmes qui ne refusent rien à Dieu, savent seules ce que c'est que de lui appartenir sans partage. Que cette expérience doit être douce ! Quand est-ce que nous la ferons? La fidélité dans les petites choses est un des plus grands moyens : prions notre père saint Joseph et nos saints Anges gardiens de nous l'obtenir. »

On voit que quelque chose de régulier commençait à s'établir à Livinhac : la clôture et le silence étaient observés ; l'école était en activité. Les contradictions étaient à peu près évanouies ; l'esprit de

---

maladie, devaient mettre le comble à ses mérites et lui ouvrir la porte du ciel. Quoiqu'elle n'ait passé que peu d'années sur la terre, nous pouvons dire qu'elle a beaucoup vécu. Par un combat de peu de temps, elle a gagné les palmes célestes. Elle n'est pas perdue pour nous : dans son bonheur, elle n'oubliera pas cette Sainte-Famille qui languit encore dans ce pèlerinage ; elle ne manquera pas de s'intéresser pour ce cher institut dans lequel elle s'est sanctifiée et qui lui a fait mériter une couronne immortelle. Oh! combien elle se sent heureuse d'y avoir passé les années de sa jeunesse ! Combien elle bénit Dieu de l'y avoir appelée, et Jésus, Marie, Joseph de l'y avoir protégée et conduite jusqu'à son dernier soupir ! Il nous reste, à nous, d'offrir pour elle de très ferventes prières, bien assurés qu'elle nous les rendra avec usure. »

charité et de condescendance de la Mère Émilie avait triomphé de toutes les oppositions ; elle disait même qu'elles n'avaient pas été bien vives et qu'elles naissaient seulement de l'état de choses. « Vu de loin, écrivait-elle, cela semble de grandes contradictions. Pour nous, qui sommes sur les lieux, nous tournons tout en plaisanterie. » Ce qui entretenait surtout cette gaieté, c'était la paix dont jouissait toujours la Mère au milieu de ses fondations. Les tracas et les inquiétudes n'étaient rien auprès de ses peines intérieures. Aussi, malgré les ennuis les plus graves, se délectait-elle de cette quiétude de l'âme qu'elle goûtait si rarement. Les filles de l'Union d'ailleurs adoucissaient de leur mieux le travail qu'on avait entrepris auprès d'elles ; elles se prêtaient à tout avec une déférence, une humilité, une générosité dont la Mère Émilie était émerveillée. Elles partageaient leur bien avec les nouvelles venues et ne voulaient plus en disposer sans permission. M. Marty admirait aussi cette abnégation. Après avoir donné une retraite aux Sœurs de Livinhac, il écrivait que leur couvent serait une occasion de bénédiction pour le pays d'alentour ; il leur recommandait une fidelité scrupuleuse aux obligations des divers emplois, à la méditation, à l'humilité et surtout à la charité, le lien de la perfection, disait-il, qui doit de toutes former une seule âme. Il ne voulait pas qu'il y eût entre les Sœurs de l'Union, qu'il aimait, estimait et respectait, et nos bonnes Sœurs de la Sainte-Famille, la moindre séparation de cœur ou d'estime. « Souvenez-vous, disait-il à ces dernières, qu'il existe entre vous et les Sœurs de l'Union un pacte, une société étroite et des engagements réciproques; elles vous ont reçues dans leur maison ; elles ont été et veulent être encore vos bienfaitrices ; elles sont fondatrices dans l'institut de la Sainte-Famille. Les secours que vous en avez reçus, et que vous en recevrez tous les jours, vous obligent d'avoir pour elles des égards particuliers. Vous êtes les filles, elles sont les mères ; vous devez les honorer et leur rendre en quelque sorte les devoirs de la piété filiale. Je pourrais vous représenter leurs vertus, leur humilité, leur simplicité ; peut-être vous les proposer pour modèles, etc. »

Ces bonnes filles avaient en effet compris, malgré leurs répugnances, que leur mode de vie était moins parfait que celui de la Sainte-Famille. Celle à qui son âge en laissait la liberté, aspirait, avons-nous dit, à devenir, comme sœur Séraphine, une fille de Jésus, de Marie et de Joseph. La Mère Émilie mit quelque prudence à satisfaire son désir ; elle craignait d'alarmer celles des Sœurs de l'Union qui tenaient davantage à leurs usages. Toutefois la charité qui vivait dans toutes les âmes eut bientôt dissipé les derniers scrupules. Cette jeune Sœur quitta bientôt Livinhac pour, à l'exemple de Sœur Séraphine de supérieure devenue postulante, se rendre à Villefranche et y entreprendre le noviciat. On ne voulut pas les dispenser ni l'une ni l'autre de cette épreuve ; car, comme disait la Mère Émilie, du noviciat dépend la vie. Après six mois environ de séjour à Livinhac, la Mère Émilie voyant dans cette communauté un esprit unique, tout semblable à celui qui, à Aubin et à Villefranche, dirigeait toutes les volontés vers un même but, songea à retourner à Villefranche. Dans une lettre adressée à ses Sœurs quelques jours avant son départ, elle raconte l'installation de la Mère qu'elle allait laisser à Livinhac :

« Nous avons installé cette après-dînée notre chère Mère ***, qui était très peinée, mais néanmoins pas découragée. M. le curé nous a fait une exhortation : après nous avoir parlé du bonheur de ce jour qui donnait une supérieure à ce couvent naissant, il a beaucoup recommandé le respect, l'amour, la confiance et l'obéissance à l'égard de la nouvelle Mère. Il s'est adressé aux Sœurs de l'Union pour les y exhorter très particulièrement, leur disant qu'elles devaient s'y tenir obligées à l'égard de celle que le bon Dieu leur donnait aujourd'hui pour supérieure. Ces bonnes Sœurs avaient mis leurs habits des dimanches, et nous ont demandé des cierges pour faire la procession avec nous; elles m'ont demandé aussi d'aller à l'obédience tout comme nos Sœurs. J'ai été bien consolée de cette demande, et bien touchée quand j'ai vu notre chère ancienne Sœur Marie aux genoux de notre jeune Mère, qui en a été vivement émue. »

De retour à Villefranche, la Mère Émilie y trouva une grande peine. Des deux postulantes venues de Livinhac, il y en avait une qui semblait ne pas convenir à l'institut de la Sainte-Famille, et ne paraissait pas pouvoir se plier à sa règle de vie : c'était Séraphine. Pleine d'énergie et de dévouement, cette bonne et grande âme avait des singularités qu'on ne savait comment vaincre. Malgré sa bonne volonté, elle ne parvenait pas à se plier à la discipline. Elle eût souhaité faire son noviciat près de la Mère Émilie. La Vénérable, au milieu des embarras de la fondation de Livinhac, avait préféré l'écarter. Il ne fallait pas que Séraphine entrât à la Sainte-Famille par attachement à la supérieure. On l'avait donc envoyée à Aubin. M. Marty la voulait à Villefranche. Là était le noviciat et la formation par conséquent devait être plus facile. Mais Séraphine tenait à retourner à Livinhac. Elle voulait revoir la Mère Émilie qui y était encore ; elle voulait aussi revoir sa maison. La Mère Émilie lui écrivit (7 octobre 1832) pour la décider à obéir et à renoncer à sa volonté.

« Ma très chère Sœur,

« Sous bien des rapports je désire votre retour à Livinhac. Vous êtes ma très chère fille autant que ma bien-aimée Sœur ; j'aime de vous avoir auprès de moi, je serais toute contente de vous prendre avec moi à Villefranche, mais cette raison-là est-elle suffisante pour vous faire revenir ici tandis que notre bon et honoré Père vous a conseillé de partir? D'ailleurs je pense comme lui que le moyen d'attirer une infinité de grâces sur vous est de ne pas hésiter à suivre la voix qui vous appelle. Croyez-moi, ma bien chère Sœur, prenez saint Matthieu pour votre modèle : s'il eût écouté toutes les réclamations de la nature et toutes les raisons qu'il aurait eues de retarder de suivre Notre-Seigneur, quel retard n'y aurait-il pas mis! sans doute qu'il n'eût jamais été un des douze apôtres. Imitez-le, ma chère Sœur; partez pour Villefranche dès ma lettre reçue, ne balancez plus, Dieu ne se laisse pas vaincre en générosité : il comptera tous vos sacrifices, il récompensera tous vos efforts, rien ne sera perdu. Mais, me direz-vous, les raisons que je vous donne pour revenir à Livinhac ne sont-elles pas bien bonnes? Permettez-moi de vous dire que ce sont des prétextes que l'ennemi de tout bien nous fait croire être de bonnes raisons. Je me charge de tout, j'arrangerai tout pour le mieux et espérons que Dieu y donnera sa bénédiction. C'est lui qui a commencé l'œuvre, c'est lui qui la continuera et la conduira à sa perfection. Je le répète, ne tardez pas davantage : partez sous la protection de la Sainte-Famille, ne craignez rien, elle vous protégera. Comptez pour rien les frayeurs de la nature ainsi que les vaines pensées que le démon vous met dans l'esprit. Marchez tête baissée, guidée par l'inspiration divine et par le conseil de notre bon Père.

« Allons, ma chère Sœur, que j'aie la satisfaction d'apprendre que vous êtes toute à Dieu, qu'à mon arrivée à Villefranche je vous trouve prête à prendre le saint voile et que j'aie moi-même la consolation de le poser sur votre tête.

« C'est en vous souhaitant un si précieux avantage que je suis avec la plus tendre affection toute à vous dans les Saints Cœurs. »

Séraphine obéit. Elle s'était rendue au noviciat dans les meilleures intentions du monde. Toutefois elle ne parut pas y faire des progrès. Était-elle donc appelée à une voie particulière ? Elle avait contracté, dans l'absence de direction où elle avait vécu jusqu'alors, des allures bizarres dont il importait et dont il était difficile de la dépouiller. Sa dévotion était profonde, son dévouement absolu ; mais toutes sortes d'inspirations lui venaient au cœur, et elle ne savait les contenir. Si le soin d'une âme la préoccupait, elle se levait la nuit pour prier ou pour pratiquer certaines mortifications que son imagination lui conseillait, que son zèle embrassait, mais que l'obéissance n'eût pas toujours approuvées. Elle ressentait un attrait puissant vers les œuvres extérieures, elle voulait se donner et se dépenser, et son enthousiasme aurait oublié la clôture que l'institut de la Sainte-Famille honorait et observait d'une façon toute particulière. Si elle apprenait le fâcheux état des âmes dans une paroisse, elle se sentait pressée d'y courir : elle demandait, elle suppliait qu'on l'y laissât aller. Elle tenait cependant à l'institut de la Sainte-Famille : elle s'y complaisait : il lui semblait qu'elle y était à sa place ; elle n'éprouvait plus cette inquiétude et ce besoin de rechercher le lieu où elle devait être, qu'elle avait ressentis autrefois. La Mère Émilie, de son côté, reconnaissait la grandeur de cette âme, l'amour qui la dévorait, son besoin de sacrifice et son dévouement. On savait à la Sainte-Famille tout ce qu'on devait à Séraphine : on admirait son abnégation et l'esprit d'humilité qui de supérieure l'avait fait devenir postulante. Cependant, lorsqu'il s'agit de décider sur sa vocation et de prendre une détermination au sujet de la vêture, la Mère Émilie et les Sœurs capitulantes se refusèrent à admettre Séraphine au nombre des religieuses de la Sainte-Famille. L'admirable fille supporta ce refus avec une véritable humilité : elle ne se rebuta pas ; elle attendit, confiant au bon Dieu le désir qu'elle avait de se donner à lui et de le servir au sein de l'institut, qui refusait de la recevoir.

On verra comment le bon Dieu répondit aux pressants désirs de Séraphine, et comment il avait introduit lui-même cette grande âme à la Sainte-Famille pour y faire une œuvre à laquelle la Mère Émilie ne songeait point, et qui devait compléter et développer sa petite fondation.

CHAPITRE XVII

La Règle.

L'Église a réuni les conseils évangéliques dans quatre codes qu'on appelle les Grandes Règles : ce sont celles de saint Basile, de saint Augustin, de saint Benoît et de saint François. Elles sont dans le champ de l'Église comme des arbres bienfaisants donnant toujours aux générations des hommes le fruit de la sagesse. La sève puissante qui circule dans ces troncs séculaires nourrit toutes les greffes que peut y enter l'esprit de renoncement et de pauvreté. Ces greffes varient selon le besoin des temps, l'inspiration des hommes et le but qu'ils se proposent. La petite greffe de la Sainte-Famille, que M. Marty soignait avec tant d'amour, était placée sur l'arbre de saint Augustin. Des quatre également chers à l'Église, c'est plus fécond et, au dire de saint François de Sales, celui où se remarque la plus grande diversité de feuillage. La règle de saint

Augustin, en effet, ne comprend qu'un exposé des principes fondamentaux de la vie religieuse. « Aucune forme de gouvernement n'y est tracée, aucune observance n'y est prescrite, sauf la communauté des biens, la prière, la frugalité, la vigilance sur les sens, la correction mutuelle des défauts, l'obéissance au supérieur, et, par-dessus tout, la charité (1). » A ces principes fondamentaux, chacune des congrégations qui pratiquent cette règle a ajouté des prescriptions adaptées à la fin particulière qu'elle se propose, tout en poursuivant les fins générales de la gloire de Dieu, du renoncement à soi-même et du soulagement du prochain, qui sont toutes comprises dans le mot de charité. Ces règlements, propres à chaque institut, s'appellent les Constitutions. Saint François de Sales explique aux religieuses de la Visitation que la règle est le chemin que doivent suivre les âmes consacrées à Dieu, et que les Constitutions sont des marques mises en ce chemin, afin qu'on le sache mieux tenir ; « car, continue l'aimable saint, les règles des religions proposent les moyens de se perfectionner au service de Dieu, et les Constitutions montrent la façon avec laquelle il les faut employer ; comme par exemple, la règle commande qu'on vaque soigneusement aux prières, et les Constitutions particularisent le temps, la quantité et la qualité des prières

---

(1) Rohrbacher, *Histoire de l'Église*, tome XVII.

qu'il faut faire. La règle ordonne qu'on ne regarde pas indiscrètement, et les Constitutions enseignent, comme pour exécuter cette règle, qu'il faut tenir la vue basse et le voile sur le visage, de sorte que, pour le dire en un mot, la règle enseigne ce qu'il faut faire, et les Constitutions comme il faut le faire. »

Dans ce double enseignement, il n'y a rien d'arbitraire : on n'a pas d'exemple, dans l'Église, de règles inventées de prime abord : toutes ont eu pour but de constater ce qui existait déjà et d'en assurer la pratique à l'avenir. Elles sont le fruit de l'expérience et non pas de l'imagination : la règle même que saint Pacôme reçut d'un ange, ne faisait que résumer et confirmer les usages des solitaires d'Orient et sanctionner le mode de vie que Palémon avait enseigné au saint fondateur. Sans doute, on a vu les législateurs de nos jours procéder d'une autre façon, et le droit d'invention leur est particulièrement cher; mais l'Église, même au XIXe siècle, ne veut point changer ses errements. M. Marty, pour donner des Constitutions aux Sœurs de la Sainte-Famille, attendit que l'expérience eût sanctionné ou réformé les usages qu'elles mettaient en pratique. Il s'appliquait à discerner parmi leurs coutumes celles qui menaient le plus sûrement au but que la Vénérable Mère avait voulu atteindre. Il songeait devant Dieu, tous les jours, au bien qui se faisait et au mieux qui pouvait se faire. Dans cette méditation continuelle, son cœur était inondé d'amour, de reconnaissance et de tous ces sentiments délicieux que répandent dans le cœur de l'homme l'union avec Jésus-Christ, le souci du salut du prochain et la connaissance des voies de la miséricorde divine. On sait combien M. Marty aimait la Sainte-Famille. C'était son œuvre, une œuvre manifestement bénie. Se pourrait-il qu'une âme chrétienne ne comprît pas l'attendrissement et la reconnaissance qu'une telle pensée excitait dans le cœur du fondateur ? Il a fait passer quelque chose de son allégresse dans les constitutions de la Sainte-Famille. Un souffle y circule, qui est comme l'écho des sentiments de joie et d'humilité qu'excitent les communications du Seigneur. Le ton est grave, attendri et paisible. Ce législateur est plein d'amour; il voulait que dans le gouvernement de la Sainte-Famille la douceur tempérât même le langage de la loi. La loi commande sans doute, mais la loi de la Sainte-Famille, comme toute loi chrétienne, persuade, éclaire et fortifie. Elle est l'expression d'un cœur paternel, jaloux de la perfection des enfants et heureux de leurs efforts. Elle insiste sur la dignité et l'excellence de la vocation. « Appelées par le privilège d'une vocation spéciale à se réunir sous le nom de Sœurs de la Sainte-Famille, dit-elle, toutes les personnes qui composent cette communauté doivent se mettre sans cesse devant les yeux et reconnaître, par le sentiment le plus intime, l'honneur et le bonheur de l'état qu'elles ont embrassé. Elles ne peuvent s'en faire une trop grande idée, ni trop apprécier cette faveur singulière d'avoir été admises au service, dans la compagnie et dans la sainte familiarité de Jésus, de Marie et de Joseph. Y a-t-il, en effet, sur la terre un sort plus désirable ? Peut-on être plus près de la source des grâces, plus à portée de cueillir les fruits de l'Incarnation et de la Rédemption, et, en un mot, d'assurer son salut éternel que dans ce divin commerce de chaque jour avec la Trinité de la terre, image vivante de la Trinité du Ciel ? Aussi la reconnaissance pour un aussi grand bienfait de la miséricorde de Dieu est le premier caractère que doit avoir la dévotion des Sœurs envers la sainte Famille ?... » Le second caractère de cette dévotion est le respect et l'amour. Qu'y a-t-il de plus respectable et de plus aimable que Jésus, Marie et Joseph ? s'écrie encore le pieux fondateur ; et il recommande à ses filles de s'efforcer de pénétrer dans la connaissance des liens mystérieux qui unissent Jésus, la sainte Vierge et saint Joseph ; de travailler à acquérir l'intelligence de leur merveilleux et commun ministère dans l'exécution des desseins de Dieu ; de méditer sur la façon ineffable dont Marie et Joseph ont coopéré aux mystères de l'Incarnation et à ses suites, sur l'excellence de leurs mérites et de la faveur qu'ils daignent accorder aux personnes consacrées à leur service, auxquelles ils veulent bien comme tenir lieu de père, de mère et de parents sur la terre. Pour arriver à ces connaissances sublimes, l'étude, la piété, la méditation seront employées tout à la fois. Toutes les Sœurs honoreront donc la sainte Famille intérieurement, en se souvenant qu'elles lui sont consacrées par leur profession religieuse, en lui dédiant et unissant à ses mérites leurs prières, leurs confessions, leurs communions, toutes les actions de leur vie et surtout leur passage du temps à l'éternité. Elles honoreront extérieurement la sainte Famille, en ne prononçant toujours qu'avec un respect filial les saints et doux noms de Jésus, Marie Joseph, qui doivent être comme du miel dans leur bouche. Elles considèreront les images des membres de la sainte Famille avec un esprit de foi et d'amour : elles s'appliqueront à connaître leur vie et leur précieuse mort, les saints qui les ont spécialement honorés, ce qu'ils ont dit ou écrit à leur sujet, et elles aimeront à en faire le texte de leurs entretiens.

Le respect et l'amour produisent la confiance : les Sœurs de la Sainte-Famille auront une confiance sans bornes dans le Sacré-Cœur de Jésus et dans ses mérites infinis, dans la charité inépuisable de ce Pasteur des âmes, qui a dit : « Je connais mes brebis, elles me connaissent, et personne ne peut les ravir de mes mains; » dans la tendresse de cette mère de miséricorde que nous appelons avec l'Église *notre vie, notre douceur et notre espérance*, et qui ne peut essuyer aucun refus de son divin fils ; dans l'assistance de saint Joseph, qui fut le chef temporel de la sainte Famille, et qui est le patron de la vie spirituelle cachée et mortifiée, le protecteur des âmes éprouvées par des peines intérieures et le patron de la bonne mort.

Dans ces pensées dévotes et affectueuses se trouvent indiqués le but, la vie et l'inspiration de l'institut. La règle insiste sur cette dévotion, dont le dernier effort sera de retracer quelque ombre de la vie merveilleuse de Nazareth. C'est dans le commerce avec les personnes qui habitent la sainte maison que les Sœurs peuvent puiser la force d'accomplir leur vocation. La règle les encourage à s'associer souvent en esprit aux vicissitudes, à la paix et aux travaux de la sainte Famille, à visiter les lieux où elle a vécu, à pénétrer dans sa familiarité. Toutes les vertus trouvaient leur abri dans cet intérieur. M. Marty les énumère, et il en parle avec une grâce capable de les faire aimer. Il en montre l'importance ; il en indique le fondement ; il en marque les résultats : la vie commune ne subsiste que par la pratique des vertus chrétiennes : si une seule venait à manquer, le désordre serait dans la congrégation. « Salomon nous avertit, dans le livre de l'Ecclésiaste, qu'il y a un temps de parler et un temps de se taire. Le Seigneur veut que chacun de nous soit prompt dans l'obéissance, prompt dans ses ouvrages, prompt à écouter ; mais il veut que nous soyons lents à parler. David avait mis un frein à sa langue, et s'abstenait même de dire de bonnes choses quand il n'était pas à propos de parler. Le silence, dit Cassiodore, est un préservatif de beaucoup d'erreurs et de péchés qui se commettent si aisément dans le discours; il prévient ou étouffe par une sainte modération les altercations et les disputes; il est la marque d'une sagesse peu commune; il donne plus de grâce et d'intérêt aux paroles et leur sert d'assaisonnement; il nourrit les bonnes pensées, mûrit les sentiments de la piété, empêche la dissipation, conserve la présence d'esprit et favorise les progrès de l'intelligence; il donne le goût aux choses spirituelles, accroît la facilité de méditer et de prier, unit à Dieu par le recueillement, rend l'âme attentive à sa voix, qui se fait entendre dans le secret, et lui attire des grâces particulières; il procure enfin la paix intérieure, et remplit le cœur d'une joie céleste que le monde ne connaît pas. Ayons donc recours sans balancer à ce souverain remède, abreuvons-nous d'une liqueur si salutaire, et puisque nous savons que les saints ont trouvé dans la pratique du silence un si grand moyen d'avancer dans la perfection, ne jugeons pas digne de notre estime ou de nos désirs une liberté de parler qui ne connaisse point de bornes.

« L'obligation au silence est renfermée dans la consécration qu'on fait à Dieu de soi-même par les vœux de la religion. Peut-on réunir un saint commerce avec Dieu et un commerce profane avec les créatures ? Peut-on parler familièrement à Dieu si on ne s'abstient pas de parler avec les hommes ? Et à quoi sert, dit saint Grégoire, la solitude du corps si elle n'est pas accompagnée de la solitude intérieure ? Le silence nous est recommandé en plusieurs endroits des saintes Écritures, tant de l'Ancien que du Nouveau Testament. Notre-Seigneur Jésus-Christ, qui était le Verbe, c'est-à-dire la parole même de Dieu, a parlé peu dans son enfance, dans sa vie et dans sa passion : il s'est tu devant Hérode et devant Pilate. Nous ne lisons pas dans l'Évangile que la sainte Vierge ait parlé plus de quatre fois (c'est la remarque de saint Bernard), encore a-t-elle parlé avec une sobriété admirable. Saint Jean-Baptiste, modèle de la vie solitaire, a passé les trente premières années de sa vie dans le silence du désert. Mais sans parler des anachorètes, tous les patriarches de la vie religieuse ou cénobitique, c'est-à-dire commune, saint Pacôme en Égypte, saint Basile chez les Grecs, saint Benoît chez les Latins, ont fait du silence le fondement de leurs règles, tant ils étaient pénétrés de cette maxime de l'Esprit-Saint, qu'on ne peut parler beaucoup sans pécher, et que celui qui garde sa langue garde son âme. »

Ainsi parle le législateur de la congrégation de la Sainte-Famille. C'est un maître de la vie spirituelle : il cherche à convaincre et veut surtout faire aimer la loi qu'il formule. Écoutons-le sur l'orgueil, la vanité et l'humilité :

« L'orgueil est une erreur, la vanité est un mensonge.

« L'un et l'autre naît d'un amour-propre aveugle et désordonné.

« L'erreur de l'orgueil est dans l'estime que nous faisons de nous-mêmes en nous séparant de Dieu, en nous appropriant ses dons ; erreur très coupable, puisqu'elle est une injustice, une ingratitude et une trahison.

« La vanité est un mensonge, parce qu'elle est une ostentation ou de qualités apparentes qu'on n'a pas réellement, ou de qualités réelles dont on s'attribue la propriété ou l'honneur.

« Par l'orgueil on se croit grand, digne d'admiration ou d'honneur ; par la vanité on cherche à le faire croire.

« L'humilité, qui est opposée à ces vices, consiste dans la connaissance et le mépris de soi-même...

« L'humilité est le sol dans lequel les vertus sont plantées, poussent leurs racines, croissent, se consolident et portent des fruits ; tandis que l'orgueil est un sol aride dans lequel rien ne croît ou dans lequel, du moins, les plantes sèchent bientôt, parce qu'elles n'ont point de sève.

« L'humilité vraie ne demande ni ne désire aucune prérogative : elle aime, selon la maxime de l'Imitation de Jésus-Christ, à être ignorée et comptée pour rien dans le monde. Elle se supporte elle-même en se méprisant, et considère avec paix, quoique avec conviction, ses propres défauts. Pour ceux des autres, semblable à la charité dont elle est la compagne inséparable, elle n'a garde de s'en occuper ; si elle les voit, elle les souffre sans blâme, sans critique, sans mésestime et sans se comparer au prochain pour s'en prévaloir ; elle se résigne non seulement à l'oubli, mais à toutes les préférences que d'autres peuvent obtenir sur elle, au mépris, à l'humiliation, à la censure, à l'outrage, se sentant même honorée et joyeuse de porter l'opprobre de Jésus-Christ. Une Sœur qui veut établir le royaume de Dieu en elle-même, s'appliquera donc à pratiquer l'humilité de toutes manières et dans tous les moments de sa vie. Alors son cœur ressemblera à une terre bonne et bien cultivée, dans laquelle les pierres, les ronces et les épines n'étouffent pas la semence, et où le grain produit soixante et même cent pour un. »

En dissertant ainsi sur les vertus et sur les vices de la nature humaine, M. Marty rencontre plus d'une fois des tableaux d'une finesse et d'une délicatesse exquises, qui sont des études morales d'une grande vérité : « L'empressement, dit-il, est un excès de vivacité dans le désir, la volonté ou l'action. Il produit des mouvements impatients, inconsidérés, téméraires et turbulents ; il est contraire à la paix de l'âme, à la vertu de tempérance, à l'esprit d'ordre, à la douceur et à l'humilité. Il provient de l'amour-propre, de la paresse, de la présomption, d'un caractère ardent et impétueux. Une âme empressée est sujette à l'inconstance et à l'inégalité. La réflexion suivant en elle la détermination au lieu de la précéder, l'oblige souvent à se rétracter et à se contredire; ce qui l'expose à être désapprouvée ou reprise, la jette dans des états de tristesse ou d'humeur.

« L'empressement vient aussi d'une imagination trop vive et d'une espèce de sensibilité qui rend l'âme faible, susceptible d'impressions qui l'affectent profondément, qui la dominent et d'après lesquelles elle forme ses jugements, d'où il arrive qu'elle se prévient facilement et qu'elle revient difficilement de ses préventions. Saint François de Sales dit de l'empressement que c'est la mère imperfection de toutes les imperfections, tant il le reconnaît fécond en mauvais effets. Il est bon toutefois d'observer que toutes les causes dont nous venons de parler ne concourent pas toujours à produire l'empressement : ce qui fait qu'il y a plusieurs degrés dans ce vice; car il est plus ou moins vif, selon qu'il procéde de plus ou moins de causes. »

Certainement, en écrivant ce fragment et tant d'autres de même qualité, qui abondent dans les Constitutions de la Sainte-Famille, M. Marty ne sengeait à aucune prétention littéraire : trouverait-on cependant rien de plus achevé dans nos plus célèbres moralistes? Tout ici s'accorde et se fond dans une grâce charmante. La vérité luit et reluit au milieu de ce langage, et la parfaite appropriation des termes la montre et la découvre dans toute son exquise délicatesse. C'est dans la méditation de l'Évangile, dans la contemplation des mystères de Dieu et de la correspondance des âmes, que M. Marty avait acquis cette limpidité de style, ces allures franches et de bon goût, cette pénétration de regard saisissant, pour ainsi dire, les fibres les plus ténues du cœur humain, et démêlant toutes les conséquences de l'observation ou de l'oubli des vertus essentielles à la vie religieuse.

« L'ordre exactement maintenu fait le charme de la vie commune ; il est le conservateur des maisons religieuses, parce qu'il y entretient la discipline, l'édification mutuelle et l'esprit de ferveur. Il est pour chaque Sœur un moyen d'acquérir beaucoup de mérites devant Dieu, qui, dans les saintes Écritures, place le soin de disposer sagement ses occupations à côté des œuvres de miséricorde. Chaque Sœur se fera donc un devoir de s'acquitter diligemment et joyeusement de toutes les fonctions qui lui seront confiées, n'écoutant pas les répugnances qu'elle y aurait et ne prenant pas son goût pour règle de ses actions, les animant toutes par un esprit de foi et d'obéissance, par l'intention de plaire à Dieu, se reprochant devant lui les moindres manquements, quoique sans scrupule...

« Une des choses qui contribuent le plus à l'ordre commun, à l'édification réciproque et à la régularité, c'est sans contredit l'assiduité et la ponctualité. Ces deux vertus sont essentiellement liées ensemble et toutes deux filles de l'obéissance... Une Sœur diligente et qui aime ses devoirs ne se contentera pas de ne point manquer aux exercices, mais elle aura soin de s'y trouver toujours au commencement. L'assiduité et la ponctualité des Sœurs, si elle était constamment et généralement observée, attirerait sur l'institut une bénédiction perpétuelle et offrirait un spectacle d'ordre qui le rendrait aimable au dedans, et édifiant et respectable au dehors. Les Sœurs ferventes et dociles, qui portent fidèlement le joug du Seigneur, sous lequel elles ont courbé leur tête, le joug de leur profession, et que le voile qui les couvre ne cesse de leur rappeler, le trouvent doux et léger. Mais quand on le traîne au lieu de le porter, ce joug fatigue et embarrasse. Alors la vie religieuse n'a plus d'attrait, et le goût des choses de Dieu diminue de plus en plus.» C'est la remarque de l'Imitation de Jésus-Christ : *Religiosus fervidus omnia bene portat et capit quæ illi jubentur. Religiosus negligens et tepidus habet tribulationem super tribulationem, ex omni parte patitur angustiam.* C'est une vérité commune. Elle s'applique surtout aux instituts qui font une profession plus spéciale de pauvreté. La Vénérable Mère Émilie aimait cette vertu d'une façon incomparable, on le sait. Son âme paraissait touchée de cet attrait qui avait conquis saint François d'Assise, dont le cœur était éperdu d'amour pour la sainte pauvreté. La Mère Émilie considérait cette vertu comme la mère de beaucoup d'autres. Dans cette génération merveilleuse, l'humilité, la mortification, la confiance en Dieu ont, en effet, leurs racines dans les pratiques de la pauvreté et y trouvent leur perfection. M. Marty n'avait garde de l'ignorer. Il entrait dans les pensées de la Mère et en tout se contentait de chercher à démêler sur elles les vues de la Providence et à y concourir. Il admit donc les Sœurs de la Sainte-Famille à une pratique austère de la pauvreté. Elle doit briller dans leurs personnes, reluire dans leurs habitations. Point de tapisseries, même en papier, dans les maisons de la Sainte-Famille : des étoffes grossières pour habillement ; une vaisselle commune, une nourriture frugale, des lits où la mollesse ne peut trouver son compte, sont le partage des Sœurs de la Sainte-Famille : aucune vanité, aucun luxe, aucune superfluité dans leur ameublement. « Les Sœurs, disent les Constitutions, ne doivent pas rechercher ni désirer l'aisance au sein de la pauvreté. Celle-ci ne serait pas une vertu d'un grand prix si elle n'était accompagnée de la privation de beaucoup de commodités et de bien des choses que le monde estime nécessaires. La pauvreté réelle, les souffrances et la mortification des sens qu'elle entraîne, une existence dure et étroite : telle est la dot des épouses du divin Agneau. Elles doivent pouvoir dire avec l'Apôtre : Je suis attachée à la croix de Jésus-Christ ; le monde est crucifié pour moi, et moi pour le monde. Leur jouissance n'est ni ne peut être ici-bas. C'est par le sacrifice qu'elles font des satisfactions corporelles, qu'elles achètent les consolations spirituelles et le royaume du ciel. Quel honneur pour elles d'avoir été appelées à ressembler à ce Dieu qui, étant riche, s'est rendu pauvre et indigent pour l'amour de nous ! à ce Fils de l'homme qui, tandis que les renards ont des tanières et les oiseaux du ciel des nids, n'a point où reposer sa tête ! Nos Sœurs ne se contenteront donc pas de pratiquer l'extérieur de la pauvreté, elles s'appliqueront à l'aimer et à la chérir de plus en plus, comme leur trésor et leur héritage, détruisant en elles, avec le secours de la grâce, toute affection et tout désir d'avoir et de posséder, rejetant fidèlement toute tentation contraire à cette pauvreté intérieure. » Ce ne sont pas seulement les Sœurs qui doivent être pauvres, il faut que la communauté le soit aussi ; les religieuses doivent pratiquer le détachement non-seulement pour elles-mêmes, mais aussi au nom de la communauté. « Un attachement excessif aux intérêts temporels de la communauté ne serait pas conforme à l'esprit de pauvreté. Les Sœurs veilleront à s'en défendre spécialement dans le travail et les ouvrages qu'elles font pour procurer à la maison quelque profit ; dans les achats et dans les ventes, ne s'appliquant pas à vendre cher ni à acheter bon marché ; dans le soin qu'elles mettent à épargner, ménager ou conserver ce qui appartient à la communauté. Il n'arrive que trop souvent qu'on manque à l'esprit de pauvreté en croyant agir par cet esprit. On s'y conforme bien davantage par la générosité et le désintéressement que par la crainte de perdre ; et la négligence par laquelle on laisserait périr certains petits objets y est bien moins contraire que l'avarice. » La Mère Émilie insistait sur ce point de la règle. Elle en voulait l'observation rigoureuse de la part surtout des Sœurs chargées, par leur emploi, de veiller aux intérêts de la congrégation. « La pauvreté, disent encore les Constitutions, exige de l'économe, de la dépensière et de toute autre Sœur préposée ou subalterne, d'user de tout avec sobriété et ménagement, quoique d'une manière libre et aisée, exempte de scrupule et d'anxiété. » La Mère Émilie tenait beaucoup à cette liberté. Un jour, une économe se mettait trop en peine de la grande dépense de sucre qu'on faisait dans la maison : « Pour apprendre le détachement, lui dit la Mère, vous en achèterez, par mois, jusqu'à nouvel ordre, le double de ce que vous achetez présentement ! » Elle donnait un jour, à une économe, pour règle de conduite, les avis suivants : « Je crains pour vous la dissipation qu'entraîne l'emploi qui vous est confié. Veillez bien sur vous-même, afin de ne pas vous laisser aller à des préoccupations et à des sollicitudes qui n'aboutiraient qu'à vous fatiguer et à vous faire perdre l'esprit intérieur. Soyez très fidèle à vos exercices de piété. Vous avez d'autant plus besoin de prier et d'élever fréquemment votre esprit vers Dieu, que tout, dans votre emploi, vous portera aux objets matériels. Efforcez-vous de conserver toujours le recueillement au milieu des plus grandes distractions. Vous devez vous regarder comme la mère et la servante de toutes vos Sœurs; vous devez vous estimer heureuse de leur donner les choses qui leur sont nécessaires et de leur rendre tous les services dont elles ont besoin. Vous devez veiller, avec beaucoup de soin, aux intérêts de la communauté et éviter, avec la plus grande attention, les dépenses inutiles; mais vous ne devez jamais vous inquiéter au sujet du temporel. Pourvu que vous ayez toujours en vue la gloire de Dieu, que vous fassiez bien votre devoir et que vous obéissiez, vous êtes sûre que le bon Dieu bénira votre emploi. »

Les Constitutions s'expriment à peu près dans les mêmes termes : « Si les Sœurs de la Sainte-Famille vivent de la foi, disent-elles, si elles font peu de cas des ressources humaines, si elles s'abandonnent entièrement à la conduite de Jésus, de Marie et de Joseph, ne songeant qu'à éviter ce qui leur déplaît, elles n'auront rien à craindre ni pour l'institut ni pour elles-mêmes : rien ni du monde, ni de la nature, ni du démon; rien, enfin, ni à la vie, ni à la mort. » Ces paroles ravissaient et transportaient la

Mère Émilie. Elle savourait encore particulièrement cette recommandation : « Ce n'est pas assez, pour les Sœurs de la Sainte-Famille, de ne pas aimer le monde et de n'avoir ni désir ni regret pour tout ce qu'il renferme. Elles doivent encore le haïr et le mépriser avec toutes ses richesses, ses commodités, son luxe et ses vanités, afin que, par un entier renoncement à ce mauvais maître, elles puissent s'attacher parfaitement à Dieu et ne servir réellement que Dieu seul. »

Dans cet ordre d'idées, M. Marty n'avait pas à presser : il avait plutôt à retenir. Il ne voulait pas que la Mère Émilie courût aussi loin que son attrait l'eût emportée peut-être dans cette voie du dédain de la prudence humaine et du mépris de ses ressources. Bien que le cloître et la vocation au service de Dieu soient le partage des âmes privilégiées, il y a cependant encore pour elles une voie ordinaire et commune qu'il n'est pas toujours permis de quitter impunément. Parmi les privilégiées, la Mère Émilie avait une place à part, et son partage ne pouvait être celui de toutes ses filles. Elle comprenait que bien des choses qu'elle avait voulu pratiquer dans les commencements, n'était point le fait d'une congrégation. La règle allait aussi loin que le zèle pouvait prétendre. Une existence dure et étroite, n'accordant rien aux satisfactions de la chair, est un point suffisant de perfection. Les congrégations, comme les individus, ne doivent pas rechercher les voies extraordinaires. C'est Dieu qui y conduit les âmes de son choix; ce n'est pas aux âmes à faire élection en cette matière. Il faut réprimer l'essor téméraire de celles qui voudraient s'y porter d'elles-mêmes, et il en est presque, sur ce point, des choses temporelles comme des spirituelles. La Providence vient en aide quand tous les efforts humains ont été tentés. Elle ne veut pas qu'on compte sur son intervention pour se dispenser des règles de la prudence humaine et des devoirs qu'elle impose. Aussi, tout en s'appliquant à garder son cœur détaché des affaires de la terre, et sans inquiétude sur leurs conséquences, la Mère Émilie voulait remplir les devoirs d'une bonne mère de famille; elle veillait avec sollicitude aux intérêts de la congrégation; les Constitutions lui en faisaient un devoir : « Que la Mère, disent-elles, voie de temps en temps les comptes de l'économe et prenne connaissance des affaires temporelles. » Elle doit même en parler aux hommes de loi qui ont sa confiance, et se conduire selon leurs avis.

D'après cette analyse des Constitutions données par M. Marty, on voit que dans la congrégation de la Sainte-Famille, tout repose sur la supérieure. « Comme l'âme et le cœur répandent le mouvement et l'action dans toutes les parties du corps, ainsi la supérieure doit animer de sa charité, de son soin et de son exemple toute la maison. Elle est l'organe de la sainte volonté de Dieu à l'égard des Sœurs, leur ange tutélaire, l'instrument dont Jésus-Christ daigne se servir pour établir et maintenir son règne parmi elles. L'autorité dont elle est investie est un talent que Dieu a mis entre ses mains pour assurer sa plus grande gloire et le salut d'un grand nombre d'âmes. Sa charge est pesante, ses fonctions sont pénibles, ses devoirs multipliés ; mais aussi de grandes lumières, des grâces singulières sont attachées à son état. Quelle gloire n'attend pas, dans le ciel, une supérieure diligente et fidèle, puisque l'Esprit-Saint nous assure que ceux qui enseignent à plusieurs la pratique de la justice, brilleront comme des étoiles pendant toute l'éternité ! »

Ces promesses de gloire, ces dons de grâce que la règle rappelait à la supérieure, sont, il est vrai, accompagnés dans cette vie de toutes sortes de tribulations. On sait combien ces dernières étaient peu ménagées à la Mère Émilie. A son titre de supérieure, elle joignait celui de fondatrice ; elle avait ainsi une double raison de souffrances. Il est difficile de croire que M. Marty n'ait pas songé un peu à l'état particulier de cette Mère et aux contradictions auxquelles son œuvre avait été en butte lorsque, retraçant les devoirs d'une supérieure, il ajoutait : « Si elle rencontre des peines, elle s'efforcera de les supporter, quelles qu'elles soient, par une charité généreuse et pour l'amour de Jésus-Christ ; il a voulu que les âmes, pour qui il avait une affection spéciale et de qui il était le plus aimé, saint

Jean, la sainte Vierge et à sa suite quelques autres saintes femmes approchassent le plus près de sa croix au temps de sa passion. Le véritable amour de Dieu, qui ne consiste pas dans une affection sensible, mais dans une entière détermination à accomplir toutes ses volontés, fera surmonter les tribulations et renverser les obstacles que l'adversaire de tout bien ne manquera pas de susciter... Qu'elle (*la supérieure*) persévère seulement avec confiance, qu'elle méprise les terreurs de Satan, qui ne peut faire que du bruit; qu'elle attende patiemment le Seigneur! s'il semble s'éloigner d'elle et l'abandonner à sa faiblesse, ce ne sont là que des apparences, des tentations que Dieu permet pour l'éprouver, pour l'instruire et pour l'épurer comme l'or dans le creuset. Si l'Époux s'absente, il reviendra; il a coutume d'en user ainsi. C'est une loi qu'il nous est avantageux de connaître, afin que, si nous nous trouvons dans les traverses et dans les obscurités, précisément et plus que jamais quand nous entreprenons une bonne œuvre et qu'elle commence à s'établir, nous regardions cet état de choses comme une bonne marque, bien loin de laisser abattre notre courage. Si le monde ajoute son opposition aux efforts du démon, que Jésus-Christ appelle le prince du monde, et dont saint Jean a dit qu'il était entièrement plongé dans le mal; si l'on voit même des personnes qui font profession de piété, et jusqu'à des ecclésiastiques, se laisser entraîner à l'esprit de censure par préoccupation et par erreur, juger et prononcer selon les vues de la prudence humaine que l'établissement ne peut se soutenir, et autres choses semblables, la supérieure doit, sans juger ni mépriser personne, fermer l'oreille à tous ces discours, les écarter de l'oreille des Sœurs et n'écouter que cette parole de Jésus-Christ : *Ayez confiance, j'ai vaincu le monde.* Si vous étiez du monde, disait le Sauveur à ses disciples, le monde aimerait ce qui lui appartient; mais vous n'êtes pas du monde, et c'est pour cela que le monde vous hait. Si nous faisions l'œuvre du démon, nous n'en serions pas inquiétés : si donc il nous suscite des tribulations, c'est parce que nous travaillons à l'œuvre de Dieu. »

En lisant ce passage de la règle, il faut bien reconnaître que dans toutes ses entreprises et au milieu des contradictions, la Vénérable n'a jamais été conduite par ses vues particulières et son propre jugement; sa persévérance n'allait, comme nous le verrons, qu'à obéir aux volontés de son supérieur et à exécuter les prescriptions de la règle. A la Sainte-Famille, l'obéissance est le mobile de tout. Elle est l'essence même de la vie religieuse, disent les Constitutions; et le modèle proposé aux Sœurs est Jésus-Christ obéissant jusqu'à la mort, et à la mort de la croix. Les bénéfices de l'obéissance sont grands. Elle procure la paix, la joie et la lumière; elle apaise les troubles de la conscience, corrige les défauts, subjugue les passions, rend le salut facile et fait avancer à grands pas dans les voies de la perfection, puisqu'elle affermit dans l'humilité et produit l'abnégation de soi-même. Pour être vraie, l'obéissance doit être respectueuse, généreuse et sans réserve, simple, sans réplique ni murmure intérieur ou extérieur, prompte, aveugle, soutenue et persévérante, c'est-à-dire qu'il faut obéir en toutes choses et en toutes circonstances, sans raisonner ni même réfléchir sur la justice, la convenance ou l'utilité du commandement. « Le sacrifice de sa volonté propre, dit la règle, ne serait pas d'un grand mérite aux yeux de Dieu, s'il n'était uni au sacrifice du jugement. La vraie obéissance exige l'un et l'autre. N'obéir volontiers qu'autant que l'ordre paraît juste, c'est obéir à sa propre raison, c'est-à-dire à soi-même. » Or les Constitutions des familles religieuses repoussent cette indépendance et cette souveraineté de la raison, que les hommes du xixe siècle exaltent par-dessus tout. Le pape saint Grégoire disait que celui qui a appris à obéir ne sait point juger. « Quand on obéit pour Dieu et selon Dieu, disaient encore les Constitutions de la Sainte-Famille, on ne discute pas les motifs du commandement, on n'examine pas le degré de son importance, on s'attache seulement au mérite de l'obéissance elle-même. » Ce mérite, inconnu aux esprits de nos jours, sert de base aux familles religieuses. L'autorité de la supérieure y acquiert une puissance et une force incomparables. La Mère tient véritablement la place de Dieu : chacun de ses ordres est pour ses filles un signe certain de la volonté divine. Saint François de Sales, dont M. Marty empruntait les expressions, disait que la supérieure est l'organe du Saint-Esprit ; en rendant compte à la Mère de leur intérieur, les religieuses de la Visitation se mettent à genoux ; et quand, par rencontre, la Mère les mortifie, dit le Saint, elles se mettent tout soudain à genoux pour recevoir cette correction nécessaire à leurs maladies. Les mêmes pratiques ont lieu à la Sainte-Famille.

Cette autorité, si entourée de respects et si prépondérante, n'a aucun contre-poids ; les législateurs des familles religieuses n'ont jamais craint de la rendre tyrannique. Comme elle puise sa force dans l'enseignement de l'Évangile, elle y trouve aussi sa responsabilité. « Ah ! s'écriait Mme de Trenquelléon, représentons-nous les paroles de notre juge : Rendez-moi compte de votre administration ! » Les Constitutions donnent les règles qui doivent rendre cette administration salutaire et profitable. « Le gouvernement d'une communauté religieuse serait sans doute bien difficile, pour ne pas dire impossible, si la Mère était privée de la confiance des Sœurs. Tout alors devrait se mener par autorité, et rien par persuasion. Le gouvernement ressemblerait à une mécanique qui, bien que munie de tous ses ressorts, ne peut produire son effet qu'en triomphant de la résistance des frottements par la force du poids. La confiance est l'huile adoucissante qui, détrempant les ressorts, les fait jouer avec facilité et sans bruit. La supérieure doit donc regarder comme un devoir important le soin de s'attirer la confiance de toutes les Sœurs. Par ce moyen, elle gagnera les cœurs ; les cœurs gagneront les volontés, et l'obéissance devenant agréable aux Sœurs, elle l'obtiendra plus sûrement et plus promptement. » Cette confiance, que la Mère doit obtenir, est toute surnaturelle ; pour l'acquérir, la Mère n'a qu'à marcher dans les voies de la mortification, du renoncement et de la charité où elle conduit ses filles. Elle ne doit rien rapporter à elle-même. Elle n'est pas jalouse de sa supériorité : elle l'exerce par devoir. Elle n'y met ni prétention ni hauteur ; la simplicité et l'humilité doivent se retrouver dans toutes ses actions. « Il n'est personne qui n'aime l'humilité dans les autres, disent finement les Constitutions ; mais elle charme surtout dans les supérieurs. » — « Regardons-nous comme les servantes de toutes nos Sœurs, disait de son côté Mme de Trenquelléon ; rendons-leur intérieurement une sorte d'obéissance cachée, étant toujours prêtes à les recevoir et à les servir avec charité. » Une supérieure ne doit plus être à elle-même. Les Constitutions lui recommandent d'avoir de l'aménité dans les manières, de l'aisance et du naturel dans le caractère. Une douce joie doit être peinte sur son visage : elle doit mettre à l'aise et rassurer les timides, encourager les pusillanimes, consoler les affligées, se plaire avec les Sœurs, les entretenir avec une charité gaie et industrieuse, sans familiarité, sans faire de choix. Elle ne doit parler à personne (si ce n'est à son directeur) de ses défauts, de ses tentations et de ses faiblesses. Elle ne peut avoir d'autres dépositaires de ses sollicitudes que la divine miséricorde. Elle ne doit jamais se laisser absorber par aucune peine, ni intérieure, ni extérieure. Si les Sœurs éprouvent des maladies, si la mort en moissonne quelques-unes, si la Mère s'aperçoit qu'elle n'a point des anges à conduire, mais des créatures sujettes à des défauts, à des répugnances, à des oublis, elle se gardera bien d'augmenter la tristesse des autres par la sienne, ou de laisser paraître un esprit troublé ou inquiet. Elle se souviendra, au contraire, que c'est à elle qu'il appartient de verser, dans le cœur de ses compagnes, le baume de la consolation, de l'encouragement et de l'espérance. « Eh ! que serait-ce si, au lieu de s'acquitter avec ferveur de cette fonction, elle n'exhalait que plaintes et gémissements ! Si, au lieu de répandre la consolation on s'apercevait qu'elle en eût plus besoin que toute autre ! » Ainsi dans ce chemin ardu des conseils évangéliques, où sont entrées toutes les religieuses, la supérieure est tenue de marcher la première et par les voies les plus difficiles et les plus dures. C'est à ce prix que la confiance des Sœurs lui est accordée. Il faut qu'elle inspire l'estime et la considération par un mérite réel et par la pratique constante de toutes les vertus religieuses. Elle doit commander, réprimander, punir même, sans raillerie, sans amertume, avec des paroles pleines de gravité et d'onction, avec un visage et un maintien assurés et en même temps doux et humbles. « Rien ne compose mieux l'air d'une supérieure envers celles qui lui sont soumises que l'intérêt véritable et cordial qu'elle prend à leur avancement. » Dans cet intérêt, et en se rappelant souvent qu'elle n'est pas seulement supérieure, mais aussi et principalement religieuse, et que cette dernière qualité est la partie essentielle de sa vocation, tandis que l'autre n'est qu'accessoire, la supérieure doit tout faire pour conserver parmi ses Sœurs le respect de son autorité. Pour cela, bien des vertus lui sont demandées : les Constitutions insistent sur leur prix et sur leurs résultats. Il lui faut la sagesse dans les conseils, la fermeté dans la conduite, la sobriété dans les paroles en toutes circonstances, et par-dessus tout, la douceur. « La douceur est le suc et la moelle de l'autorité chrétienne et religieuse. Elle produit les meilleurs effets si elle est intérieure, c'est-à-dire réelle, cordiale et miséricordieuse, si elle paraît au dehors dans le ton et les manières, sans affectation toutefois. Une douceur affectée est rarement affectueuse. Une douceur toute naturelle, qui n'aurait pour principes que des sentiments humains, une éducation de politesse ou de civilité qu'on aurait reçue dans le monde, ou des préventions favorables à l'égard des personnes à qui on parle et en qui on trouverait de l'amabilité, cette douceur-là serait plus feinte que sainte et cacherait des intérêts d'amour-propre sous le voile de la charité. La douceur que Dieu approuve et sur laquelle il répand ses bénédictions, est une douceur semblable à celle de Jésus-Christ, toute dans l'intérêt de la gloire de Dieu et du salut des âmes : le principe de la véritable douceur est la charité ; son caractère distinctif est l'égalité de l'âme; sa compagne inséparable est l'humilité de cœur, qui fait qu'une supérieure se met intérieurement au-dessous des personnes qu'elle avertit, qu'elle réprimande et qu'elle punit. »

Pour les filles comme pour la Mère, tout se résume toujours dans l'humilité. C'est l'humilité qui donne le prix, la solidité et la vertu à toutes leurs pratiques. Aussi l'humilité est-elle conservée à la Sainte-Famille comme un baume précieux nécessaire à la vie de la congrégation. On le recueille avec amour, on le garde comme un trésor, et on éloigne toute occasion de le dissiper. « Par aucun motif, disent les Constitutions, on ne se permettra jamais de faire l'éloge de la maison, ni des usages, ni des personnes qui la composent, ni même du progrès des élèves. » Les Sœurs doivent renfermer dans leur cœur toute la joie qu'elles éprouvent à vivre dans la compagnie de Jésus, de Marie et de Joseph, de peur que dans l'expression de leur bonheur ne vienne à se mêler quelque sentiment de délectation et d'orgueil, qui ruinerait tout l'édifice auquel elles travaillent. Elles doivent même être en garde contre les dangers que peut présenter le but spécial de leur vocation. Avant d'enseigner aux autres, on doit apprendre soi-même. Mais pour se livrer à l'étude on recommande à la Sainte-Famille certaines précautions. C'est une dissipation de l'esprit d'avoir la curiosité de savoir et de mettre de l'empressement à lire et à étudier pour acquérir de la science. « Le principe de cette dissipation gît dans l'estime trop grande qu'on fait de la connaissance des choses humaines. On s'y applique humainement; on ne voudrait rien ignorer et on justifie cette avidité de l'esprit par la nécessité d'enseigner les autres. Il y a de l'erreur dans ce jugement. Si on ne cherchait que la gloire de Dieu, on n'ambitionnerait de savoir que ce qui est nécessaire pour satisfaire à l'emploi qu'on peut avoir à remplir dans la maison. Mais on a d'autres prétentions. On veut être en état de parler et de raisonner sur tout. On aime à connaître et à pouvoir dire le pourquoi de chaque chose. On veut former des élèves qui portent dans le monde la réputation du couvent, qui comprend celle des maîtresses. On est bien aise de briller et de tenir le haut rang dans la conversation, etc. » A tous ces inconvénients que les Constitutions énumèrent avec tant de complaisance, on reconnaît combien

M. Marty avait crainte de former des beaux esprits et des précieuses au lieu d'institutrices des enfants pauvres. Si le bel esprit, chez les femmes surtout, est un ridicule dans les sociétés du monde, il serait la perte d'une congrégation religieuse. Les constitutions de la Sainte-Famille indiquent le remède qui doit empêcher la naissance de ce méchant fruit, produit trop fréquent de légers excès de lecture et d'étude, ou même de quelques-uns de ces dons naturels où le monde met sa complaisance. « On ne doit point manger pour se satisfaire, disent-elles, mais seulement pour acquérir les forces dont on a besoin dans le service de Dieu ; ainsi les Sœurs auront grand soin dans leurs études de ne pas se proposer leur propre gloire, mais uniquement celle de Dieu. Elles se fatigueraient vainement si elles étudiaient par vanité, par curiosié ou pour le plaisir de savoir. Quand on se cherche soi-même, il arrive ou qu'on se trompe et qu'on ne trouve pas, ou qu'on ne trouve que pour sa propre ruine. Que les Sœurs étudiantes repoussent donc fidèlement tout motif et toute tentation d'amour-propre, tout désir de louange, toute secrète estime ou préférence d'elles-mêmes à cause de leur facilité ou de leurs progrès. Si elles apprennent avec humilité, modestie et pureté d'intention, il leur sera facile de pratiquer ces mêmes vertus lorsqu'elles enseigneront les autres, et Dieu bénira leur travail. »

La Mère Émilie tenait beaucoup à ces prescriptions : « Il y a quelquefois des religieuses, disait-elle, qui croient, parce qu'elles savent l'histoire, la géographie, la grammaire, etc., qu'elles sont quelque chose et qui s'en prévalent. Ces religieuses très souvent ne savent rien ou presque rien, parce qu'étant orgueilleuses, Dieu leur cache la vraie science, qui consiste à savoir que toutes les sciences profanes ne sont rien, et qu'il n'y en a qu'une digne de notre ambition et capable d'honorer Dieu, celle de la religion et de la connaissance de soi-même. La religieuse qui a cette science, n'eût-elle qu'une faible partie des autres, fera plus de bien que la première, parce que Dieu la bénira et lui accordera de former de bonnes et ferventes chrétiennes, but que nous nous sommes proposé en fondant la congrégation. »

« Il faut, disait-elle encore, faire faire aux jeunes religieuses et aux novices beaucoup plus de cas du bon esprit et de la vertu que des sciences profanes, sans quoi on leur nuirait. »

« Je n'aime pas qu'on étudie les histoires profanes trop détaillées, disait-elle aussi ; cela ne fait pas de bien à l'âme ; qu'on étudie et qu'on connaisse à fond le catéchisme, le saint Évangile, les Actes des Apôtres, les histoires de l'Ancien Testament, etc., à la bonne heure ! Sans la connaissance de ces livres une religieuse ne saura toujours que peu de chose ; je suis fâchée que les religieuses donnent souvent de l'importance à ce qui n'en mérite pas. »

Un jour elle donnait des conseils à une institutrice : « Ma Sœur, lui disait-elle, il faut étudier les sciences profanes ; les besoins du temps le demandent ; mais il ne faut étudier ces sciences que pour faire passer celles qui sont relatives à la religion. Il ne faut pas que le goût que vous prendrez pour celles-là l'emporte sur celui que vous devez avoir pour celles-ci. Prenez pour modèles dans vos études saint Bonaventure et saint Louis de Gonzague. Étudiez comme ces deux saints et servez-vous de ce que vous apprendrez pour faire le bien. Je crains que vous n'ayez pas assez réfléchi dans l'étude que vous avez faite de la religion. Vous savez par cœur le catéchisme du diocèse ; mais le comprenez-vous parfaitement ? J'en doute. Avez-vous lu avec attention l'abrégé de l'Ancien et du Nouveau Testament ? » La Sœur avait bien lu ces livres, mais elle avoua qu'elle ne pouvait être assurée de les avoir bien compris. « Ma Sœur, lui dit alors la Mère Émilie, relisez-les dans le silence et le recueillement ; demandez au Saint-Esprit qu'il vous en donne l'intelligence. Ne lisez pas beaucoup à la fois. Quand vous aurez lu une page ou une demi-page, examinez pour savoir si vous la comprenez. Faites comme les oiseaux, qui après avoir bu lèvent la tête, puis boivent encore. Tous ces livres doivent être parfaitement connus par toutes les religieuses. Je vous engage à parler souvent des vérités qu'ils renferment à vos élèves. Inspirez-leur beaucoup de goût pour cette lecture. »

La religieuse relut attentivement le catéchisme du diocèse, puis les abrégés de l'Ancien et du Nouveau Testament; elle observa les recommandations de la Mère Émilie. Jamais elle n'avait fait de lecture qui eût produit dans son esprit et dans son cœur un si bon effet. Étonnée, elle va quelque temps après remercier la Vénérable. « Ma Mère, lui dit-elle, si j'avais su plus tôt tout ce que renferment de beautés le catéchisme du diocèse et les autres livres que vous m'avez recommandés, je n'aurais pas tant tardé à m'appliquer à cette lecture. Que je vous suis reconnaissante ! — Ce n'est pas moi, c'est le bon Dieu qu'il faut remercier, répondit la Mère; et, par reconnaissance, faites part aux autres de ce que vous avez reçu. »

En toutes choses, les Sœurs de la Sainte-Famille doivent donc porter avec crainte leur esprit et leur cœur comme des vases fragiles. Elles doivent toujours être armées contre leur propre faiblesse, et ne pas cesser de se surveiller même dans le plus sublime accomplissement de leur vocation. Cette défiance d'elles-mêmes, ce soin de la Mère à leur rappeler sans cesse les périls où elles sont exposées, ces sollicitudes et ces recommandations continuelles de la règle, sont pour nous faire comprendre les profondeurs de Satan, selon l'expression de Bossuet, et les finesses malignes de cet esprit qui dans son abaissement a conservé pour le mal toute sa subtilité, toute sa pénétration, toute la supériorité naturelle de son génie. En présence de cette force acharnée à notre perte, les hommes s'épouvanteraient s'ils ne savaient que Dieu se sert de la puissance de cet esprit ténébreux pour mettre leur fidélité à l'épreuve et faire resplendir magnifiquement sa grâce. Cette grâce éclatait à la Sainte-Famille dans la vie mortifiée et courageuse des filles, elle éclatait magnifiquement dans les douleurs de la Vénérable. Les Constitutions que Mgr l'évêque de Rodez trouvait « pleines de l'esprit de Dieu, conformes à la doctrine des saints et des plus habiles maîtres de la vie spirituelle, et très propres à conduire les religieuses dans les voies de la perfection, » aidèrent les filles et la Mère dans leur grande entreprise. M. Marty avait travaillé de tout son cœur. Au mois d'août 1832, elles furent approuvées par Mgr l'évêque de Rodez, dont nous venons de citer les paroles. Après cette approbation, M. Marty et la Mère Émilie pouvaient croire leur œuvre complète; il n'y avait plus qu'à persévérer dans une voie désormais reconnue, et à s'appliquer avec une constance inébranlable à des travaux embrassés depuis longtemps. Mais le bon Dieu avait ses desseins : il allait ouvrir à la Sainte-Famille de nouveaux horizons et lui donner de nouveaux développements.

CHAPITRE XVIII

Les écoles (1834). — Sœur Marie. Sœur Thaïs.

La maison d'Aubin, qui avait coûté tant de pleurs à la Mère Émilie, devait être l'occasion de ce développement inattendu de la Sainte-Famille. L'homme laboure et ensemence la terre ; c'est Dieu qui donne l'accroissement aux plantes. La Providence fit germer sur le petit rameau de religion que la Mère Émilie avait arrosé de ses larmes et de ses douleurs, une branche nouvelle que personne n'espérait et qui devait un jour porter des fruits excellents et abondants. La congrégation de la Sainte-Famille se composait en 1834, comme au premier jour, de Sœurs cloîtrées et de tourières ; les unes et les autres dirigeaient leurs travaux vers le salut du prochain ; ces travaux étaient distincts, et le costume des Sœurs marquait entre elles une différence. Les Sœurs cloîtrées dans l'intérieur de leurs murs instruisaient les enfants. Les Sœurs tourières répandaient au dehors du cloître la bonne odeur de la charité, et en exerçaient les divers ministères. Parmi elles, il s'en trouva une que Dieu avait prévenue de beaucoup de grâces. Sœur Marie Vialard était de la plus humble condition; elle était dans le monde une pauvre domestique aimant Dieu de tout son cœur et le servant de toutes ses forces. Elle remplissait avec exactitude les devoirs de son état; et comme elle ne pouvait disposer d'un temps qu'elle avait loué, elle prenait sur son sommeil pour faire ses prières et accomplir ses divers exercices de piété. Naturellement elle était douce et aimable, et elle attirait les cœurs; elle était pleine de respect, d'affection et d'attention pour ses maîtres, à qui elle était soumise au nom et pour l'amour de Dieu. Elle se sentait attirée à se consacrer uniquement à son service; mais le défaut de fortune et plus encore la faiblesse de sa santé paraissaient des obstacles à sa vocation. Marie Vialard s'enhardit cependant un jour à parler de ses désirs à la Mère Émilie. En voyant les intentions si pures de cette jeune fille, la Vénérable, si peu arrêtée d'ordinaire aux questions d'intérêt, pensa que la ferveur pourrait suppléer à la faiblesse du corps tout comme la bonne volonté à l'absence de dot; elle proposa à Marie Vialard de l'admettre à l'essai parmi les tourières de la Sainte-Famille. Entrée ainsi dans la congrégation, cette postulante attira vivement sur elle l'attention des supérieurs : sa ferveur, son humilité et la perfection de ses vertus religieuses les enchantaient. A l'expiration de son noviciat, on envoya cette précieuse Sœur à Aubin. Elle quitta la maison mère avec douleur et la plus entière résignation.

A Aubin, comme nous avons dit, outre la classe des petites filles, la Mère Émilie avait accepté pour ses Sœurs le soin de distribuer aux pauvres les secours dont disposait la municipalité. Sœur Marie Vialard s'acquitta de ce soin avec une charité et un succès merveilleux. Elle s'approchait des pauvres et des malades avec un esprit de foi tout particulier, voyant en eux la personne de Jésus-Christ qu'elle venait visiter et soigner. Rien ne la rebutait : elle leur rendait avec un rayonnement de joie et de bonheur, avec une compassion et une piété qu'on ne saurait dire, les services les plus humiliants et les plus dégoûtants. On croit qu'elle a contracté la maladie qui l'a conduite au tombeau dans son exactitude à panser une pauvre femme affligée d'une plaie affreuse et infecte. La Sœur Marie visitait cette malheureuse tous les jours, faisait son lit, lavait son linge, que personne n'aurait voulu toucher ; et elle le faisait avec une bonne grâce qui gagna le cœur de cette infortunée, la fît rentrer en elle-même, songer à son salut qu'elle avait beaucoup négligé, et lui obtint enfin de mourir dans de beaux sentiments de foi et de pénitence.

Rien ne coûtait à la Sœur Marie quand il s'agissait de l'intérêt des pauvres, et elle leur sacrifiait même le bonheur de la communion. Elle exerçait surtout sa charité auprès des pécheurs ; elle les gagnait par la douceur ; elle commençait à les instruire, et ensuite les décidait à venir au couvent. On y avait ouvert une classe pour les femmes d'un âge avancé ; la plupart firent des confessions générales, et se tournèrent sincèrement vers le Dieu qu'elles avaient jusque-là ignoré ou méconnu. Malgré les fruits de cet apostolat charitable, Sœur Marie avait un attrait particulier pour la solitude; sa ferveur et son obéissance étaient un sujet d'édification pour toute la communauté et de joie pour ses supérieurs. Chaque fois qu'elle sortait, elle avait à triompher de l'attrait qui la portait vers la vie cloîtrée; mais elle voulait tout sacrifier à Dieu et aller jusqu'à la mort pour l'obéissance. « Ma Mère, disait-elle à la supérieure, je vous prie de m'aider à rompre ma volonté. » Et, pour dévoiler son mauvais fonds, elle indiquait les ordres des supérieurs qui lui avaient causé le plus de répugnance, et demandait qu'on les renouvelât. Elle avait à supporter des tentations, des aridités et des peines intérieures de toutes sortes. Elles étaient apaisées par la sainte Eucharistie. Elle s'en approchait par obéissance ; car son trouble lui ôtait le goût des choses divines. Elle était récompensée de sa soumission, et la communion changeait en délices toutes ses amertumes. M. Marty et la Mère Émilie, voyant tant de piété et de ferveur, songèrent à procurer à la Sœur Marie le bonheur de la vie cloîtrée qu'elle désirait ardemment, et rappelèrent cette précieuse Sœur au noviciat à Villefranche. Elle entra aussitôt dans un calme et une paix qui la ravissaient de joie. Elle ne devait pas en jouir longtemps ; les malades et les pauvres d'Aubin et des environs se plaignirent, et se plaignirent de telle sorte que la Mère Émilie et M. Marty doutèrent si la vraie place de la bonne Sœur n'était pas, au détriment de son goût personnel, dans l'exercice actif de cette charité de Marthe plutôt que dans les délices de la contemplation de Marie. On proposa à la pauvre Sœur de reprendre ses anciennes fonctions. Le sacrifice lui coûtait; sa première parole fut l'obéissance : ses répugnances, disait-elle, devaient être comptées pour rien, elle les surmonterait avec l'aide de la grâce, et elle supplia qu'on n'y eût aucun égard. Elle reprit ses travaux, et ne s'y épargna point. Elle déploya de nouveau tant de zèle, de charité et de douceur, qu'il était impossible de deviner les luttes de son âme. Chaque sortie cependant réveillait ses combats et sa douleur. Elle se refusait toute consolation : un mot de sa supérieure, en qui elle avait une entière confiance, suffisait à calmer ses inquiétudes ; mais Sœur Marie se privait de ce secours, et elle allait en silence à la chapelle exposer ses peines à son Sauveur et verser ses larmes devant lui.

Le zèle de la Sœur Marie s'étendait au delà des

murs d'Aubin; elle visitait les malades quelquefois à deux ou trois lieues du couvent, et se dirigeait souvent du côté de la paroisse de Vialarels. Un des hameaux de cette paroisse commençait alors à se transformer en une ville industrieuse. Une exploitation de mines, qui depuis 1829 avait pris un grand développement, attirait à Decazeville beaucoup d'étrangers et principalement des Anglais. Ils y étaient établis avec leurs familles, et Sœur Marie s'apitoyait beaucoup sur le sort de ces pauvres âmes, pour la plupart éloignées de la vérité; elle ne cessait de demander à Dieu de les éclairer. Elle avait fait connaissance avec plusieurs Anglaises, dont une entre autres était gravement malade. Sœur Marie lui rendit toutes sortes de soins, et à force d'aménité et de grâce parvint à gagner sa confiance. La Sœur parla alors à cette pauvre infirme de l'état de son âme, et du danger où elle était de la perdre en restant séparée de l'Église. Dieu donna tant d'efficace à la simplicité de ces instructions que la malade demanda bientôt le baptême, vécut assez de temps pour témoigner de la solidité et de la sincérité de sa conversion, et mourut en remerciant Sœur Marie du grand bien qu'elle lui avait procuré. La grâce qui se révélait dans toutes les actions et les paroles de cette Sœur, et les bénédictions dont Dieu récompensait son zèle, se faisaient ainsi sentir au milieu des hérétiques. Les petites filles de Decazeville aimaient Sœur Marie; il est vrai que leur sort lui causait beaucoup de sollicitude, et elle les trouvait bien à plaindre de n'avoir personne pour les instruire de la vérité. Ces enfants suivaient sans scrupule l'attrait qu'exercent sur les cœurs naïfs les âmes vraiment unies et consacrées à Dieu. Quand Sœur Marie quittait Decazeville pour retourner à Aubin, les enfants la suivaient, prenaient ses mains ou ses vêtements, et lui disaient souvent : « Sœur Marie, restez avec nous, nous serons bien sages; vous nous enseignerez à aimer le bon Dieu ! » Sœur Marie s'arrachait avec peine à leurs caresses; et elle retournait à Aubin en pleurant et en priant pour le salut de ces malheureuses et charmantes créatures.

Un jour que la Mère Émilie était à Aubin, Sœur Marie lui demanda quelque chose pour donner à ces petites Anglaises : la Mère s'informe, écoute avec un vif intérêt les récits de la bonne Sœur et partage bientôt toute l'effusion de ses sentiments pour ces pauvres petites âmes rachetées du sang de Jésus-Christ et cependant éloignées du chemin du ciel. « N'est-il pas vrai, dit tout à coup la Mère, qu'une classe pour les petites Anglaises serait bien placée à Decazeville? — Ah ! ma Mère, quelle inspiration ! s'écria la Sœur ravie. — Mais, reprit la Mère, voudriez-vous être supérieure? — Oui, ma Mère, » répondit la Sœur dans sa simplicité et son zèle.

Ce n'était pas là une petite affaire. Il s'agissait d'une chose jusqu'alors inouïe dans la congrégation de la Sainte-Famille, et on n'avait rien de ce qui semblait nécessaire pour l'entreprendre. Il ne pouvait être question de créer à Vialarels ou à Decazeville, tout auprès d'Aubin, un nouveau couvent de religieuses cloîtrées. Pour gagner les protestants et les décider à livrer leurs enfants aux religieuses, il fallait d'ailleurs que les maîtresses pussent se mêler à la population : la règle n'avait pas prévu cette manière de vie. Elle ne connaissait que les Sœurs de cloître ou les tourières. Ces dernières étaient pour la plupart sans culture, et nullement propres à l'enseignement. Sœur Marie elle-même n'avait aucune instruction. Ces difficultés n'arrêtèrent pas les désirs de la Mère Émilie : quand il s'agissait du salut des âmes, elle ne connaissait pas d'obstacle. Les petites filles de Decazeville lui rappelaient celles de Villefranche, qui avaient été l'occasion de la fondation de l'institut. La Mère voulait, comme la première fois, venir en aide aux enfants que Dieu lui recommandait et dont il lui signalait l'abandon. Elle parla de son projet à M. Marty ; il le goûta, mais se trouva fort embarrassé aussi des moyens d'exécution. On pria : on songea alors à Séraphine. Pourquoi la Providence l'avait-elle conduite et maintenue à la Sainte-Famille ? Elle fit ses vœux sans prononcer celui de clôture et reçut le nom de Sœur Thaïs. Une novice (1) lui fut donnée pour compagne. Sœur

(1) Sœur Julitte (Marie-Rose Jambert), née le 25 mai 1812, à Puechbernou, commune de Parisot (Tarn-et-Garonne), admise au noviciat le 21 juin 1834, fit sa profession le 15 février 1836. Elle

Marie devait être supérieure. « Je ne sais rien, disait-elle ; mais Dieu est tout-puissant ! J'irai, il m'aidera. »

Ces trois bonnes filles arrivèrent à Vialarels le 6 juillet 1834. Elles entendirent la messe. M. le curé la fit précéder du chant du *Veni Creator;* et il engagea les habitants à envoyer leurs enfants à l'école qui devait s'ouvrir le lendemain. Les habitants de Vialarels et de Decazeville, les autorités de la commune comme les agents de la compagnie des mines virent les Sœurs avec plaisir et applaudirent à leur entreprise. Le démon seul rugit et chercha à susciter des obstacles. La pauvreté et la simplicité des Sœurs devaient le rendre impuissant. Plus d'un mois après leur installation, les Sœurs manquaient encore de tout à Vialarels. La Mère Émilie, les visitant et voyant leur dénûment, écrivait à la communauté de Villefranche de leur venir en aide et de leur envoyer deux ou trois cuillers de fer. Sœur Marie ne songeait pas à ces nécessités. Mais si le diable ne pouvait renverser le dessein des Sœurs, du moins essaya-t-il de le troubler en jetant toutes sortes d'inquiétudes et de ténèbres dans les âmes qui étaient venues lui déclarer la guerre. Les maladies aussi parurent accabler les Sœurs. Sœur Marie, la veille de son départ d'Aubin pour la nouvelle fon-

---

fut quelques années supérieure de la maison de Caussade. Elle mourut à Villefranche, le 19 mars 1845, après une longue et douloureuse maladie.

dation, avait craché le sang en abondance. Un pareil accident n'était pas capable d'arrêter son courage. Elle partit avec ses compagnes, et ne songea point à s'épargner. La nature succomba bientôt : l'état de la pauvre Sœur donna de vives inquiétudes; on perdit toute espérance de guérison. En même temps, les Sœurs qui l'accompagnaient étaient livrées à de furieuses épreuves : l'œuvre qu'elles avaient entreprise ne leur présentait que des dégoûts; elles étaient découragées ; elles regrettaient la vie du cloître, à laquelle elles s'étaient d'abord destinées, et les exercices d'une communauté nombreuse, qu'elles étaient accoutumées de suivre; leur isolement et leurs travaux leur étaient à charge : elles voulaient quitter Vialarels et retourner à Villefranche. Sœur Marie malade, presque agonisante, crachant le sang à chaque instant, était sans cesse obligée de parler et de relever les courages toujours défaillants; elle le faisait avec force et avec une foi entière dans l'aide de Dieu. Elle-même, outre la faiblesse de son corps, avait à supporter les suggestions du démon. La Mère Émilie, visitant Vialarels six semaines après l'arrivée des Sœurs, écrivait à Villefranche un récit de ces premiers et terribles jours.

« Le démon n'est pas oisif dans ce pays-ci; il ne manque pas de tracasser nos Sœurs par le découragement, l'ennui et la tristesse. Heureusement elles ne sont pas maintenant affectées de la sorte toutes à la fois; elles passent de tour, l'une au moins peut aider l'autre. Au commencement, notre chère Sœur Marie, malade à n'en pouvoir plus, avait à soutenir tout l'effort du combat, et il est difficile de s'imaginer combien il était rude. Ma Sœur Julitte, qui me racontait cela, n'avait pas de termes pour l'exprimer. Elle allait tour à tour avec ma Sœur Thaïs trouver cette pauvre malade, qui ne pouvait parler et qui pourtant était obligée de le faire continuellement. Un jour ma Sœur Julitte, dans le fort de l'orage, vint la trouver pour lui dire qu'elle ne pouvait plus résister. Ma Sœur Marie lui répondit : « Eh bien ! si vous abandonnez l'œuvre de Dieu, il ne l'abandonnera point; plutôt de ces pierres il suscitera quelqu'un. » Ma Sœur Julitte ajouta que ces paroles l'avaient puissamment animée et déterminée à n'avoir point de volonté.

« Tout ce travail du démon n'a rien qui doive surprendre; c'est, au contraire, de bien bon augure. Il voit, cet ennemi du bonheur des hommes, que ce petit établissement rendra quelque service à Dieu, et il ne peut le souffrir. Nos Sœurs, d'un autre côté, sont bien animées à la vue du bien qu'elles peuvent faire : les petites Anglaises à préparer au saint baptême, un grand nombre de malades à consoler, et plusieurs à préparer à une sainte mort. »

Au milieu de cette charité active déployée par ses filles, la Mère Émilie s'édifiait de tout ce qu'elle voyait de nouveau; et en présence des immenses fourneaux et des usines de Decazeville, elle écrivait encore aux Sœurs de Villefranche :

« Les sujets de méditation ne manquent pas ici : ces pauvres ouvriers qui se brûlent tout vivants nous font rougir de notre lâcheté; ils pourraient bien gagner leur vie d'une autre manière; mais parce qu'ils ont sept ou huit francs par jour, ils restent toute la nuit ou toute la journée, selon qu'ils sont de tour, à la bouche de ces fournaises où ils ont tant de chaleur; et ils ont beau boire de grandes quantités de tisanes rafraîchissantes, ils abrègent leur vie. Quand est-ce que nous aimerons bien le bon Dieu? Priez pour moi, mes bien-aimées Sœurs, afin qu'il me fasse cette grâce; il m'en tarde beaucoup. Je la demande de tout mon cœur pour vous toutes en général, et pour chacune de vous en particulier. Priez pour deux bonnes vieilles femmes que nous voudrions bien amener à Dieu. Nos Sœurs vont les voir, elles en sont bien reçues : mais elles n'ont pu encore leur persuader de se confesser. » C'étaient toujours là les grandes affaires. En voici encore une autre du même genre que la Mère Émilie recommandait de Vialarels aux Sœurs de Villefranche :

« Je viens d'avoir une conversation avec trois Anglaises qui sont sœurs; l'aînée a quinze ans; elles sont bien intéressantes. Il serait bien dommage qu'elles ne fussent pas pour le bon Dieu. La plus âgée m'a dit qu'elle voulait se faire baptiser après la *paye* (le jour de payement de tous les ouvriers). Ma Sœur Marie lui a demandé si elle viendrait à la sainte messe ; elle a répondu qu'elle n'avait pas le temps, mais qu'elle y viendrait bien après son baptême. Elle ne manque pas d'occupations, en effet, aînée de sept enfants qui n'ont pour se nourrir que le travail de leur père. Je suis étonnée qu'elle puisse venir à l'école. Elle est disposée à aller se confesser, et nous espérons faire de bonnes chrétiennes d'elle et de ses trois sœurs, dont aucune n'est baptisée, excepté une, qu'elle nous a dit l'être un peu. M. le curé fera cela comme il faut. »

Cependant la Sœur Marie avait pu reprendre ses travaux ; l'école prospérait, les grâces accompagnaient les efforts de la petite communauté, lorsque cette bonne supérieure, trois mois après son installation, retomba dans les graves accidents qu'elle avait déjà éprouvés. Sa maladie fit des progrès rapides, la pauvre Sœur fut bientôt encore une fois hors d'état de travailler. On aurait cependant voulu la conserver à Vialarels ; son exemple, son influence, l'amour que tout le monde lui portait, semblaient utiles à la nouvelle fondation ; les supérieurs voulurent essayer si le repos et les soins répareraient le désordre de sa santé : on la rappela à Aubin. Son cœur se déchira quand il fallut se séparer de ses élèves, de ses malades et de cette communauté qu'elle avait établie. « A vous parler franchement, disait-elle à M. Marty, je tenais à l'œuvre qui m'était confiée, et il me semble que mon désir aurait été de mourir au milieu de nos élèves; mais votre volonté, mon Père, m'est plus chère que ma manière de voir ; je suis contente à Aubin, parce que c'est la sainte obéissance qui m'y ramène ; de plus, je suis persuadée que c'est pour mon avantage spirituel que vous m'y avez fait revenir, je vous remercie donc. » En vertu de cette sainte obéissance, elle s'appliqua alors au calcul et à l'écriture. Ses forces diminuaient tous les jours, et elle voyait bien que sa fin était prochaine : elle ne se croyait pas dispensée d'obéir ; il fallut lui donner un ordre exprès de cesser ces travaux. Elle languit tout l'hiver, tremblant dans son humilité devant les terribles jugements de Dieu, aspirant dans son amour après la possession de son unique bien. « Quand verrai-je mon Dieu, disait-elle, dans sa grandeur et dans sa gloire, et sans crainte de le perdre ! » Elle s'endormit enfin avec calme dans les bras du Seigneur le 4 mars 1835.

Elle donna sa vie; mais les écoles de la Sainte-Famille étaient fondées : elle avait allumé un foyer de charité et de dévouement qui devait briller de toutes parts et étendre au loin sa chaleur. Cette pauvre fille, qui ne savait pas lire, s'était trouvée de celles qui, comme sainte Chantal, sonnent mélodieusement du cor mystique qui appelle les filles et les invite à se dévouer à l'amour de Dieu.

Les premières compagnes de Marie Vialard avaient entendu cet appel, malgré les tumultes et les nuages où les puissances malignes avaient cherché à les envelopper. La Sœur Thaïs, notre Séraphine, paraissait entrée dans sa véritable vocation : après les troubles et les tumultes des premiers jours, elle avait reconnu la voie où Dieu l'appelait, le sentier qui lui était réservé, et qu'elle cherchait depuis qu'elle avait été appelée à la Sainte-Famille. Elle se prit à y courir avec une ardeur incomparable, et elle trouva à y satisfaire toutes les aspirations de son âme, qui avaient longtemps paru les plus incohérentes et les plus contradictoires.

Elle avait été chargée d'une classe, et en même temps elle accompagnait ou elle suppléait la Sœur Marie auprès des malades. Là était sa véritable place, et elle mit à la remplir un zèle et un bonheur qui rendirent bientôt son nom populaire dans toute la région. Son repos et son plaisir étaient, en effet, de visiter les pauvres de Vialarels, de Decazeville et des environs. Au chevet des agonisants, elle avait un prestige et une force extraordinaires. Ses paroles touchaient et pénétraient les cœurs, et personne ne lui résistait. Les malades, d'ailleurs, la désiraient et l'appelaient : c'était pour eux une joie de la voir arriver ; c'était une fête pour la Sœur Thaïs de leur rendre les services les plus répugnants. Elle ne connaissait point d'affaires plus importantes.

« Venez, disait-elle aux parents de ses chers malades, venez à toute heure, je suis toute à vous ! » Elle disait vrai. On la prenait au mot, et on agissait envers elle à son souhait. Combien de fois est-on venu la quérir au sortir de sa classe, ou au moment du repas ; elle quittait tout, oubliant son corps pour voler à la défense et au salut des pauvres âmes. Elle était vaillante, et il fallait la voir autour du lit d'un malade emporté à résister à la grâce ! Prières, exhortations, sollicitations, elle n'épargnait rien. Penchée sur le lit d'un mourant, ou même la tête posée sur l'oreiller, sans craindre de respirer une haleine empestée, elle a quelquefois, durant de longues heures, disputé au démon une âme déjà engourdie dans les affres de la mort, suggérant à ce moribond de bonnes pensées, lui glissant à l'oreille les noms protecteurs de Jésus et de Marie, lui inspirant les actes de repentir, d'amour et de foi !

Quand ses efforts semblaient inutiles, quand le danger devenait imminent, elle se prosternait à terre, elle s'adressait à Dieu avec véhémence, elle éclatait en prières ardentes, suppliant à haute voix Notre-Seigneur, s'offrant pour victime. « Mon Dieu, criait-elle, les bras en croix, le visage inondé de larmes, mon Sauveur Jésus, sauvez les pauvres âmes qui se perdent et qui sont le prix de votre sang ! sauvez-les, je vous en supplie ; faites-moi souffrir tout ce que vous voudrez dans le corps et dans l'âme, mais sauvez-les ! sauvez celle-ci, qui va paraître devant vous ! »

Elle continuait, s'adressant à la sainte Vierge et aux saints avec des paroles enflammées : elle conjurait les bons anges de venir à son aide, de soulager cette malheureuse âme, qui s'obstinait, qui s'abandonnait et se laissait glisser dans l'abîme. Elle était éloquente alors, et combien il était difficile de lui résister !

Quelques-uns cependant de ceux qui n'étaient ni pauvres ni malades, estimaient exagérées et indiscrètes les pratiques de ce zèle, et même ne laissaient pas de les taxer de ridicules. On ne pouvait nier les fruits ; mais ce qui réussissait auprès des pauvres aurait-il même succès auprès d'esprits plus éclairés, plus cultivés et moins simples ? Sœur Thaïs pour elle ne doutait pas : elle ne se serait pas arrêtée à discuter son habileté ni à défendre sa conduite ; elle suivait naïvement les inspirations de son cœur. Les riches étaient ses frères comme les pauvres, et l'éternel salut de tous l'intéressait également. La pensée qu'une âme criminelle était sur le point de tomber entre les mains de la justice, sans avoir recours à la miséricorde divine, la mettait hors d'elle-même; elle ne se possédait plus, et elle ne connaissait plus d'obstacles. Le bon Dieu bénissait ses saintes hardiesses.

Il y avait aux forges de Decazeville un employé supérieur encore jeune, instruit, qui depuis longues années avait quitté toute pratique religieuse et livré son esprit aux folies des systèmes. Il était dangereusement malade : sa femme n'osait lui parler de sacrements et ne savait comment lui en ménager l'accès. Elle avait un frère dans le ministère sacerdotal ; elle pensa que l'alliance pouvait faciliter quelque ouverture, elle le pria de venir visiter son mari. Le prêtre sentit l'importance et la délicatesse de la mission. A tous les titres, il était de son devoir de l'accepter ; il s'y prépara par la prière ; mais il ne voulut pas négliger les conseils de la prudence ; il recommanda surtout de ne pas laisser pénétrer la Sœur Thaïs. Il connaissait et estimait cette bonne Sœur ; néanmoins son zèle ne lui paraissait pas toujours assez éclairé, et dans certaines conjonctures il était peut-être dangereux. Des sollicitations intempestives ne pouvaient-elles provoquer un refus dont le malade reviendrait ensuite difficilement? On veilla à écarter Sœur Thaïs : peut-être lui refusa-t-on l'entrée. Toutefois, lorsque le prêtre arriva, assez embarrassé, se confiant aux saints anges et préparant ses arguments, il trouva auprès de son beau-frère la bonne Sœur occupée à l'exhorter. Comment était-elle parvenue jusqu'à lui ? Le prêtre fut confondu en la voyant. Il crut l'œuvre compromise ; il dit à sa sœur : « Je n'obtiendrai rien ! cette bonne religieuse va l'indisposer : il devient bien difficile désormais d'aborder avec lui l'affaire du salut ! » L'expérience prouva que Dieu bénit les efforts des simples, et que leur éloquence est persuasive. Les systèmes, les théories, les préjugés avaient cédé à l'onction et à la charité des paroles de la Sœur Thaïs : elle avait touché le malade, et de lui-même il demanda à se confesser.

Une autre fois (c'était après la mort de la Vénérable), il s'agissait d'un protestant bien décidé à mourir dans sa prétendue religion. Il ne voulait pas entendre parler de l'Église catholique ni de ses sacrements, et la Sœur Thaïs avait échoué plusieurs fois. Elle ne pouvait plus rien par elle-même : elle ne se rebuta pas : elle avait des amis, de puissants amis à qui elle était fidèle et qu'elle honorait particulièrement. Ce n'était pas seulement les grands convertisseurs des âmes, saint François Xavier et saint François Régis, qu'elle mêlait à ses entreprises : elle y faisait entrer surtout la sainte Vierge. Pour attirer sa protection sur les pécheurs agonisants, elle récitait chaque jour le rosaire, et souvent on la voyait dans ses courses, par les champs ou par les rues, occupée à égrener le chapelet. Elle avait une grande confiance à la médaille miraculeuse, et elle avait obtenu par ce moyen bien des grâces et des conversions. Elle s'arma une fois de plus de la médaille, et, après avoir fait recommander son entreprise à la communauté de Villefranche et à l'archiconfrérie pour les pécheurs, elle se prosterna devant une image de la Vénérable Mère, puis s'en alla bravement visiter et affronter son protestant. Elle lui propose la petite médaille, il l'accepte : elle lui en fait lire la légende ; elle se prosterne ensuite à genoux et la répète : *O Marie, conçue sans péché..* le malade redit après elle les douces et consolantes paroles : elle récite le *Memorare*, il le dit encore ; elle part pleine de confiance, assurée de laisser la sainte Vierge maîtresse du terrain. Il n'y avait pas un quart d'heure, en effet, que la Sœur était sortie, que le malade faisait demander le curé. Il se confessa : il put le faire plusieurs fois ; il reçut le saint baptême dans des sentiments admirables. Avant de mourir, il prit le crucifix des mains de la bonne Sœur, le baisa avec une expression d'amour qui la ravit, et qui était dès ici-bas comme une part de sa récompense.

Ces merveilles, que la grâce opérait entre ses mains, remplissaient la pauvre Sœur Thaïs d'une confiance incroyable. Elle se répandait devant Dieu en actions de grâces et ne cessait de multiplier les demandes. La prière était le mobile de la puissance singulière qu'elle exerçait auprès des malades, et sa prière était continuelle. La nuit, quand la fatigue ou les douleurs l'empêchaient de dormir, son âme s'exhalait vers Dieu en plaintes amoureuses et en désirs affectueux. Les noms des pécheurs dont le salut la préoccupait, revenait alors sur ses lèvres. C'était sa pensée habituelle, et elle semblait aussi inséparable de son cœur que la pensée même de Dieu, dont on assure qu'elle ne perdait pas la présence. Les pauvres ouvriers de Decazeville, qui avaient tant intéressé la Mère Émilie, dont la vie était si dure et si pénible, et qui négligeaient la grande, l'éternelle et unique affaire de leur salut, étaient toujours devant les yeux de la Sœur Thaïs. Elle recommandait à ses Sœurs de prier pour eux : elle multipliait les mortifications et les larmes. Ce n'était pas en vain qu'elle s'offrait pour victime au lit des malades. Elle disait et redisait le Chemin de la Croix, les bras étendus, les genoux à nu sur le pavé de l'église. Elle persévéra jusqu'à la fin dans cet acte de dévotion, malgré un rhumatisme qu'elle y avait gagné, et qui lui avait tordu et courbé tout le corps.

Elle prenait son avantage de cette infirmité : « Quand j'étais petite fille, disait-elle à ses Sœurs, en leur montrant combien elle était contrefaite, quand j'étais petite fille, j'avais beaucoup d'orgueil : les pensées de vanité fourmillaient dans ma tête. Le bon Dieu n'était pas content, je le comprenais, et chaque fois que je faisais la sainte communion, je le priais de m'envoyer quelque humiliation pour me convertir au moins sur ce point. Voyez comme le bon Dieu m'a écoutée, et comme il m'a bien servie ! »

Il l'avait bien servie, en effet, et son humilité la portait aux plus bas sentiments d'elle-même. Elle s'estimait une misérable indigne d'obtenir la moindre grâce. Ce qu'il y avait de moindre au réfectoire et au vestiaire était toujours ce qui lui aurait convenu le mieux. Elle suppliait ses Sœurs de prier pour elle, afin que Dieu lui donnât son saint amour. De fait, elle vivait uniquement d'amour et de charité. « C'est une sainte, disait la Vénérable, et il faut lui accorder ce qu'on refuserait à toute autre ! » La Sœur Thaïs employait cette liberté au profit des malades et des pécheurs ; rien ne la déconcertait. Elle ne reculait devant aucun obstacle quand il s'agissait d'éclairer et de sauver les âmes. Elle visitait les malades de l'hospice plusieurs fois par semaine : elle parcourait au loin les hameaux ; elle pénétrait dans les maisons les plus mal famées ; que d'unions elle a réhabilitées et fait bénir ! elle était le secrétaire de toutes les familles.

Au milieu des critiques et des blâmes, — car, comme nous l'avons remarqué, on trouvait parfois à redire à ses actions, on les trouvait extraordinaires et imprudentes, — sa douceur était inaltérable, et devant les contradictions son zèle ne se démentait pas. Puisque ses supérieurs la laissaient libre d'en suivre les inspirations, elle marchait ferme et tranquille dans son obéissance, toujours appuyée sur la prière. On la voyait dans les chemins s'arrêter, lever les yeux et les mains au ciel, supplier Dieu de jeter un regard de miséricorde sur les malades et les pécheurs qu'elle allait visiter.

Bien qu'elle songeât surtout aux âmes, pour soutenir ses diverses entreprises elle avait besoin de quelque argent, et il lui avait fallu créer des ressources; elle s'était faite quêteuse. Les dimanches, les jours de paye, ceux de foire et de marché, elle allait faire la quête dans les cafés et les lieux de réjouissances. Partout elle était respectée, et sa présence suffisait à arrêter les divertissements bruyants; elle faisait le tour des tables, elle pénétrait dans les groupes, chacun lui remettait son offrande. Elle était si connue et si vénérée que les propos libertins, les paroles grossières, les disputes même et les batteries cessaient en sa présence. Un jour, cependant, un jeune homme importuné des avis qu'elle lui adressait sur sa conduite s'emporta contre elle; mais ses compagnons se jetèrent sur lui, et ils lui auraient fait un mauvais parti sans l'intervention et les instances de la bonne Sœur. Un peu de merveilleux se mêlait d'ailleurs à la vénération qu'on lui portait. On racontait que dans une de ses quêtes elle avait été une fois apostrophée grossièrement et avec blasphèmes : les injures n'auraient pu émouvoir la bonne Sœur; mais le blasphème la faisait frissonner. « Malheureux, dit-elle, prenez garde que Dieu ne vous punisse ! » Avant la fin de la semaine, le jeune homme était mort subitement. Le blasphème était le grand effroi et la grande douleur de Sœur Thaïs. Elle portait toujours un crucifix sous son bras gauche, et elle le montrait aux blasphémateurs, les suppliant souvent avec larmes, pour l'amour de celui qui était attaché à la croix, de ne pas l'offenser. Dans une de ses courses vers un des hameaux où la conduisait son zèle, elle suivait une grande route. Un charretier qui passait se prit à tempêter contre ses chevaux, à jurer et à blasphémer selon le fâcheux usage des gens de ce métier. Sœur Thaïs, aussitôt éperdue et en larmes, élevant son crucifix, se précipite sur cet homme qui ne l'avait peut-être pas vue, le suppliant de se taire : celui-ci, étonné et ne comprenant pas, demande à la Sœur ce qui la fait crier et pleurer de la sorte ! « Malheureux ! lui répond-elle, vous outragez le bon Dieu ! vous irez en enfer, si vous continuez. » Elle parlait avec tant de feu et d'émotion, que le pauvre homme fut touché : « Ne pleurez pas, dit-il, je ne le ferai plus. Je vous le promets ! » A-t-il gardé sa promesse ?... Le bon Dieu lui a toujours tenu compte de son ferme propos et de sa sincère résolution.

La Sœur Thaïs est morte à Decazeville, le 21 février 1858, dans sa cinquante et unième année, après vingt-quatre ans de profession religieuse dans la Sainte-Famille. Elle fut frappée au milieu de ses exercices de charité, et c'est en allant assez loin de Decazeville, visiter des malades dans un hameau situé sur le pic d'une montagne, qu'elle contracta la maladie dont elle mourut au bout de quelques jours. Dans son ardeur, et afin de vaquer plus tôt aux soins de ses pauvres pécheurs, la Sœur Thaïs demandait qu'on la soignât énergiquement, et provoquait l'application des remèdes les plus douloureux. Mais quand sa supérieure lui eut annoncé que, selon toute apparence, sa carrière était terminée, et qu'il fallait faire son dernier sacrifice, elle joignit les mains, et, réunissant toutes ses forces, elle s'écria : « Oui, mon Dieu, j'accepte la mort, et mille morts, s'il le faut, pour mes supérieurs, pour la prospérité de la congrégation, pour le clergé de la ville et pour les pauvres pécheurs! » Désormais elle ne demanda plus aucun soulagement. Elle était chargée, depuis longues années, à la paroisse, après vêpres, de réciter le chapelet. Le 21 février était un dimanche, et la bonne Sœur expira pendant ce pieux exercice.

Pendant les sept jours que dura sa maladie, chacun avait voulu la voir, et tous avaient des recommandations à lui faire. La bonne Sœur les recevait toutes avec une patience et une paix inexprimables. A peine fut-elle morte, qu'un cri retentit dans tout Decazeville : C'est une sainte ! Le curé de Decazeville ne pouvait retenir ses larmes. Les pauvres accouraient au couvent: tous demandaient à la voir sur son lit de mort. Il fallut céder à leur empressement et exposer le corps de cette humble religieuse à la vénération publique. Quand vint le jour des funérailles, ce fut comme un triomphe. Plus de quatre mille personnes formaient cortège à la pauvre Sœur. On voulut lui élever un monument. En vain la Sainte-Famille s'y opposa de toutes ses forces. « Ce n'est pas l'usage de l'institut, disaient les supérieurs. — Il n'y a qu'une Sœur Thaïs, répondaient les pauvres; et nous voulons honorer sa mémoire. » Ils ouvrirent une souscription. Toute la ville, tous les environs y prirent part. Les plus dénués apportèrent leur offrande, et comme on voulait refuser celle d'une pauvre femme dont on connaissait la détresse : « J'irai mendier, s'il le faut, dit-elle; mais je contribuerai au monument de la Sœur Thaïs. » On y lit cette inscription : ICI REPOSE LA CHARITABLE ET TRÈS REGRETTABLE SOEUR THAÏS. Et au-dessous : *Les habitants de Decazeville reconnaissants.*

Les prémices de ces divers travaux de la Sœur Thaïs, que nous n'avons pu qu'indiquer, avaient contribué à rendre florissante la maison de Vialarels : lorsqu'elle fut transportée à Decazeville, l'école réunit jusqu'à trois cents enfants. « Sœur Marie, disait-on volontiers dans la congrégation de la Sainte-Famille, Sœur Marie n'oublie pas du haut du ciel les petites Anglaises qui, sur la terre, lui tendaient les bras, lui promettaient d'être sages et lui demandaient de les instruire ! »

Quand cette bonne religieuse quitta la terre, la maison de Vialarels n'était plus déjà l'unique école desservie dans ces conditions par les Sœurs de la Sainte-Famille. Une vertueuse fille (1) de la paroisse de Lassouts avait reçu un legs à condition de s'em-

---

(1) Elle se nommait Marguerite Cayssac ; elle est morte au couvent de Lassouts, où elle s'était retirée.

ployer à l'instruction des enfants. Ne pouvant satisfaire à cette obligation par elle-même, elle pensa à suppléer d'une manière avantageuse au bien qu'elle s'était engagée de faire, et elle s'adressa à la Mère Émilie. Celle-ci consentit à essayer à Lassouts ce qui réussissait si bien à Vialarels ; elle conduisit trois Sœurs à Lassouts : elle y trouva une maison garnie par la charité de la donatrice de tout ce qui pouvait être nécessaire à la petite communauté, en blé et en denrées de toute espèce. La Vénérable Mère craignit que cette abondance n'offensât l'esprit de pauvreté; elle distribua le tout aux pauvres (1) de la paroisse, qui se trouva grandement édifiée. Nulle part, d'ailleurs, la Sainte-Famille n'avait été reçue avec des démonstrations de joie aussi vives. Les bonnes gens de Lassouts voulaient sonner les cloches à l'arrivée des Sœurs ; ils levaient les bras au ciel, et bénissaient Dieu tout haut de leur avoir envoyé ses anges, disaient-ils. Ils manifestaient surtout pour la Servante de Dieu une vénération sans partage, ne pouvant se rassasier de la voir, de la remercier, et assiégeant en vérité, pendant tout un jour, la maison où elle était descendue. L'enthousiasme de cette population ne se manifesta pas seulement par ces témoignages : lorsque la Vénérable, après avoir installé les Sœurs dans le petit domaine qu'on leur avait cédé, retourna à

---

(1) *Esprit de la Mère Emilie*, t. I, p. 144.

Villefranche au bout de quelques jours, elle ramena avec elle quatorze postulantes de la paroisse de Lassouts. Dieu multipliait la famille à mesure qu'elle étendait ses entreprises.

Quelques jours après la mort de la Sœur Marie, une troisième école fut fondée à Firmy. C'était alors une petite paroisse (1) voisine de Vialarels, où habitaient beaucoup d'Anglais et d'étrangers appelés dans le pays par les travaux des mines. M. le curé de Firmy, en voyant tout le bien opéré par les Sœurs de Vialarels, voulut procurer le même avantage à sa paroisse. L'intérêt des âmes y était engagé ; la Mère Émilie ne voulait donc pas refuser, et, Dieu suscitant dans l'institut de la Sainte-Famille les sujets propres à ce nouveau genre de vie, l'école de Firmy put être installée le 30 avril 1835.

L'institut de la Sainte-Famille entrait ainsi décidément dans une voie qu'on n'avait point prévue. Les supérieurs approuvaient ce développement, et Dieu se chargeait d'en faire naître les occasions. Cette année même de la mort de la Sœur Marie, au mois de juillet 1835, une quatrième école fut établie à Saint-Bauzély. M. Poujade de Ladevèze (2),

(1) C'est aujourd'hui une ville de 4,000 âmes.

(2) Jean-Pierre-Charles-Gervais Poujade de Ladevèze, né à Saint-Bauzély (Aveyron), le 19 juin 1758; après avoir été curé de sa paroisse natale, il se trouvait au moment de la Révolution à Paris, attaché à la paroisse Sainte-Marguerite; il refusa le serment et émigra en Espagne; à la restauration du culte en 1802, il devint vicaire général de Mgr Cousin de Grainville, évêque des

vicaire général de Cahors, qui, avant le rétablissement du siège de Rodez, avait été mêlé à bien des détails de la fondation de la Sainte-Famille, avait depuis longtemps le désir d'établir une école à Saint-Bauzély, le lieu de sa naissance. Il était disposé à faire une fondation; il s'adressa à l'évêque de Rodez, qui lui proposa les Sœurs de la Sainte-Famille, dont la ferveur obtenait partout de grands succès auprès des enfants qui leur étaient confiées.

Cette proposition ne pouvait que paraître précieuse à M. de Ladevèze. Il avait toujours aimé et encouragé l'œuvre de la Servante de Dieu, dont il avait été, on peut le dire, un ami de la première heure, des plus influents et des plus dévoués. Sitôt qu'elle avait quitté Mme Saint-Cyr et qu'elle s'était installée dans la pauvre petite maison où prit naissance la congrégation, M. de Ladevèze avait écrit à la Mère pour lui proposer d'appuyer les démarches qu'elle avait à faire à l'évêché. « Vous n'avez en vue que la gloire de Dieu et la sanctification des âmes, lui disait-il, cependant vous devez vous attendre à des contradictions et à des persécutions de toute espèce. Malheur à vous si vous n'en éprouviez pas!... Le démon doit se déchaîner contre l'œuvre de Dieu. Préparez-vous donc au combat,

diocèses de Cahors, Montauban et Rodez; après le rétablissement des évêchés de Montauban et de Rodez, M. Poujade de Ladevèze resta vicaire général de Cahors. Il est mort au mois de février 1836.

et soyez ferme. Si je ne puis être avec vous dans la mêlée comme Josué, je tâcherai au moins d'élever mes mains au ciel, à l'exemple de Moïse. » De son titre de vicaire général, M. de Ladevèze se regardait comme le supérieur de la petite congrégation naissante ; il en appelait les membres ses chères filles : ses lettres témoignent d'une grande tendresse pour elles et du plus vif désir de leur être utile. Il était à même de les aider, et il ne s'y épargna pas.

La reconstitution du diocèse de Rodez n'avait rien altéré de son affection pour la Sainte-Famille, et il en avait suivi les progrès avec intérêt. Il s'estima heureux de l'installer à Saint-Bauzély. La Servante de Dieu voulut y conduire elle-même quatre de ses filles ; elles partirent de Villefranche le soir, espérant arriver à Rodez de grand matin. Un orage les obligea de s'arrêter à Rignac. Elles voyageaient pauvrement, sur une charrette. En approchant de Rodez, elles renvoyèrent leur voiture ; mais elles avaient mal calculé leur route ou leurs forces, et elles arrivèrent à la ville au milieu du jour. La Vénérable Mère était accablée par la chaleur, la fatigue et le besoin. Les provisions de route étaient épuisées depuis longtemps ; il restait seulement quelques groseilles pour se rafraîchir et se soulager. A Rodez, la pauvre Mèze fut reçue par M. Marty, qui s'efforça de traiter ses filles de son mieux. Après quelques heures de repos, elles repartirent pour leur destination; l'école établie à Saint-Bauzély obtint le même succès et donna les mêmes fruits que dans les autres paroisses. Nous insistons sur ces petits détails, ils témoignent de la pauvreté de vie de la Servante de Dieu, et ne doivent pas être sans intérêt pour le lecteur. Ces actes d'humilité, ces abaissements volontaires de la nature devant Dieu et au profit des pauvres sont toujours dignes d'admiration.

Cependant les Sœurs, appliquées au soin des écoles ouvertes, n'avaient pas de règlement particulier. Elles se conduisaient selon les avis de leurs supérieurs; mais la règle ne comprenait rien à leur sujet. M. Marty, préjugeant, d'après des commencements si fructueux, de tout le bien qui pourrait se faire plus tard, pensait à composer un règlement adapté au nouveau genre de vie auquel la Providence avait, pour ainsi dire, invité quelques-unes des Sœurs de la Sainte-Famille. Il en conféra avec la Vénérable, mais, fidèle à ses sages habitudes, ne se hâta pas de rien improviser. Prenant toujours conseil de l'expérience, ainsi que des besoins qui pouvaient chaque jour se révéler, il se contentait de coordonner ses pensées à ce sujet, et il laissait à la Providence le temps de faire mûrir les choses.

CHAPITRE XIX

Fondation de Figeac (1835).

En embrassant cette œuvre des écoles et en usant des bénédictions que Dieu voulait bien y attacher, la Vénérable Mère Émilie ne songeait pas à modifier la vie du cloître. Il était toujours pour elle et pour ses filles le véritable asile de la modestie, du recueillement et de l'humilité; c'était dans les prières et les mortifications des Sœurs cloîtrées que les Sœurs des écoles devaient puiser la force et la grâce d'accomplir leur difficile mission. Les deux branches de l'institut, nourries, pour ainsi dire, l'une par l'autre, devaient toujours rester étroitement unies afin d'être prospères, de donner des fruits abondants et de pousser des racines profondes. Aussi le succès rapide des écoles, dont quatre, comme nous l'avons vu, furent établies en une année avec toutes sortes d'applaudissements, n'empêcha pas la Mère Émilie de s'appliquer vers le même temps à la fondation de la quatrième maison cloîtrée de son institut.

Il y avait déjà longtemps qu'un habitant de Figeac, riche et de famille honorable, propriétaire d'un ancien couvent de Clarisses, était venu trouver la Vénérable, à Villefranche, pour lui exposer tout le bien que l'institut de la Sainte-Famille pouvait faire à Figeac : la population pauvre y était, disait-il, dans un état lamentable de délaissement, et les enfants étaient abandonnées aux vices qui sont la suite de l'ignorance la plus grossière. En résumé, il proposait à la Mère Émilie l'acquisition de l'ancien couvent de Clarisses. Les voies de Dieu sont singulières ; et le désir de vendre qu'avait ce simple propriétaire devait, en effet, amener l'établissement d'une maison cloîtrée de la Sainte-Famille à Figeac. Néanmoins, comme Dieu est patient et que, dans l'exécution de ses desseins, il laisse se développer et agir à son gré la liberté humaine, il ne sollicita pas le cœur de sa Servante sur cette fondation. Elle écouta tout ce qu'on lui dit sur les avantages d'un établissement à Figeac et sur l'état déplorable des enfants pauvres de cette ville, sans éprouver dans son cœur un désir bien ardent de satisfaire aux vœux qui lui étaient exposés. Elle n'y avait point de répugnance non plus ; mais le tout fit peu d'impression sur son esprit, et elle oublia en sortant du parloir ce qui lui avait été dit. Elle l'oublia si bien, qu'elle ne se rappela pas en avoir le moindre sentiment, quand, deux années après, le même personnage revint à Villefranche renouveler ses propositions à la grille du parloir. Cette fois encore, il fit peu d'impression sur la Vénérable Mère. Retournée à ses travaux, aux soins de ses filles, à ses œuvres de charité, elle oublia encore Figeac et le propriétaire empressé de vendre. Celui-ci ne se rebuta point, et, après avoir adressé une lettre à la Mère Émilie, que celle-ci fit passer à M. Marty, qui la laissa sans réponse, il s'adressa directement à ce dernier, lui écrivit une grande lettre pour indiquer les avantages que l'institut de la Sainte-Famille trouverait à s'établir à Figeac, et tout le bien qui en résulterait pour la ville. M. Marty, s'en rapportant aux renseignements qu'on lui donnait, écrivit à la Vénérable de se rendre sur les lieux et de voir par elle-même s'il y aurait moyen d'établir une maison cloîtrée. Du moment qu'il s'agissait de l'obéissance, la Mère Émilie ne pouvait plus oublier. Elle ne voulut même pas différer : elle ne s'enquit pas des amis qu'elle pourrait se concilier à Figeac, ni des ressources dont elle disposerait; elle partit accompagnée de deux Sœurs, avec deux francs dans sa poche et la dispense d'observer la clôture tant qu'il serait nécessaire. Elle arriva à Figeac au milieu de la nuit (1). Dès le matin, elle se rendit à l'église

---

(1) Le 26 février 1835.

de la paroisse et en demanda le curé (1). C'était un vieillard ; il fit à la Mère le plus gracieux accueil : « Je suis âgé, bien infirme, disait-il, je ne puis plus guère travailler ; mais je prêche tous les dimanches et je fais ce que je peux. » Comme il aimait beaucoup les pauvres, il promit aux Sœurs son concours pour leur fondation. « Puisque vous êtes sur ma paroisse, ajouta-t-il, je suis votre supérieur. » En cette qualité il décida, séance tenante, qu'elles ne pouvaient rester à l'auberge, il leur donna ordre d'aller à l'hospice tenu par les Sœurs de Nevers, qui se feront un plaisir, ajoutait-il, de vous recevoir. « Mettez cette fondation, dit-il encore, sous la protection de Notre-Dame de Pitié ; je vais à cette intention offrir le saint sacrifice dans la chapelle qui lui est dédiée. » Fort heureuses d'un commencement si aimable, les Sœurs, après avoir entendu la messe, se rendirent à l'hospice. Elles y furent reçues par la supérieure, la Mère Éléonore Salgues (2), morte en 1852 en

(1) M. Debous, né à Figeac le 13 septembre 1754, ordonné à Cahors le 17 septembre 1778, chanoine titulaire du chapitre de Figeac le 17 juillet 1788, émigra en Espagne au mois de septembre 1791, et rentra en France au mois d'août 1796 ; curé de Saint-Thomas de Figeac le 21 août 1803 et de Saint-Sauveur de la même ville en 1806, chanoine honoraire de Cahors le 11 septembre 1836 ; il fut nommé, le 10 février 1838, vicaire général honoraire par Mgr Flaget, évêque de Barstown. Il est mort à Figeac le 15 mai 1847. Il a publié les *Annales ecclésiastiques et politiques* de cette ville.

(2) Lucie Salgues, en religion Sœur Eléonore, née le 18 juillet 1796, au château de Meuilhac, près Figeac, était le sixième enfant

odeur de sainteté, supérieure générale de la congrégation des dames de la Charité de Nevers. Un lien de charité fut bientôt formé entre la Mère Émilie et la Mère Éléonore. Elles eurent l'une pour l'autre une estime profonde née d'une sincère vénération pour leurs vertus. La Mère Éléonore accueillit les Sœurs de la Sainte-Famille avec la charité la plus affectueuse et la plus délicate. Elle reconnut le mérite de la Mère Émilie, et elle la fit autant que possible entrer, elle et ses compagnes, dans la vie de la communauté. Les Sœurs de la Sainte-Famille prenaient leur récréation avec les religieuses de

---

d'une famille distinguée et éminemment chrétienne. Sa mère l'avait initiée dès son jeune âge à toutes les pratiques de piété et de charité. Au jour de sa première communion, la jeune Lucie Salgues entendit l'appel de Dieu, et prit avec générosité la résolution d'y répondre. Elle attendit impatiemment d'avoir accompli sa seizième année pour se présenter à l'institut de Charité de Nevers. Elle postula à Figeac, au pensionnat de Sainte-Marthe ; elle y montra, ainsi qu'au noviciat à Nevers, une grande mortification une exactitude exemplaire, une foi vive, une humilité profonde, un dévouement sans bornes et surtout une estime incomparable de sa vocation.« J'ai trouvé le ciel, » disait-elle à une de ses sœurs quelques jours après son arrivée à Nevers. Elle prononça ses vœux le 15 mai 1815, et elle fut employée au pensionnat de Saint-Pourçain. Comme son zèle ne connaissait point de bornes, peu d'années suffirent à épuiser ses forces. Les supérieurs lui imposèrent un repos complet et l'envoyèrent le prendre à l'hospice de Figeac. Si l'obéissance ne l'eût guidée, la Sœur Éléonore aurait craint, dans son pays et si près de la maison maternelle, de se renouer aux attaches de la nature; mais elle s'était bien complètement donnée à Dieu et ne laissa pas amoindrir ses vertus. Aussitôt que les forces lui furent revenues, elle se livra au

l'hospice, et tant qu'elles demeurèrent au milieu d'elles elles ne manquèrent de rien.

Cependant la Servante de Dieu trouva que les enfants pauvres n'étaient pas à Figeac aussi abandonnées qu'on avait dit. Il y avait, sans doute, encore place pour les travaux de la Sainte-Famille, et la suite le prouva puisque les Sœurs purent s'établir et exercer utilement leur charité; mais les dames de Nevers, outre l'hospice, tenaient dans la ville divers établissements de bienfaisance et d'éducation, où les pauvres n'étaient pas oubliés et où se faisaient des classes gratuites. La Vénérable admira donc la charité de la Mère Éléonore, qui ne prit

soin des pauvres avec autant d'ardeur qu'elle en avait déployé auprès des enfants. Appelée bientôt au gouvernement de l'hospice, qu'elle garda jusqu'en 1842, elle gagna l'estime et la confiance de tout le pays. Sa grandeur d'âme, son affabilité, sa rare intelligence, son esprit de conseil lui avaient acquis un crédit extraordinaire. En 1842, elle fut appelée au gouvernement général de l'institut. Elle y développa sur un plus grand théâtre les ressources de son esprit et l'éminence de ses vertus ; sa prudence, sa fermeté, sa vigilance restèrent incomparables. Quatre fois les suffrages unanimes de ses filles la maintinrent dans sa charge. Son zèle ne s'épuisait pas. Elle entrait dans le détail des affaires les plus compliquées, et elle s'attachait surtout à maintenir dans la congrégation la pratique des vertus religieuses. Elle exerçait d'ailleurs sur tous ceux qui l'approchaient une attraction puissante et victorieuse qu'elle tournait à la gloire de Dieu et à l'extension de son institut. Pendant les dix années de son généralat, elle fonda cinquante-deux établissements et procura à tous les anciens un développement extraordinaire. C'était une âme de feu, disent les Annales de l'institut de Nevers. La Sœur Éléonore est morte le 12 mars 1852.

aucun ombrage de la tentative des Sœurs de la Sainte-Famille. Une âme moins unie à Dieu, moins dépouillée d'elle-même, aurait pu craindre, en effet, que le nouvel établissement ne détournât un peu le cours des aumônes et ne diminuât les ressources dont disposaient les Sœurs de Nevers. La Mère Émilie n'avait pas caché son intention d'ouvrir une classe gratuite pour les pauvres et une école payante pour les enfants de la classe moyenne. La Mère Éléonore ne s'alarma point. Elle voyait de haut : « Eh! mon Dieu, disait-elle, que tout le monde prophétise! » C'était son mot. Loin de s'inquiéter pour elle-même ou pour ses Sœurs, ne se contentant pas de faire bon visage aux nouvelles arrivées, elle s'efforça de tout son pouvoir de venir en aide à la réalisation de leur projet. Elle indiqua les maisons qui pouvaient convenir, et étant empêchée de sortir pour les visiter, elle ordonna à la supérieure d'un des établissements de la congrégation de Nevers, celui de la Miséricorde, d'accompagner les Sœurs de la Sainte-Famille et de les conduire par la ville. La Mère Émilie s'estimait bien heureuse de cette compagnie. Les mauvais bruits se propagent vite dans les petites villes, et on commençait déjà à dire que le dessein d'un nouvel établissement ne pouvait réussir à Figeac, et que les dames de Nevers s'y opposeraient de tout leur pouvoir. Le monde juge toujours d'après son intelligence et son cœur; la Mère Éléonore cependant se conduisait d'après un autre sentiment et une autre sagesse; voyant qu'elles avaient de grandes difficultés à trouver une maison, elle proposa aux Sœurs de la Sainte-Famille de les garder à l'hospice pendant tout le carême, et de mettre à leur disposition une chambre pour commencer les classes. La Servante de Dieu comprit la délicatesse de ce procédé, mais ne voulut pas accepter une pareille offre. Elle prit une maison à bail; les Sœurs s'y installèrent le 4 mars 1835.

Jusque-là tout allait bien. Cependant l'ennemi ne pouvait manquer de traverser l'œuvre de Dieu : il cherchait à susciter des obstacles. A Villefranche, les amis de la Sainte-Famille étaient désespérés. On s'était effrayé de l'entreprise de la Mère Émilie; on la blâmait hautement, et comme il arrive souvent en pareilles circonstances, on s'était exalté les uns les autres dans les plus tristes appréhensions. L'orage avait grossi tout seul, pour ainsi dire, et s'était étendu sur toute la ville. Les plus modérés se contentaient de dire qu'il était bien fâcheux que Mlle de Rodat eût perdu l'esprit. C'était une ambitieuse et une orgueilleuse, et elle devait être punie; la maison de Villefranche était bien assez obérée, c'était l'écraser que d'entreprendre une nouvelle fondation à laquelle il fallait tout fournir; enfin une supérieure a-t-elle jamais rien de mieux à faire qu'à s'occuper des affaires intérieures de sa communauté? Et mille autre discours plus fâcheux et plus impertinents les uns que les autres, dont l'écho retentissait jusqu'à Figeac. Les mêmes propos s'y tenaient d'ailleurs, et d'autant plus énergiques qu'on n'y était pas retenu par le prestige qui, malgré tout, entourait à Villefranche le nom de la Mère Émilie. Les autorités de Figeac étaient loin de lui faire accueil, et le clergé était assez froid pour sa fondation. Chacun la blâmait à l'envi; et la défaveur fut telle qu'un ecclésiastique vint, sans détour, dire à la Vénérable qu'il y avait assez de couvents pour les filles dans la ville, et qu'elle pouvait s'en retourner à Villefranche. La Mère Émilie répondit, comme autrefois sainte Chantal arrêtée par les mêmes arguments aux portes de Paris, qu'elle était venue en vertu l'obéissance et qu'elle était prête à s'en retourner par la même voie; que, du reste, si l'œuvre était bonne et selon la volonté de Dieu, elle s'établirait malgré les oppositions des hommes; que si, au contraire, Dieu voulait la repousser, tous les efforts humains ne sauraient l'établir. La Servante de Dieu, en tout cela, reconnaissait bien d'ailleurs le coup de cloche de son ancien ennemi : c'était une de ses expressions; mais elle restait ferme à accomplir l'obéissance. Si elle avait su que les écoles gratuites ne manquaient pas à Figeac, elle n'y serait peut-être pas venue; puisque Dieu l'avait amenée, disait-elle, elle s'en remettait à lui et laissait tout entre ses mains. Elle écrivait dans ce temps aux Sœurs de Villefranche, et leur racontait toutes ses peines : « Vous allez peut-être nous plaindre, ajoutait-elle, ce n'est cependant pas ce qu'il faut ; ce qu'il faut, c'est nous aider par la prière et par la pratique exacte des vertus que Dieu demande de nous ; que chacune dépose sa volonté propre, ses goûts, ses idées ! Aidez-nous encore par la fidélité à votre emploi et aux plus petites choses qui vous sont commandées, cela nous sera bien plus utile que toute la compassion que vous pourriez nous porter : en suivant les avis que je vous donne, vous nous aiderez, en effet, puissamment et vous procurerez la gloire de Dieu, étant notre Moïse et nous obtenant la grâce de combattre vaillamment et même de vaincre. »

L'ennemi cependant usait de tous ses artifices ; les esprits étaient toujours exaspérés à Villefranche, et un des amis les plus dévoués de l'institut fit le voyage de Figeac, uniquement pour adresser des représentations à la Vénérable Mère, et la prier par toutes sortes de raisons, aussi concluantes les unes que les autres, de ne pas se donner le tort de persévérer dans une entreprise aussi décriée et aussi peu raisonnable. La Mère demeura inébranlable dans son retranchement de l'obéissance. L'ami ne se rebuta pas non plus : il y allait à ses yeux de l'intérêt de la communauté entière, il y mit du zèle. « Eh bien ! dit-il à la Mère, je vais écrire à M. Marty. » Il prit une plume. « Que voulez-vous que je lui écrive ? — Ce que le Saint-Esprit vous dictera, » répondit-elle. L'ami insiste sans obtenir d'autre réponse. Il écrit, et la lettre se trouve toute favorable à la nouvelle fondation. « Marque, disait la Mère Émilie, marque que Dieu nous voulait à Figeac, puisque, en un instant, il avait changé la disposition d'un esprit si prévenu contre nos projets ! »

Dans cette lutte, la Mère restait calme : elle avait retrouvé la paix et la lumière ; elle agissait au milieu des difficultés avec ardeur et en même temps avec la tranquillité d'une âme qui se repose sur Dieu seul. Une chose cependant l'inquiétait, c'était de ne pas savoir à qui ouvrir son cœur et à qui demander conseil. Les ecclésiastiques qu'elle avait vus avaient été gracieux pour la plupart ; mais rien ne l'avait déterminée à faire choix d'un confesseur. Elle était dans cette perplexité, lorsqu'un soir, comme elle était sortie pour visiter des maisons, elle passa devant un des presbytères de la ville. La personne qui l'accompagnait lui proposa d'entrer et de voir M. le curé. La Mère Émilie ne trouvait pas de nécessité à cette visite. On lui fit remarquer qu'elle avait rendu aux curés des autres paroisses ce devoir de politesse, et qu'elle n'avait pas de raisons de le refuser à M. le curé de Saint-Thomas (1).

(1) M. Imbert avait été ordonné prêtre en 1821 et avait d'abord été vicaire à Saint-Ceré, puis curé à Théminette. Nommé professeur de philosophie au collège royal d'Avignon, il refusa le serment en 1828 ; il devint ensuite curé de Saint-Thomas de Figeac, donna sa démission en 1842. Il est mort en 1865, retiré à Saint-Ceré, où il avait été vicaire dans sa jeunesse.

« Eh bien ! dit la Mère, en revenant, s'il n'est pas trop tard ! »

Au retour, elle ne songeait plus à la visite projetée : on la lui rappelle. Elle entre. Le curé ne se met pas en frais de grand accueil : il est froid, il n'a pas un mot à dire, il n'offre pas même un siège. La Vénérable est embarrassée et ne sait quelle contenance garder. Elle balbutie quelques paroles sur le sujet de son voyage. Le curé répond à peine : la Mère prend promptement son congé et retourne à l'hospice. A peine est-elle rentrée qu'une voix intérieure lui assure avec insistance que M. le curé de Saint-Thomas sera son guide et son appui. Dès le lendemain, elle lui envoie demander un entretien, proposant d'aller chez lui s'il ne préfère venir à l'hospice.

« La Mère a fait le vœu de clôture et non pas moi, répondit le curé, j'irai chez elle. »

La Mère le reçut avec une grande joie, le trouva tout favorable à la fondation. Elle consulta M. Marty, qui lui conseilla de regarder M. le curé de Saint-Thomas comme son supérieur. Dès lors, la Mère Émilie ne fit plus rien à Figeac sans son avis, et elle s'estimait heureuse d'être rentrée sous l'obéissance. Dans sa joie, elle demandait à Dieu d'être fidèle aux bonnes inspirations ; elle répétait souvent dans son cœur les paroles du Prophète : « Seigneur, réglez mes pas de telle sorte qu'ils tendent tous à l'observation de vos commandements ! »

M. Imbert, devenu supérieur de la communauté, lui rendit les plus grands services. Ce fut lui qui entré dans le soin de la conscience de la Mère Émilie, l'engagea à aller voir la prieure des Carmélites, la Mère Thérèse de Saint-Augustin dont nous avons cité les lettres. Supérieur des deux communautés et directeur de ces deux grandes âmes d'élite, M. Imbert tenait à ce qu'elles se connussent, et il ordonna lui-même le commerce qu'elles eurent désormais ensemble.

La Providence destinait cependant la Vénérable Mère à essuyer à Figeac les oppositions et les détresses qui avaient signalé les premiers jours de l'institut à Villefranche. Quand les Sœurs allèrent prendre possession de leur maison, tout leur manqua : elles n'avaient ni meubles ni provisions; rien autre chose qu'une livre d'huile, un peu de graisse et un fagot de bois. Une voisine (1) les invita à venir prendre la collation chez elle : leur règle s'y opposait; la charitable voisine envoya alors un pain et une salade. Une des deux Sœurs était malade : on était au commencement de mars ; la pauvre Sœur était transie de froid dans cet appartement dénudé et inhabité. On voulut faire du feu ; le petit fagot se trouva tout de bois vert : et il fallut renoncer à l'allumer. La bonne voisine vint encore à leur secours, et leur procura de quoi bassiner le lit de la malade.

(1) Mme Arnaldy. C'était la propriétaire de la maison ; elle habitait un corps de logis différent de celui des Sœurs.

Elles étaient trois religieuses, et elles n'avaient que deux lits : la malade en occupa un, l'autre fut attribué à la Mère. Leur compagne se contenta d'une paillasse étendue par terre. Celles qui vinrent la rejoindre firent de même. On se passa de bois de lit environ dix-huit mois; et nous verrons plus tard comment on y pourvut. Malgré cette détresse, la Sœur fut bientôt guérie et put se mettre aux travaux. On avait ouvert l'école, et on y avait reçu près de cent enfants. Pour attirer les bénédictions de Dieu sur l'établissement, on s'était, comme à Villefranche, chargé d'abord de deux orphelines. Le dortoir des Sœurs servait de classe; on mettait le matin les paillasses les unes sur les autres dans un coin. La place d'ailleurs était étroite, et on faisait une classe au haut d'un escalier. On était cependant parvenu à se monter de quelques meubles. On avait une marmite pour faire et une soupière pour tremper la soupe; mais, comme à Livinhac, on n'avait point d'autres ustensiles, et il fallait attendre que la soupe fût faite et la marmite débarrassée pour préparer les autres mets. On n'avait pas non plus d'autres plats que la soupière. Il est vrai que chaque Sœur avait sa cuiller; mais elles manquaient toutes de fourchettes. Les serviettes étaient absentes : comme dans les communautés l'usage est d'envelopper les couverts dans les serviettes, on enveloppait soigneusement les cuillers dans des feuilles de papier. Une chaise servait de table, et on prenait les repas debout. On comprend quels régals on faisait dans ce luxe de vaisselle et de service : des pommes de terre, quelques légumes, de la soupe aux herbes, le tout assaisonné d'un peu de sel, composaient l'ordinaire des Sœurs ; avec cela on travaillait beaucoup, mais c'était pour Dieu : ce qui donne toujours assez d'assaisonnement à la nourriture pour satisfaire le goût, et la rend assez substantielle pour réparer les forces.

Au milieu de tant d'enfants, la Mère Émilie et ses deux compagnes n'étaient pas restées seules : six Sœurs étaient venues les rejoindre. Tout ce monde vivait assez à l'étroit dans la maison qu'on avait louée, et y vivait aussi retiré que s'il eût été lié par la clôture. On sortait uniquement pour aller entendre la messe et pour se confesser. On ne manquait pas absolument de consolations; la Providence n'abandonne pas les siens, et elle leur procure bien quelques encouragements. Ainsi une vertueuse fille, institutrice elle-même des pauvres, était venue visiter les Sœurs dès les premiers jours ; elle les avait beaucoup louées et s'était estimée heureuse de voir un plus grand nombre d'ouvriers envoyés à la vigne du divin Maître. Ne se contentant pas de paroles stériles, cette pieuse personne donna aux Sœurs quelque chose de sa pauvreté : deux volumes de *Sermons* dont pas une feuille ne tenait. La Mère Émilie reçut ce don comme une bonne fortune. Un autre jour, un ouvrier en amenant sa fille remit une pièce de cinq francs à la Mère. Elle eût pu dire comme autrefois à Villefranche : « Les pauvres nous assistent, c'est bon signe ! » et de fait ces petites assistances se multipliaient. Une femme apportait une poignée de haricots, une autre quatre ou cinq pommes de terre. C'étaient les bons jours, ils étaient rares : la fondation de Figeac avait un caractère particulier de conformité avec le berceau de l'institut : elle devait prendre naissance et se fortifier sur le mont sacré du Calvaire. Il fallait que la Mère Émilie apprît par expérience combien, pour nous servir de ses expressions, était méchant le diable de Figeac.

Les oppositions ne se calmaient pas ; il y eut même dans ces premiers temps des difficultés qui empêchèrent les Sœurs d'avoir une classe payante. Elles ne pouvaient donc avoir de ressources que dans la charité, et la population était prévenue contre elles. Pour comble de malheur, M. Marty, dont jusqu'alors les intentions et les ordres avaient dirigé la Mère Émilie, hésita dans ses résolutions, et, en présence des obstacles surgissant de toutes parts, commença à incliner vers la pensée de quitter l'entreprise ; tout au moins trouvait-il raisonnable de diminuer le nombre des Sœurs : presque toutes étaient malades, et il disait qu'on pourrait toujours les rappeler plus tard, si on s'établissait définitivement. Heureusement, en donnant son avis, M. Marty ajoutait qu'il ne voulait rien prescrire, et il laissait la Mère Émilie libre de juger et de décider. La Mère alors poursuivait des desseins. Malgré sa persuasion d'être à l'œuvre de Dieu, elle n'eût pas balancé à se désister, si M. Marty eût exprimé une volonté. L'obéissance était, aux yeux de la Vénérable, la voie droite par où se manifestait la volonté divine. Outre les oppositions extérieures et les hésitations de M. Marty, une autre épreuve de la fondation fut l'état dans lequel se trouvèrent plongées les Sœurs : elles étaient livrées à toutes les suggestions de l'ennemi rugissant toujours autour du nouvel établissement. Non seulement elles étaient malades, mais les âmes surtout étaient atteintes : elles étaient découragées et abattues, au milieu de l'amertume, des ténèbres et des tentations. La Mère était toujours occupée à s'efforcer de les tirer de leur tristesse. Rien n'y faisait : l'heureuse joie des âmes généreuses et souffrant pour Dieu ne circulait plus dans la petite communauté. Durant les récréations, la Mère était seule à parler. Les Sœurs, absorbées par leurs peines, ne répondaient presque rien à ses discours : il fallut toute la douceur et toute la sagesse de la Vénérable pour les retirer de cet abîme de mélancolie, où les âmes s'épuisent, se perdent, et ne peuvent rien produire d'agréable à Dieu.

Au milieu de ces difficultés, l'œuvre s'établissait néanmoins; les enfants abondaient, il était nécessaire d'agrandir le local. La Mère Émilie aurait cru la fondation assurée si elle avait pu placer ses Sœurs dans une maison où il leur eût été possible de garder la clôture et de remplir avec régularité les saintes obligations de leurs vœux. On avait bien pensé d'abord à l'ancien couvent des Clarisses et au propriétaire, dont le désir de vendre avait été la cause indirecte de la fondation; mais on n'avait pu s'entendre avec lui. On avait fait d'autres démarches; elles étaient restées infructueuses. La Mère Émilie, remettant alors tout entre les mains de la divine Providence, qui voulait laisser cette fondation dans un état précaire, songea à retourner à Villefranche. Il fallait une supérieure à la communauté naissante : M. Marty indiqua une Sœur que sa santé délabrée paraissait rendre incapable de toute charge. Le supérieur de la maison de Figeac, M. le curé de Saint-Thomas, déclara que cette santé se raffermirait sous le poids de la supériorité. La pauvre Sœur s'offrit comme victime : la désolation était dans son cœur, ses larmes ne cessaient de couler. Elle ne reprit un peu de force et de courage qu'après la cérémonie de son installation.

La Mère Émilie avait obtenu de Mgr l'Évêque de Cahors (1) la permission d'avoir une chapelle; le Saint Sacrement y reposait; on y donnait la bénédiction; le chemin de la croix y avait été érigé. Les Sœurs pouvaient désormais garder la clôture un peu

(1) Paul-Louis-Joseph d'Hautpoul, successeur de Mgr de Grainville, évêque de Cahors de 1828 à 1842.

plus exactemeut. La Vénérable Mère quitta Figeac. En sortant du couvent, elle alla d'abord avec ses compagnes aux pieds de Notre-Dame des Douleurs, dans la chapelle où, le jour de leur arrivée, elle avait mis la fondation sous la protection de la sainte Vierge. Après avoir ainsi satisfait à sa dévotion et à sa reconnaissance, la Mère voulut partir; mais la charrette qu'elle avait arrêtée pour elle et ses deux Sœurs, n'était pas prête; et le voiturier mit si peu d'empressement à accommoder les choses, que les Sœurs comprirent qu'elles devaient se passer de ses services. Elles délibérèrent dans la rue sur ce qu'il y avait à faire. Retourner au couvent, c'était renouveler la tristesse des adieux, et peut-être manquer à l'obéissance. Nos trois religieuses se décidèrent à partir à pied. Le voyage semblait au-dessus de leurs forces. Elles se confièrent à Dieu. La Mère Émilie, dans une lettre charmante, a rendu compte aux Sœurs de Figeac des incidents de ce retour : « Nous nous décidâmes à nous mettre en route. On nous indiqua un raccourci. Deux femmes très honnêtes voulurent porter notre panier, notre parapluie, et nous conduire jusqu'au grand chemin, où nous fûmes très contentes de nous trouver toutes seules avec la Sainte-Famille, que notre nombre représentait. Le temps était très agréable, et le bon Dieu nous fit éprouver la vérité de ces paroles : « Le soleil ne vous nuira pas pendant « le jour ni la lune pendant la nuit. » Arrivées au

Pont (sur le Lot), nous avions, grâce à votre charité, de quoi payer notre passage, et trois sous nous restèrent encore pour la fin du voyage. Nous avions beaucoup de force et de paix, nous marchions sous l'obéissance. A Villeneuve, on délibéra si l'on demanderait à coucher chez M. le curé. Il commençait à pleuvoir, cela nous donnait la tentation de nous arrêter. Toutefois, après avoir considéré que le lendemain nous serions encore plus fatiguées, qu'il faudrait peut-être attendre le passage de la diligence, et par conséquent rester presque tout le jour à Villeneuve, nous résolûmes d'avancer, malgré les instances très pressantes d'une femme que nous ne connaissions pas, et qui voulait nous emmener coucher chez elle, disant que nous lui ferions le plus grand plaisir. Nous avions bien un peu de crainte de ne pouvoir faire toute la route, car nous étions déjà bien fatiguées; mais, comme c'était l'amour de notre état qui nous faisait avancer, nous espérâmes que Dieu nous donnerait la force. La pluie cessa, le temps était agréable, la nuit avançait, la lune éclairait derrière les nuages, en sorte que nous étions très bien, à un peu de fatigue près. Nous nous reposâmes sur des monceaux de pierre, où nous étions aussi bien que dans les fauteuils les mieux rembourrés. En continuant notre route, nous disions que nous pourrions bien nous réfugier dans une grange isolée. La Mère Françoise, que vous savez peureuse, ne s'accommodait pas de cela. Notre grande difficulté était de n'avoir rien à manger. Nous décidâmes de nous arrêter à Veuzac. Un peu avant d'y arriver, la Mère Françoise vint se jeter sur moi, me disant qu'elle se trouvait mal. Il nous restait deux prunes de nos provisions, je lui en donnai une pour la restaurer. M. le curé de Veuzac (1) fut fort aise et fort étonné de nous voir si tard : il était neuf heures. Son embarras n'était pas moindre que sa stupéfaction. Sa servante était malade; il n'avait pas de lits à nous offrir; tout s'arrangea, et personne ne passa la nuit sur les chaises ; chacun eut paillasse ou matelas. Après avoir un peu mangé, il nous tardait d'aller au lit qui nous parut des meilleurs. Le lendemain, après avoir adoré Dieu, je fus à l'église, j'y retrouvai Notre-Dame de Pitié, auprès de qui vous ne fûtes pas oubliées. M. le curé aurait voulu nous garder jusqu'au dîner pour nous faire reposer et parce qu'il pleuvait. Je trouvai qu'il était plus régulier de partir : je le lui dis, et il nous laissa aller. Malgré la pluie, notre petit chemin se fit facilement et sans nous en douter. Nos Sœurs furent bien surprises de nous voir. Nous allâmes bien vite au chœur réciter notre office; car nous n'avions pas dit matines, et il était onze heures. La récréation se

---

(1) M. Joseph Blanc, élève de M. Marty, devait bientôt lui succéder comme supérieur général de la Sainte-Famille. C'était à lui déjà que M. Marty, en quittant Villefranche, avait confié la direction de la Mère et des filles.

passa à parler de vous toutes. La fatigue fut bientôt oubliée, et nous ne nous sommes pas ressenties de notre voyage. »

Cependant les Sœurs restées à Figeac étaient résolues à tenter l'impossible pour soutenir la fondation. Elles eurent encore bien des peines, et elles durent rester près d'un an dans la maison où elles étaient fort à l'étroit. Enfin tout s'aplanit, et on put transporter l'établissement dans l'ancien couvent des Clarisses. La Mère Émilie fit murer toutes les fenêtres qui ne donnaient pas sur l'enclos ; elle supprima plusieurs autres agréments qui ne lui parurent pas assez conformes à l'exacte clôture. Jalouse aussi de la sainte pauvreté, elle enleva les arbres précieux pour les remplacer par des arbres fruitiers. Les volets des croisées furent placés sur des tréteaux pour servir de table : on se passa encore de bancs et de sièges pendant longtemps. Les contrevents posés à leur tour sur des tréteaux devinrent des bois de lit. Les lambris des appartements furent placés dans le chœur. Le premier souci de la Vénérable avait été, en effet, d'édifier la chapelle ; on manquait toujours d'aumônier. Les Sœurs étaient obligées de sortir tous les jours pour assister à la messe. Quand, par hasard, il y avait possibilité d'entendre le saint sacrifice dans leur chapelle, c'était pour elles un double bonheur. La Providence vint à leur aide ; un prêtre retiré du ministère s'établit à Figeac, et put leur faire office d'aumônier. Dès lors, la maison de Figeac fut tout à fait régulière, et, selon l'esprit de leur sainte vocation, les Sœurs purent unir aux exercices de la charité active la paix de la vie cloîtrée.

CHAPITRE XX

Mort de M. Marty (1835). — Intérieur de la Mère Émilie.

M. Marty avait fort à cœur l'œuvre des écoles. Il croyait au bien qu'elle devait faire. A la fin d'octobre 1835, étant à Aubin, il s'occupa de formuler ses pensées et de composer le règlement des Sœurs vouées aux œuvres extérieures de miséricorde. Il passa une partie de la nuit à ce travail et l'envoya à la Mère Émilie, l'autorisant à faire les changements qu'elle jugerait nécessaires. Ce fut là, on peut le dire, sa dernière préoccupation. Il était déjà souffrant, et, au moment de quitter Aubin, il se trouva si fatigué qu'il n'eut pas la force de parler aux Sœurs réunies à la salle commune ; il se contenta de leur dire : « Je vous laisse la grâce de Dieu ! » et de les bénir. Quelques jours après, le 15 novembre 1835, il mourait à Rodez. Mgr l'Évêque de Rodez se chargea d'annoncer à Villefranche la triste nouvelle. Il écrivit à la Mère Émilie : « Nous venons de perdre, ma très chère fille, vous et votre ordre, un Père tendre qui s'est occupé de vous jusqu'à son dernier moment, moi un coopérateur docte et saint dont je chérissais la personne autant que je vénérais les vertus. Je sens qu'il vous faut du courage pour supporter cette perte. Voilà pourquoi je viens essayer de vous fortifier en mêlant mes regrets aux vôtres. Il est mort en vous recommandant à Dieu. Il vous continuera dans le ciel le tendre intérêt qu'il vous portait sur la terre. De mon côté, j'hériterai de ses sentiments pour vous. »

La Mère Émilie avait, en effet, besoin de courage et de consolation. M. Marty n'était pas seulement celui qu'elle reconnaissait pour fondateur de son œuvre, il était son supérieur et le directeur de son âme depuis environ trente ans. Elle lui était attachée par toutes sortes de liens ; c'était lui dont Dieu s'était servi pour la placer et la conduire dans sa vocation. Il était initié à toutes ses inquiétudes et à tous ses tourments. Si rien ne se faisait dans la Sainte-Famille sans l'agrément et l'avis de M. Marty, rien ne se passait dans l'âme de la Mère Émilie que M. Marty ne connût. Les Sœurs, avons-nous dit, en voyant toutes les actions de leur Mère accompagnées d'une singulière bénédiction de Dieu, en la voyant pratiquer avec tant de courage une mortification si constante, une humilité si profonde, une charité si dévouée, en l'entendant parler avec une éloquence si ravissante et une tendresse si vive de l'amour de Dieu et de l'ineffable bonheur de se dévouer à son service, les Sœurs pouvaient croire que le cœur de leur Mère était inondé de délices, qu'elle passait les heures de sa retraite dans les extases du bonheur, dans la jouissance de la paix, et qu'au prix de son courage et de sa confiance elle avait trouvé, dans la région supérieure où Dieu l'avait placée, comme un avant-goût de toutes les joies du paradis. M. Marty connaissait les amertumes où ce pauvre cœur était noyé, et il aurait pu, pour ainsi dire, en compter les larmes (1). Il était trop avancé dans la connaissance des choses spirituelles pour ne pas savoir que les faveurs de l'Époux sont réservées à ceux qui le suivent dans la voie douloureuse. La croix et la couronne d'épines sont les livrées du Seigneur Jésus; elles sont plus éclatantes chez ceux qui l'approchent de plus près. Les martyrs les ont revêtues sur leurs corps, d'autres les ont portées dans leurs âmes. M. Marty ne cessait de rappeler cette gloire à la Mère Émilie : ces terribles tentations contre la foi, ces cris et ces exaltations d'incrédulité qui s'élevaient si impé-

(1) La correspondance de M. l'abbé Marty avec la Mère Émilie, ou plutôt ce que cette dernière a laissé subsister des lettres que lui avait adressées M. Marty, nous a servi à composer ce chapitre. Depuis que nous l'avons écrit, les lettres qui ont été l'élément de notre travail ont été imprimées intégralement. On les trouve dans l'*Esprit de la Mère Émilie*, t. II, p. 62 et suivantes. Elles sont précieuses à lire et pleines toutes du plus vif intérêt.

tueusement dans son âme, saint Vincent de Paul les avait éprouvés au milieu des prodiges de sa charité ; saint François de Sales ne les avait pas ignorés au milieu de son inaltérable paix ; sainte Chantal et sainte Thérèse les avaient vus naître avec épouvante dans leurs cœurs. « Les saints, disait M. Marty, n'avaient pas une autre nature que la nôtre : la différence est qu'ils avaient plus de générosité dans le combat spirituel. » Pour soutenir la Mère Émilie dans cette terrible lutte où elle était portée au plus fort de la mêlée, M. Marty voulait lui donner saint François de Sales pour guide. « Les lettres de ce saint à la Mère de Chantal sont le meilleur directeur que vous puissiez trouver. Ne balancez point à prendre pour vous les salutaires avis qu'il lui donne. Ils vous conviennent parfaitement, parce qu'elle éprouvait les mêmes difficultés que vous. Je suis persuadé que si vous pouviez traiter avec saint François de Sales, il vous conduirait comme il a conduit cette sainte Mère ; il ne vous dirait que des choses propres à calmer vos inquiétudes ; il exigerait de vous beaucoup de générosité et de renoncement à vous-même, point de réflexion et une confiance sans bornes dans la bonté de Dieu et dans la protection de Jésus, de Marie et de Joseph. Dieu veuille maintenir dans votre volonté la résolution de ne jamais rétracter le sacrifice que vous lui avez fait de vous-même ! Les dispositions que vous m'avez marquées sont très bonnes : il faut en retrancher la crainte et la méfiance ; car saint Jean nous dit que la parfaite charité chasse la crainte dehors. »

Dès les premières alarmes jetées dans le cœur de la Mère Émilie, M. Marty, avons-nous dit, avait été épouvanté. Malgré sa charité et ses lumières, il se montra parfois sévère et pesa sur le fardeau de la pauvre brebis. Dans son désir de conduire sa pénitente à la perfection où il la croyait appelée, il voulait quelquefois lui montrer qu'elle était coupable dans des choses où sa conscience ne lui reprochait rien. « Ce qui m'a fait le plus souffrir, disait la Mère Émilie, c'était la défiance de M. Marty ; il croyait et il voulait me forcer à croire que je n'agissais pas franchement avec lui, tandis qu'une seule fois dans ma vie (à la fondation d'Aubin), il m'est arrivé d'agir un peu en dessous. » La Servante de Dieu supportait cette défiance de son directeur avec patience et sans éprouver le moindre désir d'abandonner sa direction. Elle s'humiliait et mettait ainsi en pratique ce qu'elle - même recommandait aux Sœurs. Une d'entre elles se plaignait un jour de ce que le confesseur ne la traitait pas avec douceur. Au lieu d'entrer dans ses pensées, la Mère lui répondit : « Il faudrait être plus mortifiée et avoir assez de foi pour ne voir que Jésus-Christ dans la personne du prêtre ; allez faire une visite au saint Sacrement, pour demander à Dieu cette grâce. » La digne Mère, qui regardait en toutes choses l'ordre surnaturel, ne voyait, en effet, que Jésus-Christ au saint tribunal, et elle ne pouvait comprendre qu'on cherchât à discuter ou à raisonner avec lui, encore moins à se plaindre. Une Sœur, un jour, cédant à une mauvaise inspiration, disait avec véhémence : « Je ne veux plus m'adresser au confesseur de la communauté, il m'a reprise trop sévèrement ! » La Mère, enflammée à cette seule parole, répondit avec sévérité et d'une voix forte et imposante : « Mettez-vous à genoux, ma Sœur ; vous êtes une orgueilleuse ! vous irez vous humilier aux pieds de votre confesseur ! Eh ! que va-t-on chercher au confessionnal ?... l'humiliation attachée à l'aveu de ses fautes, le pardon de ses péchés, et puis ?... rien ! » Pour elle-même elle n'y cherchait pas autre chose.

Bien que, par une permission divine, M. Marty ait parfois un peu pesé sur le fardeau de sa pénitence, sa direction était charitable et sage. Il employait le plus souvent à l'égard des tentations les moyens qu'il avait pratiqués lors de la vocation de la Mère Émilie. Il consolait, il relevait, il attendait. « Vous voilà au fort de la tempête, lui disait-il, et presque dans le ventre de la baleine, comme Jonas ! Mais ne craignez pas : Dieu, qui semble vous rebuter, ne vous perd pas de vue. Souvenez-vous que le Prophète pour qui tout semblait perdu, était dans les entrailles du monstre plus en sûreté que dans le vaisseau, et qu'il fut rendu tout vivant sur le rivage. J'aime que vous m'ayez dépeint votre état, cela vaut mieux que d'avoir gardé le silence. Vous avez au moins sur la terre une personne qui compatit à vos souffrances. Puissé-je vous donner un peu de consolation ! Mais votre soulagement est entre les mains de Celui qui vous afflige et qui n'a jamais été pour vous meilleur père qu'il ne l'est actuellement. C'est lui qui ne permet pas que vous soyez tentée de mécontentement ni d'impatience : ne voyez-vous pas que s'il vous abandonne d'une main, il vous soutient de l'autre ? Croyez-moi, ma chère Mère, car vous m'êtes connue (eh ! qui vous connaît mieux que moi ?), là où vous ne sentez que rigueur, abandon, punition de vos péchés, je remarque une grande miséricorde. Votre partie sensible est vivement affectée, vos puissances sont enchaînées, votre entendement obscurci : en conséquence, demeurez aussi tranquille que vous pourrez au pied de la croix, sans raisonner, sans juger, sans vous inquiéter du passé, sans prévoir l'avenir. Puisqu'il vous reste une facilité d'attention à ne pas offenser Dieu, contentez-vous de cela et ne vous occupez pas d'autre chose. N'examinez pas si ou quand le jour reviendra. Dormez d'un sommeil de paix à l'ombre de votre croix. Votre consolation sera de dire avec David : « Mon Dieu, je me suis « souvenu de votre nom pendant la nuit ! » Vous voyez, il avait passé comme vous par une profonde nuit : néanmoins il s'applaudissait de n'avoir pas oublié son Dieu et de n'avoir pas péché contre sa loi. C'est bien peu de conserver le nom de Dieu et de ne pas l'offenser : c'est beaucoup pour une âme plongée dans une épreuve comme la vôtre. »

On connaîtrait tous les détails de cette épreuve si on avait les lettres adressées par la Mère Émilie à M. Marty; mais, après la mort de ce dernier, la Vénérable a eu soin de les détruire ; elle détruisit aussi la majeure partie de celles de M. Marty; elle conserva les plus dures, celles qui contenaient des reproches ; elle les relisait souvent, et elle en avait fait un petit recueil à son usage. C'est à l'aide de ces lettres qu'il faut pénétrer dans les douleurs de ce pauvre cœur, et c'est en voyant les armes que M. Marty lui propose pour le combat qu'on entrevoit les assauts qu'il avait à supporter.

La principale attaque, celle qui comprenait toutes les autres et causait les plus profondes désolations, c'étaient ces cris et ces protestations d'incrédulité que la Mère entendait de toutes parts dans son âme. Elle avait beau se prosterner devant Dieu, s'humilier et pleurer, la voix de l'incrédulité se faisait entendre et cherchait à tout couvrir et à tout dominer. Ce que M. Marty demandait alors d'elle, tout d'abord, c'était d'embrasser cette horrible croix (1), et de se soumettre à souffrir tout ce que Dieu voudrait et aussi longtemps qu'il le voudrait.

(1) Voir dans l'*Esprit de la Mère Émilie*, t. II, p. 236 et suivantes, la lettre de M. Marty du 30 novembre 1832.

Au milieu de ces tumultes d'incrédulité qui lui paraissaient prendre possession de son âme, elle devait se contenter de dire, bien qu'avec dégoût et de la seule pointe de l'esprit, *Credo, adjuva me!* et s'unir étroitement à quelques-uns des Saints qui ont passé par de semblables alarmes ; ils sont nombreux dans le paradis. Quand le combat devenait plus fort, que toutes les puissances de l'âme étaient comme enchaînées, et que la Mère n'avait même plus la force de parler, M. Marty lui conseillait d'avoir, comme saint Vincent de Paul, un signe convenu à l'avance avec le bon Dieu pour protester de l'amour et de la foi que le cœur voulait conserver au milieu de cette captivité : un regard, par exemple, un baiser sur une croix ou sur un chapelet étaient une protestation suffisante contre les triomphes que les démons prétendaient avoir remportés sur cette malheureuse âme livrée à leurs suggestions. Surtout, M. Marty ne voulait pas qu'elle laissât absorber toutes ses forces dans le combat. Elle devait s'acquitter de ses divers devoirs, avec la même exactitude et la même tranquillité que si elle eût été en paix : ne rien omettre de sa prière, ni de ses oraisons, y consacrer le temps réglé, ne pas redouter d'accomplir ceux des exercices de piété où elle croyait éveiller davantage les fureurs infernales ; elle ne devait pas non plus en prolonger quelques-uns, sous prétexte de lutter avec ses ennemis ; ce sont des misérables ; on marche sur leur tête sans les regarder et les yeux élevés vers le divin Sauveur.

Outre les armes qu'il fallait avoir toujours prêtes lorsque l'ennemi offrait le combat, la Mère devait aussi se fortifier dans le cours de sa vie habituelle par certaines dispositions qui n'étaient rien autre que des pratiques de la vie parfaite. Elle devait se renoncer en tout, renoncer surtout dans les choses spirituelles à une certaine curiosité où se complaisent les âmes qui croient avoir une intelligence particulière des dons de Dieu et se délectent parfois à s'en applaudir. Pour quitter toute estime de soi-même, il fallait, selon M. Marty, n'avoir en soi aucune confiance, ni aucune préférence pour soi, se refuser à porter, même intérieurement, un jugement quelconque sur ce qu'on lisait ou entendait, et abandonner en tout la voie du raisonnement pour s'attacher uniquement à la voie de l'autorité, qui est la plus humble et la plus sûre ; ainsi il fallait profiter d'un sermon, d'une lecture ou d'un avis, plutôt par docilité que par intelligence d'approbation. M. Marty recommandait encore à la Mère Émilie de ne pas perdre le temps à rechercher les causes des impressions qu'elle éprouvait ; de s'abstenir de réfléchir sur son état autrement que pour se porter à la douleur de ses péchés, à l'humilité et au mépris d'elle-même, et de s'appliquer à mettre toujours en pratique la maxime de saint François de Sales, *beaucoup agir et peu réfléchir*.

Par-dessus tout, il lui recommandait de ne pas disputer avec la tentation : « Ce serait là, disait-il, entrer en controverse avec le démon, s'attirer de sa part des répliques subtiles et embarrassantes, qui rendraient le combat très pénible, et nous exposeraient à être vaincus comme Ève. » Il voulait qu'elle résistât par le seul fait d'une prompte et ferme répulsion, par un acte pur, simple et rapide de la vertu combattue. C'est la doctrine de saint François de Sales. « Savez-vous, disait-il à une âme tourmentée, savez-vous ce que vous ferez ? Pendant que l'ennemi s'amuse à vouloir escalader l'entendement, sortez par la porte de la volonté et faites-lui une bonne charge ! Criez: Vive Jésus en qui je crois ! Vive l'Église à laquelle j'adhère ! et autres paroles semblables enflammées; je veux dire qu'il faut se revancher par des affections et non par des raisons. »

M. Marty ne craignait pas de mêler aux conseils les réprimandes: et elles sembleront peut-être bien dures à ceux qui ne connaissent rien de leur propre cœur, qui n'envisagent jamais ses profondes misères, et ne savent point que tout ce que ce zélé directeur reprochait à la Mère Émilie, s'est rencontré dans les saints, qui ont eu tous à lutter avec l'orgueil né de la corruption de la nature humaine. « On a lieu de croire, disait-il, que ce qui fait naître les tentations contre la foi, c'est l'orgueil et la sensualité du jugement propre, la confiance qu'on a dans ses lumières, dans la justesse de son esprit, dans son propre raisonnement, et aussi l'inertie de l'amour de soi et de ses aises, qui rend les caractères lents et hésitatifs. Dieu, continuait-il, Dieu dans sa sagesse et dans sa miséricorde permet qu'une âme présomptueuse et témérairement confiante en elle-même, au lieu de se confier en lui seul, soit pour un temps plus ou moins long criblée de tentations d'incrédulité, plongée dans un gouffre de ténèbres spirituelles, comme pour y recevoir un nouveau baptême. Dans cette nuit profonde, cette âme ne connaît plus ni Dieu, ni Jésus-Christ, ni l'Église, ni l'Ancien, ni le Nouveau Testament, ni l'Eucharistie, ni le saint sacrifice de la messe, ni aucun des mystères, ni aucune autorité; tout s'est dissipé à la fois pour elle : le passé, le présent, l'avenir, les vérités, les vices, les vertus, les splendeurs de la foi qui l'éclairaient si bien et si joyeusement autrefois, dans les jours de sa simplicité. Tout l'ordre surnaturel est devenu pour elle une chimère, un chaos, un vaste néant. Elle est semblable à un navigateur dont le vaisseau pirouette au milieu de la tempête; la tête lui tourne comme à un homme dans l'ivresse. Bouleversée dans tout son être, elle ne sait plus où elle est, ni ce qu'elle est, ni ce qu'elle fait, et ne peut se définir sous aucun rapport. L'intelligence qui lui reste n'est plus que pour les choses sensibles ou pour celles qui intéressent les prétentions de son amour-propre ; si la science des vérités surnaturelles est demeurée dans son esprit, elle lui sert pour la conduite des autres, mais non pour se diriger elle-même.

« Dans cet étrange renversement, elle gémit désolée de se sentir prise dans un filet qu'elle ne peut rompre et comme perdue sans ressources dans un labyrinthe qui n'a pas d'issue. La difficulté de croire produit en elle la difficulté d'espérer. Elle n'ose plus se persuader qu'elle soit agréable à Dieu, ni que ce qu'elle peut faire de prières soit écouté. Le sentiment de ses ténèbres et de ses faiblesses l'accable. Son courage est brisé, toutes ses forces sont anéanties : les exhortations, les conseils, les consolations même qu'on veut lui donner, servent encore à l'inquiéter et à la troubler, surtout si on les appuie de quelque raisonnement, ce qui est frapper sur sa plaie. »

Après cette horrible peinture, où la Vénérable Mère se reconnaissait tout entière, et que nous n'aurions pas osé charger de couleurs aussi vives, M. Marty ajoutait miséricordieusement : « Il faut cependant engager cette âme à tout espérer ; il y a pour cela les raisons les plus déterminantes ; mais il ne faut pas les lui expliquer. Il suffit de lui assurer positivement que tôt ou tard le soleil de miséricorde se lèvera sur sa tête (1). » M. Marty

---

(1) A cette lettre si belle, si lumineuse et si terrible, M. Marty ajoutait : « J'ai hésité dans l'incertitude si cette lettre serait capable de produire un bon effet, et s'il ne vaudrait pas mieux ne

revenait souvent sur quelques-uns des traits de ce tableau si complet et si effrayant, en rappelant à la Mère Émilie les torts que toute créature humaine a toujours envers Dieu. Mais il rappelait aussi la miséricorde divine et il insistait sur tant de motifs d'espérance ; il montrait les exemples des saints : « Nous sommes les enfants des saints, disait-il, nous venons à leur suite, nous voulons aller où ils sont ; ils avaient leur raison comme j'ai la mienne. Ils ont cru, je veux croire comme eux pour me sauver comme eux. Ils ont été éprouvés et tentés comme moi, ils ont résisté et vaincu : je veux résister pour partager leur victoire et leur couronne. Ils ont mis la foi au-dessus de leur raison ; je ferai comme eux le sacrifice de mon propre jugement et de mon orgueil. »

Il y avait alors, entre le directeur et sa brebis épouvantée, des sortes de dialogues.

« Ne vous étonnez pas, ne vous alarmez pas, disait le premier, c'est la miséricorde de Dieu bien plutôt que sa justice qui vous soumet à ces épreuves ;

---

pas l'envoyer. Je puis assurer que si je l'envoie, c'est le seul zèle pour l'utilité de l'âme dont il s'agit qui me détermine. Je reconnais avoir besoin moi-même de la plupart des remèdes que j'y indique... Plaise à Dieu, plaise à Jésus, à Marie, à Joseph, de les bénir et de les rendre efficaces pour elle et pour moi ! »

Ainsi parle, ainsi hésite, ainsi gémit et fait retour sur soi-même la vraie tendresse paternelle, qui reconnaît ses propres faiblesses dans les luttes de ses enfants.

il veut vous avertir, vous instruire, vous rendre meilleure.

« — Hélas! disait la pauvre désolée, je me suis attiré ce châtiment par mon orgueil et mon trop d'estime de moi-même !

« — Je ne nie point cela, reprenait le sage directeur; mais ce retranchement pour un temps, que Dieu mesure dans sa sagesse, du sentiment de la foi et de l'espérance, est un moyen de vous humilier et de vous guérir. Vous avez l'expérience de cette conduite de Dieu envers vous. Vous savez que le jour et les ténèbres vont et viennent tour à tour. Vous êtes, ma chère Mère, à cet égard dans la voie par laquelle Dieu mène les âmes qu'il veut comme forcer d'être entièrement à lui. Sachez, vous dit saint François de Sales, que j'ai vu peu de personnes avoir été avancées sans cette épreuve. Vous êtes à Dieu, mais non assez pleinement ni de la façon qu'il veut. Il ne veut pas que vous soyez du tout à vous-même. Il vous envoie des ténèbres pour vous ôter toute confiance dans vos raisonnements et dans vos lumières. Il permet que le démon vous suggère des pensées folles contre la foi et contre l'espérance, pour vous donner occasion de faire des actes contraires.

« — Ah! disait la Mère, combien ces actes me sont difficiles !

« — Ils n'en sont que plus volontaires! reprenait le directeur.

« — Il faut, pour les produire, me faire une très grande violence, continuait la Mère, honteuse de son manque de générosité.

« — La voilà donc cette violence qui ravit le ciel! reprenait joyeusement M. Marty, après saint François de Sales.

« — Mais le démon me suggère des tentations de blasphème et d'infidélité.

« — Écoutez encore là-dessus saint François de Sales : « Il faisait comme cela avec Job, avec saint « Antoine, avec sainte Catherine de Sienne, avec une « infinité de bonnes âmes que je connais, avec la « mienne qui ne vaut rien et que je ne connais pas! » Le remède contre ces tentations est de ne pas vous en mettre en peine, de prendre patience et de supporter les coups de la main qui vous frappe pour vous corriger et non pour vous perdre. C'est ainsi que nous pratiquerons envers Dieu cette générosité dont le défaut, que vous découvrez en vous-même, vous cause une si grande peine. Mais prenez garde, la générosité que vous voudriez serait peut-être celle qui consiste à faire de grandes choses pour Dieu et à les faire avec sentiment. Il y a une autre générosité qui consiste à souffrir tout ce que Dieu veut, comme il le veut et autant qu'il le veut. C'est celle-ci que Dieu demande de vous ; et ce qui me fait grand plaisir, ajoutait M. Marty, c'est que je crois qu'il vous fait la grâce de la pratiquer, car je vous vois soumise et résolue à endurer votre état autant qu'il plaira à Dieu. Si vous ne faites pas, vous désirez beaucoup faire : or, un grand désir de faire avec la conscience et la conviction qu'on ne fait pas, vaut mieux que si en faisant on s'applaudissait secrètement en soi-même de son action (1). »

C'est ainsi que M. Marty, tout en reprenant la Mère Émilie de ses imperfections, cherchait à prévenir le désespoir où auraient pu entraîner de pareilles épreuves. « Lisez, lui disait-il, le chapitre douzième de saint Paul aux Hébreux. Entre autres choses bien consolantes, vous verrez que Dieu, comme un bon père, frappe de verges tout enfant qu'il reçoit et auquel il destine ses faveurs. Vous savez comme moi, et mieux que moi, que bien des saintes ont éprouvé longtemps des angoisses intérieures, plus amères que mille morts, et en particulier cette terrible absence de la lumière divine. Ne vous affligez donc pas si Dieu vous fait marcher sur les traces de ses amis. Ce qui les a purifiés servira aussi à vous purifier vous-même. Vous ne jouissez pas de Dieu ; le moment de cette joie viendra quand Dieu le jugera à propos. Cependant vous vivez dans cette attente, et David l'a béatifiée: « Heureux, Seigneur, tous ceux qui vous attendent! » N'est-ce pas là un passage fait pour vous instruire et vous consoler ? » Il lui disait encore sagement

(1) Voir l'*Esprit de la Mère Émilie*, t. II, p. 160. Lettre du 24 novembre 1824.

et doucement : « Sans vue et sans goût de Dieu, vous ne cessez de soupirer après lui. Ce qui paraît opposé à cette disposition de soupir en est la première cause. On ne soupire pas après un bien qu'on possède non plus qu'après un bien dont on ne fait nulle estime. Vous cherchez Dieu parce que vous l'aimez et parce que vous savez qu'il est votre bien suprême. Vous gémissez, parce que vous ne le trouvez pas ; de son côté, il ne se laisse point trouver, afin que vous le cherchiez. Il est vrai que Notre-Seigneur a dit : « Cherchez, et vous trouve« rez ! » mais il n'a pas marqué le terme de cette recherche, parce qu'il veut que nous cherchions avec persévérance, et il doit nous suffire de savoir que nous le trouverons tôt ou tard. Livrons-nous sans inquiétude à l'opération divine : elle nous conduira enfin à un entier mépris de nous-même, bien plus désirable que tous les avantages de la nature. Ne vous lassez pas, ma très chère Mère, de supporter l'obscurité dont Dieu vous couvre, et soyez assurée qu'il fera lui-même ce que cette obscurité vous empêche de faire. Seriez-vous fâchée qu'il prît votre place ? Vivons en paix sous le nuage de la volonté divine jusqu'à ce que le jour nous éclaire. »

Dans ce commerce de direction, les comparaisons avec les objets les plus simples de la nature et de la vie commune abondent : on sait avec quel art et quelle grâce saint François de Sales les employait pour rendre les choses claires et les faire, pour ainsi dire, toucher du doigt aux pauvres créatures perdues dans ces épaisses et redoutables obscurités. M. Marty citait souvent saint François de Sales ; il semble l'avoir pris pour modèle, et il employait les mêmes gracieux artifices de langage. « Il n'est pas nécessaire, disait-il à la Mère Émilie, d'agiter ses ailes pour s'élever tout de suite et planer dans les airs comme des aigles ; contentons-nous de nous percher sur un arbre et d'y gémir comme la tourterelle, ou d'habiter solitairement sur un toit comme le passereau. Je compare, disait-il encore, je compare votre âme à un faisceau de branches, partie plus ou moins sèches, partie récemment coupées, posé sur le feu. S'il y avait peu de feu, il pourrait arriver qu'il fût éteint par la fraîcheur des branches vertes ; mais il arrivera le contraire si le feu est bon, s'il est entretenu et ranimé de temps en temps par le soufflet. Alors on verra les branches sèches s'allumer les unes après les autres ; pendant ce temps les vertes jetteront beaucoup de fumée, ensuite une explosion de feu et de flammes s'en emparera ; elles brûleront, et tout le faisceau sera consumé. J'ai confiance que c'est ce qui vous arrivera tôt ou tard ; dans le moment que Dieu sait et qu'il faut abandonner à sa sainte disposition, toutes les puissances de votre âme seront embrasées du feu de l'amour divin. Vous voyez déjà, et vous devez le voir avec joie et reconnaissance, que malgré vos obscurités, vos abandons, et je dirai aussi vos infidélités et vos résistances, plusieurs parties de votre intérieur, dégagées de leur humidité naturelle, brûlent assez bien. En patientant et en priant, les autres puissances de votre âme, quoique plus réfractaires à la grâce, perdront aussi la sève de la nature et donneront prise à l'action céleste ; mais quand viendra cette explosion de bonheur ?..... Imaginons-nous que Notre-Seigneur nous dit comme aux apôtres qui l'interrogeaient sur la fin du monde : « Il ne vous appartient pas de connaître « les temps et les moments que le Père a mis en sa « puissance : » c'est de Dieu seul qu'ils dépendent ; c'est à nous de les attendre avec résignation et persévérance. »

Ah ! que toute cette sève de la nature, cette humidité et cette fumée du sang et du péché sont difficiles à éloigner d'une âme ! La Mère Émilie comprenait la rigueur des jugements de Dieu, elle n'avait garde de trouver M. Marty sévère. Elle sentait la vérité de ses paroles, elle reconnaissait en elle-même les faiblesses qu'il lui indiquait. L'orgueil et la chair s'agitent toujours dans le cœur de l'homme. Saint François de Sales reprenait rudement sainte Chantal de n'être pas toute spirituelle. Ce n'est pas avec toutes les âmes, d'ailleurs, que les directeurs peuvent prendre un ton pareil ; ils sont compatissants pour les faibles ; ils distribuent le lait des consolations aux petits enfants qui commencent à naître à la vie spirituelle, et qui sont sur le point de défaillir au moindre effort ; ils gardent cette sévérité, cette exigence, si on le veut, cette lumière impitoyable qui va chercher l'orgueil dans ses derniers replis, pour les âmes fortes, généreuses, qui savent ce que c'est que la vertu, combien elle est élevée, quels efforts elle demande, et quelle pureté de cœur Dieu exige des siens. Mourir à soi-même n'est pas une petite entreprise ! Quoique la grâce vienne en aide, il y a fort à faire à chasser la nature d'un cœur où Dieu veut habiter ! Toutefois, en employant envers la Mère Émilie le langage rude, qu'on n'adresse qu'aux amis particuliers du Seigneur, M. Marty ne laissait pas de la consoler, de la relever et de l'encourager. « Je suis sûr, lui disait-il, que vos prières comme tous vos actes, dont vous ne voyez que la pointe, ont leur racine dans votre foi, bien qu'elle soit cachée sous terre. Une foi éteinte ne produirait pas d'œuvres, comme un arbre sans racines ne porterait point de de fruits. Il y a même des fruits très bons, tels que la châtaigne et la noix, qui mûrissent secrètement sous une écorce rude et sauvage, et qui ne parviennent à leur point que lorsque la chaleur rompt leur enveloppe. Je crois pouvoir, ma chère Mère, concluait-il, vous appliquer cette allégorie. »

A l'occasion de la mort d'une jeune Sœur (1),

---

(1) La Sœur Stanislas Lescure. (Voir p. 221.)

qui avait paru beaucoup craindre la mort, et qui s'était endormie dans la paix et l'allégresse, il lui disait encore : « Cet exemple est bien fait pour encourager les âmes pusillanimes que la pensée de la mort épouvante. C'est un objet que la proximité fait voir tout autrement qu'une perspective éloignée. La miséricorde de Dieu est un abîme aussi profond que l'abîme de ses jugements. Mettons en lui toute notre confiance, et abandonnons-nous avec simplicité à son admirable conduite, puisque nous savons qu'il prend soin de nous. Et à qui ce sentiment peut-il mieux convenir, qu'à une religieuse qui s'est consacrée à lui dès l'enfance, et à vous, qui avez reçu tant de marques de sa bonté, et qu'il ne cesse de soutenir sur les bords du précipice ? »

Il ne manquait pas une occasion de lui remettre sous les yeux, avec une tendresse toute paternelle, l'abondance des miséricordes de Dieu à son égard. Il lui rappelait le but et les joies de sa vocation : « Il y a longtemps que vous vous êtes donnée à Dieu, et vous l'avez fait de tout votre cœur, et Dieu vous a adoptée. En vous consacrant à Dieu dans la religion, n'avez-vous pas voulu devenir une victime tout immolée à son amour ? Ah ! ne vous étonnez pas qu'il accepte le sacrifice. Il viendra vous soulager quand il jugera qu'il en est temps. Celui qui sème dans les larmes, recueillera dans la joie. Dieu veut de vous l'abandon le plus complet et le plus généreux. Rappelez-vous de la devise d'une lettre de Mme de Trenquelléon : Brûlez, coupez, tranchez ici-bas, mais pardonnez dans l'éternité ! »

« Vous croyez que c'est un défaut d'humilité qui vous attire cet isolement terrible, lui écrivait-il encore, je le crois comme vous ; mais il n'est pas bon que vous cherchiez à comprendre par vous-même les causes qui produisent cette longue absence dont vous gémissez. Si je ne me trompe, votre défaut d'humilité gît dans un excès d'estime et d'exercice de votre propre raison ; en conséquence, le bon Dieu permet toutes ces obscurités, non pour vous punir (prenez garde à ceci pour éviter la tristesse et l'abattement), mais pour vous guérir ; car il guérit les contraires par les contraires ; pour vous détacher de cette secrète estime de votre raison, et vous accoutumer à ne point procéder par votre jugement propre dans votre vie intérieure, ni même dans la conduite des autres, mais par un esprit d'obéissance, par une foi toute soumise, toute nue, nullement éclairée par votre intelligence propre. Attendez l'intelligence de Dieu. »

En insistant sur cette soumission à la volonté divine et ce dépouillement de la volonté propre, M. Marty prenait garde à réduire sa brebis à un état d'inertie : il lui recommandait l'activité extérieure pour faire diversion aux pensées qui l'occupaient, et même le soin de prendre des récréations. Dans ce dépouillement d'elle-même où il la voulait, dans cette abnégation de ses lumières, de son jugement et de sa raison, elle devait encore se comporter en tout avec joie et se porter vivement à ses propres affaires spirituelles comme aux temporelles et aux spirituelles de la communauté (1). M. Marty lui faisait conscience de la moindre lenteur, de la moindre hésitation dans les actes extérieurs comme dans le combat intérieur. Il ne voulait pas que rien dans sa conduite pût ressentir la lassitude. « Sans doute, lui disait-il, il serait bien doux et bien agréable d'avoir quelqu'un qui vous guidât à chaque pas ; mais cela n'est pas possible. Il est utile de n'être pas toujours appuyé sur cette conscience extérieure ; en ayant, en bien des cas, à vous conduire vous-même sans aucun guide, vous apprendrez mieux la pratique de la sagesse. Comment fait un général d'armée qui n'a d'autre conseil que sa tête, ni d'autre cabinet que son cheval, quand

---

(1) M. Marty marquait ainsi à la Mère Émilie les règles à suivre en prenant ses décisions : « Saint Ignace distingue trois sortes de secours dont une âme peut s'aider : le premier est le conseil des supérieurs ou de quelque personne prudente ; le second est la prière ; le troisième est sa propre délibération. Dans l'emploi du second on consulte l'Esprit-Saint, et après un peu d'oraison dans laquelle on écoute avec une humble attention sa réponse, on fait ce qu'on regarde de bonne foi comme une inspiration de Dieu. Dans l'usage du troisième, on interroge avec désintéressement sa propre raison, et selon la mesure de sagesse ou de prudence qu'on a reçue de Dieu, on se détermine pour le parti qu'on juge le meilleur. Si quelqu'un se trompe en agissant ainsi, son erreur ne lui sera pas imputée.

l'ennemi est en présence, qu'il lui faut faire face, former un plan subit de bataille, assigner des positions aux troupes, les ranger en bon ordre et les mener au combat! Vous me direz qu'il doit avoir acquis antérieurement du savoir et de l'expérience. Mais c'est aussi ce que nous devons tâcher d'acquérir chaque jour par la méditation et par la prière. Pour vous, ma chère Mère, il y a longtemps que vous faites la guerre et que vous étudiez à l'école du Saint-Esprit. Vous n'êtes pas prise au dépourvu lorsqu'une Sœur vient vous demander conseil. Eh bien! divisez-vous de vous-même, supposez que vous êtes une Sœur qui vous consulte, et répondez-lui selon les lumières que Dieu vous donne. »

Les avis judicieux et paternels de M. Marty suscitaient quelquefois, avons-nous dit, dans l'âme de la pénitente de nouveaux tumultes au lieu de la paix qu'il voulait apporter : des cris et des exaspérations d'incrédulité et de blasphème répondaient à toutes ces indications de la sagesse. La pauvre Mère, cependant, accomplissait à la lettre les conseils qui lui étaient donnés. Elle s'y conformait si exactement, qu'elle ne se rappelait pas avoir jamais réfléchi sur ses tentations. Mais sa docilité ne désarmait pas l'ennemi. Au milieu de la nuit qui l'enveloppait, le souvenir de son indignité la faisait gémir ; elle se voyait éloignée de Dieu, et elle croyait que Dieu s'était éloigné d'elle à cause de ses fautes. M. Marty lui écrivait : « Doucement, doucement, ne vous grondez pas trop, ma chère Mère, supportez-vous avec patience et ayez de la charité envers vous-même. Bénissons la lumière que Dieu nous envoie, rendons grâces à son infinie bonté de ce qu'il nous ouvre les yeux sur la multiplicité de nos imperfections et de nos défauts. S'il ne l'avait pas fait, nous aurions cru avoir bien des vertus que nous n'avons pas ; mais que l'étonnement avec lequel nous découvrons des abîmes dans notre âme, produise en nous la conviction d'une vraie humilité, sans diminuer du tout notre confiance. Nous apprendrons peut-être enfin à nous mépriser nous-mêmes. C'est là que Dieu veut nous conduire. »

Dans cette nuit et dans ces ténèbres où pleurait cette pauvre âme, avec la pensée de son indignité, se présentait, en effet à ses yeux le souvenir des fautes passées. M. Marty les rappelait parfois : « Mais, écrivait-il, que votre affliction ne soit pas un trouble de découragement, qu'elle augmente au contraire votre confiance et votre amour pour Dieu. Rien n'est propre à nous unir à Dieu et à Jésus-Christ comme le souvenir des fautes pardonnées. » Il lui disait un jour qu'elle allait à Aubin : « Le souvenir de vos fautes passées, que les circonstances de lieu sont propres à faire revivre, renouvellera dans votre cœur une componction plus douce qu'amère, parce qu'elle ne viendra pas seulement de la connaissance des fautes, mais aussi et surtout de la bonté infinie de Dieu, qui les a lavées et effacées dans le sang de Jésus-Christ. » La pauvre pénitente, dans ses douleurs, était néanmoins portée à s'arrêter aux gémissements plutôt qu'aux consolations. « Vous vous affligez excessivement sur vos fautes passées et sur l'influence que vous leur attribuez, lui disait alors le directeur. Vous allez trop loin quand vous croyez ne voir dans toutes les circonstances de votre vie que de justes sujets de crainte ; pour moi qui la connais aussi, j'y vois beaucoup plus de sujets d'espérance : elle n'a été qu'un tissu de grâces particulières. Ne me dites pas que vous y avez mal répondu. C'est précisément depuis les fautes qui vous font le plus de peine que j'ai remarqué des faveurs plus signalées. Pourquoi vous attrister de vos manquements en les exagérant plutôt que de vous réjouir des grâces de Dieu, dont peut-être vous ne sentez pas tout le prix ? N'est-ce pas forcer les conséquences et mettre la crainte à la place d'une paisible humilité, que de regarder un défaut de ferveur que vous remarquez en vous, comme la cause de ce même défaut parmi un certain nombre de Sœurs ? N'y a-t-il pas beaucoup d'autres causes raisonnables sans celle-là ? J'accorderais que votre pensée a quelque fondement, il serait toujours moindre que vous ne croyez ; il suffit de dire avec tranquillité, amour et confiance : Mon Dieu, je confesse humblement que nos Sœurs auraient plus de vigueur à votre service si j'avais été moi-même plus fervente ; mais avec votre sainte grâce, je me propose de mieux faire. »

M. Marty insistait aussi volontiers sur la simplicité qu'il faut garder en toutes choses, même dans les reproches que nous avons à nous adresser. Sachons nous supporter tels que nous sommes, lui disait-il souvent en cherchant à la mettre en garde contre les tentations de découragement, où le démon tend toujours à induire les âmes les plus généreuses. « Tâchons, écrivait-il, d'opposer un esprit d'enfance à l'orgueil et à la témérité naturelle ; un esprit de générosité à l'incrédulité, à la gourmandise, à la paresse, à la légèreté ; un esprit de prières, enfin, à tous nos défauts. J'aime bien que vous imitiez la simplicité des enfants ; ils ne font pas beaucoup de réflexions, ils ne se replient pas sur eux-mêmes. N'observons pas trop non plus ce qui se passe au dedans de nous. » Il faut néanmoins toujours avancer dans la vie chrétienne, et la Mère Émilie ne renonçait pas à se surveiller elle-même ni à se vaincre dans les petites choses. Quelquefois même, malgré la justesse de son bon sens et la largeur de son esprit, au milieu de ses ténèbres et de ses angoisses, elle entrait avec elle-même dans des détails trop étroits et trop rigoureux. Ainsi toute sa vie, elle a été tourmentée de la crainte de ne pas mortifier suffisamment sa gourmandise. M. Marty trouvait qu'elle excédait sur ce point. « Il vous vient trop de pensées de vous mortifier, lui écrivait-il ; trop de pensées de mortification amènent trop de pensées de sensualité et de délicatesse. Il résulte de là un combat continuel fort pénible et fort tracassier. Je voudrais beaucoup moins de pensées de côté et d'autre ; moins d'importance attachée à la distinction des aliments, à la privation de ceux qu'on pourrait vous offrir, à la manière dont on les apprête; je voudrais enfin vous voir manger indifféremment ce qu'on vous présente, comme Jésus-Christ le recommande à ses apôtres et selon l'esprit de saint Paul, qui dit que toute nourriture est bonne à prendre avec action de grâces. » C'est une chose singulière, et qui dépassera l'esprit des gens du monde, trop oublieux de se combattre dans les grandes choses pour s'apercevoir de pareilles imperfections dans leurs cœurs, c'est une chose singulière qu'une femme aussi maîtresse d'elle-même, aussi mortifiée et aussi réduite en toutes choses, ait été toute sa vie livrée à des tentations et à des désirs de gourmandise. La nature de ses aliments, l'heure de les prendre, la manière de les accommoder préoccupaient son esprit. Pour combattre ces préoccupations, elle eût voulu jeûner souvent. « Pensez-vous, lui disait M. Marty, que vos tentations ne puissent être vaincues autrement ? Le jeûne ne fera que les irriter et rendre la victoire plus difficile. Vous ne pouvez mieux combattre la gourmandise qu'en n'en faisant point de cas ; tournez votre esprit d'un autre côté : réglez d'avance les aliments dont vous devez user ; n'y pensez plus qu'à l'heure des repas ; et quand cette heure sera venue, conformez-vous sans aucune réflexion à ce que vous aurez réglé. » Cette délectation dont se plaignait la Mère Émilie était surtout entretenue par l'extrême rigidité de sa vie ; souvent elle attribuait à l'éveil de la gourmandise ce qui était uniquement la satisfaction des besoins d'un corps épuisé par des travaux et des privations de toutes sortes. Elle craignait de mettre de la sensualité dans les soins exigés par sa santé, dans les remèdes apportés à ses souffrances, dans le rafraîchissement que le lait froid apportait à sa poitrine brûlante. Elle croyait reconnaître en elle un attrait particulier pour le jeûne : elle eût voulu jeûner souvent pour combattre sa gourmandise, avons-nous dit, et en même temps pour satisfaire sa dévotion. « Je ne suis pas sans douter si cet attrait vient entièrement de Dieu, disait M. Marty ; je serais porté à y soupçonner un mélange de tentation : il y a longtemps que cet attrait vous tourmente, et je sais que le démon, sous couleur de perfection, nous porte quelquefois à des choses bonnes, mais au-dessus de nos forces spirituelles ou corporelles ; en sorte que nous avons raison de dire avec l'Église : *Des embûches du démon délivrez-nous, Jésus.* Ses pièges sont bien subtils, et ils sont si cachés qu'il ne nous est pas toujours aisé de les reconnaître. L'obéissance nous tient lieu de lumière et de sûreté. » M. Marty entrait ensuite dans le détail, réglant ce qu'elle devait prendre à cause de ses infirmités, de ses maux de tête ou d'estomac, à cause de l'épuisement où la reduisait le peu de nourriture que son estomac pouvait supporter à la fois. « Je ne vous proposerai pas de souffrir la faim ou la soif, lui disait-il, mais de régler votre alimentation de manière à prendre, autant que possible, à heure fixe, de manière à n'être jamais guidée par la fantaisie. Je voudrais que votre mortification consistât uniquement à déterminer à l'avance l'heure, l'espèce et à peu près la quantité de vos repas, et à être fidèle à exécuter ces prescriptions. Il faut mortifier la dissipation dans toutes ses branches : celles des sens, de l'imagination, de l'esprit, de la mémoire, du cœur. »

« J'approuve, lui disait-il encore à ce sujet, que vous pratiquiez en union avec Jésus-Christ la mortification de ne pas témoigner inutilement vos souffrances ou vos désirs ; mais il n'est pas à propros de laisser vos Sœurs deviner vos besoins : une demande de ce qui vous est nécessaire leur fera plaisir, et il est conforme à la volonté de Dieu de prendre pour sa plus grande gloire un soin raisonnable de la santé. » La Vénérable Mère se soumettait scrupuleusement à tout ; et du milieu de cette soumission, elle entendait dans son cœur comme les sifflements effroyables du serpent de l'orgueil qui semblaient la couvrir et la dominer entièrement. « Il y a des moments, écrivait-elle, où je me sens tellement pénétrée d'orgueil, qu'il me semble impossible de me soustraire au démon ! » Elle demandait alors avec larmes l'humilité, et elle aurait voulu s'imposer de rudes pénitences. « Moins de mortifications, et plus de simplicité ! » répétait M. Marty. Si la Mère recherchait ainsi les souffrances, c'est qu'elle eût voulu apprendre à connaître Jésus crucifié. Elle demandait les moyens d'acquérir cette science divine, et s'offrait d'exécuter tout ce qu'on lui indiquerait pour arriver à cette fin. « Ah ! lui disait M. Marty, c'est là une connaissance bien précieuse. Saint Paul, qui savait tant de choses, mettait cette science au-dessus de toutes les autres, et même, à l'en croire, toutes les autres ne sont rien auprès de celle-là. Mais plus elle est précieuse, plus il est difficile d'indiquer un moyen qui y conduise rapidement. Heureux serons-nous si Dieu nous en accorde quelque connaissance après beaucoup de temps, de patience, de peines et de fatigues ! Un des moyens que je crois reconnaître cependant, c'est de ne pas désirer cette connaissance avec trop d'empressement, et de consentir à frapper à cette porte longtemps avant qu'elle soit ouverte. Peut-être aurons-nous le bonheur de la voir s'entr'ouvrir quand nous aurons étudié, avec l'application que Dieu demande de nous, les humiliations et les souffrances de notre divin Jésus, surtout quand nous nous serons appliqués à l'imiter. Résignez-vous donc, ma très chère Mère, à supporter comme toute autre privation la privation de cette connaissance vive et lumineuse du Sauveur souffrant. Par cette résignation, vous vous rapprocherez de la croix et de Celui qui vous a rachetée sur ce bois d'infamie ; et il vaut encore mieux être auprès de lui que de le connaître. Lisez et méditez l'histoire de la Passion pour en retracer en vous-même quelque ressemblance plutôt encore que pour acquérir cette science divine. Ne manquez pas de courage pour cette sorte de méditation ou de lecture. Pour approcher de la croix, luttez avec force contre tous les obstacles. Je vous conseille d'avoir pour pratique de ne jamais laisser passer un jour sans lire ou vous représenter un trait de la passion de Jésus-Christ. Ayez des images qui vous représentent Notre-Seigneur mort ou mourant. Ne craignez pas de contempler ces images et d'adresser quelques aspirations à votre divin Maître. Joignez-vous souvent à la Mère des douleurs, au disciple bien-aimé, aux saintes femmes qui le suivirent sur le Calvaire. Plus ces pratiques vous paraîtront dures au commencement, plus elles deviendront douces si vous y êtes fidèle. »

Il y avait quinze ans que M. Marty pansait de la sorte, avec sagesse et avec charité, les douleurs toujours poignantes de cette âme bénie, et qu'il soutenait son courage ; il y en avait plus de trente qu'il dirigeait sa conscience. On comprend dès lors le sentiment de la Mère Émilie quand elle reçut l'avis de cette mort. Toujours résignée à la volonté de Dieu, elle s'humilia devant cette nouvelle douleur; elle se vit dépouillée d'appui et de conseil au milieu du combat ; elle se confia à Dieu, et, réprimant la violence de sa peine, répondit à Mgr l'évêque de Rodez, dans un langage contenu et digne :

« Monseigneur et mon Père,

« Les témoignages d'affection ne sont jamais mieux sentis qu'au moment de la douleur ; aussi ai-je vivement apprécié ceux que vous voulez bien me donner de votre bonté paternelle. Ils m'aideront à supporter la profonde affliction où me jette la perte de celui à qui je devais tout. Depuis l'âge de seize ans, il dirigeait mes pas et soutenait ma faiblesse. J'espère qu'il me continuera ses bontés, car je suis bien persuadée qu'il est auprès de Dieu. Il ne manquera pas de solliciter l'infinie miséricorde pour celle à qui il portait une si tendre charité et pour le petit troupeau qu'il lui avait confié, etc. »

CHAPITRE XXI

Le noviciat des Sœurs des écoles. — Les pauvres
et les prisonniers.

———

La mort de M. Marty ne devait pas arrêter les progrès de la Sainte-Famille. Néanmoins les écoles, qui s'étaient multipliées d'abord (on en comptait déjà six), parurent languir au bout d'un certain temps ; les sujets faisaient défaut ; plusieurs de ceux qui avaient été reçus semblaient insuffisants. La Vénérable Mère recevait des réclamations de divers côtés, et elle entra dans un grand embarras. Elle commençait à douter que l'œuvre pût se soutenir. Il lui en coûtait de renoncer à un bien qu'elle avait entrevu et à une entreprise que M. Marty avait approuvée. Les choses s'aggravèrent encore ; les écoles paraissaient nuire à l'esprit et à la discipline du cloître ; elles semblaient devoir briser l'unité de la congrégation, et encore leur œuvre ne se faisait pas ou se faisait mal. La Servante de Dieu était transpercée de douleur et d'inquiétude ; elle ne voyait point de remède : elle était découragée. Elle fit dresser un mémoire pour Mgr l'Évêque de Rodez; elle y exposait l'état des choses, en montrant la difficulté de faire fonctionner dans un même institut des Sœurs cloîtrées et non cloîtrées; elle demandait à être déchargée des écoles, et concluait à une séparation complète entre les deux branches de l'institut de la Sainte-Famille.

Or Mgr Giraud tenait tout particulièrement aux écoles de la Sainte-Famille : à ses yeux, elles répondaient à un besoin du diocèse, où il n'y avait presque pas de Sœurs enseignantes et où les institutrices laïques, elles-mêmes d'ailleurs en fort petit nombre, étaient loin d'offrir à un évêque les garanties qu'il doit désirer. En voyant la place qu'il avait à leur donner, le prélat avait espéré que les Sœurs des écoles de la Sainte-Famille sauraient la remplir. Toute la question était de les bien former : le prélat ne voyait pas d'opposition entre leur vocation et celle des Sœurs cloîtrées. Il n'ignorait pas les difficultés et les tiraillements dont souffrait tout l'institut ; mais il voyait aussi le but, et il était persuadé qu'on pouvait y arriver. La lettre de la Mère Émilie et sa résolution de ne plus s'occuper désormais des écoles, le mécontentèrent donc, et il fit tout de suite exprimer son sentiment à la Mère. Il écrivit presque en même temps au supérieur général pour blâmer la détermination qu'on venait de prendre. Il s'en plaignait assez vivement ; mais il ne se proposait pas de la faire révoquer. Il ne donnait aucun ordre : il se gardait même d'engager la Mère à continuer l'œuvre qu'elle condamnait. Il respectait sa résolution, et se bornait à demander qu'on « en différât l'exécution jusqu'à ce qu'il eût pris des mesures pour placer convenablement ces pauvres filles, qui devenaient doublement les siennes, disait-il, puisqu'on voulait les abandonner. »

La Mère Émilie, on le sait, n'avait pas besoin d'ordre : le sentiment de son évêque devint aussitôt sa règle, et, reprenant son courage, elle écrivit au prélat une lettre pleine de bonne volonté et de soumission, où elle protestait qu'elle avait pu être une imprudente, mais qu'elle ne voulait pas être une désobéissante. Afin d'entrer dans les désirs de l'Évêque, loin de chasser de sa pensée les Sœurs des écoles, elle rappela toutes ses préoccupations sur elles : elle pria ; elle consulta Dieu et pensa qu'il était à propos de former un noviciat séparé, où les Sœurs des écoles seraient formées à l'esprit de la Sainte-Famille et dirigées vers le but de leur vocation particulière. Mgr l'évêque de Rodez approuva ce dessein qui lui était venu à la pensée, mais qu'il n'avait pas suggéré. On se mit à l'œuvre immédiatement : le noviciat des Sœurs des écoles fut placé sous l'invocation de saint Jean de Dieu et installé le 6 janvier 1840. La Mère Émilie racontait elle-même à une de ses Sœurs toute l'histoire de son installation :

« Ma très chère Mère, vous savez la peine que nous donnaient les écoles, soit par la pénurie des sujets, soit par d'autres causes. Le tout réuni m'avait donné un tel découragement que je n'en pouvais plus. De concert avec notre Père, j'en écrivis à Monseigneur, qui essaya de guérir mon mal par un bon *plat* de vinaigre qu'il me donna d'abord par son secrétaire, et une autre bonne dose dans une lettre qu'il écrivit à notre Père. Cela m'a fait un tel bien que je me suis trouvée toute remplie de courage, et disposée à faire tout ce qui dépendrait de moi pour soutenir nos écoles et les améliorer. J'ai écrit à Monseigneur pour le lui témoigner, et *tout à l'heure* il est content de moi, et moi aussi qu'il le soit.

« Pour entrer pleinement dans son intention, nous nous occupons sans relâche de tout ce qui peut être utile à nos chères Sœurs des écoles ; nous mettons en ordre le règlement sous la direction de Sa Grandeur, et nous avons mis à part les aspirantes qui se destinent à être Sœurs des écoles, en sorte qu'elles feront leur noviciat dans un endroit séparé. Mes Sœurs N***, Philippine et Véronique sont chargées de cela : la première a la direction, et les deux autres aident. Si vous voyiez comme ces trois Sœurs sont contentes d'y être appliquées ! L'avantage de cette séparation est qu'elles observeront leur règlement de point en point. Nous n'avons encore que trois aspirantes : nous en avons bien d'autres qui le désirent, etc... » En effet, au bout de quelques jours, le noviciat contenait vingt aspirantes.

Ce travail sur le règlement des Sœurs des Écoles répondait à un désir de M. Marty. C'était une revision complète : elle avait pour but de fortifier la discipline. La Mère Émilie, on peut le croire, s'appliquait à rester docile à l'esprit du fondateur, tout en modifiant les choses selon les leçons de l'expérience. « Ce règlement est pour vous le livre de vie, disait-elle à ses Sœurs ; vous aimerez à le lire et encore plus à y conformer votre conduite ; de votre exactitude à l'observer dépend le degré de gloire qui vous est réservé dans le ciel. Qu'il est consolant pour une religieuse qui aime son état et désire en remplir les obligations, de pouvoir se rendre ce témoignage que, dans tous les instants du jour, elle accomplit la sainte et aimable volonté de Dieu! C'est l'avantage que vous procure le règlement : en fixant irrévocablement le temps et la durée de chaque exercice, il fortifiera dans toutes nos écoles cette utile et agréable uniformité si conforme à l'esprit et à l'amour de notre sainte vocation. »

Pour entretenir en outre cet esprit de sacrifice, de pauvreté et d'humilité, qui doit partout distinguer la Sainte-Famille, la Mère Émilie fit extraire des Constitutions rédigées par M. Marty tout ce qui pouvait convenir aux Sœurs non cloîtrées ; elle voulait mettre ainsi à leur portée les conseils et les enseignements du pieux fondateur, débarrassés de tout ce qui n'était pas compatible avec leur vocation particulière. Mgr l'Évêque de Rodez avait approuvé ce double travail ; il les trouvait l'un et l'autre propres à soutenir la ferveur et à maintenir la discipline, ils étaient surtout précieux pour des maisons isolées les unes des autres, et dont quelques-unes n'étaient composées que de trois ou quatre Sœurs.

L'établissement du noviciat des écoles donna une grande extension à la visite des pauvres et des malades. On sait combien la Mère Émilie goûtait cette charité. Jusque-là, les Sœurs converses avaient été les seules de la Sainte-Famille à exercer ce sublime et consolant ministère : il était une dévotion particulière de la Vénérable, plutôt qu'un exercice de la congrégation. La vocation des Sœurs des écoles les appelait désormais à y prendre part. Il fallait exercer les novices et les postulantes. Mgr l'Évêque de Rodez ne trouva rien de plus simple que de les initier par la pratique à cette intelligence du pauvre, à laquelle les livres saints ont promis tant de bénédictions. C'est en s'approchant des malheureux, en pénétrant habituellement dans leurs demeures, en connaissant jour par jour le détail de leurs souffrances et de leur vie qu'on apprend à les aimer. D'après la volonté du prélat, les novices des écoles sortirent à tour de rôle, sous la conduite d'une Sœur converse, pour visiter les pauvres et les malades de Villefranche. La parole de Notre-Seigneur porte partout ses fruits, et ce n'est pas en vain que l'aimable fils de Marie a choisi les pauvres pour ses amis et sa société habituelle. Il a caché dans leur commerce des grâces ineffables. Elles sont sensibles aux cœurs épris de la charité, et elles sont comme un signe de la présence du Sauveur parmi les détresses des hommes. Les novices et les postulantes de la Sainte-Famille y goûtèrent le caractère divin; elles répondirent avec ferveur à l'appel de Jésus souriant au milieu des infirmités humaines; elles se portèrent avec l'élan de cœurs jeunes, purs et ardents, vers le soulagement des pauvres; elles embrassèrent avec zèle toutes les misères; les malades furent secourus et consolés, les ignorants instruits, les pécheurs exhortés à la pénitence. Les résultats les plus consolants abondèrent entre les mains de ces jeunes filles. Elles servirent d'instruments aux plus grandes miséricordes de Dieu; elles purent faciliter à quelques âmes la réconciliation avec le divin Maître; elles purent en préparer quelques-unes aux derniers sacrements. La Mère Émilie était inondée de joie. On avait commencé la visite des pauvres en installant le noviciat, le jour des Rois 1840; ce jour-là, la Mère remit à la Sœur converse chargée de la direction des visites un grand gâteau à distribuer aux pauvres, en manière de bienvenue. La Mère recommanda bien qu'on lui rendît compte le soir des résultats de cette première tournée. « L'étoile des Mages, disait-elle à la Sœur, vous guidera vers les maisons où se trouvent les plus malheureux ! » N'est-ce pas là, en effet, qu'habite le divin enfant? Ce premier jour, la Sœur visita quinze maisons. « Si vous saviez, écrivait quelques jours après la Mère Émilie, si vous saviez combien nous avons un grand nombre de malades, et combien je suis consolée (même j'ai bien peur de l'être trop!) que nos Sœurs des écoles aillent les voir! nous en avons beaucoup à visiter, et bientôt nous en aurons davantage. On commence à savoir que nous avons entrepris cette œuvre, et lorsqu'on connaît un malade, on nous l'indique. — Vous n'allez pas chez un tel? il est infirme! nous dit-on. — Vous avez une malade à tel endroit! nous dit une autre. De sorte que la Sœur tourière, qui a la direction des visites, est uniquement occupée à cette tâche ; elle conduit nos postulantes. Priez le bon Dieu, afin qu'il nous donne une intention pure et que tout soit pour sa gloire ! » Pour subvenir à ces nouvelles charités, la Servante de Dieu multipliait ses petites industries; nous les avons indiquées ; elle recueillait précieusement les moindres débris de nourriture laissés par les enfants, pain, sauce, viande, jusqu'aux os qu'elle faisait cuire et recuire, afin d'en extraire tous les sucs savoureux et nutritifs; elle faisait ramasser les roses, coquelicots, mauves et autres feuilles pectorales dans la saison ; elle recommandait aux enfants de conserver les queues de cerise, les noyaux de prune, d'abricots et de pêches ; les amendes étaient vendues au profit des pauvres, les coques étaient séchées et distribuées aux pauvres, ainsi que les coquilles de noix : cela servait à allumer le feu. La Mère vendait aussi les vieux papiers qu'elle pouvait recueillir. Au milieu des tortures de son âme, son unique rafraîchissement était de s'occuper des pauvres ; elle avait un tout petit ménage destiné à leur service, et elle se délectait à faire elle-même leur soupe et à préparer leurs autres aliments. Nous avons déjà parlé de son talent à employer tout ce qui lui tombait entre les mains ; elle fabriquait des matelas ou des couvre-pieds avec de vieux chiffons, des morceaux de bas, de la mousse et toutes sortes d'effilures.

Elle avait une malle pour recevoir les objets qu'on lui donnait pour les pauvres. Elle y mettait les fruits et les autres douceurs que l'état de sa santé engageait quelquefois les personnes du dehors à lui envoyer. Si on lui faisait remarquer qu'elle avait grand besoin de ces adoucissements : « Servons d'abord les pauvres, disait-elle, ils sont les membres de Jésus-Christ ; le reste me fera plus de bien. » Si on insistait en lui représentant qu'il n'y avait pas de malades en ce moment pour profiter de ses privations : « Mettez toujours de côté, disait-elle, cela servira plus tard. »

Mais sa grande industrie était toujours sa confiance dans la divine Providence. Avec toutes ses petites économies, elle eut toujours à cœur de soulager les pauvres largement : elle ne rougissait pas de leur donner une chétive aumône qui pouvait à peine procurer un soulagement de quelques instants; mais en même temps elle répandait ses dons dans une abondance prodigieuse, à laquelle il fallait bien que Dieu se chargeât de pourvoir. Outre la malle où l'on devait déposer les divers objets donnés pour les pauvres, la Vénérable remit à la Sœur chargée de la direction des visites une bourse renfermant trois francs. Elle recommanda de jeter dans cette bourse, sans jamais le compter, tout l'argent qu'on pourrait recueillir pour les pauvres : elle défendit de jamais s'assurer de ce que contenait la bourse, mais ordonna d'y puiser abondamment dans toutes les nécessités. La Sœur exécuta ponctuellement ce règlement ; et elle assure que la bourse fut inépuisable. On y trouva, en toutes circonstances, l'argent nécessaire. Les circonstances cependant étaient fréquentes.

Nous avons déjà remarqué l'enchaînement des bonnes œuvres : toutes les misères se tiennent en effet, et c'est le propre des exercices de charité de développer le dévouement des cœurs. La visite des malades conduisit les Sœurs de la Sainte-Famille à visiter aussi les prisonniers. C'est encore là une grande œuvre de miséricorde ; elle avait été longtemps pratiquée à Villefranche par une sainte femme, assez singulière d'allures, dont on riait beaucoup, mais à qui on donnait toujours quand elle demandait ; et elle demandait sans cesse. Elle avait été chanoinesse avant la révolution. Elle s'était retirée ensuite à Villefranche, et elle y menait, dans les mortifications de toutes sortes, une vie d'austérité et de pénitence. Elle avait mis en oubli tous les besoins de son corps et le traitait avec la dernière rudesse. Toutes ses ressources étaient employées à soulager les pauvres. Son cœur s'était incliné vers les misères des prisonniers. Sa demeure donnait sur le préau des prisons, et elle pouvait entendre de sa chambre les discours des condamnés. Elle n'entendait rien de bien édifiant, et ne voyait non plus rien de bien heureux. Elle entra en relation avec les misérables contre lesquels sévit la justice humaine. Tous les matins, l'ancienne chanoinesse se mettait à sa fenêtre, elle appelait les prisonniers et récitait la prière à haute voix. Elle voulait qu'ils répondissent, et si par hasard un d'entre eux restait à l'écart sans prendre part à l'exercice commun, elle l'interpellait par son nom, lui disant: « Si tu ne pries pas, tu n'auras pas de tabac ! » Elle se mettait encore à la fenêtre pour faire la prière du soir de la même sorte, et n'oubliait même pas l'Angélus, à midi. Elle ne bornait pas ses soins à la prière : elle rendait aux prisonniers tous les services et leur procurait toutes les douceurs qui étaient en son pouvoir.

A cette époque, toutes choses se ressentaient encore, en France, de la douceur de l'ancien régime, où il y avait toujours, à côté de la rigueur de la justice, place pour l'exercice de la charité. Dans les provinces méridionales de la France surtout le droit de la charité était reconnu, et personne n'eût voulu s'opposer à la compassion de la Sœur Ardourel, comme on la nommait. Cette sainte femme riait elle-même de l'attrait de sa piété, et ne se faisait aucune illusion sur le résultat de son dévouement. Elle s'appelait tout résolument la *Mère des coquins*, et quand elle quêtait, ce qui lui arrivait souvent, avons-nous dit, elle quêtait pour les *coquins*. Elle trouvait encore un grand nombre d'âmes qui consentaient à lui donner, que bien leurs aumônes ne parussent pas avoir toujours de grands fruits. Les *coquins*, cependant, étaient reconnaissants pour leur Mère ; et une charité faite au nom du Seigneur Jésus a-t-elle jamais été inutile ? Au milieu de l'abjection des prisons, qui peut dire combien d'âmes ont trouvé leur rafraîchissement dans cette prière récitée du haut de sa fenêtre par la Sœur Ardourel ? Bien qu'un certain nombre des assistants prît part à cet exercice sans aucune vue des récompenses éternelles, et uniquement dans l'espérance d'avoir du tabac, le nom de Jésus était prononcé, ce nom devant lequel tous les genoux fléchissent même en enfer ; il était pro clamé par des lèvres habituées à blasphémer ; il rayonnait sur des cœurs livrés à toutes leurs convoitises ; il pouvait y réveiller quelque écho lointain de la grâce, empêcher la foi de s'éteindre, faire naître quelque sentiment agréable à la miséricorde divine : et cela avec l'aide de la grâce, qui n'est refusée à personne, pouvait suffire au jour de la mort pour transformer les coquins de la terre en justes du ciel.

Cependant la Sœur Ardourel était morte vers 1820. Les prisonniers de Villefranche avaient été dès lors privés des soulagements qu'elle leur avait apportés si longtemps avec tant de résolution, de gaieté et de constance. Les traditions que cette pieuse femme avaient réveillées n'étaient cependant pas tout à fait perdues. Quelques âmes charitables envoyèrent encore des aumônes aux prisons et persévérèrent dans cette bonne œuvre. Dans une de leurs premières visites aux malades, les Sœurs de la Sainte-Famille trouvèrent une bonne femme qui avait reçu une aumône de trente sous à porter aux prisonniers : elle pria les Sœurs de se charger de ce soin. En se rendant à la prison, les Sœurs virent un malheureux jeune homme remarquable, au milieu de tous ses compagnons, par ses désordres et ses violences, et qu'on resserrait étroitement parce qu'il avait déjà cherché à s'évader. Ce malheureux blasphémait d'une manière épouvantable ; et les Sœurs se retirèrent glacées d'horreur. Il y avait dans le même temps un certain nombre de femmes prisonnières, et l'aumônier aurait voulu leur procurer de l'ouvrage. On demanda aux Sœurs si elles ne se chargeraient pas de leur en distribuer, d'en surveiller l'exécution, de le vendre et d'en remettre le prix aux détenues. En même temps, on conseillait à la Mère Émilie de ne pas se borner à cette mission auprès des femmes, et d'essayer aussi de consoler et d'instruire les prisonniers. Avec l'approbation et les encouragements de Mgr l'Évêque de Rodez, la Mère essaya cette nouvelle entreprise. Le dimanche des Rameaux, elle fit bénir un pain que lui avait donné, à cette intention, une de ces pieuses femmes pleines de l'esprit de charité qui, tout en vivant dans le monde, sont disposées à s'associer à toutes les bonnes œuvres, et qui, on le comprend, à Villefranche, aimaient surtout à entrer dans les entreprises de la Mère Émilie. Celle-ci remit ce pain bénit à une Sœur tourière pour qu'elle le distribuât à la prison ; la Mère ajouta trois noix pour chacun des détenus. La Sœur revit encore le blasphémateur, dont la bouche semblait un soupirail de l'enfer. Elle jeta un regard de compassion sur ce misérable, et le recommanda à la miséricorde de Dieu qu'il insultait avec frénésie. Durant la semaine sainte, cet homme est tout à coup pris d'un mal violent, et il paraît sur le point d'expirer. Sa fureur et ses blasphèmes redoublent ; ses compagnons insultent à ses douleurs et à son désespoir, en l'assurant qu'il en a trop fait pour que Dieu puisse jamais lui pardonner. La Mère Émilie est prévenue du danger de mort où se trouve cet infortuné; et elle envoie aussitôt auprès de lui la Sœur, qui pénètre en tremblant dans son cachot. Elle y trouve un désespéré et non plus un furieux. Elle l'engage à mettre sa confiance dans la sainte Vierge; le pauvre homme, quoique né d'une mère catholique, était protestant. Il accepte cependant une médaille et il consent à recevoir la visite d'un prêtre : il se confesse à plusieurs reprises, reçoit les sacrements et meurt bientôt en faisant les actes de contrition les plus vifs, et en se recommandant à la sainte Vierge.

Ce fut avec cette bénédiction remarquable que les Sœurs commencèrent la visite des prisonniers. La Vénérable embrassa cette œuvre de toute sa tendresse. Son attrait la portait toujours vers les délaissés. Les prisonniers avaient, pour toucher son cœur, les mêmes titres que les enfants pauvres. Leurs âmes étaient en danger de se perdre, et, au milieu de leurs vices et de leur abjection, elles manquaient des consolations divines et des moyens de se rapprocher de la lumière qu'elles avaient une fois abandonnée. « N'ayez pas peur de ces pauvres gens, disait la Mère à ses Sœurs en les envoyant aux prisons, ils sont souvent plus malheureux que coupables. Soignez-les bien ; ils sont nos frères en Jésus-Christ, et d'autant plus à plaindre que tout le monde les dédaigne et les méprise. » Pour les soulager, la Servante de Dieu n'avait, il est vrai, que ses prières. L'effet s'en fit sentir. Les aumônes abondèrent, et les nécessités spirituelles furent aussi soulagées. On rencontrait bien parfois divers obstacles ; mais on savait les vaincre. Quelquefois les Sœurs étaient insultées. « Je vous félicite, leur disait au retour la Mère ; ceux qui nous disent des injures nous font plus de bien que ceux qui nous donnent des louanges. Vous irez voir de nouveau ces malheureux : vous leur parlerez avec encore plus de douceur et de bonté. » Avec de la douceur et de la bonté on gagne les cœurs. Les Sœurs allaient à la prison deux fois par semaine pour faire le catéchisme ; en général on les écoutait volontiers. Les dimanches, elles faisaient le chemin de la croix, et les prisonniers le suivaient avec dévotion.

Malgré les succès obtenus par ces efforts, la Mère Émilie tenta de faire pénétrer dans les prisons un ministère plus efficace. Elle procura aux prisonniers une retraite. Des fruits merveilleux l'accompagnèrent. La grâce inonda ces cœurs pervertis ou égarés. Tous voulurent se réconcilier avec Dieu. Le jour de l'Immaculée Conception (1843), les prisonniers participèrent au festin eucharistique. On ne conçoit pas ce que sont de pareilles fêtes dans les lieux d'opprobre et d'infamie. Il y a tant de joie dans le ciel pour la conversion d'un seul pécheur ! ce pécheur converti ne change rien à la vie habituelle de la cour céleste ; il augmente le nombre des élus, il ne les rapproche pas de l'Agneau qui s'était donné à eux et dont ils jouissaient avant qu'un nouvel enfant de la grâce vînt participer aux mérites de ce sang, source intarissable des joies divines. Mais quand le Seigneur Jésus, avec toutes ses miséricordes et sa douceur, descend dans les lieux habités par le vice et la honte, quelle merveille ! quelle transformation ! et combien la paix qu'il donne est ineffable ! J'ignore si les prisonniers en connaissaient le prix, ils en savouraient du moins la douceur. La Vénérable Mère aurait voulu répandre et assurer partout cette paix divine. Elle ne se borna pas à faire prêcher une retraite aux prisons. La population change souvent dans ces lieux de misère ; elle fût demeurée la même que des cœurs depuis longtemps, quelquefois depuis leur naissance, inclinés sans combat vers le mal, auraient eu besoin d'un soutien extraordinaire : pouvaient-ils du premier coup être affermis dans ce goût nouveau du bien qu'on venait de réveiller en eux ? La Mère Émilie et ses prières auraient, il est vrai, pu suffire ; mais elle employait de surcroît tous les moyens que procurait la Providence. Pas un prédicateur ne prêchait de retraite à Villefranche sans que la Vénérable le priât de visiter les prisons et d'y donner quelques instructions. C'était une partie du troupeau qu'il venait évangéliser ; la charité de la Mère ne voulait pas qu'on la laissât dans l'oubli.

Cette charité reprenait ainsi les traditions de la Sœur Ardourel. La Servante de Dieu ne craignait pas de mêler aux rigueurs de la justice humaine toutes les douceurs qu'elle pouvait apporter au sort des condamnés. Elle faisait des matelas pour les malades ; elle leur donnait des couvertures pendant l'hiver ; elle leur faisait même distribuer du feu ; elle leur préparait de petits repas. Elle les préparait souvent elle-même, comme elle faisait des repas des pauvres et de ceux des enfants sans ressources qui fréquentaient les écoles. Aux bonnes fêtes surtout, elle ne manquait pas de procurer quelque régal à ses chers prisonniers. Dieu bénissait cette compassion ; il souriait à cette tendresse que la philanthropie de nos jours et les divers systèmes de moralisation pénitentiaire pourraient trouver excessive et déplacée. Lorsque les ressources de la Mère Émilie étaient épuisées, le bon Dieu venait en aide : comme il avait fait maintes fois quand il s'agissait de procurer aux Sœurs et aux enfants la nourriture nécessaire, il pourvoyait à ce que les prisonniers ne fussent pas privés du petit régal sur lequel ils comptaient et que la Mère avait dessein de leur donner. Un jour, on devait porter aux prisons un mets assez populaire à Villefranche : une viande accommodée d'une certaine manière et qu'on nomme des *fritons pressés*. Au moment de partir pour les prisons, la Sœur chargée de la visite et de la distribution passe à la cuisine pour prendre le repas des prisonniers ; mais elle est désappointée de voir qu'on lui a préparé à peine le tiers de ce qui serait nécessaire pour le repas de ses *coquins*. Les *coquins*, on le sait, ont souvent bon appétit. La pauvre Sœur se trouvait dans une grande perplexité. « Eh ! disait-elle à la Sœur de cuisine, si vous eussiez prévenu plus tôt, on eût pu acheter d'autre viande. » La Mère Emilie était dans la cuisine ; elle vit l'embarras et entendit les plaintes de la visiteuse ; elle voulut voir les *fritons*, et demanda à la Sœur de quelle grosseur il fallait faire la part des prisonniers. « Mais, ma Mère, répondit la Sœur, quand nous en donnerions gros comme les deux doigts, il n'y a pas de quoi faire vingt portions, et il nous en faudrait soixante. — Ce n'est pas ce que je demande, reprit la Mère : de quelle grosseur faut-il faire les morceaux ? — Au moins de la moitié de la main, » répondit la Sœur. La Mère se met alors à faire les portions de la grosseur demandée. Elle en fit soixante, et il en resta encore un gros morceau. La Sœur, devant cette multiplication évidente, ne savait plus ce qu'elle faisait ; un tremblement nerveux s'empara d'elle ; elle pleurait d'effroi et de douceur en même temps, et pouvait à peine se soutenir. La Mère Émilie était calme. Ce n'était pas la première fois que de telles merveilles s'opéraient entre ses mains. Nous en rapporterons d'autres exemples.

Mais ce n'était pas seulement pour procurer des

festins aux prisonniers que le bon Dieu mettait sa puissance au service de la Mère Émilie, il bénissait ses efforts d'une autre manière. Un ordre merveilleux régnait dans la prison ; tous les détenus avaient du travail ; les prières du soir et du matin se faisaient en commun, comme au temps de la Sœur Ardourel ; beaucoup de prisonniers s'approchaient des sacrements et employaient le temps où la justice des hommes sévissait contre eux à apaiser la justice divine, s'estimant heureux d'avoir trouvé dans la prison un moyen de salut. Quand il y avait des prisonniers qui résistaient aux efforts des Sœurs, la Mère Émilie redoublait de prières; quelquefois ce n'était pas la bonne volonté, c'était l'intelligence qui paraissait manquer. Les prisons regorgent de pauvres créatures tellement étrangères aux plus simples notions du bien, tellement privées, dès leur enfance, des secours nécessaires à tous les hommes pour atteindre à la vérité, tellement accoutumées au vice dès leur bas âge, qu'il faut des efforts extraordinaires pour faire pénétrer la lumière dans ces intelligences dévoyées. La Mère Émilie ne se rebutait pas ; elle encourageait les Sœurs et elle priait. Une fois entre autres, il y avait trois jeunes gens de vingt-quatre à vingt-cinq ans, comme il y en a un trop grand nombre dans nos sociétés civilisées, qui n'avaient aucune teinture des vérités essentielles. Le désir ne faisait pas défaut, et ces pauvres gens étaient bien heureux et bien reconnaissants d'avoir trouvé quelqu'un qui voulût les instruire. Mais les Sœurs épuisaient leurs efforts sans pouvoir faire pénétrer à travers ces cervelles endurcies et dans ces âmes absorbées par la matière, la moindre lueur des vérités divines ; les Sœurs se désolaient en voyant s'écouler le temps de la peine de ces malheureux sans trouver la possibilité de leur faire faire leur première communion. Elles en parlèrent à la Mère Émilie ; celle-ci les consola et les assura que ces tristes élèves seraient bientôt en état de remplir leur devoir. Dès ce moment, en effet, ces pauvres intelligences parurent s'éclairer ; la vérité divine agit sur ces cœurs, et ils purent bientôt recevoir les sacrements et y apporter même une ferveur et une piété dont on aurait été loin de les croire capables.

CHAPITRE XXII

Fondations de Rieupeyroux et de Montauban (1840-1841).

L'institut de la Sainte-Famille se développait de plus en plus. Pendant que les écoles se multipliaient, et que les œuvres abondaient entre les mains des Sœurs appliquées au travail extérieur de la charité, les Sœurs cloîtrées augmentaient aussi de nombre, et l'occasion se présenta de fonder pour elles deux nouvelles maisons. Les cloîtres étaient toujours chers à la Mère Émilie. Par leur austérité et leur discipline, ils étaient à ses yeux comme le soutien des divers travaux où se dépensaient les Sœurs livrées aux œuvres extérieures. Elle aimait les deux branches de son institut ; elles représentaient à ses yeux Marthe et Marie ; mais les travaux de Marthe n'étaient si féconds qu'à cause des prières et du crédit de Marie auprès du divin Maître. Le cloître, en effet, était le tronc plein de sève et de vigueur d'où avait surgi cette branche fleurie et verdoyante des écoles et des œuvres extérieures de charité. La Mère Émilie, en soignant la branche avec soin, n'oubliait pas le tronc même de l'arbre, et ne refusait pas de lui laisser prendre son accroissement. Elle conservait, du reste, les mêmes traditions ; et la volonté de Dieu consultée, elle ne cherchait pas de quelles ressources elle pouvait disposer : c'était à la Providence de pourvoir aux besoins. La fondation d'une maison cloîtrée est toujours entourée de plus d'obstacles que celle d'une simple maison d'école. Il faut un local plus vaste ; la communauté est plus nombreuse, et retirée dans l'intérieur de ses bâtiments, il ne lui est pas donné de se répandre au dehors et de provoquer les charités.

La Mère Émilie, le 25 juin 1840, partit pour Rieupeyroux, où son supérieur avait décidé qu'on établirait une maison cloîtrée. Elle y conduisit huit Sœurs et acheta une maison ; elle écrivit à l'économe de Villefranche d'envoyer de l'argent pour l'aider au payement. Il y avait peu d'argent en caisse ; c'était l'habitude à la Sainte-Famille, et l'économe répondit à la Mère en lui exposant la pénurie où elle se trouvait. La Mère insista de nouveau en demandant tout l'argent qui se trouvait au couvent. « J'ai bien 3,000 francs, » dit l'économe à l'assistante, en lui communiquant la demande de la Mère. On va chercher le sac ; l'économe et l'assistante se mettent à compter. Avant de commencer, comme elles avaient vu faire à leur Mère, elles font le signe de la croix ; elles comptent et trouvent 14,000 francs. On envoya le tout à la Vénérable. Elle savait bien ce que pouvait, dans les grandes occasions, contenir la bourse de la communauté ; elle demanda à qui l'on avait emprunté une si grosse somme : quand on lui eut expliqué comment les choses s'étaient passées, elle comprit qu'elle avait affaire à un prêteur, avec qui elle était en compte journalier.

Cette maison de Rieupeyroux, assistée dès son commencement par un si beau coup de la Providence, ne subsista pas cependant telle que la Mère Émilie l'avait d'abord établie ; les Sœurs cloîtrées furent remplacées au bout de deux ans par les Sœurs des écoles, dont les classes fréquentées par beaucoup d'enfants rendent encore aujourd'hui de grands services au bourg et aux environs.

Bien que contrainte ainsi à Rieupeyroux de restreindre son entreprise, la Mère Émilie ne voulait pas moins rester fidèle aux allures des premiers jours. Elle ne voulait pas s'embarrasser dans les calculs de la sagesse humaine, et dans la fondation de Montauban elle se remit encore de tout sur les soins du bon Dieu. La prieure des Carmélites de Figeac, la Mère Thérèse de Saint-Augustin, forcée d'aller à Montauban, y avait vu le propriétaire d'une ancienne maison religieuse, fort désireux de la vendre. Une communauté de Montauban, celle des dames du Refuge, aurait pu s'en accommoder ; mais elle voulait, avant d'acquérir un nouvel immeuble. être assurée de se défaire de celui qu'elle occupait. Le propriétaire de l'ancien couvent pensa que la Mère Émilie pourrait intervenir dans cette opération. Si elle voulait, en effet, créer un établissement à Montauban, elle pouvait acquérir l'ancien couvent des Carmes, ou s'arranger de la maison des dames du Refuge, libres ainsi de se transporter ailleurs. De toutes façons, la gloire de Dieu se trouvait dans cette affaire, et les intérêts du propriétaire de l'ancien couvent des Carmes n'en souffraient aucunement. La Providence s'était déjà servie du désir de vendre, qu'avait un propriétaire, pour procurer une fondation de l'institut de la Sainte-Famille. Dans cette nouvelle circonstance, la prieure des Carmélites de Figeac se chargea de prévenir la Mère Émilie. Celle-ci n'avait aucune répugnance à établir une nouvelle maison cloîtrée. Le supérieur de la Sainte-Famille inclinait aussi vers ce projet ; mais il était embarrassé des ressources dont on pourrait disposer. La Mère ne voulait pas s'arrêter à cette considération. « Pourvu que vous approuviez le projet, disait-elle au supérieur, je croirai qu'il est dans la volonté de Dieu, et il ne manquera pas de me donner l'argent nécessaire ! A quoi bon, lui disait-elle encore, m'inquiéter de savoir si la maison coûtera cher ou sera à bon marché ? Est-il plus difficile au bon Dieu de me donner soixante mille francs que vingt sous ? — Au moins, disait le supérieur, faudra-t-il savoir ce que vaut la maison, et ne pas la payer au delà de sa valeur ? — Faut-il, reprenait la Mère, faut-il encore s'inquiéter de cela? A moins de votre volonté expresse, si nous traitons avec les dames du Refuge, je ne chercherai pas à marchander. Elles font le bien comme nous: qu'importe que l'argent soit à elles ou à nous ; c'est bien absolument la même chose. »

Le supérieur, voyant cette intrépidité de confiance, donna son adhésion, et, au mois de juillet 1841, la Mère Émilie partit pour Montauban. « Nous avons fait une diète sévère pendant la route, écrivait-elle à ses Sœurs, aucune de nous ne toucha aux petites provisions, et les pauvres en ont profité. C'est par eux que nous avons été accueillis en descendant de voiture : une aveugle a eu les pommes cuites, etc. » D'autres amis se trouvaient aussi à l'arrivée de la voiture, et s'offraient à conduire les Sœurs; la Mère Émilie prit pour guide une pauvre mendiante, et se fit mener tout droit chez les Carmélites, où elle allait demander l'hospitalité.

La Mère Émilie avait pour sainte Thérèse la dévotion la plus tendre; elle regrettait de ne pas porter son nom ; elle eût voulu dans toutes les villes voir un établissement de Carmélites ; elle avait fait, on le sait, tous ses efforts pour procurer ce bienfait à Villefranche ; elle était heureuse de se rendre dans une maison du Carmel. Mais le Carmel de Montauban éveillait, en outre, chez elle d'anciens et particuliers souvenirs. Il y avait plus de trente ans que la Mère Émilie y était entrée une première fois. L'institut de la Sainte-Famille n'était pas fondé ; la Mère était dans toutes les angoisses dont nous avons parlé, au sujet de sa vocation ; elle avait entretenu de son projet la prieure des Carmélites, et lui avait fait part du dénûment où elle était pour établir une maison d'instruction pour les pauvres. La révérende prieure l'avait beaucoup encouragée dans ses désirs, lui avait recommandé de ne jamais s'inquiéter des moyens pécuniaires, et l'avait assurée que si ce projet était dans la volonté de Dieu, il ne manquerait pas de réussir. La Mère Émilie n'avait point oublié ces conseils ; elle les avait mis fidèlement en pratique ; elle pouvait désormais, après tant d'expériences, attester combien ils étaient précieux et sages. Elle les repassait dans son cœur, promettant à Dieu d'y conformer toujours sa conduite, et se préparant à remercier celle qui les lui avait donnés autrefois.

La prieure des Carmélites de Montauban, la Mère Geneviève Sainte-Fleur (1), âgée alors de

(1) La révérende Mère Saint-Fleur, dont nous ignorons le nom dans le monde, était née à Clavier, près Figeac, d'une nombreuse et chrétienne famille. Elle avait une de ses tantes parmi les

soixante-quinze ans, était un de ces précieux débris des anciennes communautés qui concoururent glorieusement à la restauration de l'Église de France au xix⁰ siècle. Née aux environs de Figeac, élevée dans la maison des Clarisses de cette ville (celle même que depuis plusieurs années occupait la Sainte-Famille), la Mère Sainte-Fleur avait fait profession au Carmel de Montauban, vers 1783. Chassée de son couvent par la révolution, elle refusa de rentrer dans sa famille, et, avec quelques-unes de ses compagnes, resta auprès d'une vieille religieuse qui avait été leur maîtresse au noviciat. Elles persévérèrent dans la retraite, la pauvreté et leurs divers exercices qu'elles continuèrent même dans la prison. Elles y avaient trouvé soixante-dix autres religieuses de divers ordres. Elles étaient entassées dans un ancien couvent de Capucins, où elles manquaient d'espace et à peu près de nourriture. Dans cette détresse, elles eurent la joie, une nuit, de voir pénétrer au milieu d'elles un prêtre qui, après les avoir confessées, célébra la messe et les communia ; voulant ensuite

---

dames de Nevers, et sa famille aurait désiré la voir entrer dans cette congrégation, où était déjà une de ses sœurs. La vocation au Carmel fut irrésistible et marquée de circonstances singulières.

La Mère Sainte-Fleur est morte à Montauban, le 31 janvier 1848, âgée de quatre-vingt-trois ans, après en avoir passé soixante-trois en religion. J'ai consacré dans *les Serviteurs de Dieu* une notice à cette grande restauratrice des Carmels de France.

leur laisser un gage et un appui, il leur confia les saintes espèces. Il n'y avait dans la prison aucun lieu pour les conserver. Sainte-Fleur fut désignée pour les porter sur elle, et elle était au milieu de ses compagnes comme un tabernacle vivant. Nous ne savons combien de temps elle jouit de ce privilège : elle en fut privée, elle le retrouva, elle le perdit enfin, et goûta toutes les amertumes de la prison. L'ancienne maîtresse des novices, la Mère Paule, qu'elle regardait comme sa supérieure, tomba malade : ses compagnes la virent agoniser sans pouvoir lui procurer aucun secours, sans pouvoir non plus lui faire administrer les sacrements. La Mère Sainte-Fleur ressentit de cette mort une douleur dont le souvenir ne s'effaça jamais.

Après cette séparation, une joie inattendue les attendait cependant. Les autorités de Montauban changèrent le lieu de la geôle, et l'établirent provisoirement au Carmel. On y transféra nos Carmélites comme les autres. On rendit ensuite la liberté à toutes les prisonnières. Sainte-Fleur et ses compagnes, trop heureuses d'habiter le lieu de leur prédilection, ne le voulurent pas quitter. Elles y demeurèrent oubliées quelque temps ; toutefois on les chassa : la maison était vendue, elle avait un propriétaire ; mais des cœurs restaient attachés à ces murs bénits, profanés et renversés. Sainte-Fleur songea à les racheter. Ses compagnes partagèrent cette folle ambition. A force d'industrie et d'audace, demandant, recevant et empruntant, elles parvinrent à réunir la somme que voulait le prétendu propriétaire, et elles purent s'installer dans leur couvent. Leur dénûment y était extrême ; mais elles y étaient avec le Bien-Aimé. Rien n'était encore reconstitué en France, et déjà le Carmel de Montauban vivait dans une sorte de régularité. Il avait été reconnu par le grand vicaire qui exerçait l'autorité diocésaine, et dans les temps mauvais il abrita, à diverses reprises, des prêtres et des religieux qui y remplissaient les fonctions d'aumôniers. On n'y manqua pas de messe ; mais on jouissait de son bonheur en secret, et on vivait uniquement et directement, pour ainsi dire, des miséricordes du Seigneur. La communauté se composait de onze membres lorsqu'elle put enfin, après le Concordat, être avouée publiquement.

La ferveur brillait dans ce petit troupeau ; la Mère Sainte-Fleur en était la prieure, et elle faisait régner la discipline et l'esprit de sainte Thérèse. Les novices ne manquaient pas, et le Carmel de Montauban put essaimer à plusieurs reprises. La révérende Mère Sainte-Fleur fonda ainsi les Carmels de Cahors, de Lectoure, de Carcassonne, d'Auch et de Villefranche ; elle contribua à fonder ou à restaurer ceux de Rodez, de Figeac, de Saint-Flour, de Toulouse, de Pamiers et de Limoges. Cette vénérable religieuse avait donc été un grand instrument de la Providence, et la Mère Émilie l'abordait encore avec plus de respect qu'autrefois. De son côté, la prieure des Carmélites avait suivi les progrès de la Sainte-Famille : elle estimait ces nouvelles congrégations inspirées par des besoins nouveaux, et destinées à consoler l'Église et à relever sur son giron la gloire de ses anciennes parures. Elle ne pouvait que faire bon accueil à la Mère Émilie. C'était une ancienne amie qu'elle n'avait pas oubliée, mais qu'elle ne comptait pas revoir en ce monde. La Mère Émilie retrouva donc au Carmel de Montauban l'accueil franc et cordial qu'elle avait reçu trente ans auparavant. Rien n'était changé ni dans le couvent ni dans les cœurs : l'âge était venu ; il imposait un plus profond respect et une plus grande confiance. La Mère Émilie pouvait sans scrupule, comme elle se le promettait, recourir, dans toutes les difficultés de sa fondation, aux conseils de la vénérable prieure ; il n'y avait pas à craindre d'abuser de sa charité.

Ce petit séjour au Carmel de Montauban fut pour la Mère Émilie un instant de paix et d'épanouissement. Elle se plaisait à repasser dans les lieux qu'elle avait visités autrefois ; elle sentait dans son âme une joie douce et paisible ; elle aimait à prier devant un autel dédié à sainte Thérèse, qu'elle avait déjà remarqué lors de son premier passage, et où quelques traits de la vie de la sainte réformatrice du Carmel étaient représentés dans divers médaillons;

elle demandait à cette grande sainte de lui inspirer des sentiments conformes aux siens, et de lui procurer la force et les grâces dont elle avait besoin. Elle avait alors à soutenir les tristesses de sa compagne désolée et livrée à une terrible tentation de découragement. Pour elle, elle se trouvait dans cet état de paix qui avait accompagné toutes ses fondations. Elle ne s'endormait pas en savourant ce repos, et elle avait hâte de conclure son entreprise. Aussitôt arrivée, elle avait voulu visiter les maisons qu'on lui avait proposées. L'ancien couvent des Carmes lui parut trop beau pour des Sœurs de la Sainte-Famille. Elle visita celui des dames du Refuge, et « fut bien édifiée de voir ces vertueuses dames, écrivait-elle à ses Sœurs, qui charment surtout par leur simplicité, ce quelque chose de Dieu qui ôte tout apprêt, et fait connaître dans les personnes qui sont ainsi, qu'elles marchent dans la sainte présence. Nous eûmes le plaisir de causer un peu avec une jeune Sœur privée de l'usage de ses bras et de ses jambes, en sorte qu'il faut la soigner comme un enfant. La bonne Mère nous dit : « Voilà notre relique ! c'est par elle que nous viennent toutes les bénédictions de Dieu. » Elle nous parla du bonheur d'avoir des malades, et elle sait surtout bien s'exprimer sur les soins paternels de la Providence. La Mère des Carmélites en fait autant, en sorte que si on n'avait pas de confiance, il faudrait en venir puiser ici. » La Mère

Émilie n'avait pas besoin d'en puiser, et le prix de soixante-dix mille francs, qu'on demandait de la maison des Carmes, ne l'eût pas effrayée. Mais la maison du Refuge était dans le plus pauvre faubourg de Montauban, dans un quartier paraissant dénué de toutes ressources pour l'éducation des enfants; la Mère Émilie trouva là une raison de fixer son choix. N'avait-elle pas créé son institut pour les enfants les plus pauvres, les plus abandonnées, celles dont personne ne pouvait ni ne voulait se charger? Elle acheta la maison du Refuge, en promit vingt-sept mille francs qui furent payés dans l'espace de dix-huit mois. Elle fit aussitôt venir des Sœurs, pressa leur installation, leur donna une supérieure et retourna à Villefranche. Elle avait mis les choses sur un bon pied. Quand les Sœurs furent dans leur maison, Mgr de Trélissac (1), évêque de Montauban, voulut visiter la nouvelle communauté. Il la trouva dans une telle somptuosité, qu'elle possédait déjà deux chaises données à la sacristie par un des grands vicaires du prélat. On les apporta pour faire asseoir l'évêque, mais il y fit mettre la Mère et son assistante; pour lui, il s'assit sur un banc de bois ainsi que le grand vicaire qui l'accompagnait, et qui était justement le donateur des chaises.

Depuis longtemps, Mgr l'Évêque de Montauban

(1) Jean Chaudruc de Trélissac, successeur de Mgr Dubourg sur le siége de Montauban le 24 octobre 1833, est mort en 1843.

désirait dans sa ville épiscopale un établissement destiné aux pauvres. Celui de la Mère Émilie le combla de joie; après l'avoir visité, il levait les bras au ciel, et répétant avec le vieillard de l'Évangile : « C'est maintenant, Seigneur, que vous laisserez mourir votre serviteur en paix! » Tant d'humilité, tant de pauvreté et de confiance à la divine Providence l'avait ravi, et il témoigna toujours au couvent le plus tendre intérêt.

La Mère Émilie agissait avec le bon Dieu hardiment et en toute liberté, et le bon Dieu bénissait ses hardiesses ; si le couvent de Montauban était si bien pourvu de sièges, on comprend facilement qu'il avait peu de provisions ; néanmoins il fallait suffire aux nécessités de chaque jour. La Mère Émilie avait eu recours à un artifice qui lui a toujours été familier. Elle avait fait porter à la dépense environ une poignée de chaque sorte de légumes, et avait dit à la dépensière : « Offrez cela à la sainte Vierge, priez-la de multiplier les provisions, ayez confiance, rien ne manquera. » Il n'en alla pas autrement en effet: les petites provisions s'augmentèrent considérablement, mais d'une façon insensible à l'œil. Cet accroissement continua après le départ de la Mère. Pendant quatre ans environ, les multiplications de toutes sortes eurent lieu à Montauban. La Sœur dépensière y était accoutumée; elle comptait sur la Providence, et son espoir n'était jamais déçu. Un jour, elle avait dans la dépense quelques corbeilles de raisin ; il y en avait de quoi servir à la communauté deux ou trois fois : tout en serrant ce raisin, la bonne Sœur se rappelait les recommandations de la Mère sur la confiance en la divine Providence, et pensait combien il serait heureux que ce raisin pût se multiplier ; il se multiplia en effet, et si bien qu'il suffit à toute la communauté pendant plus de trois mois.

Avec sa confiance en la divine Providence, la Servante de Dieu avait remède à tout. A cette même fondation de Montauban, dans les premiers jours et lorsque, dans l'embarras d'un établissement nouveau, on avait besoin du concours et des forces de toutes les Sœurs, une d'entre elles se foula le pied ; elle ne pouvait plus le poser à terre ; et pour subvenir aux travaux de la maison, elle se traînait le genou appuyé sur une chaise appartenant aux dames du Refuge, qui n'avaient pas encore alors enlevé tous leurs meubles. La Mère vit cette infirme, et s'apitoyant : « Ah ! pauvre Sœur, lui dit-elle, c'est trop fort de marcher ainsi ! Montrez-moi cette jambe. » La Mère y passe la main à diverses reprises ; « Allons, ma Sœur, ajoute-t-elle, faites comme les autres, laissez-moi là cette chaise. » La Sœur quitte aussitôt son appui et marche sans difficulté.

Pendant que tant de choses merveilleuses se passaient dans l'intérieur des couvents, la réputation de la Vénérable Mère Émilie s'était répandue au dehors. Elle n'était plus la fille inconnue d'il y avait trente ans, demandant des conseils à la supérieure des Carmélites. Quelque chose des merveilles de la Sainte-Famille avait transpiré dans le public; non seulement Villefranche était remplie de ces bruits, mais le retentissement en était allé jusqu'au delà du département, et on venait volontiers, quelquefois d'assez loin, consulter la vénérable fondatrice. Le mouvement qui portait les esprits du peuple vers la Mère Émilie se fit surtout remarquer à Montauban; l'admiration n'y tarissait pas sur son compte. Une femme, entre autres, vint trouver la Mère pour lui confier ses douleurs de ne pouvoir conserver aucun de ses enfants. Elle en avait eu cinq : tous étaient morts sans baptême. « Priez pour moi, ma Mère, disait-elle ; ne vaudrait-il pas mieux n'avoir jamais d'enfants que de les voir mourir sans baptême? » La Mère Émilie consola cette pauvre femme. « Ayez confiance, ajouta-t-elle, vous enfanterez et vous conserverez votre fruit. » Au bout de quelque temps, en effet, cette femme devint mère et put élever sa petite fille. Elle était persuadée qu'elle devait ce bonheur aux prières de la Mère Émilie.

Quelques mois après la fondation de la maison cloîtrée, la Mère Émilie avait établi une école dans un autre faubourg de Montauban, celui de Villebourbon. Cet établissement assez éloigné de la maison principale ne se fit pas sans obstacles: les

Sœurs qui en étaient chargées éprouvèrent toutes sortes de rebuts. Il vint même un moment, l'on était encore dans les commencements, où l'on pensa qu'on devait abandonner l'entreprise. Cette annexe à la maison cloîtrée paraissait en effet causer plus de dommage qu'elle ne produisait de bien. La Vénérable Mère fut loin de partager ce sentiment, qui lui semblait comme une défaillance. Elle expose dans la lettre suivante ses raisons de persévérer dans l'entreprise.

« J. M. J.
10 Juillet 1842.

« Pour ce qui est de la maison de V. mon idée ne serait pas d'abandonner l'œuvre commencée. Dans le principe, on crut que cette école ferait le bien et on agit en conséquence. Pourquoi maintenant se décourager à la première contradiction ? Si cette œuvre n'entre pas dans le plan de la Providence, nous n'avons pas à nous en mettre en peine, elle tombera d'elle-même. Mais si c'est l'œuvre de Dieu, tout le monde pourrait s'y mettre, qu'en dépit de l'enfer elle subsistera, elle se soutiendra et Dieu ne permettra pas que l'ennemi triomphe. Dites-moi, ma chère Mère, pourriez vous voir d'un œil sec soixante enfants pauvres abandonnées ? La Providence vous les a confiées et vous les rejetteriez maintenant ? Je ne crois pas que vous puissiez voir la décadence de cette école sans sentir votre cœur bouleversé. J'estime que toutes les raisons que vous faites valoir pour la dissoudre doivent servir au contraire pour faire tenter jusqu'à l'impossible pour la soutenir. Vous dites : nos Sœurs n'ont que les enfants qu'on renvoie des autres classes ! — Eh ! tant mieux que ces pauvres petites puissent trouver chez nous un asile et un moyen de devenir meilleures ! C'est précisément ce que les autres dédaignent qui doit être du goût d'une Sœur de la Sainte-Famille. Ne savez-vous pas que saint Paul dit que nous sommes la balayure du monde ? Comment réaliserons-nous cette maxime du grand Apôtre si nous cherchons à paraître ? Croyez-moi, ma chère Mère, ce qui est vil, bas et abject, voilà ce qu'il nous faut.

« Pour ce qui est de la place qu'on a donnée à nos Sœurs dans l'Église, elles doivent s'en réjouir puisqu'elles ont un trait de ressemblance avec la Sainte-Famille qu'elles honorent et qu'elles travaillent à faire connaître et aimer. Quand Marie et Joseph allèrent à Bethléem, ne furent-ils pas méprisés ? N'eurent-ils pas la dernière place puisqu'on ne voulut d'eux dans aucune hôtellerie et qu'ils furent contraints de se retirer dans une pauvre étable ? Y a-t-il quelque proportion entre la place que nos Sœurs occupent à l'église et l'étable de Bethléem ? Si nos Sœurs enseignaient mal les enfants, si elles empêchaient la réussite de quelque bien, alors je dirais : Retirons-les. Mais céder le terrain parce qu'on ne les estime pas, c'est une chose à laquelle je ne consentirai jamais s'y j'étais seule pour en juger.

« Je soumets toutes mes réflexions à la sagesse et à la prudence de M. G. (1). Si je me suis permis d'exprimer ma manière de voir, ce n'est pas pour combattre la sienne, j'ai dit simplement ce que je pensais et maintenant nous ferons comme il trouvera à propos.

« J'ai vu notre Père aujourd'hui (*M. Blanc, supérieur*). Je lui ai parlé du contenu de votre lettre en présence de M. de S. J*** ; notre Père croit, et moi aussi, que le meilleur moyen de consolider cette école est d'y établir entièrement les Sœurs, qu'elles y couchent et y demeurent toujours, que pour la confession elles s'adressent à M. le curé de la paroisse, qui deviendra désormais leur père, qu'elles lui donnent ce nom (2), et qu'elles aient pour lui une confiance et une affection vraiment filiale, qu'elles conduisent tous les jours leurs élèves à la messe, au salut quand il y en a, et qu'elles s'approchent du pasteur.

« Vous me direz qu'il faudra bien des choses pour la maison. Ne craignez pas : nous les fournirons,

---

(1) C'était le vicaire général de Mgr l'évêque de Montauban et le supérieur de nos Sœurs.

(2) C'était alors l'usage de donner le nom de Père aux curés des paroisses où étaient placées les Sœurs : ils étaient des supérieurs locaux.

nous payerons le loyer. M. de S. J*** (1) est de notre avis ; il a dit qu'il ne fallait pas abandonner cette école. Parlez-en à M. G. S'il approuve ce projet j'écrirai à M. le Curé et j'ai bien la confiance que tout s'arrangera; l'essentiel, l'important est d'avoir confiance en Dieu. Combien est grande l'injure que nous faisons à sa bonté en nous méfiant de lui ! Dites-moi si celui qui fait croître le lis des champs, qui donne la nourriture aux petits oiseaux, peut laisser manquer ses épouses lorsqu'elles sont occupées à son œuvre ? C'est impossible. Dieu pour vous nourrir enverrait plutôt un corbeau comme il fit autrefois au prophète Élie ; ne craignez pas, la divine providence a des greniers inconnus aux mondains. Pourvu qu'une maison religieuse vive dans la ferveur, il est impossible que Dieu ne la soutienne ; que la régularité règne et rien, non rien ne vous manquera, et rien ne manquera non plus à nos Sœurs : exhortez-les autant que vous le pourrez à la confiance et, appuyées sur Dieu, elles ne risqueront rien lors même qu'elles seraient en butte à toutes les fureurs du démon.

« Ne craignez pas de me faire de la peine par la communication des vôtres; d'abord je m'y suis toujours attendue, ensuite je suis religieuse, et à quoi doit-on s'attendre dans notre saint état sinon à porter la croix à la suite du bon Jésus ? Les Mes-

(1) Il veillait, avec obligeance, sur les intérêts matériels de la congrégation.

sieurs qui vous tracassent un peu ont bonne intention : c'est pour notre avantage que Dieu permet qu'ils agissent ainsi. Soyez persuadée que c'est une des choses qui attirera la bénédiction de Dieu sur votre maison.

« Je vous prie de présenter mes très humbles respects à M. G. Je suis toute pénétrée de reconnaissance en voyant le vif intérêt qu'il porte à tout ce qui nous regarde.

« Je vous remercie bien des amandes. »

On suivit le sentiment de la Vénérable Mère, et on persista. Pour loger les Sœurs dans le quartier de leurs enfants, pour asseoir définitivement l'école, il devenait nécessaire d'acheter une maison, il s'agissait de quatorze mille francs. La Servante de Dieu n'hésita pas. Cette fois encore le bon Dieu qui pare les lis des champs et nourrit les petits oiseaux n'oublia pas ses épouses appliquées à son service. La Mère Émilie avait raison, et ses calculs étaient justes. Les quatorze mille francs furent soldés; l'école qu'on avait eu la pensée d'abandonner, prospéra; elle prospéra si bien qu'en 1866, elle s'épanouit en une maison cloîtrée qui est la septième de l'institut de la Sainte-Famille.

CHAPITRE XXIII

Le cœur de la Mère Émilie.

Les événements extraordinaires sont rares dans la vie humaine. Tout passe par le grand chemin vulgaire et battu. Les mêmes circonstances se présentent sans cesse ; les cœurs s'agitent, s'affligent et se délectent des mêmes sentiments. A plus forte raison, la vie d'une religieuse doit-elle être uniforme. Ce n'est pas au fond des cloîtres qu'on s'attend à rencontrer cette variété de sensations et de péripéties, désirée par les esprits faibles et les cœurs frivoles. Cependant comme les âmes consacrées à Dieu possèdent la vie, leurs jours sont loin de s'écouler dans cette monotonie et ce dégoût où se traînent tant de gens du monde, qui cherchent leur satisfaction dans les plaisirs. La mort est affreuse : la vie seule a des charmes. Vivre c'est aimer. Plus les âmes s'attachent étroitement à leur créateur, plus la vie s'augmente au dedans d'elles, plus aussi leur amour se développe : il les consume en les faisant atteindre à leur perfection. Les âmes qui s'engagent dans les cloîtres aspirent à ce noble but. Le couvent, est loin d'être un lieu de tristesse. Il abrite des êtres placés dans les vraies conditions de la vie, nourris et abreuvés de tout ce qui peut entretenir et développer les forces d'une nature généreuse et ne pouvant avoir aucune ressemblance avec les faibles et languissantes créatures dont le monde se joue, et qui touchent à peine aux sources qui jaillissent jusqu'à la vie éternelle.

Les cœurs plongés dans ces eaux salutaires gardent, au milieu de leurs peines et de leurs afflictions, un sentiment de paix qu'ils ne peuvent s'empêcher de savourer en toutes circonstances : « Je ne me suis ennuyée qu'une fois dans ma vie, disait la Mère Émilie, et alors je ne m'étais pas donnée à Dieu ; depuis que je lui ai fait hommage de mon cœur, j'ai changé d'habitation, de pays, de société plusieurs fois et je n'ai plus su ce que c'était que s'ennuyer. » Pour faire connaître quelle placidité cette offrande de soi-même à Dieu peut procurer au milieu de tant de travaux et d'angoisses, il ne suffit pas de raconter les diverses fondations faites par la Mère Émilie ; il faudrait pénétrer dans l'intérieur de son cœur, en expliquer les sentiments et les habitudes, et peut-être revenir sur des points que nous avons déjà touchés.

Nous n'avons plus à énumérer les vertus de la

Vénérable Mère, nous voudrions au moins entrevoir à quel degré elle les a possédées. Nous réunirons ici, sans ordre de date et un peu au hasard, un certain nombre de faits propres à montrer les sentiments de son âme.

Le premier et le plus grand des commandements, a dit Notre-Seigneur, est celui qui nous ordonne d'aimer Dieu ; et le second, aussi important que le premier, nous ordonne d'aimer le prochain. Ces deux commandements contiennent toute la loi. La Mère Émilie l'a accomplie toute entière. L'amour de Dieu et l'amour du prochain ont occupé toute sa vie. Ces deux amours se confondent : l'un naît de l'autre. C'est par amour de Dieu que la Mère Émilie se dévouait au prochain. Elle voulait travailler au salut des âmes : elle connaissait cette soif mystérieuse qui tourmentait Jésus-Christ attaché sur la croix ; elle eût voulu l'étancher, et rien ne lui semblait rebutant ou impossible lorsque la gloire de son Maître était intéressée.

Un jour, un jeune garçon de dix à douze ans se présente au parloir de la Sainte-Famille, en demandant un morceau de pain. La portière l'interroge : il s'était égaré, disait-il, en voulant aller chez des parents ; il était seul, sans ressources, ne savait où aller. C'était, en réalité, une manière de vagabond ; mais c'était aussi une âme rachetée par Jésus-Christ, et qui n'avait aucune connaissance de la vérité. Le signe de la croix même lui était inconnu.

Après avoir interrogé cet enfant, la Sœur de la porte va instruire la Mère Émilie du triste état de cette âme, et la Servante de Dieu aussitôt de compatir à cette misère. On donne à manger à l'enfant ; et comme on ne pouvait le recueillir dans l'intérieur du couvent, ainsi qu'on avait fait de Christine, la Vénérable fait chercher un asile au dehors. Elle obtient aussi une place à l'école des Frères ; dans l'intervalle des classes, l'enfant venait au parloir de la Sainte-Famille ; la Mère le nourrit et lui fit enseigner le catéchisme. Bientôt, comme tous les vagabonds, l'enfant s'ennuya de ce genre de vie régulière : il voulait partir, disait-il, retourner chez lui. La Mère Émilie redouble de soins ; elle suscite autour de ce malheureux une surveillance charitable ; elle a des attentions et des égards ; elle désire qu'il continue à fréquenter l'École des Frères. Elle l'exhorte, elle lui promet et lui fait donner tout ce qu'il désire pour ses repas. Après toutes ces attentions, l'enfant quitta Villefranche et se mit à la suite d'un régiment.

Ces mécomptes ne refroidissaient en rien le zèle de la Vénérable Mère : c'est pour Dieu qu'elle travaillait : elle savait bien qu'elle réjouissait le cœur du divin Sauveur en cherchant à soulager les plus abandonnés d'entre ses frères ! Il n'y a rien à ajouter à ce qui a été dit de la tendresse de la Mère Émilie pour les pauvres ; sans cesse son imagination et son esprit étaient en travail pour trouver de nouveaux moyens de les secourir. Ses industries étaient inépuisables ; elles venaient toutes du cœur. Elle fabriquait des couvre-pieds, des langes, des jupes, avec toutes sortes de vieux chiffons : « Ici, écrivait-elle à une supérieure, avec toutes sortes de vieilleries nous préparons des jupes pour l'hiver ; je vous en envoie une pour modèle, au cas où vous auriez de quoi en faire. Je vous assure que le premier jour où j'en parlai à nos Sœurs, elles ne savaient comment s'y prendre ; je les fis bien rire, elles ne pouvaient concevoir que je voulusse faire une jupe avec les chiffons que je tenais à la main ; cependant, en cherchant bien dans toutes les armoires, je compte en faire plus de trente. Nous ferons aussi des couvre-pieds, mais pas en si grand nombre ; les plus petites pièces et les plus mauvaises serviront de laine. Hier au soir, Mlles *** en firent un dans deux heures ; je les fis travailler à dessein de leur inspirer l'amour des pauvres ; elles s'y portent avec plaisir. Jeudi, nous les inviterons toutes : les unes travailleront à des bonnets, les autres à des camisoles. » C'était là, en effet, l'unique pensée de la Mère : faire la charité et la faire exercer. La faire d'abord, la faire avec humilité à l'aide de toutes sortes de ressources exiguës qu'on ne saurait énumérer. On ne peut exprimer sa joie, lorsqu'elle parvenait à découvrir un nouveau procédé d'allier la pauvreté avec la charité. Quand l'œuvre de la Sainte-Enfance commença à être prêchée, la Mère Émilie l'embrassa et la répandit avec une ardeur inconcevable. Son cœur était ouvert à toutes les dévotions et à toutes les bonnes œuvres qui se présentaient. La chapelle des Sœurs de la Sainte-Famille a été la première, à Villefranche, où fut établi l'office de l'archiconfrérie pour la conversion des pécheurs. C'était bien là, en effet, une dévotion faite pour la Mère Émilie. La Sainte-Enfance était aussi une imagination de charité où son esprit se complaisait : ce fut la dernière des bonnes œuvres qu'elle essaya de propager ; ce fut aussi comme le triomphe des chiffons et des loques. Elle ne se contenta pas de ramasser ce qui se trouvait dans les armoires du couvent ; elle en fit demander par la ville. Tout lui était bon : avec des rognures d'étoffes, elle faisait de petits couvre-pieds et toutes sortes de langes. « Quand je pense, disait-elle, que cela servira à un petit Chinois, mon âme est inondée de délices ! » Cette joie était si vive que la Vénérable craignit qu'il ne s'y mêlât quelque sensualité. Ses coopératrices, pour cette œuvre si agréable à Dieu et si féconde en bénédictions, étaient naturellement les enfants de la Sainte-Famille ; c'était par leur intermédiaire qu'elle tâchait de faire apprécier cette charité. Elle groupait ces enfants, selon l'organisation de l'œuvre, en petites sections de douze associés ; la zélatrice était surtout chargée d'exciter la piété envers le saint enfant Jésus, qui aime tant, disait la Mère Émilie, qu'on aille au secours des petits Chinois. Les Sœurs de la Sainte-Famille devaient tâcher d'être partout les *apôtres* de cette excellente association. « Soyez fidèles, leur disait la Mère, à aimer cette œuvre et à la faire aimer de vos élèves; vous leur attirerez par là beaucoup de grâces ainsi qu'à leurs parents. »

Le zèle de la Mère embrassait toutes les bonnes œuvres; elle aimait celles qu'elle établissait; elle pratiquait toutes celles qui lui étaient indiquées; elle aimait et elle voyait avec plaisir celles où elle ne pouvait concourir. Elle tenait à ce que les Sœurs de la Sainte-Famille estimassent leur institut: nous avons rapporté les sentiments qu'elle suggérait à ses filles sur leur bonheur d'être vouées à Jésus, à Marie et à Joseph. Néanmoins elle voulait que, dans leur humilité, elles regardassent avec amour et respect tous les autres ordres religieux. On sait quelle vénération elle portait aux Carmélites, et combien elle avait désiré les voir établies à Villefranche. Quand elle entendait parler de quelque ordre religieux bien fervent : « Et mon âme, disait-elle, par un retour sur elle-même, et mon âme est encore attachée à la terre ! » Pour les établissements religieux qui pratiquaient à peu près les mêmes œuvres de charité que ses filles, elle avait toutes sortes de condescendances, d'estime et de déférence. « Je tiens autant à la prospérité des autres maisons religieuses qu'au succès de la nôtre, » disait-elle. Dans les villes où elle faisait des fondations, elle gardait toutes sortes d'égards aux congrégations qui l'y avaient précédée. Pour elle, elle n'en demandait pas. A Figeac, elle avait recommandé à ses filles de ne pas admettre à leurs écoles les enfants admises déjà dans les classes ouvertes par d'autres communautés ; et elle eut de la peine à lever cette défense. Elle trouvait qu'il y avait de l'ouvrage pour toutes les vocations religieuses. Elle désirait que le bien se fît ; elle ne tenait pas à conserver l'espérance de le faire un jour, lorsque d'autres pouvaient le réaliser tout de suite. Comment aurait-elle eu d'ailleurs une pensée de rivalité ? Elle ne craignait pas de voir diminuer ses ressources ; elle comptait uniquement sur la Providence. Elle portait le désintéressement à l'extrême. Elle voulait que tous ceux qui traitaient avec la communauté fussent satisfaits, et elle haïssait par-dessus tout d'avoir des difficultés d'intérêt. « Il me paraît, écrivait-elle à une de ses filles, que vous n'aviez pas agi assez cordialement avec Mannou. Pourquoi ne pas vouloir lui payer ses châtaignes ? Non seulement je les lui payerais ce qu'elles valent, mais au double si elle le désirait. Je vous en prie, je vous en prie, arrangez toujours les choses dans vos affaires, de manière que s'il y a un préjudice, il soit à notre détriment plutôt qu'à celui des autres. Je prie toutes nos Sœurs de penser ainsi, » ajoutait-elle.

Elle ne quittait pas dans les circonstances importantes cette règle qu'elle recommandait dans le détail des petites choses. Le couvent de la Sainte-Famille se trouva un jour menacé de perdre une somme de plus de trente mille francs. « Dieu m'a fait la grâce, écrivait la Mère à ce sujet, de me laisser dans l'état l'indifférence pour la perte ou pour le succès. Mon désir était que la sainte volonté de Dieu s'accomplît, et que la chose tournât à sa plus grande gloire, la perte d'une trentaine de mille francs me paraissant bien peu de chose à côté du plus petit péché. Toutes nos affaires sont entre les mains de la Providence. » En s'examinant elle-même à cette occasion, elle disait : « Quoique Dieu m'ait préservée de toute préoccupation, de sorte que je n'ai pas été plus tracassée que s'il s'agissait d'une autre personne, j'ai néanmoins à me reprocher d'avoir, en causant de cette affaire pour l'éclairer, dit bien des choses superflues, en quoi je reconnais être d'autant plus coupable que Dieu me reproche les paroles inutiles. Elles viennent en moi d'un esprit de suffisance qui est mon défaut capital. J'ai encore manqué à l'attrait que Dieu me donne d'espérer en lui seul, et de ne m'appuyer que sur une humble prière et sur des actes de charité. » On voit comment la Mère Émilie prenait les affaires d'argent. Elle disait encore dans une circonstance, où elle avait à supporter quelque chose de l'injustice humaine : « On me parle quelquefois de procès. J'aimerais mieux tout perdre que de conserver quelque chose par ce moyen. Dieu s'est servi de cette malheureuse affaire pour me donner de bonnes pensées. J'ai dit en moi-même : Si l'injustice des hommes a quelque chose de si criant à l'égard de leurs semblables, que doit être la mienne à l'égard de Dieu ? Je suis bien plus coupable envers lui qu'on ne peut l'être envers moi ; l'ingratitude envers Dieu est un si grand crime ! » Voilà le profit que la Mère Émilie voulait tirer de toutes les affaires d'argent. « Ce qui me rend souvent indifférente aux choses de ce monde, disait-elle, c'est de les regarder comme si j'étais sur le bord de la tombe. Cette pensée de la mort, que tout me rappelle, sert à me détacher des choses d'ici-bas ; j'en sens les avantages ; mais j'aimerais mieux que ce fût le saint amour qui fît en moi cet effet. »

Un jour, elle envoyait à ses Sœurs de Montauban une assez forte somme d'argent. Le commissionnaire ne pouvait aller jusqu'au couvent, et la Mère Émilie le pria de charger un tiers de remplir ce devoir. A quelque temps de là, les Sœurs de Montauban écrivirent, et ne dirent pas un mot de la somme qu'on devait leur avoir remise. Le commissionnaire s'inquiétait et s'affligeait. « Il faudrait être plus fâché de l'infidélité du dépositaire que de la perte de l'argent, » disait la Vénérable. Dans cette indifférence pour les biens du monde, où elle voulait maintenir ses filles, elle leur rappelait souvent que Celui qui nourrit les oiseaux du ciel, ne laisserait pas manquer ses épouses renfermées pour son amour dans le cloître, et que leurs méfiances seules (si jamais elles en avaient) pourraient les faire manquer.

Avec cette vue continuelle de la Providence, les difficultés des temps, la pénurie des ressources, la disette des vivres n'étaient pas des raisons de restreindre les aumônes; c'était l'instant de les multiplier. La Mère faisait alors remise de partie ou de totalité des pensions dont on était convenu avec elle. C'était le moment de recueillir les enfants, de dispenser les novices de toute pension, et d'engager les Sœurs du Chapitre à ne pas exiger de dot de celles qui ne pouvaient en apporter d'autre qu'une profonde humilité. Dans les détresses des familles, la Servante de Dieu agissait encore comme dans les temps de calamités publiques : elle remettait les pensions arriérées, soulageait la misère des parents, et gardait gratuitement les enfants. Sa tendresse s'étendait sur les élèves de toutes les maisons de la Sainte-Famille. Quand ces maisons étaient trop obérées, la Mère Émilie faisait venir les enfants à Villefranche. Le nombre des enfants ne l'effrayait jamais ; elle en prenait volontiers à sa charge deux ou trois de la même famille. Pourquoi n'en prendre qu'une, lorsque plusieurs étaient dans le besoin et peut-être dans le danger ?

Si les petites ressources sur lesquelles elle avait

droit de compter venaient à lui manquer, elle ne s'alarmait pas. Un conseil municipal retrancha une fois la moitié de l'allocation accordée jusque-là à une classe gratuite. La Mère Émilie ne s'émut pas : « La Providence est bien plus riche que le conseil municipal, » dit-elle.

On connaît ses moyens d'obtenir les grâces dont on avait besoin à la Sainte-Famille. En prenant les orphelines, on obviait à tout. On en élevait gratuitement à Villefranche et dans toutes les maisons de l'institut; elles étaient toujours la première pierre des fondations nouvelles; elles étaient aussi la ressource à toutes les difficultés, et le moyen d'éviter les dangers menaçants. On bâtissait: « Il faut prendre deux orphelines, dit la Mère Émilie : une pour qu'il n'arrive aucun accident aux ouvriers, l'autre pour obtenir les fonds nécessaires aux constructions. » Elle agissait ainsi en toutes choses, et son cœur, animé d'une foi incomparable, ne mettait jamais en doute la parole du Sauveur. Elle méconnaissait les lois de la prudence purement humaine; elle les rejetait, elle les détestait, si on peut s'exprimer ainsi; elle trouvait qu'elles faisaient obstacle à cette promesse du Sauveur : « Tout ce que vous ferez au plus petit d'entre mes « frères, c'est à moi que vous le ferez. » C'étaient, en effet, les plus petits d'entre les frères de Jésus qu'elle aimait par-dessus les autres. Nous avons parlé de son affection pour les enfants pauvres, et nous avons dit combien les *demoiselles* étaient placées à un moindre degré dans son cœur. C'était pour le service des enfants pauvres qu'elle avait fondé sa congrégation. Elle avait, dès le commencement de l'institut, admis au nombre des élèves les filles en état de payer une modique pension. Plus tard, elle avait eu une classe destinée aux enfants des meilleures familles; lors des maladies des Sœurs, en 1819, cette classe fut supprimée; depuis ce temps les travaux des Sœurs avaient été uniquement dépensés en faveur des filles de petite condition. Cependant les familles les plus distinguées de Villefranche étaient dépourvues de moyens d'instruction, et se seraient estimées heureuses de trouver à la Sainte-Famille, avec l'instruction conforme à leur rang, les leçons de vertus nécessaires dans tous les rangs. La Mère Émilie eut de la peine à se plier à une pareille exigence, et en cédant, en ouvrant enfin les portes de son cloître, elle laissa son cœur tout entier aux pauvres. Aussi embrassa-t-elle avec joie une autre œuvre qui intéressait ses chers amis.

Un riche négociant de Villefranche, personnage influent, honoré de hautes fonctions, grand ami de la Mère Émilie et bienfaiteur signalé de la Sainte-Famille, voulait établir une salle d'asile à Villefranche. On sait toutes les objections que soulève cette œuvre de charité, rendue nécessaire par l'abaissement d'un peuple où beaucoup de mères n'ont plus la facilité de donner à leurs enfants la première éducation. En présence de cette infirmité notoire de la famille de nos jours, il faut bien avoir recours à la charité; elle seule peut suppléer à l'incapacité de la mère du XIXe siècle. Pour être utile, l'asile doit être entre les mains des religieuses; il faut la pensée de Dieu pour plier un esprit et un cœur à tous les soins qu'entraîne le service des petits enfants: elle seule fait connaître les besoins de ces âmes tendres, souvent déjà assez inclinées vers le mal pour que l'asile puisse devenir un lieu de corruption précoce. Il serait alors plus funeste que tous les dangers auxquels il est chargé d'obvier. Dans le commerce avec les petits enfants, on ne doit donc admettre que les âmes consacrées à Dieu et pleines de vigilance pour son service. Quelle plus noble vocation, d'ailleurs, que d'ouvrir aux célestes vérités ces jeunes intelligences, où le saint baptême a fait vivre Jésus-Christ en dépit de la corruption originelle! Malgré le mouvement de son cœur, qui la portait si facilement vers les petits enfants, la Vénérable n'eût rien voulu entreprendre sans l'agrément de ses supérieurs; mais aussitôt que l'évêque de Rodez eut donné son assentiment, l'asile fut ouvert, et la Mère Émilie y réunit bientôt près de deux cent cinquante enfants. Elle avait pour eux les attentions et les tendresses qu'elle avait pour les enfants de la Sainte-Famille; elle s'informait de leurs jeux; et c'était pour elle une joie de préparer le petit régal que le fondateur leur faisait donner au jour de sa fête. Durant tout l'hiver, il fournissait en outre des aliments aux enfants les plus pauvres. La Mère Émilie en surveillait la préparation et la distribution; elle rendait compte au bienfaiteur et entrait dans les détails. « Je le fais, écrivait-elle, d'autant plus volontiers, que je trouve une vraie consolation à vous entretenir de l'œuvre si éminemment bonne, qui s'est élevée et se soutient par votre généreuse bienfaisance. La distribution du riz s'est faite régulièrement tous les jours depuis le 27 octobre ; cent enfants de l'un et de l'autre sexe ont reçu une portion entière; et quatre-vingt-dix n'en ont reçu que la moitié. Nous n'assaisonnons pas toujours le riz de la même manière, les enfants s'en dégoûteraient. » Elle disait aux Sœurs de l'asile : « Ayez beaucoup de zèle pour votre emploi; aimez bien tous ces petits enfants, soignez-les avec des tendresses de mères : voyez l'enfant Jésus dans chacun d'eux ; invoquez très souvent leurs saints anges gardiens ; ne vous arrêtez pas à ceux qui ont le plus d'agréments extérieurs ; considérez leur âme à tous, qui est si belle et si agréable à Dieu. »

Cet amour de préférence de la Mère Émilie pour les petits et les humbles se faisait remarquer jusque dans ses relations avec les Sœurs. Elle les aimait toutes, et sa joie à les revoir après une courte absence était si vive, que pour en réprimer l'expression elle eut toute sa vie un douloureux combat à soutenir. Pour se punir en effet, disait-elle, des défauts et des imperfections qui s'étaient glissés dans sa vocation religieuse et pour se refuser à tout sentiment naturel, elle s'interdisait sévèrement le moindre épanouissement de cette joie. Dans l'austérité de la vie religieuse qu'elle pratiquait, elle ne voulait connaître aucun rafraîchissement, pas même ceux qui sont en usage dans la plupart des communautés; elle ne voulait pas que la fête de la Mère ou celle des principales dignitaires donnât lieu à la moindre démonstration d'affection de la part des filles. Elle ne pouvait supporter qu'on eût des attentions particulières pour celles qui avaient les charges importantes de la congrégation; elle appelait des mignardises les prévenances des inférieures pour les supérieures, et trouvait que des égards excessifs paraissaient avoir pour but de capter la bienveillance de ces dernières ou de complaire aux affections naturelles, plutôt que de satisfaire à l'obéissance religieuse. Elle redoutait surtout ces intentions lorsqu'elle en était l'objet, et les réprimait sévèrement.

Un jour, après avoir quitté Villefranche, elle écrivit à son assistante : « Je suis persuadée que vous prendrez en bonne part un avis que j'ai à vous donner, relativement à ce que vous me fîtes prendre pour mon voyage : c'étaient des raisins secs et des raisins frais, un gâteau, une orange, du sucre et des prunes. Je vous assure, ma chère Sœur, que ce n'est pas l'esprit surnaturel qui vous a conduite en cela. Regardez si, en faisant ainsi, vous avez obéi aux Constitutions qui disent qu'il ne faut pas faire à la supérieure plus qu'à une autre, et que l'on ne doit avoir égard qu'au besoin. Vous me direz que je mange peu ; mais si je mange si peu, pourquoi me donner tant de choses ? Vous me direz : C'est pour que notre Mère choisisse ! Mais notre Mère est religieuse. Permettriez-vous qu'on donnât à une simple religieuse du sucre à manger sans savoir pourquoi ni comment ? Trouveriez-vous plus à propos qu'elle se passât une prune par la bouche ? Ne diriez-vous pas qu'elle a fait vœu de pauvreté, et que par conséquent elle doit se contenter du nécessaire ?... Je m'arrête, et vous prie de lire cette lettre en conseil. Mais comme d'après votre manière d'agir avec moi, je puis supposer que maintenant que vous êtes à ma place, il vous faut des choses particulières, puisqu'il en faut aux supérieures, vous irez à la table des incommodées ; je recommande à ma Sœur *** de vous faire de la soupe de purée, de vous servir du rôti et des cervelles, qu'elle achète une paire de poulets, et on les mettra en compote... Dans tout ceci je ne plaisante pas... Je vous salue affectueusement, ainsi que toutes nos chères Sœurs, spécialement les Sœurs du conseil, que je prie de s'éloigner avec soin de l'esprit naturel. »

A cette sévérité qu'elle voulait conserver dans toutes les allures de la congrégation, la Mère Émilie joignait des tendresses et des complaisances incroyables pour ses Sœurs. Elle couvrait les défauts de chacune, et entrait dans leurs faiblesses. Un jour on avait demandé à la communauté un ouvrage assez délicat à exécuter. Une Sœur déjà âgée voulut s'en charger. On représenta à la Mère que cette Sœur était incapable et que son travail ne pourrait servir. « Je le sais bien, dit la Mère; on le mettra au feu, s'il le faut, et on achètera de quoi le remplacer; mais laissons à cette pauvre ancienne la joie de se croire encore utile. »

Au sein de cette nombreuse famille que la Providence lui avait donnée, si la Vénérable avait une préférence, c'était pour les Sœurs converses ; elle aimait leur simplicité et se complaisait dans leur compagnie. Il est vrai que c'étaient elles qui avaient le soin des pauvres. C'était avec elles que la Mère Émilie complotait ses charités, avec leur aide qu'elle dévalisait les diverses provisions du couvent pour les répandre en aumônes. Sa tendresse maternelle s'attachait aussi avec prédilection aux Sœurs qui, par la bizarrerie de leur humeur ou de leur caractère, donnaient de l'exercice à sa patience. Un jour, la supérieure d'une des maisons secondaires demandait à la Mère Émilie l'éloignement d'une Sœur dont le caractère était effectivement très difficile. La bonne Mère répondait à ce désir: « Si vous vous déchargez de cette croix, vous en trouverez une autre. Il est comme impossible qu'il ne se rencontre pas de tels caractères dans toutes les communautés. Ils procurent les bénédictions de Dieu, car ils sont pour les autres une occasion de mérite. En méditant sur la vie publique de Notre-Seigneur, on apprend à les apprécier. Jésus, notre maître et notre modèle, a eu à souffrir des peines bien plus grandes pendant sa vie publique, étant entouré et suivi de personnes qui contredisaient sans cesse sa doctrine. Néanmoins il ne les a pas éloignées. » Elle insistait ainsi sur ce support des défauts que toutes se doivent dans l'intérieur d'une communauté, mais qui est surtout une obligation indéclinable de la supériorité. Dans ses lettres aux diverses Supérieures, elle revenait souvent sur cette obligation de leur charge : « Les Sœurs qui ont le caractère difficile sont justement celles qui peuvent orner votre couronne, leur disait-elle. Elles vous feront gagner le cœur de l'Époux : ne perdez pas de si bonnes occasions. » Pour elle, elle en profitait avec zèle. Jamais on ne l'entendit murmurer contre les défauts dont elle pouvait avoir à souffrir.

Les malades aussi avaient droit à des soins particuliers. Elles attirent directement les bénédictions de Dieu et sont encore un objet précieux dans l'intérieur d'une communauté. La Mère Émilie ne voulait pas que rien, à la Sainte-Famille, pût sentir le luxe; les médicaments mêmes devaient être choisis par l'esprit de pauvreté. Mais la Mère désirait y joindre toutes les douceurs compatibles avec cet esprit; elle voulait voir ses filles entourées des soins les plus tendres et les plus minutieux, tout à fait éloignés de ce qu'elle appelait des mignardises, et tout remplis d'une affection cordiale, bienveillante, charitable, divine. « Vous serez bien contente, disait-elle à une Sœur, je veux vous donner l'emploi d'infirmière : vous aimez tant les malades, vous les soignerez bien, n'est-ce pas? Voici comment il faudra faire : d'abord tous les matins, vous aurez soin d'aller les voir avant de faire autre chose. Vous veillerez à ce que ma Sœur ***, dont l'état demande de la distraction, ait toujours quelqu'un pour l'entretenir. De temps en temps, vous lui chanterez un couplet de cantique... Enfin, ma bonne Sœur, il faut être une mère tendre pour toutes les malades. »

Tout se résume dans ce mot. La bonne Mère Émilie avait véritablement les sollicitudes d'une mère. Elle veillait à la nourriture de ses chères malades. Elle allait souvent les visiter. Sa visite était une fête. Malgré la réserve de la Mère et le respect qu'on lui portait, malgré cette sorte de crainte qui pénétrait les âmes lorsqu'elle fixait ses grands yeux noirs sur les Sœurs, la présence de la Vénérable excitait toujours, dans les âmes de ses filles, comme un épanouissement de joie. Nous avons déjà dit combien elle apportait de gaieté et d'entrain aux récréations. A l'infirmerie, elle était comme un rafraîchissement à toutes les douleurs. Cet épanouissement des âmes venait de l'affection vive que les Sœurs portaient à leur Mère. Celle-ci avait une véritable tendresse maternelle. Elle voulait avoir la confiance de ses filles. Les Constitutions lui faisaient un devoir de l'acquérir ; sa charité lui en faisait un besoin. Elle ne pouvait supporter la pensée de savoir ses filles dans les afflictions, dans les afflictions spirituelles surtout dont elle connaissait si bien les cruelles angoisses. « Venez à moi, disait-elle souvent aux âmes combattues, venez à moi à toute heure, à tout moment, pendant la nuit, quand vous voudrez, mais ne demeurez pas dans la peine. » Elle savait comment une parole du supérieur ou un acte d'obéissance accompli généreusement peut suffire à déjouer les efforts de l'ennemi. Les jeunes religieuses, celles surtout qui paraissaient faibles dans le combat spirituel, étaient l'objet de sa sollicitude. Elle voulait avant tout les former à l'humilité ; elle recommandait sans cesse à la maîtresse des novices de leur imposer les pratiques les plus humiliantes : « Inculquez-leur fortement qu'elles sont venues dans la maison de Dieu pour s'abaisser et faire pénitence tous les jours de leur vie ; faites-leur connaître que la répugnance qu'elles éprouvent au travail qui paraît bas, procède de l'amour-propre. Dites-leur qu'il ne faut pas se contenter de vaincre cette répugnance; il faut profondément s'humilier de la ressentir. On ne fait pas assez cela, on croit qu'il suffit de ne pas la suivre. Ce n'est pas assez. Si on ne la détruit pas, jamais on ne parviendra à une entière obéissance et au véritable détachement de soi-même. » Pour elle, il y avait longtemps qu'elle mettait en pratique ces conseils; apppartenant encore au monde et étant chez Mme Saint-Cyr, il lui arrivait souvent d'aller, à la dérobée, nettoyer les latrines des enfants. Supérieure de la Sainte-Famille, elle donnait en tout l'exemple de l'humilité; elle ne craignait pas, comme il a été dit, de demander pardon aux Sœurs ou aux enfants qu'elle croyait avoir blessées; elle n'hésitait pas à revenir sur une détermination prise et déjà annoncée à toute la congrégation. On lui représentait quelquefois que cela l'exposait aux critiques. « Je suis trop heureuse, répondait-elle, de reconnaître mon erreur et de pouvoir la réparer; la vérité et la justice avant tout! »

Pour ne pas oublier, dans l'exercice du commandement, ces pratiques d'humilité auxquelles elle était cependant si attentive, pendant plusieurs années, un jour par semaine, elle ne faisait rien sans la permission de son assistante. Quelquefois elle demandait à M. Marty de prolonger cette déférence pendant un laps de temps assez long. Il arriva une fois que l'assistante éprouva une tentation extraordinaire; tous les actes de la supérieure lui paraissaient mauvais ; elle la reprenait sur tout, contrariait ses désirs, s'opposait à ses pensées. La Mère Émilie se garda bien de prévenir son directeur de ce qui se passait ; elle s'appliqua, sans pouvoir y parvenir, à obtenir l'approbation de la supérieure qu'on lui avait donnée ; elle était heureuse de se former à la patience et de pratiquer l'humilité !

Cette humilité et cette charité tendre la portaient à rendre au prochain les services les plus répugnants.

Elle avait un grand respect pour la vocation religieuse, et trouvait que c'était une grande charge pour les supérieurs de refuser celles qui se présentaient. Elle ajoutait, il est vrai, qu'il ne fallait pas les recevoir sans avoir bien consulté l'Esprit-Saint. Elle estimait une des plus précieuses grâces que Dieu lui ait jamais faites, le départ de cinq filles qui s'étaient présentées la première année de l'institut, que l'on avait crues propres au service de Dieu, qu'on avait reçues et qui s'étaient trouvées manquer de vocation. Elle disait que cela devait servir de leçon à la supérieure et à son conseil, qu'il ne fallait pas se presser de prendre des sujets, mais consulter avant tout l'Esprit-Saint. Elle ne s'arrêtait jamais aux vues humaines ; et les considérations de fortune ne la touchaient point. La compassion l'empêchait quelquefois de voir les motifs qu'on aurait pu avoir de repousser des âmes humbles et dévouées à Dieu. Aussi lui reprochait-on parfois trop de facilité à admettre les postulantes. Du moins, s'efforçait-elle de supporter toute seule leurs incommodités. Elle pansa pendant longtemps, deux fois par jour, sans que personne le sût, deux postulantes qui avaient à la tête des plaies hideuses. Une autre fois, elle rendit le même service à une novice ; on s'aperçut enfin de ce manège, et on gronda cette dernière d'avoir laissé la Mère prendre un pareil soin ; elle répondit que la Vénérable lui avait bien recommandé de ne confier à personne le secret de cette infirmité.

Elle faisait un devoir étroit à ses filles de lui faire connaître leurs indispositions ; mais combien, avons-nous dit, toute cette charité ne s'augmentait-elle pas quand elle touchait aux peines spirituelles ! La Mère avait bien raison d'inviter ses filles à lui confier leurs angoisses. Elle y apportait toujours la consolation. M. Marty ne se trompait pas en lui disant qu'au milieu des ténèbres qui l'accablaient, l'intelligence des vérités surnaturelles lui était demeurée dans l'esprit, et que si elle ne savait pas s'en servir pour se diriger elle-même, elle en usait cependant pour la conduite des autres. Elle résolvait les difficultés avec une facilité extrême ; elle faisait entrer la lumière et la paix dans les cœurs. Les avis que la Mère adressait à quelques-unes de ses filles, livrées comme elle au combat spirituel, auraient pu lui être appliqués, et, en dépeignant leur état, elle reproduisait quelques-uns des traits que M. Marty tirait d'elle-même.

Elle leur parlait dans un langage brûlant, avec des expressions si énergiques, que les moins ferventes étaient touchées. Elle avait vraiment le don de la parole. Elle s'exprimait avec une éloquence naturelle et une grâce parfaite ; tous ses discours sortaient du cœur et trouvaient aussi le chemin du cœur. Elle ne préparait jamais les conférences qu'elle adressait fréquemment à ses Sœurs. La charité y revenait sans cesse, et aussi l'amour de la croix. « La charité supporte tout et excuse tout, » répétait-elle d'après saint Paul. Elle résumait la vocation d'une religieuse et sa perfection, en ces trois mots : « Une religieuse doit toujours être prête à se confesser, à communier et à mourir. — Qu'est-ce qu'une religieuse, sans esprit intérieur ? disait-elle encore. Un fantôme de religieuse, un bâton habillé ! »

« Être attachées à la croix, se plaisait-elle à répéter aux Sœurs qui lui faisaient part de leurs peines, être attachées à la croix de notre divin Maître, et y mourir, doit être notre devise. Il faut porter la croix tous les jours de notre vie, comme il l'a portée par amour pour nous. Que son exemple nous encourage ; efforçons-nous de suivre le modèle qui nous a été tracé sur la montagne du Calvaire. La croix a été l'apanage des saints ; n'y renonçons jamais ; faisons par notre patience qu'elle nous devienne une source de salut. » Un jour, une Sœur demandait à ne pas faire la sainte communion, à cause de la grande désolation intérieure où elle était plongée : « Ma Sœur, lui dit la Mère, vous êtes bien peu généreuse! Est-ce que Notre-Seigneur n'a pas plus souffert au jardin des Oliviers? » Et, saisissant la croix que la Sœur portait suspendue à son cou, la bonne Mère ajouta, avec une vivacité extraordinaire : « Après tout, ma Sœur, si vous ne voulez pas porter la croix, il faut la quitter! » La Sœur fit de vives instances pour la garder, et la Mère reprit aussitôt : « Allez donc demander pardon au bon Dieu de votre peu de générosité, et faites la communion. » — « Vous ne consulterez jamais le goût ni le dégoût, mais bien l'obéissance, et vous avancerez toujours, » disait-elle à une autre qui lui faisait part de ses sécheresses; et comme une troisième, à cause des fautes qui lui échappaient chaque jour, n'osait non plus s'approcher de la sainte table, la Mère lui donnait cette règle : « Laissez vos péchés, vos imperfections ; mais ne laissez jamais les communions qui vous sont permises. » Une autre fois, il s'agissait d'un emploi dont une Sœur aurait voulu être déchargée, parce qu'elle y trouvait trop de peines. « Comment, dit la Mère, vous demandez à être déchargée, parce que vous éprouvez des contradictions! vous connaissez bien peu vos véritables intérêts. C'est dans la souffrance et les contradictions que nous trouverons notre salut! Je vous déchargerai de votre emploi, quand vous n'y aurez plus rien à souffrir! »

Dans ses conférences, quand elle en venait à parler de l'amour des croix, de l'amour de Dieu ou de la grâce de la vocation religieuse, elle était sublime, et il était impossible de ne pas se sentir électrisé par ses paroles. Le feu divin brillait sur son visage, se reflétait dans l'éclair de ses yeux; toute sa personne semblait inspirée; elle s'exprimait souvent par des exclamations ardentes, passionnées qu'elle répétait plusieurs fois le visage enflammé, et déjà toute transportée du bonheur céleste. « Mon Dieu, disait-elle un jour avec saint Liguori, vous m'aimez, je vous aime, nous nous aimerons toujours! » Une autre fois, elle termina une conférence en répétant avec une énergie et une expression singulières qui touchèrent profondément tous les cœurs, ces simples paroles : « Croyez-moi, mes Sœurs, aimons le bon Dieu, tout est là! » Ces mots *Jésus notre père, Jésus notre frère, Jésus notre époux*, la jetaient dans un saint transport. « Ah! s'écriait-elle en les prononçant, que notre religion est belle! Ah! si nous pouvions connaître Jésus! » Un jour elle disait, sentant sans doute quelque redoublement de tentation : « Il est impossible de comprendre ce qu'on souffre, quand on n'aime pas Dieu. » C'était là, on le sait, toute sa crainte. Elle disait souvent aux Sœurs : « Priez le bon Dieu de me donner un cœur tout brûlant d'amour. »

Dans les conseils adressés aux Sœurs en proie aux tentations, la Mère apportait cet esprit de discernement qui distingue le remède propre à chacune, et les paroles convenables à chaque douleur. Une Sœur qui devait aller dans une des maisons secondaires de l'institut, avait une peine très vive à quitter Villefranche; elle demanda à parler à la Mère Émilie. Contre son habitude, la Mère ne la fit pas appeler tout aussitôt. La pauvre Sœur désolée répandait des larmes devant le crucifix; plusieurs fois la Mère la vit ainsi dans le chœur, et ne lui donna aucun signe d'attention. Le troisième jour, la Mère fit enfin appeler sa fille : « Ma Mère, dit celle-ci d'une voix entrecoupée de sanglots, vous m'aviez oubliée ! — Non, ma bonne Sœur, répondit la Mère, et mon cœur a beaucoup souffert de vous laisser dans la peine; mais je n'ai pas voulu vous ravir le mérite qu'on acquiert dans les souffrances dont Dieu seul est le témoin. » Elle parla ensuite avec tant de force et d'onction de l'amour des croix et des sacrifices, que la Sœur trouva le sien assez léger.

C'était à l'égard des novices, dont la vocation était troublée ou paraissait douteuse, que le Saint-Esprit inspirait à la Mère Émilie des paroles décisives et justement appropriées au caractère et à l'état des âmes. Une novice lassait la patience de la maîtresse, qui envoya un jour cette indisciplinée vers la Mère avec charge de dire qu'on ne savait plus que faire d'elle. La novice obéit et s'acquitta modestement de sa mission. « Ah! dit la Mère, ma Sœur *** ne sait plus que faire de vous ! eh ! j'en veux faire une grande sainte ! » S'appliquant désormais d'une façon particulière au soin de cette âme, elle l'eut bientôt mise dans la voie d'une régularité exemplaire. Une autre novice avait une tentation sur sa vocation ; l'esprit des ténèbres soulevait des orages, et elle en vint à renoncer à son noble dessein. C'était, d'ailleurs, un cœur capable d'aimer beaucoup le bon Dieu. Elle était dans une des maisons secondaires, et elle écrivit à la Mère, à Villefranche, pour l'informer de cette résolution. La bonne Mère chargea la secrétaire de préparer une lettre qu'elle devait signer, et exprima en quelques mots ce qu'il fallait dire. La Sœur crut bien faire en ajoutant à ce thème : elle détailla les raisons particulières que cette personne avait d'embrasser l'état religieux, fit valoir les avantages de la sainte vocation, et mêla au tout les termes d'une vive affection et les encouragements d'une tendresse maternelle. Elle porta sa lettre à la Mère : « C'est trop long, dit celle-ci, il n'est pas nécessaire de dire tant de paroles. » La Sœur dut recommencer et abrégea beaucoup ; mais elle ne se borna pas encore aux simples termes indiqués par la Mère. « Je ne signerai point cela, dit encore la Mère en lisant cette seconde lettre. Il faut se contenter de dire : « Mettez-vous en la présence de Dieu et voyez « ce que vous voudriez avoir fait à l'heure de la « mort ! » On obéit. Ces simples paroles produisirent le plus grand effet. Quand la novice troublée reçut cette lettre, elle fondit en larmes. Rentrant en elle-même et regardant la croix, elle trouva la force nécessaire pour repousser les suggestions de l'ennemi et reprendre avec générosité le projet surnaturel qu'elle avait nourri.

Cette puissance de la parole de la Vénérable Mère Émilie se faisait sentir en tout. Quelquefois les Sœurs auraient été disposées à trouver que leur Mère excédait quelque peu dans sa confiance en Dieu, et qu'elle avait trop de mépris pour les règles de la prudence; une parole de la Servante de Dieu sur la confiance avait bientôt dissipé ces nuages, et répandu dans tout le couvent l'ivresse de l'abandon en la divine Providence, où se complaisait la Mère. Elle allait, n'ayant jamais que Dieu devant les yeux et ne connaissant aucun des ménagements humains. Dans ses relations avec les personnes du dehors, elle gardait la simplicité qu'elle avait avec ses Sœurs : « Les religieuses, disait-elle, n'ont pas besoin d'une grande instruction sur les devoirs de bienséance; pourvu qu'elles connaissent bien les devoirs de charité, c'est l'essentiel. »

La charité quelquefois engage à faire des choses qui, pour être salutaires, peuvent néanmoins être désagréables au prochain. La Mère Émilie, lorsque sa conscience lui en faisait un devoir, ne craignait pas de faire des observations à des personnes dont elle aurait pu avoir intérêt à ménager la bienveillance. Dans quelques circonstances, pour maintenir la régularité, elle fit éprouver des pertes assez considérables à la maison. « Notre Père, écrivait-elle à une de ses Sœurs, notre Père dit que le monde est un vieux radoteur ; ainsi nous le laisserons parler tout à son aise, et nous tâcherons de diriger notre intention et de faire tout pour notre bon Maître. » Elle ne voulait en rien se plier aux usages et aux fantaisies de ce vieux radoteur. Quand elle écrivait, elle n'eût jamais employé aucune de ces expressions de politesse et de ces protestations d'amitié ou de dévouement dont les hommes sont prodigues, et qu'ils échangent comme une monnaie banale et sans valeur. La Mère Émilie prenait toutes ses paroles au sérieux. Elle a pu, quelques jours avant sa mort, se rendre ce témoignage devant son confesseur qu'elle ne se rappelait pas avoir menti une seule fois dans sa vie. Elle avait toujours en horreur ce qui sentait la ruse ou le détour. Elle n'eût jamais consenti à rien dire qui ne fût exactement conforme à sa pensée. Elle n'aurait pas voulu paraître manifester un sentiment de charité ou de compassion qui n'eût pas été dans son cœur. Il lui est arrivé de faire recommencer trois ou quatre fois la même lettre quand les Sœurs qui lui servaient de secrétaires avaient employé des termes où elle croyait reconnaître quelque exagération d'affection ou de déférence. Les Constitutions indiquent les qualités que doit avoir l'honnêteté des religieuses. « Elle doit être cordiale, franche, aisée, et avoir sa source dans la charité ; c'est ce qui la distingue de l'honnêteté des gens du monde, qui souvent ne consiste que dans des cérémonies et des dehors. Les religieuses doivent penser et sentir au dedans ce qu'elles expriment par la parole, par l'air, par le geste. » La Vénérable Mère avait pris ces prescriptions à la lettre. Elle s'y conformait scrupuleusement. Elle voulait mettre une mesure même dans l'expression des sentiments vrais. Elle conservait une discrétion admirable envers les bienfaiteurs de la communauté, recevant leurs aumônes avec reconnaissance, mais se gardant bien de rien faire ou dire qui eût pu sembler un appel à des sentiments humains. On lui représenta un jour qu'il était à propos de faire un cadeau à une personne qui avait rendu et pouvait encore rendre de grands services à la Sainte-Famille; la bonne Mère consentit ; mais au bout de quelque temps, elle fit appeler la Sœur qui l'avait entretenue de cette proposition : « Réflexion faite, ma Sœur, lui dit-elle, voici comment il faut agir : nous distribuerons aux pauvres la valeur du cadeau que vous m'avez conseillé de faire. Par ce moyen, le bon Dieu sera beaucoup plus content, et je vous assure que *** n'en aimera pas moins la communauté. » Elle persista toujours dans cette manière d'agir. Les religieuses s'acquittent de leurs devoirs de reconnaissance par des prières ferventes. Elle ne voulait pas qu'on fît de cadeaux aux aumôniers ou aux supérieurs des diverses maisons, pas même de broderie, de confiture ou d'autres objets sans valeur.

Au milieu de ces allures simples, rondes, franches, qu'elle voulait garder toujours, partout et avec toutes personnes, il n'y avait que dans l'humiliation et l'abaissement où elle ne tenait à mettre aucune réserve. Supérieure d'une Congrégation vouée à l'enseignement des pauvres et répandue dans diverses contrées, en relation avec toutes sortes de personnes, il lui est arrivé quelquefois de recevoir des lettres impertinentes où il y avait plus d'injures que de raisons. Les Sœurs qui servaient de secrétaires étaient parfois indignées et auraient voulu répondre avec vivacité ; la Mère les grondait doucement d'avoir si peu l'esprit de miséricorde, et elle indiquait dans quels termes il fallait s'exprimer ; jamais elle n'a voulu, en pareille circonstance, laisser employer un seul mot qui ne portât l'empreinte de l'humilité et de la charité qui étaient dans son cœur. Elle s'abaissait d'autant plus qu'on l'insultait plus grièvement. Un jour, elle dictait une réponse à une lettre que la Sœur chargée de tenir la plume n'avait point vue ; la Mère employait des termes si humbles et si respectueux, que la Sœur ne put s'empêcher de lui dire : « Ma Mère, vous ne me donnez pas la lettre, elle doit être bien violente, je le comprends au ton de votre réponse. — C'est ainsi qu'il faut faire, ma

Sœur, répondit la Servante de Dieu ; ne savez-vous pas que nous sommes les balayures du monde, et que chacun peut impunément mettre le pied sur nous ? »

C'était la véritable expression de ses sentiments, et elle les manifestait dans toute sa conduite. Elle aimait tous ceux qui avaient pu lui causer du dommage. Elle était toujours disposée à prendre la défense de ceux qui se montraient opposés à l'institut de la Sainte-Famille : elle les excusait quand on en témoignait devant elle le moindre ressentiment à leur égard. Au milieu des difficultés qu'elle a rencontrées dans ses diverses fondations, elle n'a jamais vu que la main de Dieu lui fournissant l'occasion de faire pénitence, d'acquérir des mérites et de consolider ses œuvres ; car, disait-elle, une communauté religieuse est comme l'Église, les persécutions lui sont nécessaires pour s'établir et se consolider. Elle tremblait lorsque ses fondations ne rencontraient pas d'obstacles. Elle disait que ceux qui l'avaient persécutée lui avaient fait beaucoup de bien, et qu'elle les aimait beaucoup.

Le respect et les honneurs dont on l'entourait, les compliments qu'on pouvait lui adresser, lui étaient plus pénibles à supporter que les injures. La vénération que les Sœurs lui portaient s'était cependant étendue au delà du couvent. Les petites filles des diverses classes ne se contentaient pas de se réfugier auprès de la Mère Émilie, lorsque les Sœurs voulaient les punir ; quand la Mère paraissait au milieu de ces enfants, elles s'empressaient autour d'elle et étaient heureuses de toucher ses vêtements. Elles faisaient parfois de petits larcins, et coupaient le bas de sa robe ou de sa ceinture ; elles emportaient dans leurs maisons ces petits morceaux d'étoffe que les familles conservaient précieusement. Des dames pieuses auraient voulu se mettre sous la direction de la Vénérable ; elle s'y est constamment refusée, disant qu'elle n'avait de grâces que pour sa congrégation. Elle voulait, au fond de son cloître, être oubliée et inconnue des hommes. La moindre allusion à un éloge la blessait et la faisait souffrir. Une personne bienfaisante, amie du couvent, et remplie de vénération pour la Mère, avait obtenu de faire faire son portrait. Le peintre occupé à ce travail l'engageait à éclaircir sa physionomie : « Vous n'avez, lui dit-il, Madame, qu'à penser à toutes les bonnes œuvres que vous avez faites. » A cette seule parole, la Servante de Dieu se trouva si blessée et si confuse, que les larmes jaillirent de ses yeux. Comme, au sujet de ce tableau, on avait craint quelque résistance de sa part, on s'était adressé à l'évêque de Rodez : le prélat, connaissant l'humilité de la Mère et pour faire taire toute répugnance, lui ordonna de se prêter à ce qu'on désirait d'elle : « Ah ! dit la Mère en recevant cet ordre, un désir de Sa Grandeur eût bien suffi (1). » Elle mettait, en effet, l'humilité dans la soumission. Cette soumission était absolue. Elle voyait la volonté de Dieu dans la volonté de ses supérieurs. Quand on lui disait de faire la visite des maisons, elle ne connaissait pas d'obstacles, et sa santé était le moindre. Elle partait, quelque temps qu'il fît. On assure que c'est en exécutant avec cette promptitude immédiate un ordre de son supérieur, qu'elle contracta la surdité dont elle souffrit de longues années. Malgré tout son amour de la vie cachée, si son confesseur ou son supérieur lui avait dit de se produire en public, elle n'eût pas hésité à le faire. Durant ses dernières années, le confesseur lui avait ordonné de réunir tous ses souvenirs et de lui raconter tout ce qui pourrait le mettre à même plus tard de faire connaître son histoire. La Mère Émilie obéit en soupirant! Quelque-

(1) Les Sœurs de la Sainte-Famille doivent ce beau portrait au talent de M. Vauchelet et à la générosité de M. Cibiel. On a remarqué que pendant tout le temps du travail du peintre, la plaie que la Mère Émilie avait au nez avait disparu et la narine avait repris à peu près sa forme naturelle. La Mère avait un air de santé qu'on ne lui connaissait pas depuis longtemps, ses joues étaient pleines. Ce portrait, d'une ressemblance frappante, resta dans la salle commune du couvent. Jamais la Mère Émilie n'a voulu le regarder ; et comme une Sœur l'invitait un jour à y jeter les yeux : «Quelle différence, répondit la Mère, faites-vous entre me regarder au miroir ou regarder une toile où mes traits sont reproduits ? » Après la mort de la Vénérable Mère Émilie, M. Cibiel fit tirer de ce portrait une lithographie dont les exemplaires ornent un grand nombre de maisons à Villefranche et dans le diocèse.

fois le confesseur écrivait sous la dictée de la Vénérable : « Mon Dieu, disait-elle de temps en temps, vous me faites faire une chose bien pénible !... Moi qui ai toujours été attirée à mener une vie bien cachée, vous me forcez à me produire ! » Le confesseur n'avait qu'à dire : « C'est la volonté de Dieu ! » elle se soumettait et se remettait à raconter les circonstances de sa vie et les diverses phases par où avait passé son âme.

Le sentiment de son indignité dominait toutes ses pensées ; elle voyait toutes les grâces qu'elle avait reçues, et elle s'affligeait de ne pas avoir su y répondre généreusement ; elle était remplie de douleur en énumérant ses fautes. « La frayeur me pénètre jusqu'à la moelle des os, écrivait-elle ; elle est motivée par le souvenir des grâces de Dieu dont j'ai abusé dans tous les temps et par le grand nombre de mes péchés. J'en vois de toutes sortes et dans toutes mes actions, soit comme religieuse, soit comme supérieure. Les plus grands sont ceux que j'ai commis dans le monde, et à la fondation de notre maison d'Aubin, dont le nom est pour moi le chant du coq. Mais outre ceux-là, j'en ai commis et j'en commets encore tous les jours un nombre qui va, pour ainsi dire, à l'infini. Les œuvres qui paraissent bonnes sont encore si entachées, si indignes d'êtres offertes à Dieu, qu'elles me donnent une grande confusion.

« Si ma pensée se reporte sur mon entendement,

je vois que j'en ai fait un mauvais usage par une suffisance provenant de mon orgueil, qui a toujours été mon péché dominant, et que j'ai toujours très mal combattu. J'ai employé ma mémoire à tant et tant de choses vaines, que Dieu ne peut être que mécontent de moi. J'étais attirée à lui consacrer ma volonté, il la voulait tout entière, et je ne lui ai pas obéi. L'amour de mon corps m'a accompagnée comme l'ombre, et j'ai suivi ses impressions, quoique je susse que Dieu me voulait sa victime.

« D'après tout cela, je vois dans tout moi-même une ingratitude soutenue, et rien ne me paraît plus horrible que ce péché. Je vois que j'ai passé tant de temps à faire si mal, et qu'il m'en reste si peu pour réparer le mal que j'ai fait! Encore tout cela pourrait-il, dans un cœur embrasé d'amour, être consumé par ce feu divin! Mais sans générosité, je ne sais que devenir, sinon me jeter à l'aveugle dans le sein de la divine miséricorde. Notre vénéré Père (*M. Marty*) m'avait promis qu'il viendrait un temps où tout en moi serait perdu dans l'amour sacré; j'attends toujours, et jamais cela ne vient!

« Comme supérieure, que de fautes n'ai-je pas commises par mon défaut de prudence et en n'allant pas consulter Dieu dans la prière! Combien de fois ai-je manqué à l'esprit de miséricorde en manquant de douceur, de cette complaisance qui se prête à tout, de cette douce charité qui supporte les esprits les plus difficiles. J'ai donné mauvais exemple ; ce qui aurait fait un bien mauvais effet, si Dieu n'avait pas mis dans le cœur de nos Sœurs une très grande indulgence à mon égard. J'ai fait des fautes sur tous les points du gouvernement. J'espère que Dieu, dans son extrême bonté, suscitera quelqu'un pour les réparer, et que malgré mes péchés, qui sont sans nombre, il m'accordera l'esprit de pénitence. Dans cet espoir, quand je vais me confesser, je me jette aux pieds de Jésus-Christ, je fais un acte d'abandon, mais avec beaucoup de peine. Pour la sainte communion, je fais la même chose ; mais souvent je suis si désolée, que je suis obligée de faire des efforts pour ne pas éclater et laisser paraître ma douleur. »

Ce cœur fidèle persévérait dans ses gémissements ; mais ce manque de générosité dont la Mère Émilie s'accusait avec tant de douleur et avec tant de raison (si on veut considérer la grandeur et la perfection de Dieu en face de l'infirmité humaine), ce manque de générosité n'empêchait pas la Mère de tourner, à l'avancement de son âme et à la gloire de son divin Maître, toutes les peines et toutes les souffrances qu'elle ressentait. Dans la maladie, elle était héroïque ; les infirmités dont elle fut toujours accablée, les traitements douloureux auxquels elle fut soumise pendant sept ans, les opérations horribles qu'elle subit n'altérèrent jamais son calme. « Il n'arrivera jamais que ce que

Dieu voudra ! » c'était sa devise. Pour se guérir d'une frayeur qu'elle avait éprouvée à la vue d'une épileptique, elle se représentait les maladies les plus affreuses, et elle les acceptait toutes en esprit. Elle savait profiter de celles qu'elle ressentait, et écrivait à ce sujet : « Dès le commencement de mon rhume, j'ai eu l'idée qu'il dégénérerait en maladie de poitrine : cela m'a beaucoup effrayée, à cause de l'état intérieur où je suis, et du grand nombre de fautes que me fait commettre mon tendre amour de mon corps. D'un autre côté, une longue maladie de langueur me paraissait bien utile pour acquérir l'esprit d'abnégation. Je ne reconnais pas m'être arrêtée à aucune de ces pensées. Je me suis dit en moi-même que je ne voulais songer qu'au jour présent, ne faire aucun cas de mes prévisions et me livrer à Dieu absolument dans la maladie et à la mort. La crainte de mon dernier moment ne me donne aucun désir des remèdes ni des ménagements. Le peu de douleur que j'ai au côté me ferait plaisir, si, par là, j'avais un moyen de connaître le sacré Cœur de Jésus. Le dégoût de la nourriture m'en fait davantage ; je le regarde comme une véritable faveur, dans l'espoir d'obtenir l'esprit de mortification et de réparer les fautes sans nombre de gourmandise dont je me suis rendue coupable dans tous les temps.

« Dans d'autres temps de maladie, j'ai manqué

de confiance en Dieu. Lorsque l'on me disait de laisser tout travail, je m'inquiétais et je me disais : Que devenir, livrée à moi-même, et à cette troupe d'ennemis qui me suit partout ? A présent, je veux m'abandonner tout à fait, peu importe la souffrance ! je suis d'ailleurs si attirée à me livrer à Dieu et à embrasser la croix, sous quelque forme et en quelque manière qu'elle me soit présentée, que je manquerais si je ne faisais pas ainsi. »

Elle écrivait encore sur le même sujet, et sans doute dans sa grande humilité, en se calomniant quelque peu à son insu : « A l'âge de quinze ans, j'avais un très grand attrait pour la mortification, je l'ai perdu par ma faute ; il a été remplacé par un tendre amour de mon corps, qui m'a beaucoup occupée de lui, surtout à propos de la nourriture, dont le souvenir m'a bien souvent dérangée pendant la prière. J'ai favorisé cette tentation par des actes fréquents d'amour de moi-même, allant jusqu'à l'intempérance, mangeant en quantité et m'excusant à cause des grandes chaleurs que j'avais dans la poitrine. J'en avais une sorte de confusion, et je n'aurais pas voulu être vue, car je pensais bien que c'eût été un mauvais exemple pour nos Sœurs.

« Cet amour de moi-même a été cause que pendant longtemps on ne pouvait me contenter, surtout lorsque j'étais plus malade. Quand on me donnait du lait, je désirais qu'il fût très frais ; et pour les autres aliments, j'étais mécontente quand ils n'étaient pas comme je les désirais. Ce même amour de mon corps me faisait désirer que l'on me gardât ce qu'il y avait de mieux. Je trouvais mauvais que l'on m'oubliât dans mes besoins, et que l'on ne fût pas ponctuel à me rendre service. Un jour, je donnai bien de la peine à une Sœur qui me trouva au lit, en venant pour me le bassiner ; il me semble même que je m'étais hâtée avec le désir de lui faire comprendre sa négligence. D'autres fois j'ai su faire sentir d'une manière indirecte le défaut de service ou d'attention. Souvent j'ai agi par caprice ; je refusais des soulagements, et ensuite je les prenais moi-même. L'occasion m'en a fait prendre quelquefois. Si je trouvais des pastilles ou du sucre, j'en prenais en me disant que j'étais fatiguée. Aux repas, j'ai perdu beaucoup de temps, plutôt que de me résigner à la nécessité, où me mettait la faiblesse de mon estomac, de prendre très peu de nourriture. Je succombais, ou, pour mieux dire, je ne combattais pas généreusement ; je prenais un peu, et puis un autre peu ; je mâchais sans avaler, afin d'avoir le suc des viandes, me persuadant que cela me fortifiait. Je tenais surtout à manger du pain ; je me persuadais que c'était pour faire comme les autres.

« Je me suis souvent donné trop de liberté en me prévalant de ma qualité de supérieure, et j'ai résisté à l'attrait qui me portait à une entière abnégation de moi-même. Enfin, je suis coubable de tant et de tant de retours sur moi-même et de souvenirs d'amour-propre qu'il m'est impossible de le dire. J'en suis d'autant plus coupable que la lumière ne m'a pas manqué. Je reconnais que le défaut de force où j'ai toujours été pour me vaincre, est venu de mon orgueil. Je ne doute pas que Dieu n'eût entendu tant de soupirs que j'ai poussés vers lui, s'ils fussent sortis d'un cœur simple. Combien de fois, sentant la pesanteur de mes chaînes, l'ai-je prié de les rompre ! Elles me pesaient d'autant plus que je sentais vivement le prix de la liberté des vrais enfants de Dieu !

« Une autre chose que je me reproche, c'est la confiance que j'ai eue dans les secours de la médecine ; je voulais faire exactement ce qui était prescrit par le médecin, non par un esprit surnaturel, mais par l'espoir d'être soulagée. Il y a bien d'autres choses sur ce malheureux amour de moi-même ; mais je ne m'en souviens pas.

« Je m'aperçois que tout ce que je viens de dire, je le mets au passé comme si j'en étais guérie. Bien au contraire, je suis encore esclave, quoiqu'il me paraisse qu'il y ait un peu d'amélioration. »

Elle se reprochait encore amèrement d'avoir quelquefois goûté un fruit ; afin d'expier cette imperfection, elle ne prenait jamais que des fruits déjà gâtés. Pour lui en faire accepter qui fussent à point, les Sœurs étaient obligées de les meurtrir ou de les entamer. Au réfectoire, elle prenait ce qu'on lui présentait ; son état de maladie et ses défaillances fréquentes l'empêchaient de suivre les règles communes. Quelquefois, bien rarement, dans les dernières années de sa vie, elle a mangé, dans sa chambre, une pomme cuite dans la saison, ou une grappe de raisin.

Dans cette chambre de la supérieure d'une nombreuse congrégation, il n'y avait point de table. La Mère se tenait presque toujours assise par terre ou accroupie sur ses talons. Elle écrivait sur ses genoux et avait pour portefeuille un mauvais carton, où elle mettait les débris de papier qu'elle employait pour ses écritures. Quand un appui lui était nécessaire, une vieille chaise lui servait de bureau (1). Son aiguière était de terre brune, et le

(1) Il paraît que la Vénérable avait deux chaises dans sa chambre ; elle écrivait un jour à M. Marty, lui énumérant le luxe privilégié dont elle se voyait entourée : « Nos Sœurs n'ont qu'une chaise à leur usage, j'en ai deux ; j'ai une écritoire, un bénitier, un pot pour mettre des feuilles de lierre : les autres ont cela en commun, de sorte que plusieurs se servent du même. Trouvez-vous bon que je l'aie pour moi seule, ainsi qu'un crayon ? J'ai toujours de l'eau dans ma chambre ; je puis m'en passer en me gênant un peu pour l'aller chercher quand j'en aurai besoin. Que trouvez-vous à propos ? »

On avait accoutumé de déposer sa petite lampe à un certain endroit, afin qu'elle l'eût plus à sa portée. Elle demanda à M. Marty si elle pouvait le permettre, et s'il ne serait pas mieux que la lampe à son usage fût mise à l'endroit où l'on mettait celles des autres Sœurs : elle avait peur de la moindre prérogative.

vernis en était enlevé en grande partie. En guise de verre à boire, elle employait, dans sa chambre, un pot de faïence ; au réfectoire, elle se servait, ainsi que ses Sœurs, d'une petite écuelle en terre brune. Son couteau ressemblait sans doute beaucoup à celui que, dans sa jeunesse, elle avait payé six liards. Deux feuilles de papier collées au bout d'un roseau lui servaient d'écran pendant l'hiver pour garantir sa tête du feu, dont l'ardeur la faisait beaucoup souffrir. Son lit, du bois le plus commun, était garni d'une paillasse, d'un matelas et d'un traversin en paille de maïs. Il n'est pas besoin de dire qu'il était dépourvu de rideaux. Cette chambre était enfumée ; les murs, blanchis à la chaux, étaient devenus noirs. Pendant une des absences de la Mère, l'économe s'avisa de faire plâtrer et enduire les murs ; la Mère, lorsqu'elle s'en aperçut, prit une pierre et fit tomber le plâtre. Mgr l'évêque de Rodez, dans une de ses visites à Villefranche, voyant cette chambre dans cet état, donna l'ordre de la réparer. Hormis un petit coffre renfermant l'argent de la Sainte-Enfance, la Mère Émilie n'avait à son usage aucun meuble fermant à clef. Les chiffons destinés à la Sainte-Enfance étaient réunis dans une caisse ouverte ; deux ou trois autres, ne fermant pas davantage, contenaient des hardes ou des comestibles pour les pauvres. Elle serrait dans des boîtes les fruits qu'on lui donnait, quand ils étaient sains et entiers et qu'elle les réservait pour les pauvres. Sur deux planches placées en guise d'étagère, étaient disposés des pots de graisse et de confiture, des corbeilles de vieilles hardes destinées aussi aux aumônes. La pauvreté reluisant dans tout cet ameublement, se retrouvait même dans les objets de piété : un pot de grès servait de bénitier ; une toile décolorée, représentant la sainte Vierge, et une vieille gravure de Notre-Dame des Sept-Douleurs étaient attachées au mur. La cheminée était ornée de deux images de la bienheureuse Germaine Cousin et du vénérable Benoît Labre, ramassées par la Mère après avoir été jetées par les Sœurs comme hors d'état de servir. Elle avait encore une Imitation de Jésus-Christ dont la couverture était rattachée par une ficelle pour ne pas laisser perdre les feuillets ; un fil retenait au bois de la croix le corps de son crucifix, dont les bras étaient absents depuis longtemps. Pendant la nuit, la Mère tenait toujours ce pauvre crucifix entre ses mains, elle le pressait sur son cœur ; car pendant son sommeil, elle ne cessait, pour ainsi dire, pas de prier.

C'était là l'occupation de toute sa vie. On peut dire que sa méditation était continuelle. Les cantiques qu'elle avait appris par cœur dans sa jeunesse (elle en savait plus de cent et avait toujours un grand goût à se les rappeler), les psaumes CXVIII, XLI, XXI, les psaumes graduels, qu'elle savait aussi par cœur, lui servaient de texte. Avant ses épreuves,

Dieu, comme elle s'exprime elle-même, faisait en elle la méditation : elle se livrait à cet exercice de piété avec une incroyable facilité ; elle n'avait besoin d'aucun livre : la passion de Notre-Seigneur, son amour pour les hommes dans l'Eucharistie, la sainte Vierge et saint Joseph, étaient les textes intarissables de ses contemplations. Les pieuses prières des *Sept Allégresses* alimentaient aussi ses réflexions. Elle s'y livrait avec amour, elle recherchait l'obscurité et le silence, et savourait surtout la présence de Dieu et son entretien lorsqu'aucun bruit ne pouvait parvenir jusqu'à elle. Au milieu de ses épreuves, rien ne pouvait la distraire ; et les objets mêmes de sa tentation l'élevaient vers Dieu.

Dès quatre heures du matin, elle commençait la méditation dans son lit ; elle se rendait au chœur à cinq heures un quart en été et vers six heures en hiver, et continuait son entretien avec Dieu jusqu'après sa communion. Comme, depuis plusieurs années, elle soupait dans sa chambre, elle éteignait sa lumière le soir à huit heures et restait ainsi une heure à prier dans l'obscurité. Elle rallumait la lampe pour se coucher à l'heure ordinaire de la communauté. Dans l'après-midi, elle passait régulièrement deux heures dans un petit réduit obscur, où elle pouvait donner un libre cours à ses larmes. Elle en répandait volontiers, et quelquefois si abondamment que ses mains et ses habits en étaient inondés. Une de ses Sœurs assure être entrée un jour dans sa chambre et l'avoir trouvée, selon son usage, accroupie sur les talons ; les larmes ruisselaient de son visage et inondaient le plancher. Immobile, sans regard, sans sentiment, elle ne vit pas, elle n'entendit pas la Sœur, et celle-ci se retira stupéfaite et troublée de ce qu'elle venait de voir. D'autres fois, on fit du bruit à côté d'elle sans pouvoir la retirer de sa contemplation. Ordinairement le bruit des pas du confesseur suffisait à rappeler la Mère à elle-même.

Dans ce petit réduit, attenant à la sacristie, la Vénérable Mère Émilie s'est confessée et a reçu l'absolution tous les jours durant les dix dernières années de sa vie. En cela, comme en autre chose, elle n'avait rien demandé ; elle usait de ce privilège par obéissance. Le confesseur avait remarqué que l'absolution fortifiait cette pauvre âme dans ses angoisses ; pour jouir de ce bien, la Mère Émilie avait besoin de se vaincre ; tous les remèdes qui lui étaient appliqués devaient ajouter à ses tourments. Non seulement sa douleur, dont tous ses efforts avaient peine à contenir la manifestation, était des plus vives, mais sa répugnance à s'humilier et à s'accuser était toujours extrême, ses tentations contre la foi étaient toujours ardentes ; tout acte de religion l'obligeait à une certaine violence, et l'habitude de la confession ne diminuait en rien l'effort qu'elle avait à faire. Elle suivait les règles que M. Marty lui avaient indiquées ; ses confessions restaient courtes ; si, dans la direction, elle se permettait plus de paroles, jamais cependant elle ne se fût ouverte de ses peines intérieures si le confesseur ne l'eût interrogée.

Au milieu de ses tourments, le désir de se rapprocher de son Époux, de s'unir plus intimement encore à ce Dieu qui lui voilait ses grâces et ne lui faisait connaître aucune douceur, ce désir transportait la Mère Émilie : elle voulait se lier tous les jours plus étroitement au service du divin Maître. Les quatre vœux d'obéissance, de chasteté, de pauvreté et de clôture ne suffisaient pas à son amour. Elle désirait s'engager d'une manière plus singulière encore. Dans son ardeur à suivre son bien-aimé, elle ne pouvait rien supporter de tiède. Elle se sentait intérieurement pressée à ne pas s'appliquer uniquement à éviter le mal, et, sans condescendance aucune pour la faiblesse humaine, elle voulait en tout faire ce qui était le plus parfait. Les âmes généreuses ne se contentent pas de se donner à Dieu jour par jour, pour ainsi dire, elles aiment à engager à l'avance toutes leurs actions et leurs paroles. La Mère Émilie exprima à M. Marty le désir de se soumettre par un vœu à l'obligation, formidable à la nature humaine, de faire en tout ce qu'il y a de plus parfait. C'est là un engagement assez rare dans l'histoire des saints, et que quelques créatures d'élite seules ont pu prendre et remplir. M. Marty trouvait les quatre vœux suffisants à la sanctification d'une âme ; il recommanda à la Mère de s'appliquer à en remplir avec exactitude les obligations et à ne pas laisser courir son esprit et ses désirs au-devant de nouveaux engagements. Toujours docile, la Vénérable acquiesça à cette recommandation ; mais le désir ne cessa d'agiter son cœur ; elle se sentait chaque jour pressée de donner à Dieu une autre marque d'amour ; elle éloignait en vain cette pensée comme une tentation ; le désir persistait, et il se manifestait au milieu des plus profondes ténèbres et des tourments intérieurs les plus aigus. Après la mort de M. Marty, la Mère s'ouvrit sur ce point avec le confesseur qui l'a dirigée pendant les treize dernières années de sa vie. Celui-ci fut effrayé d'une pareille pensée. La vertu de la Mère Émilie lui était connue ; mais dans l'état violent de tentation où se trouvait cette âme, un pareil engagement paraissait devoir être un nouveau supplice. Au milieu des obscurités qui enveloppaient cet esprit et des désolations qui torturaient ce cœur, comment dans toute pensée, tout désir, toute parole, toute action, toute démarche, embrasser avec une fermeté inébranlable ce qu'il y a de plus parfait ? Cela est impossible à la nature ; il faut la lumière de Dieu soutenant et conduisant une âme remplie de l'héroïsme de la vertu. « N'est-ce pas une folie, disait la Vénérable en manifestant un désir qu'elle ne pouvait renfermer en elle-même ; n'est-ce pas une folie à moi, misérable, de vouloir imiter les plus grands saints? » C'était une folie, en effet, la folie qui enivre les grandes âmes, la folie de la croix dont parle saint Paul, et à laquelle rien ne peut résister. Le confesseur sonda de nouveau ce cœur qu'il connaissait déjà ; il l'étudia avec toutes les lumières que Dieu voulut lui communiquer, et, à son tour, il se sentit pressé d'accorder à sa pénitente ce qu'elle demandait. Il en reparla le premier, il s'informa si ce désir subsistait et s'il était accompagné de cette paix de l'âme qui indique toujours l'action de Dieu. Après avoir reçu une réponse affirmative, il recommanda à la Mère d'unir ses prières aux siennes ; et quittant aussitôt le confessionnal, il alla se placer devant le saint Sacrement, conjurant Dieu de toutes ses forces de lui venir en en aide, reconnaissant sa faiblesse, son peu d'expérience, le danger où une imprudence pouvait le jeter, lui et l'âme confiée à sa direction. Au bout de dix minutes d'humbles et ardentes prières, se sentant sollicité encore plus vivement d'accéder au désir de sa chère brebis, il l'autorisa à faire ce vœu redoutable auquel elle n'osait arrêter sa pensée. Ce vœu fut prononcé aussitôt au milieu des gémissements, des soupirs, des larmes et de la joie. Aujourd'hui le confesseur atteste que pendant les onze années que la Vénérable Mère Émilie a encore vécu depuis cet engagement, sans le moindre embarras de conscience, sans la moindre gêne, sans la moindre contention d'esprit, au milieu de tentations continuelles les plus horribles, elle a accompli ce vœu dans toute sa perfection et sans la moindre infidélité volontaire.

Pour se soutenir dans la rigide observance de cette promesse, la Mère Émilie n'avait pas seulement l'absolution qu'elle recevait tous les jours tous les jours aussi elle recevait la sainte Eucharistie. Dès son enfance, elle avait un attrait particulier pour adorer ce pain des anges, et, après sa première communion, elle s'approchait de la sainte table tous les quinze jours. Au temps de ses égarements, durant un an et demi, comme nous l'avons expliqué, elle ne s'en approcha que quatre ou cinq fois. Quand elle parlait de cette époque de sa vie, les larmes lui venaient aux yeux : elle eût voulu des pleurs de sang pour effacer de pareils jours. Après sa conversion, M. Marty, pour briser sa volonté, tantôt lui refusait la communion et tantôt lui disait de la faire sans qu'elle en eût demandé la permission. Il était cependant assez difficile de la prévenir : elle avait un si grand désir de cet aliment des enfants de Dieu, qu'à la moindre fête elle courait demander l'autorisation à son confesseur ; lorsque cette autorisation lui était refusée, elle se résignait, mais non, dit-elle, sans en ressentir une grande amertume. C'était encore le temps des joies. Lorsque vinrent les tentations, cet attrait pour la sainte table fut changé en une répugnance extrême ; malgré la violence qu'elle avait à se faire, malgré ses maladies, ses peines intérieures, sa faiblesse qui était telle que quelquefois elle se laissa tomber dans le chœur et que les Sœurs étaient obligées de la relever et de la soutenir, malgré l'épuisement de son estomac qui l'empêchait d'attendre pour prendre des aliments (c'est ce qui l'obligeait à se lever plus tard que ses Sœurs), elle n'a jamais omis une seule des communions qui lui ont été permises.

Outre ce secours puissant contre la faiblesse humaine, la Mère Émilie ne négligeait aucun des moyens en usage parmi les âmes pieuses. Elle ne se contentait pas de s'unir à son Dieu par la communion, elle l'adorait dans le sacrement de son amour : en présence du tabernacle, elle était comme abîmée devant la majesté divine et les larmes coulaient de ses yeux en abondance. Dans sa jeunesse, chez Mme Saint-Cyr, elle avait obtenu une chambre voisine de la chapelle. Ce fut pour elle une peine extrême quand il fallut quitter ce bienheureux voisinage. Nous avons déjà parlé de son respect pour la sainte messe ; elle croyait fermement à son efficace. « Oh ! disait-elle à ses filles, si nous entendions la sainte messe une seule fois comme il faut, nous aurions l'esprit de sacrifice ! » Sa dévotion favorite était le chemin de la croix ; elle ne passait aucun jour sans faire ce saint exercice.

Dans l'état de misère où elle voyait son âme, elle ne se contentait pas de s'adresser directement à Dieu, elle n'oubliait aucun des intercesseurs du salut des hommes. Elle avait une grande dévotion pour son ange gardien. On sait quel lien intime et charmant cette dévotion avait formé entre saint François de Sales et la pauvre tourière du premier couvent de la Visitation, la bonne Sœur Anne-Jacqueline Coste. La Mère Émilie était du goût du saint évêque de Genève : elle recommandait à ses filles la dévotion à leur saint ange gardien ; elle leur disait de l'inspirer à leurs élèves ; elle eût aimé à voir ces enfants faire quelquefois, comme Madeleine Morice (1), la révérence à leur bon ange et le prier, comme la petite Bretonne, avec beaucoup de poli-

---

(1) Madeleine Morice est née le 31 juillet 1736, dans la paroisse de Néant, ancien diocèse de Saint-Malo, d'une humble famille de métayers ; privilégiée de toutes sortes de grâces, elle passa sa vie dans les plus basses conditions ; tour à tour bergère, servante de cuisine, couturière à Ploërmel et maîtresse d'école dans la paroisse de Guer ; elle y mourut, au château de Porcaro, le 17 mars 1769, après une vie pleine de merveilles. Elle appartenait au tiers ordre du Mont-Carmel. Sa mémoire est en vénération dans toute la contrée. Plusieurs prédictions qu'elle avait faites se sont accomplies ; diverses grâces sont attribuées à son intercession. Sa vie a été écrite plusieurs fois, entre autres sous le titre de l'*Extatique de Bretagne, Madeleine Morice* (in-18, 1830), par la Mère Jérôme, du couvent des Oiseaux, à Paris, morte récemment, auteur du *Mois du Sacré-Cœur*.

tesse et de respect, de passer devant elles quand elles se trouvaient dans un passage étroit. Après les anges, la Mère Émilie n'oubliait pas les saints. Elle avait surtout en vénération ceux dont la vie avait été pauvre, obscure et cachée : saint Alexis et saint Jean Calybite, par exemple ; et, s'attachant à des héros d'une date plus récente, elle avait une particulière affection au vénérable aujourd'hui bienheureux Benoît Labre et à sainte Germaine Cousin. Elle relisait souvent la vie du saint mendiant, et aimait à en repasser les faits dans son esprit. Elle avait une grande confiance en son intercession, ainsi que dans celle de l'humble bergère de Pibrac. C'était entre cette dernière ville et Villefranche un échange continuel de communications. Les recommandations, les neuvaines, les images, les divers objets bénits au tombeau de la sainte bergère allaient grand train. Dans toute inquiétude, la Mère Émilie avait volontiers recours à cette petite bergère restée ignorée sur la terre et dont, disait-elle, la puissance devait être d'autant plus grande dans le Ciel. Les Sœurs de la Sainte-Famille imitaient leur Supérieure, et quand celle-ci était plus malade, elles invoquaient avec confiance la bienheureuse Germaine. Mlle Lamourous (1) était aussi une des

---

(1) Marie-Thérèse-Charlotte de Lamourous, née le 1er novembre 1754, à Barsac, au diocèse de Bordeaux, a été une des âmes les plus actives et aussi les plus étonnantes et les mieux douées, dont la Providence se soit aidée pour reconstituer les bonnes

grandes amies de l'autre monde avec qui la Mère Émilie entretenait un commerce fréquent. Il était naturel que la fondatrice de la Sainte-Famille et du Refuge de Villefranche eût quelque vénération pour la mémoire de la fondatrice de la Miséricorde. La Mère Émilie ne se contentait pas d'avoir ces affections particulières, si on peut s'exprimer de la sorte, avec ces amis du bon Dieu : entre ceux qui reçoivent les honneurs d'un culte public, elle honorait spécialement sainte Élisabeth de Hongrie, sainte Madeleine et sainte Thérèse. Par-dessus tout, elle avait une tendre confiance en la sainte Vierge. Elle l'honorait sous tous les vocables et dans toutes les positions, singulièrement au pied de la croix et sous le nom de la divine bergère. Elle avait une image la représentant sous ce dernier titre. Elle lui faisait de fréquentes visites pendant la journée,

œuvres et la foi en France après la Révolution. A force d'esprit, de bon sens et de courage, Mlle de Lamourous avait échappé à toutes les violences révolutionnaires. Aussitôt qu'un peu de paix fut rendue à l'Église, elle s'attacha, à Bordeaux, à l'œuvre de la Miséricorde, qui avait pour but de retirer les âmes du désordre. Malgré toutes les répugnances de sa délicatesse, Mlle de Lamourous se donna sans réserve à cette entreprise ; elle la développa au milieu de difficultés inouïes, lui procurant au jour le jour des ressources infinies, puisées uniquement dans sa charité et sa confiance en Dieu. La *Bonne Mère*, comme on l'appelait à la Miséricorde, mourut dans sa quatre-vingt-deuxième année, le jour de l'Exaltation de la Sainte-Croix 1836. La *Vie de Mlle de Lamourous* a été écrite par le P. Pouget, de la Compagnie de Jésus. In-8 ; 1843.

et engageait les Sœurs à faire de même et à avoir toujours quelque acte de vertu à apporter en hommage à la sainte Vierge. Elle leur recommandait toujours de se préparer attentivement à célébrer toutes les fêtes de Marie, et elle prenait soin de leur indiquer certaines petites pratiques à cette intention. Quand par hasard elle avait oublié de faire ces recommandations, elle demandait pardon à la sainte Vierge et s'accusait de cet oubli à la conférence qu'elle tenait le jour de la fête. Pendant le mois de mai, elle voulait redoubler de dévotion et de confiance. Il fallait que les divers oratoires élevés à la sainte Vierge dans l'intérieur du couvent, fussent décorés et honorés d'une façon particulière. Pour faire plaisir aux religieuses, la Mère Émilie leur permettait de garnir ces autels de fleurs; pour faire plaisir à un plus grand nombre, elle faisait renouveler ces fleurs deux ou trois fois par jour. Dans cet amour et cette confiance, la Vénérable se réjouissait avec expansion de toutes les faveurs extraordinaires que la divine Mère répandait miséricordieusement sur les hommes. Il y avait dans le jardin du couvent une statue de la sainte Vierge honorée sous le titre de Notre-Dame de Bon-Secours. La dernière année de sa vie, la Mère Émilie changea ce vocable pour invoquer désormais Marie sous le nom de Notre-Dame de la Salette. Elle affectionnait ce titre ; elle voyait dans ce grand fait un gage de miséricorde et de compassion pour les hommes. Elle allait tous les jours prier auprès de la statue de Notre-Dame de la Salette, en union, disait-elle, avec les nombreux pèlerins qui gravissaient la sainte montagne. Souvent elle envoyait les Sœurs prier à la même intention, et elle leur disait de ne pas se lasser de faire en esprit cet admirable pèlerinage.

Les saints qui avaient été dévots à Marie, avaient encore part aux respects particuliers de la Vénérable ; elle distinguait surtout parmi ces protégés de la Mère de Dieu saint Alphonse de Liguori. Il n'y avait aucune marque de dévotion, d'ailleurs, qu'elle n'affectionnât ; elle les faisait toutes avec goût et ferveur, et elle eut la force de ne pas s'en abstenir lorsque les tentations et les sécheresses furent venues. Elle avait une foi vive au signe de la croix, et une grande confiance à l'eau bénite ; elle en usait en sortant de sa chambre ou en y entrant : elle quittait son travail ou interrompait sa conversation pour en prendre. Elle avait une dévotion singulière à recevoir l'absolution le jour du vendredi saint. Elle s'y préparait avec une grande attention et demandait ce jour-là à Notre-Seigneur de lui faire l'application de son sang. Avant d'être cloîtrée, étant allée un jour de vendredi saint, recevoir l'absolution dans une église auprès de Villefranche, elle y avait reçu, disait-elle, des grâces extraordinaires, et s'était trouvée plus d'une heure dans un état qu'elle ne pouvait définir. Elle restait ainsi fidèle à toutes les grâces que le bon Dieu lui avait accordées ; elle en célébrait la mémoire et en sollicitait sans cesse de nouvelles avec une confiance et une hardiesse, pour ainsi dire, que le bon Dieu se plaisait à couronner de succès.

CHAPITRE XXIV

Comment le bon Dieu vient en aide à ceux qui le servent.

Dans le dépouillement d'elle-même, l'abjection et le renoncement à sa propre volonté où elle persévérait, la Mère Émilie n'était pas abandonnée de la Providence. Le bon Dieu aime à répondre à la générosité des cœurs, et tout le succès des diverses entreprises de la Mère Émilie attestait hautement de singulières bénédictions. Il y avait aussi des gages particuliers et secrets, connus seulement de la Mère et à peine de quelques-unes des Sœurs. Nous ne parlerons pas des consolations spirituelles que le bon Dieu répandit en certaines circonstances sur la fondatrice de la Sainte-Famille. Elles furent rares : c'était dans une voie d'amertume que le Seigneur avait décidé de la conduire ; mais s'il refusait ses douceurs aux recherches ardentes de son épouse, il ne lui refusait jamais son aide. La Mère Émilie comptait toujours, et jamais elle ne compta en vain sur la coopération du bon Dieu. Elle ne s'inquiétait pas, il est vrai, des procédés dont il voulait se servir, elle ne l'importunait pas pour hâter les résultats qu'elle attendait, et elle mettait même une certaine discrétion à arrêter son esprit sur ce travail divin. Elle savait bien que l'argent, le blé et toutes les provisions se multipliaient à la Sainte-Famille comme nous en avons rapporté plusieurs exemples ; les Sœurs en avaient quelquefois parlé à leur Mère ; mais la Mère, en examinant de trop près les choses, aurait craint de faire mal et de manifester de la défiance. Elle fermait les yeux et laissait Dieu agir à sa guise. Jamais elle ne voulait qu'on comptât l'argent de la caisse. Quand il manquait, elle envoyait ses Sœurs emprunter. Elle fixait scrupuleusement l'époque du remboursement, et il ne lui venait pas à la pensée qu'elle pût être embarrassée à remplir ses obligations. Tous ceux qui ont prêté à la Mère Émilie, attestent son exactitude à rembourser aux termes convenus.

Quand les Sœurs allaient par la ville pour emprunter de l'argent, la Mère Émilie leur recommandait de prier le long du chemin les anges gardiens des personnes auxquelles elles allaient s'adresser. Un jour, il s'agissait du remboursement d'une somme de 4,000 fr., et on avait en caisse 1,300 fr. Les Sœurs, après avoir fait bien des démarches, apportèrent 1,700 fr. L'argent est compté en leur présence, et la supérieure les envoie prendre un tiroir, où il y avait quelques pièces de 1 et 2 fr. avec de la monnaie de cuivre, devant former une somme insignifiante que l'économe avait négligé d'apporter. Au rapport de la Sœur qui alla chercher l'argent, il pouvait y avoir 8 ou 10 francs. La Mère demanda si on avait fait le signe de la croix avant de compter ; sur la réponse négative qui lui fut faite : « Il faut recompter cet argent, » dit-elle aux Sœurs. Restée seule dans sa chambre avec cette menue monnaie, on l'entendit compter elle-même ; un instant après, rappelant les Sœurs, elle leur montra 1,150 fr. « Vous ne savez pas compter, vous autres, » dit-elle en riant. « Ces faits ne sont rien ! » disait la Vénérable à son confesseur, lorsque ce dernier l'interrogeait sur ces événements extraordinaires. Jamais, dans les petites comme dans les grandes circonstances, le bon Dieu ne laissa sa servante dans l'embarras. En 1843, les pluies trop abondantes de l'été et de l'automne avaient compromis les récoltes ; le prix des denrées était devenu excessif et la misère fort grande. C'étaient là, selon la Mère Émilie, on le sait, des raisons de redoubler de charité ; en considérant les besoins des pauvres, elle ne pouvait résister à aucune des œuvres qui se présentaient. Elle augmenta le nombre des orphelines ; les postulantes au noviciat des écoles et à celui des Sœurs cloîtrées furent, pour la plupart, reçues sans dot et sans pension. Dans les diverses classes, beaucoup d'enfants furent instruites gratuitement ; au pensionnat, on en garda plusieurs dans les mêmes conditions : les dépenses s'étaient donc beaucoup accrues, et en même temps les recettes avaient diminué. A la fin de l'année, lorsque l'économe releva les comptes, elle trouva, en effet, que les dépenses excédaient les recettes de 12,302 fr. 10 c. Cependant la maison n'avait point de dettes. En racontant ce fait à son confesseur, la Mère Émilie, sur son lit de mort, attestait l'exactitude scrupuleuse de l'économe à inscrire les recettes les plus minimes. Jamais une multiplication aussi considérable n'avait eu lieu à la Sainte-Famille ; mais jamais aussi la Sainte-Famille n'avait eu une aussi grande charité.

Dans les jours ordinaires, l'intervention de la Providence se manifestait par une multiplication incessante. La Mère Émilie se taisait sur cette merveille, et elle s'appliquait même à la dissimuler. Elle a détruit tous les comptes des premières années de la communauté, au temps où elle tenait elle-même l'économat. Mais depuis le mois de septembre 1828 jusqu'en septembre 1851, les livres tenus avec soin établissent que la dépense a été de 562,939 fr. 33 c., tandis que les recettes ne se sont élevées qu'à 523,506 fr. 84 c. La communauté, après ces vingt-trois années, devait donc se trouver grevée d'un déficit de 39,432 fr. 49 c. ; or, en

1851, elle avait 1,500 fr. de dettes. En faisant connaître ces faits, d'après les livres de comptes de la Sainte-Famille et les dépositions des religieuses de cette communauté, nous n'ignorons pas qu'il est facile de contester de pareilles assertions ; mais les âmes pieuses, à qui nous nous adressons principalement, trouveront dans ces détails, avec des motifs de louer et de bénir le bon Dieu, des encouragements aux saintes entreprises de la charité. La Providence, d'ailleurs, manifestait son action dans les affaires de la Vénérable Mère d'une manière évidente aux yeux mêmes de ceux qui seraient disposés à nier ou à méconnaître cette intervention. Il ne faut pas parler des diverses preuves où la piété des Sœurs de la Sainte-Famille se complaisait : lorsqu'elles voyaient, par exemple, la fertilité de leurs vergers et de leurs jardins éclater aux temps de disette, et leurs arbres plier sous le poids des fruits, les années surtout où la contrée en était généralement privée. Il se passait dans l'intérieur du couvent de la Sainte-Famille des choses sinon plus singulières dans l'ordre de la puissance, du moins plus extraordinaires aux yeux des hommes.

La Mère Émilie avait remarqué qu'après les repas il restait beaucoup de morceaux de pain. Elle avertit la dépensière, et lui recommanda d'en couper moins à l'avenir. La Sœur promit de se conformer à cet avis ; mais le lendemain, après le repas, la Mère trouva des restes de pain à peu près en même quantité. Elle fit appeler la dépensière, la reprit de son défaut d'obéissance, et lui recommanda de nouveau de couper les morceaux petits et en petit nombre, et de ne pas remplir les corbeilles servant à la distribution. Malgré ses recommandations, la Mère trouva qu'après les repas des Sœurs et des enfants, les restes étaient toujours aussi abondants. Elle parle sévèrement à la dépensière, et la menace de lui imposer une pénitence. La Sœur, affligée, assure qu'elle s'est en tout conformée aux intentions de la Mère, mais qu'elle va encore diminuer les rations de pain. La Mère veut s'assurer de l'exécution de ses ordres : elle voit le pain préparé avant le dîner, après le repas elle se fait présenter la corbeille des restes : elle était comble. Il y avait, reconnaît dans sa déposition la Sœur dépensière, plus de pain qu'on n'en avait préparé pour le repas. « Mon premier mouvement, dit la Mère Émilie, fut de demander pardon à la Sœur de l'avoir grondée injustement ; mais je m'arrêtai, de crainte de trop attirer son attention sur ce prodige ; je me contentai de lui dire qu'il n'y avait point de sa faute, que c'était une action de la Providence, qu'il n'en fallait point parler. »

La Servante de Dieu s'était accoutumée à rester calme devant ces manifestations de la Providence. Lors de l'établissement des Sœurs non cloîtrées, lorsqu'elles n'étaient encore qu'au nombre de douze ou treize au noviciat, une Sœur chargée du service du réfectoire s'aperçut bientôt qu'elle relevait après les repas autant de pain qu'elle en avait apporté ; un jour, entre autres, elle en trouva beaucoup plus qu'elle n'en avait servi. Elle alla prévenir la Mère de ce qui se passait, et la Mère se prit à rire en répondant tranquillement : « C'est une preuve que Dieu bénit l'œuvre de nos Sœurs non cloîtrées. Remercions-le. Je craignais d'abord, en voyant l'approbation générale accueillir cette entreprise, qu'elle ne fût pas selon la volonté de Dieu. Je puis être rassurée aujourd'hui ; je vois que Dieu bénit cette œuvre. »

L'usage à la Sainte-Famille est que la dépensière place devant chacune des religieuses la portion d'aliments qui lui est attribuée. Quand cette portion est trop copieuse, les Sœurs prélèvent ce qu'elles veulent manger et laissent le restant au milieu de la table. Quand un certain nombre de portions manquent au repas, la dépensière passe le long des tables, relève les excédents et les porte aux Sœurs qui n'ont pas encore été servies. Quelquefois, après avoir fait plusieurs fois le tour des tables, la dépensière venait dire à la Mère Émilie : « Ma Mère, il y a dix ou douze Sœurs qui ne sont pas servies, je ne sais que leur donner. — Faites le tour des tables, disait la Mère. — Je l'ai déjà fait, reprenait la Sœur, il n'y a plus rien. — Vous n'avez pas bien regardé, disait la Mère ; retournez,

15**

vous trouverez. » Effectivement, la Sœur trouvait. Il lui est arrivé de passer ainsi trois ou quatre fois de suite par ordre de la Mère, et toujours elle relevait des portions qu'elle n'avait point vues d'abord, et elle en relevait tant qu'à la fin il y en avait trop. Cela était si fréquent que la pauvre dépensière, toute confuse, n'osait plus se présenter devant la Mère.

Malgré cette confusion de la dépensière, la naïveté des Sœurs ne les empêchait pas de savoir d'où provenait tout ce bien. Quand les mets préparés pour la communauté n'étaient pas assez copieux, on allait chercher la Mère et on la priait de faire elle-même les portions : « Vous êtes toujours embarrassées, vous autres, disait-elle aux dépensières, réfectorières, cuisinières et autres Sœurs en charge, vous ne savez point faire : vous n'avez point de confiance en Dieu. » Elle servait, et il y avait toujours assez ; souvent même il y avait des restes. Ainsi ce n'était pas seulement le pain, c'étaient les fruits, les légumes, la viande, toutes les diverses sortes d'aliments et de denrées qui abondaient entre les mains de la Vénérable.

Malgré l'habitude des Sœurs à voir ces admirables industries de la Providence et ses condescendances pour sa servante, les préparatifs des repas étaient quelquefois si exigus que la dépensière, au moment de servir, ne pouvait s'empêcher de se récrier. Un jour, on donnait de la viande à la communauté, et il y en avait à peine le tiers de ce qui eût été raisonnablement nécessaire. La dépensière, ne sachant comment s'y prendre pour faire les portions, y renonce tout d'abord, s'assied auprès de ce qu'on a préparé et attend la Mère. Celle-ci entre et s'informe pourquoi le dîner n'est pas servi. « Ma Mère, dit la Sœur, je vous attendais pour vous montrer ce qu'on m'a donné pour toute la communauté. — Eh bien ! dit la Mère, commencez donc à servir, il y en a bien assez. — Avec cela, ma Mère, et pour toutes les Sœurs ? — Oui, oui, dit la Mère, il y en a assez : servez. » En parlant, la Mère Emilie s'était approchée de la table, et avait pris une fourchette et retourné la viande. Elle sortit aussitôt. A peine était-elle hors du réfectoire, que la viande grossit prodigieusement : « On eût dit un chevreau qu'on souffle, » dit la dépensière dans sa déposition. Hors d'elle-même à cette vue, la Sœur se précipite sur les pas de la Mère, claquant dans les mains et appelant : « Ma Mère, ma Mère ! » La Mère se retourne, va au-devant de la Sœur en riant et, sans s'informer de la cause de ses cris, lui dit : « Taisez-vous, c'est le bon Dieu ! Servez, et ne dites rien à personne. »

Une autre fois, il s'agissait de fromages : la même Sœur était encore chargée de l'office de dépensière ; elle va à l'heure du dîner chercher ce qu'on avait préparé pour la communauté. « Je n'ai rien préparé, dit la cuisinière ; notre Mère a dit qu'il y avait des fromages ; ils sont dans l'armoire : prenez-les. » Quel n'est pas l'étonnement de la dépensière, lorsqu'elle voit dans l'armoire, posés sur une même assiette, six petits fromages (de ceux qu'on vend deux sous à Villefranche) et quelques morceaux. La dépensière n'était pas encore revenue de sa première stupéfaction, lorsqu'une Sœur vient lui demander les portions destinées au noviciat des Sœurs non cloîtrées. Elles étaient environ vingt-cinq novices. La dépensière ne put contenir son humeur, et répondit avec un certain dépit en montrant ces six fromages : « Voyez ce qu'on me donne ! » Sur ces entrefaites entre la Mère : « Ma Mère, lui dit la dépensière avec émotion, comment ferons-nous ? nous n'avons que cela, et ma Sœur attend le repas des Sœurs de Saint-Jean de Dieu ! » La Mère, sans sortir de son calme, répond doucement : « Commencez par donner à ma Sœur ce qu'il lui faut : servez ensuite le restant à la communauté. » La dépensière donne quatre de ses fromages : il n'y en avait pas trop pour vingt-cinq personnes. Elle garde pour les quarante à quarante-cinq Sœurs qu'elle avait à servir, deux fromages entiers et les petits morceaux. Elle sert tout le monde, et après le repas elle recueille une pleine assiette de morceaux.

On était embarrassé pour le dessert des pensionnaires. On avait fait cuire des châtaignes pour la communauté ; mais il y en avait très-peu, à peine le quart de ce qu'il eût fallu pour tout le monde. La dépensière va s'adresser à la Mère : « Ma Mère, quel dessert donner aux pensionnaires ? » La Mère réfléchit un instant. « Donnez des châtaignes, vous servirez le reste à la communauté. — Mais, ma Mère, il y en a déjà si peu. — N'importe, il y en aura assez. » La dépensière envoie le dessert aux pensionnaires. Quand la Sœur qui l'avait porté et qui avait vu le peu qui restait pour la communauté, fut à table et vit devant elle la petite corbeille où l'on avait mis sa portion de dessert, remplie et débordant de châtaignes, elle crut qu'on les avait toutes placées devant son couvert ; elle regarda et vit ses compagnes servies aussi copieusement. Après le repas, elle alla demander à la dépensière où elle avait pris tous ces fruits. « Lorsqu'elle sut qu'on n'en avait pas eu d'autres que ceux qu'elle avait vus, elle demeura comme moi, dit la dépensière, convaincue que notre Mère les avait multipliés. »

Des ouvriers faisaient des réparations au couvent de la Sainte-Famille ; on mit des planches à leur disposition ; ils les mesurèrent, et les trouvèrent trop courtes pour leurs travaux. On prévint la Mère : elle vint vérifier les choses, et lorsqu'elle eut touché les planches, elles se trouvèrent de la longueur nécessaire.

Au carême de 1844, la Mère Émilie conduisit

une Sœur à la dépense, et, lui montrant un petit monceau de châtaignes, lui dit : « Vous viendrez tous les jours remplir cette mesure de châtaignes, et vous les porterez à la cuisine. Mais faites bien attention, il faut que la provision dure jusqu'à Pâques. » La Sœur se prit à rire, tant il était évident que la provision n'était pas pour dix jours. La Mère reprit la Sœur fortement de son peu de confiance ; elle lui recommanda de ne rien dire à personne, mais d'avoir soin de faire le signe de la croix toutes les fois qu'elle puiserait à la provision ; et elle l'assura de nouveau qu'il y en aurait pour tout le carême. Il y en eut jusqu'à la troisième semaine après Pâques.

Dans toutes ces histoires, on ne sait ce qu'il faut admirer davantage de ce calme et de cette confiance de la Servante de Dieu, ou de cette tendresse ineffable de la Providence ne refusant rien, entrant dans tous les détails, répondant à toutes les demandes et les prévenant quelquefois pour subvenir aux besoins des amis du bon Jésus.

La maîtresse des orphelines avait une grande quantité de bas pour l'usage des enfants ; ils étaient en mauvais état comme sont souvent les vêtements des pauvres, et il fallait bien, en tout ou en partie, des pieds ou des jambes à la plupart de ces bas avant d'en faire usage. Pour accomplir ce travail, la Sœur aurait désiré des laines assorties aux diverses couleurs ; mais les bas venus de tous les points de l'horizon rappelaient assez volontiers toutes les teintes de l'arc-en-ciel flétries et fanées par un long usage. Un matin, entrant dans la classe, la Sœur trouve une petite corbeille remplie de pelotons de laine parfaitement appropriés à la diversité de nuances des bas. Tout en se réjouissant d'une si heureuse rencontre, la maîtresse des orphelines pensa que c'était de l'ouvrage préparé pour elle, et demanda à qui elle en était redevable. Les orphelines n'avaient vu personne dans la classe et ne pouvaient dire comment cette laine y était arrivée. La Sœur s'informe auprès de la maîtresse des ouvrages, de l'économe et de toutes les autres religieuses qu'elle suppose avoir pu préparer cette laine, personne ne sait de quoi elle veut parler. Elle va trouver la Mère Émilie et lui demande si elle a envoyé de la laine à la classe des orphelines. « Non ! dit la Mère. — Que faut-il faire de cette laine ? » dit la Sœur étonnée, et expliquant à la Mère ce qui lui était arrivé. La Mère la regarde en riant : « Soyez tranquille. Servez-vous-en pour les enfants, et ne dites rien. »

Eh ! pourquoi le bon Jésus aurait-il refusé de donner à son humble servante la joie de voir les enfants qu'elle avait adoptées, non seulement chaudement, mais proprement vêtues ? Ne connaît-il pas les faiblesses des mères, et ne peut-il pas y compatir ? En rapportant ces faits, nous voulons nous conformer aux décisions de la sainte Église :

il ne nous appartient pas de qualifier ces divers événements. Nous sommes historien et non pas juge ; il est bien vrai que rien ne nous paraît plus doux et plus facile à croire que des témoignages de condescendance du Sauveur envers sa faible créature. Rien n'est plus fréquent non plus dans l'histoire des âmes dévouées, et ce n'est pas en vain que Notre-Seigneur s'appelle le bon Dieu. Il se complaît à soutenir les œuvres de charité entreprises pour sa gloire ; il aime aussi à contenter les désirs des cœurs qui sont à lui. On sait que la Mère Émilie avait une grande confiance à l'humble bergère de Pibrac, que l'Église vient de placer sur ses autels ; elle gardait dans sa chambre de l'huile bénite sur le tombeau de la bienheureuse Germaine Cousin. Elle attribuait à cette huile une vertu particulière, et elle la distribuait volontiers aux malades. Un soir, elle regardait avec tristesse sur sa cheminée sa fiole presque vide ; le lendemain matin l'huile remplissait le vase : la Mère interroge, sans leur rien confier, celles des Sœurs qui avaient pu entrer dans sa chambre, et elle est bientôt convaincue qu'aucune d'elles n'a touché à la fiole ; elle pensa qu'il y avait là une nouvelle et aimable attention du bon Dieu. Ces rapports du Seigneur Jésus avec ses amis, ces prévenances délicates, pour ainsi dire, d'un ami qui cherche à plaire à son ami, sont bien faits pour pénétrer l'âme, pour la faire fondre, pour ainsi dire, de joie et de reconnaissance. L'humilité de la Mère Émilie l'empêchait néanmoins de fixer son attention sur ces merveilles ; ce n'était pas la vertu miraculeuse qu'elle aimait et qu'elle recherchait dans Jésus-Christ, c'était Jésus-Christ lui-même qu'elle voulait aimer, goûter et servir. Bien qu'il manifestât sa présence dans les faits extérieurs, il laissait l'âme de sa fidèle servante plongée dans la désolation, les amertumes et les ténèbres. Il y avait cependant des instants où tout à coup ce cœur noyé de douleur était inondé de lumière et de paix : la servante de Dieu a indiqué quelques-uns de ces instants de sa vie, sans jamais s'en expliquer clairement, et nous en avons parlé à leur ordre. Une nuit, la religieuse qui couchait dans la chambre de la Mère fut réveillée en sursaut : elle entendait la Mère pousser vers le ciel des élans enflammés d'amour ; la chambre était éclairée comme si le soleil y eût dardé ses rayons, le lit sur lequel reposait la mère paraissait tout en feu. Le lendemain, la Vénérable interrogeait discrètement la Sœur pour savoir si elle avait vu quelque chose la nuit. La Sœur se prit à sourire. La Mère comprit ce sourire, et lui défendit de parler de rien à personne. « Si je sais que vous ayez dit un mot, ajouta-t-elle, vous ne coucherez plus dans ma chambre. »

Pour savoir que le bon Dieu accordait de grandes faveurs à leur Mère, les Sœurs, il est vrai, n'avaient pas besoin de grandes affirmations. Elles étaient elles-mêmes quelquefois les témoins et les sujets de ces miséricordes. Une des religieuses avait le bras et la main extrêmement enflés ; elle souffrait beaucoup, le mal se prolongeait et empirait depuis déjà trois jours ; la Sœur craignait de ne pouvoir plus jamais se servir de son bras. Elle va trouver la Mère, tout en pensant au dedans d'elle-même que si la Mère vient à toucher son mal il disparaîtra entièrement. « Ma Mère, lui dit-elle, mon bras me donne beaucoup de soucis. » La Mère demande à le voir, enlève les bandes et les compresses : l'enflure était considérable, la main et tout le bras étaient violets. La Mère touche l'enflure, considère le mal, rétablit les linges : « Soyez tranquille, dit-elle à la Sœur, cela ne sera rien. » Au même instant la douleur cesse : le lendemain la Sœur trouve son bras et sa main parfaitement sains et dans leur état naturel. Elle rencontre la Mère, et lui montrant son bras libre de toute enveloppe : « J'ai cru, ma Mère, et je suis guérie, dit-elle joyeusement. — Taisez-vous, taisez-vous, » dit la Mère s'éloignant avec rapidité.

Une autre religieuse, après deux années de vives souffrances, était depuis six mois tombée dans un état complet de cécité. Un jour, on l'avait conduite dans une cour ; la Mère passe, s'arrête, et demande à la pauvre infirme de ses nouvelles. « Hélas ! ma Mère, cela va très mal, dit la malade, je ne pourrai plus me servir de mes yeux ; j'en ai fait le sacrifice à Dieu ; mais il m'est bien pénible de penser que je ne suis plus qu'un membre inutile au milieu de mes Sœurs. — Allons, dit la Mère, ayez confiance. » En même temps elle demande à voir les yeux de l'infortunée, les touche, et les recouvre ensuite du bandeau. A peine la Mère est-elle partie, que l'aveugle se sent pressée d'essayer encore sa vue : elle ôte son bandeau, elle voit ; elle saisit un livre, elle peut lire ! L'infirmière est confondue de trouver ces pauvres yeux, qu'elle avait soignés si longtemps, sains, clairs et vifs. Toutefois la Mère ordonna d'y replacer le bandeau et ne permit de l'enlever qu'au bout d'un certain temps. Le mal ne reparut pas, et la bonne Sœur put encore rendre des services à la communauté.

La même Sœur fut plus tard affligée d'autres maux qui l'empêchaient de marcher autrement qu'à l'aide d'une béquille ; elle ne pouvait poser le pied à terre sans éprouver de vives souffrances. Un jour elle était au jardin, la Mère Émilie passe : « Ma Sœur, lui dit-elle, vous voulez donc marcher toujours avec une béquille ? — Ma Mère, je ne puis pas même effleurer le sol. — Vous n'avez pas assez de confiance ; laissez là votre béquille, et prenez mon bras. » La Mère conduit l'infirme vers un oratoire de la sainte Vierge. Après avoir prié un instant, la Mère abandonne la malade, lui disant : « C'est à la sainte Vierge maintenant de vous donner une jambe ! » La Sœur se lève péniblement, se traîne comme elle peut, gagne le chemin de l'infirmerie, y arrive la jambe enflée et extrêmement douloureuse. Le lendemain, la Mère passe à l'infirmerie et demande à la malade ce qu'elle a pensé quand elle a reçu l'ordre de quitter sa béquille. « Hélas ! ma Mère, je voulais bien vous obéir ; mais la jambe me faisait tant de mal ! il me paraissait impossible de marcher. — Vous n'avez pas de confiance en Dieu, vous êtes indigne de ses dons ! dit la Mère d'un ton sévère ; reprenez votre béquille, vous la garderez jusqu'à nouvel ordre ! » La pauvre Sœur était désolée. Trois jours après, la Mère ordonne de nouveau à la Sœur de quitter sa béquille. La Sœur obéit tout aussitôt sans faire de raisonnement, et depuis ce temps elle marcha sans avoir besoin de secours.

Une des Sœurs employées à la visite des malades avait une loupe au genou ; un jour, elle fit une chute, et la loupe se fendit. La Sœur, toutefois, ne s'arrêta pas : elle vaqua à ses diverses occupations dans l'intérieur de la maison ; elle parcourut la ville, monta les escaliers, visita ses malades et ses pauvres, et le soir rentra au couvent, souffrant de vives douleurs et ne marchant qu'avec peine. Une enflure considérable s'étendait sur toute la jambe et avait même gagné la hanche. La jambe entière était devenue violette. La Sœur va voir la Mère, qui, au lieu de songer à la soulager, la gronde sévèrement d'être sortie après son accident et d'avoir eu si peu de ménagements pour elle-même. « Pour pénitence, dit la Mère, vous garderez la chambre toute la semaine, vous n'en sortirez que pour vous coucher ! » De remède, pas un mot. La pauvre Sœur était bien chagrine. Tous les soirs, elle se traînait jusqu'à son lit : elle ressentait des souffrances aiguës, et était assez disposée à murmurer contre la Mère, si bonne et si compatissante d'ordinaire pour les malades, et qui paraissait délaisser entièrement celle-ci. Au septième jour, la Sœur était dans le même état que le premier, et, à son grand regret, n'avait fait aucun remède. Le huitième, en se levant elle se trouva parfaitement guérie : elle put vaquer à ses occupations habituelles et reprendre la visite des malades.

Si la Mère Émilie pouvait ainsi soulager les maux, quelquefois elle les prévenait ; à Figeac, une Sœur était montée sur l'ancien rempart de la ville, qui forme le mur de clôture du couvent. Un grand vent s'élève tout à coup avec furie et fait courir à la Sœur le risque d'être renversée. La Mère, effrayée, prie aussitôt l'ange gardien de cette Sœur de lui suggérer la pensée de se coucher sur le mur. Dans le même instant, cette pensée se présente, en effet, à l'esprit de la Sœur, qui ne savait déjà plus comment résister à l'effort du vent ; elle se couche, et elle est restée convaincue qu'elle devait la vie dans cette circonstance à la prière de la Mère Émilie. Cette digne Mère, on le sait, avait une grande dévotion aux anges gardiens; elle voulait l'inspirer au cœur des enfants; elle assurait avoir reçu elle-même, dans sa jeunesse, une grande marque de protection de la part de son bon ange. Elle allait un jour à la cave, dans les premiers temps qu'elle habitait la maison de Mᵐᵉ Saint-Cyr. Elle tenait des bouteilles dans chaque main. L'entrée de la cave fermait par une trappe, il était nuit. La Servante de Dieu croyait la trappe fermée et allait vite. La trappe était ouverte cependant ; et au moment où le terrain se dérobait sous ses pas et où elle allait se lancer dans l'espace, la Vénérable sentit comme deux mains appuyées sur sa poitrine qui la retinrent avec force. Au même moment, des personnes de la maison apprenant que la trappe était levée, et ayant vu avec quel empressement Émilie était partie, ne doutèrent pas qu'elle ne se fût précipitée dans la cave, et poussèrent de grands cris, la croyant déjà morte. Émilie les rassura, leur disant que les bouteilles n'étaient pas même cassées. Elle n'en dit pas davantage ; mais au fond du cœur elle ne douta point que son bon ange ne fût venu à son aide, et elle le remerciait intérieurement.

Il n'y avait pas que les anges ainsi au service de la bonne Mère. Une personne à laquelle elle portait un vif intérêt négligeait depuis longtemps ses devoirs religieux. La Mère appelle un jour une Sœur, lui recommande d'aller faire visite à cette personne, et de faire tout ce qu'elle pourra pour l'engager à se confesser. « Pendant ce temps, dit la Mère, je demeurerai devant la *divine Bergère*. » La Sœur s'acquitte de sa commission, et, à sa grande joie, trouve les difficultés aplanies ; depuis ce jour, cette âme, pour laquelle la Mère Émilie avait prié, fut exacte à fréquenter les sacrements.

N'avons-nous pas besoin de dire ce qui rendait la prière de la Mère Émilie efficace ? C'était la confiance ; elle ne craignait pas d'être refusée : le bon Dieu est si bon ! Une des Sœurs occupées à la visite des malades, voyait un jeune homme en grand danger de mort qui refusait absolument de se confesser. La Sœur avait employé en vain tous les moyens ; elle redoutait de voir son pauvre malade mourir sans sacrement. Dans sa désolation, elle alla entretenir la Mère Émilie du triste état de cet infortuné. « Soyez tranquille, dit la Mère ; ne pleurez pas, ne vous découragez pas ; il se confessera. » Le lendemain, en effet, ce jeune homme demanda un prêtre, se confessa, reçut le saint viatique et mourut quelques instants après.

Bien des fois, elle déclara à ses Sœurs leurs plus intimes pensées, les peines qu'elles n'avaient confiées à personne, les sentiments les plus secrets de leur cœur. « Ma Mère, lui disaient-elles, comment savez-vous cela ? Je n'en ai parlé à personne. » La Mère souriait et ne s'expliquait pas.

Un jour, elle annonça à une Sœur une tempête intérieure que rien ne pouvait faire pressentir. Cette

Sœur était dans la paix, comblée de consolations, pleine de confiance en Dieu ; et aussitôt qu'elle eut reçu l'avis de la Mère, elle se trouva plongée dans des ténèbres épaisses, et comme enveloppée dans un filet, d'où il lui était impossible de donner l'essor à son esprit ; elle perdit la joie et la tranquillité : des pensées de blasphème, de défiance et de désespoir l'obsédèrent ; elle devint comme hébétée et comme sans défense : elle avait presque perdu le sommeil, l'appétit, et n'avait plus qu'une santé délabrée et chancelante. Ce douloureux état de tentation et d'épreuve dura un an.

Nous avons, sur tous ces événements, suivi les dépositions faites par les Sœurs lors de l'enquête dressée après le décès de la Mère Émilie par l'ordre de Mgr l'évêque de Rodez. Mais ce qui, bien mieux que les faits les plus extraordinaires et la plus grande perspicacité de l'esprit, fait comprendre le précieux état de grâce où était cette âme et son étroite union avec Dieu, ce sont les détails suivants écrits et attestés d'une manière toute particulière par son confesseur :

« Jamais la Mère Émilie n'a compris le mal : supérieure, elle a su juste tout ce qui était nécessaire pour le faire éviter à ses Sœurs et aux élèves de la maison. Jamais elle n'a eu une pensée contre la pureté ; jamais une révolte dans son corps. Elle est morte dans la pureté d'un enfant de deux ans. Si ses Sœurs venaient lui déclarer quelque immodestie commise par les élèves, elle les priait de ne pas lui en parler, mais de renvoyer le tout au confesseur. Elle estimait les prêtres bien malheureux d'avoir à s'occuper de pareilles matières. » Interrogée à son lit de mort sur l'état de son âme et les grâces singulières qu'elle avait reçues, la Mère Émilie déclarait devoir cette exquise pureté à la grâce de Dieu d'abord, et ensuite aux soins admirables que sa grand'mère avait pris de son enfance.

CHAPITRE XXV

Le Refuge (1845).

Cette sainte ignorance n'empêchait pas la Servante de Dieu de ressentir une vive compassion pour les tristes victimes du mal. L'horreur qu'elle éprouvait pour certains désordres n'arrêtait pas son zèle pour la gloire de Dieu. Elle était touchée d'une grande pitié pour toutes les âmes exposées à leur perte. Elle recommandait aux Sœurs chargées de visiter les malades de ne pas craindre de pénétrer dans les maisons mal famées. La charité affronte tout. Elle a aussi son éloquence. La Mère Émilie croyait cette éloquence capable de toucher les cœurs les plus endurcis. Si une Sœur, pour avoir parlé de confession, avait été rabrouée ou injuriée par quelques-uns de ses protégés, la Vénérable lui disait : « Vous ne savez pas ce qu'il faut faire ? portez-leur des confitures. »

Elle était toujours disposée à répondre par une

caresse aux opprobres qu'on voulait lui adresser. Elle était surtout, et en toute circonstance, prête à s'imposer les plus durs sacrifices pour soulager les créatures les plus abjectes. En hiver, plus d'une fois, n'ayant plus rien à donner, sans rien dire et sans craindre de s'exposer au froid, elle a quitté sa jupe pour la faire porter à quelqu'une de ces misérables qui, par leur vie scandaleuse, avaient éloigné les bienfaits des honnêtes gens. Elle s'apitoyait sur le sort des enfants de ces malheureuses : « Hélas ! disait-elle, les pauvres enfants ne sont pas coupables. » Elle gémissait des dangers où leur naissance les exposait encore plus que de l'opprobre et de la misère où elle les avait plongés.

Un jour, une jeune fille se présente au parloir de la Sainte-Famille, et demande à parler à la Mère. C'était une enfant âgée environ de quinze ans. Elle s'était échappée, disait-elle, de la maison paternelle, et elle racontait qu'elle était venue de Tulle à Villefranche en chantant dans les cafés pour gagner de quoi subvenir à sa subsistance. Elle avait recueilli 300 francs de la sorte et n'avait plus un centime. La Mère Émilie frissonne à ce récit, et voit tout de suite une enfant que la Providence lui adresse. Elle envoie aussitôt cette malheureuse à son supérieur général, qui l'interroge et qui s'assure que par une miséricorde particulière la pauvre créature n'est encore que dans le danger de se perdre. La Mère Émilie n'hésite pas alors à la recevoir dans la maison. Elle l'installe aussitôt, la met à la première table au réfectoire et recommande aux religieuses d'avoir pour elle toutes sortes d'égards, d'attentions et de prévenances. Cette enfant était sans chaussures, sans linge, mal vêtue. La Mère lui fait donner du linge fin, la chausse, l'habille, fait choisir sa nourriture. Cette fille commence par exercer la patience des religieuses. Elle met le désordre dans la maison. On va se plaindre à la Mère. « Accordez-lui tout ce qu'elle vous demandera, répond-elle, ne la contrariez pas ; c'est une âme à sauver, pour laquelle Jésus-Christ a versé tout son sang. Songez-y ; ne négligez aucun moyen de la ramener à Dieu. »

On exécute les ordres de la Mère. Les Sœurs prodiguent à l'infortunée les soins les plus tendres et les plus affectueux ; mais on ne peut rien obtenir de cet esprit rebelle. La Mère Émilie ne se rebute point ; elle ne craint pas de faire entrer cette brebis vagabonde au noviciat : elle espère que l'exemple des novices, leur piété et leur paix pourront faire une salutaire impression sur son cœur et être plus efficaces que les conseils. Il en fut, hélas ! comme de Christine. Si le bon Dieu refusa le succès aux efforts de la Mère, du moins voulut-il consoler et édifier les Sœurs par les spectacles de la charité et de la condescendance de cette vénérable femme pour une enfant gâtée. Quelquefois la malheureuse se couchait par terre, poussant des hurlements effroyables, lançant des coups de pied aux Sœurs qui s'approchaient d'elle. La Mère Émilie venait alors, la relevait, lui prodiguait les témoignages d'affection ; mais rien n'était capable d'amollir ce cœur farouche. La nuit, elle se levait, parcourait le dortoir criant comme une enragée, disant qu'elle voulait se tuer, qu'elle voyait le diable, etc. La Mère priait les Sœurs de passer la nuit à la veiller ; elle la prit elle-même dans sa chambre ; souvent elle lui parlait sans pouvoir obtenir de réponse. Tous les caprices traversaient cette imagination désordonnée. Quelquefois elle ne voulait pas manger ; elle resta tout un jour sans rien prendre, ne répondant pas un mot à toutes les sollicitations et à toutes les caresses qu'on put lui faire : la Mère alla chercher un œuf frais, et lui fit manger comme on ferait à un enfant de deux ans. Un autre jour elle ne voulait pas mettre une robe qu'on lui donnait pour remplacer ses haillons : elle ne la trouvait pas assez jolie, et toutes les exhortations de la Mère ne purent tirer d'elle ni une parole ni un acte de soumission. Ces entêtements, ces violences, toutes les marques de la perversité de cette nature eussent été bien capables de rebuter le zèle d'un autre, ils ne faisaient qu'enflammer celui de la Vénérable. Elle ne doutait pas que cette malheureuse ne fût perdue si on la laissait sortir du couvent : cette seule pensée faisait frémir son cœur, et elle eût tout supporté pour éviter un pareil malheur et épargner un outrage au Seigneur Jésus. Aussi, quand cette indigne enfant se fut échappée du couvent, la Mère envoya à sa recherche, lui fit toutes les promesses capables de l'attirer de nouveau au bercail. L'enfant consentit, puis s'échappa de nouveau ; rentra et s'échappa encore une troisième fois. La charité de la Mère Émilie n'était pas à bout : elle pensa que cette fille, qui ne pouvait s'habituer au couvent, s'accoutumerait peut-être davantage dans une maison particulière. Elle paya sa pension : l'infortunée, attirée par le démon, ne se plaisait pas où elle était placée. La Mère Émilie ne l'abandonna pas ; elle parvint à émouvoir encore des cœurs compatissants, à la faire changer deux fois de maison. Les attraits du mal restèrent néanmoins les plus forts. Cette fille quitta le pays et reprit sa vie vagabonde.

Si la Mère Émilie mettait tant de zèle à prévenir le désordre, on devine quelle pouvait être sa charité à encourager les malheureuses qui voulaient sincèrement travailler à le réparer. Le Père Debussy, de la compagnie de Jésus, mort au Puy en odeur de sainteté (1), prêchait en 1843 une retraite à

---

(1) Maxime Debussy, né à Rouvray, au diocèse d'Amiens, le 28 mars 1791, termina ses études au collège de Montdidier, fondé et dirigé par le Père Sellier, alors des Pères de la Foi : il entra dans la Compagnie de Jésus aussitôt après son rétablissement, et fit ses premiers vœux le 8 décembre 1815. Il était préfet des études à Saint-Acheul, lors du renvoi des élèves en 1828. Lorsque les Pères de la compagnie de Jésus purent organiser en France, à

Villefranche ; la Mère Émilie, selon son usage, engagea le prédicateur à ne pas oublier les prisons ; le bon Père dont le zèle était facilement enflammé, ne demanda pas mieux que d'y exercer son ministère. Les prisonniers le reçurent avec une grande édification.

Il y avait alors à la prison une fille pour cause d'inconduite ; les Sœurs l'engagèrent à ne pas négliger la grâce de ces heureux jours : elle refusa d'y prendre part, alléguant qu'en retrouvant sa liberté, elle n'aurait pas d'autres moyens

---

Vals, près du Puy, un scolastiat, le Père Debussy en fut le directeur spirituel. Il commença à cette époque à s'adonner au ministère des retraites pastorales avec un fruit extraordinaire. Plus tard il s'acquit un renom bien plus grand encore comme missionnaire. Il évangélisa presque tout le midi de la France : sa puissance sur les âmes était immense, et on le tenait partout en grande vénération. Au Puy, tout auprès de sa résidence habituelle, ses œuvres parlaient si haut que la ville tout entière se souleva à sa mort, arrivée le 7 avril 1852. On lui fit de magnifiques funérailles, et les Pères de la maison de Vals durent céder à l'enthousiasme, disons mieux, à la dévotion populaire. Le corps du Père Debussy fut porté à la cathédrale et promené comme en triomphe par toute la ville du Puy, avant d'être déposé dans le cimetière de Vals. Il n'y resta pas définitivement : la volonté populaire fut si énergique, qu'il fallut lui céder encore et rendre le corps du Père Debussy à la ville du Puy. Un an environ après sa mort, le 3 février 1853, eut lieu la translation. On avait voulu tenir cette cérémonie secrète : elle eut lieu la nuit ; mais quelque chose avait transpiré dans le public, et toute la ville se trouva illuminée pour recevoir le corps de son apôtre. Il repose aujourd'hui dans la chapelle Saint-Valère, qu'il avait fait construire pour l'usage de la congrégation des hommes qu'il avait établie.

d'existence que le désordre. Les Sœurs avertirent la Mère Émilie du malheureux état de cette âme, et la recommandèrent à ses prières. La Servante de Dieu s'anime tout aussitôt à la pensée d'une pauvre créature vouée ainsi au mal et si fortement enlacée dans les filets du diable. « Comment faire pour sauver cette infortunée ? » dit-elle à la Sœur. Il y avait dans la prison une autre fille dans les mêmes conditions, et sur le point d'être rendue à la liberté. On ne pouvait songer à recueillir ces malheureuses au couvent. « Si nous pouvions louer une chambre ? » dit la Sœur. La Mère Émilie embrassant tout de suite cet avis, comptant sur le dévouement de ses Sœurs pour visiter, instruire et soigner ces créatures dégradées, et habiter même avec elles, s'il était nécessaire, la Mère Émilie interrompit tout aussitôt la bonne Sœur en lui disant : « Courez vite, et ne revenez pas que vous n'ayez trouvé un asile ! »

Cependant, comme les épreuves ne manquent pas à l'œuvre du Bon Dieu, les démarches de la Sœur furent d'abord infructueuses ; la Mère Émilie ne la laissait pas se décourager. « J'ai couru quinze jours pour trouver une maison, et il ne nous faut aujourd'hui qu'une chambre ; je me trompe, reprenait-elle, il en faut au moins deux : les Mères ont besoin d'un petit coin pour pouvoir pleurer seules. »

Le bon Dieu désirait autre chose. Outre le petit coin destiné aux larmes de la supérieure, il voulait une maison assez vaste pour recueillir un grand nombre de malheureuses auxquelles il allait préparer un asile. Les recherches restant sans résultats, la Vénérable engagea la Sœur à visiter quelques-uns des amis de la Sainte-Famille pour leur faire part du projet qu'elle nourrissait, et les prier de s'y intéresser. Lorsqu'on connut les intentions de la bonne Mère, on ne voulut pas se borner à donner un abri à deux infortunées : on voulut essayer de doter Villefranche d'un Refuge. Le diocèse de Rodez était, en effet, privé de cette sorte d'établissement charitable, que la corruption des mœurs modernes rend partout si nécessaire. Un comité se forma : les magistrats de Villefranche entrèrent dans cette pensée ; la Mère Émilie était heureuse de donner des Sœurs pour diriger la maison qu'il s'agissait de fonder ; mais puisqu'il était question d'autre chose désormais que d'une œuvre de charité passagère, elle ne voulait rien entreprendre sans l'agrément de l'évêque de Rodez (1).

Le prélat hésitait à autoriser une congrégation chargée de l'éducation de la jeunesse à entreprendre l'œuvre à laquelle on songeait. La Mère

(1) En 1845, l'évêque de Rodez était Mgr Jean-François Croizier, né à Billom (Puy-de-Dôme), le 2 novembre 1787. Vicaire général de Moulins, il fut nommé évêque de Rodez le 2 février 1842, préconisé le 13 mai suivant, sacré le 25 juillet de la même année. Ce prélat succédait à Mgr Giraud, dont il était l'ami et dont il avait été le condisciple dans ses études et le compagnon dans ses premiers travaux du ministère sacerdotal. Mgr Croizier est mort à Rodez, le 2 avril 1855.

Émilie attendit patiemment qu'il lui fût permis de suivre l'attrait de son zèle ; elle ne songea pas à faire la moindre démarche pour hâter ce moment, ne voulant se réserver que le privilège d'obéir. Après avoir réfléchi et consulté Dieu, l'évêque de Rodez acquiesça au désir des autorités de Villefranche, à condition que le Refuge serait établi dans des bâtiments tout à fait séparés du pensionnat et du couvent de la Sainte-Famille, et formerait une maison distincte.

On reprit aussitôt les démarches, non plus pour trouver une ou deux chambres, mais une maison entière. La Mère Émilie alla en visiter une, régla tout de suite les conditions d'achat, et, avant de se retirer, cueillit dans le jardin un bouquet de perce-neige qu'elle déposa aux pieds de la divine Bergère, en lui recommandant la réussite de l'entreprise. Le jour de l'Annonciation 1845, la Mère envoya trois Sœurs habiter la nouvelle maison, et le soir même elles admirent quatre pénitentes. Grande adminatrice de Mlle de Lamourous, on le sait, la Mère Émilie voulut s'inspirer de son esprit pour la conduite des malheureuses à qui elle ouvrait un asile. Elle ne voulut d'autres liens entre les Sœurs et les pénitentes, que celui de la charité et de l'affection. Les traditions de la *Miséricorde* réussirent à Villefranche comme elles avaient réussi à Bordeaux : les mêmes merveilles les accompagnèrent. Il faudrait répéter ici tout ce que nous avons dit des premiers établissements de la Mère Émilie. Nulle part peut-être sa charité ne fut plus audacieuse ni la générosité du bon Dieu plus grande. La maison du Refuge à Villefranche fut, dit-on, la maison des miracles. Les multiplications de toutes sortes y abondèrent. La congrégation de la Sainte-Famille était devenue une œuvre trop considérable pour que la Mère Émilie y eût toute sa liberté. On respectait son gouvernement ; mais trop de regards étaient fixés sur elle pour qu'on ne lui imposât pas quelquefois des règles de prudence dont elle se serait volontiers affranchie. On lui disait que le bon Dieu avait fait bien des merveilles pour fonder la congrégation, mais qu'il n'y avait pas de raison, puisqu'elle était établie, de la gouverner comme aux premiers jours ; en quittant les voies de la prudence, en effet, on pouvait courir risque de tenter Dieu. La Mère Émilie se soumettait : si on l'eût laissée à elle-même, elle eût encore compté sur des miracles.

Au Refuge, il paraît qu'elle se donna libre carrière. Aucune ressource n'était assurée à l'établissement ; la Mère Émilie ne voulait pas seulement imiter Mlle de Lamourous dans le gouvernement des pénitentes, elle imitait aussi sa confiance ; elle aurait regretté de refuser une seule des malheureuses créatures qui se présentaient. Rien ne lui coûtait pour faciliter leur salut. Une d'entre elles désirait entrer à l'asile, sa position y mettait obstacle. La Vénérable la place chez une sage-femme, acquitte sa pension, et lui fait même porter soir et matin sa nourriture, choisissant toujours ce qu'il y avait de meilleur au couvent. Une autre avait une enfant de deux ans : pour faciliter à la mère l'entrée du Refuge, la Mère Émilie se chargea d'élever, de nourrir et d'entretenir la petite fille. La Mère Émilie prenait plaisir à préparer elle-même ce qui était nécessaire à cette enfant, et à son lit de mort elle exprima le désir qu'on pût un jour l'admettre au nombre des orphelines de la Sainte-Famille. Le Refuge de Villefranche recueillit jusqu'à cinquante pénitentes à la fois ; comme à la *Miséricorde* de Bordeaux, leur travail aidé des aumônes suffit à leurs dépenses. Ces aumônes n'ont pas besoin d'être sollicitées ; on avait essayé de quêter ; mais ce moyen ne réussit pas. Le bon Dieu, à ce qu'il paraît, veut donner au jour le jour et sans que les Sœurs s'embarrassent de demander. Tout succède, d'ailleurs, à la maison du Refuge ; non seulement les ressources venues, on ne sait d'où la plupart du temps, ne manquent pas, mais les âmes se purifient et se relèvent dans cet asile du repentir dirigé par l'innocence.

L'innocence avait bien eu quelques répulsions à vaincre. Elle avait besoin de toute sa charité rien que pour envisager les désastres qu'il s'agissait de réparer. La Vénérable sut lui rappeler le prix des âmes et le commerce que Notre-Seigneur avait voulu avoir avec les pécheurs. « C'est pour les pécheurs qu'il est mort! disait-elle; c'est eux qu'il est venu chercher. Quand il est parvenu à saisir la brebis égarée, il la charge sur ses épaules en invitant les Anges à se réjouir. Et où la conduit-il en allégresse, cette brebis malade? à qui la confie-t-il ? Il la conduit au Refuge ; il la confie à la supérieure du Refuge. Que celle-ci doit être heureuse de recevoir ainsi ces brebis blessées de la main du bon Pasteur et que son emploi est digne d'envie ! »

En exaltant ainsi le travail de la supérieure et des Sœurs du Refuge, la bonne Mère donnait tout son concours à leur pénible et grande entreprise : elle appelait toutes ses filles à y participer, efficacement. Elles ne devaient pas en détourner leurs regards, et toute l'horreur que la vie passée des pénitentes pouvait susciter dans des âmes pures, tombait devant cette seule pensée que le plus grand pécheur de l'univers peut devenir un saint par la grâce de Dieu. Il y avait là des considérations d'humilité qui, selon la Mère Émilie, aidaient grandement à la charité et devaient suffire à exciter toutes les Sœurs à prier du fond de leur cloître, et à travailler pour les pénitentes. La Servante de Dieu donnait l'exemple. Elle n'a jamais reculé devant les petites charités. Y a-t-il à vrai dire des petites charités? Les actes les plus infimes de cette grande vertu ont toujours été les plus précieux pour la Mère Émilie. Elle les indiquait à ses filles :

elle les associait aux diverses et modestes besognes dont elle s'acquittait en vue des pénitentes, à ses constantes et actives préoccupations de leur bien-être, de leur nourriture et même de celle de leurs brebis. La charité ne veille-t-elle pas à tout ? La Vénérable Mère mettait en pratique et recommandait toutes sortes de petites industries à exercer au réfectoire et au jardin : c'était l'herbe à ramasser et la verdure des radis à recueillir : que sais-je ? La charité est ingénieuse et d'autant plus généreuse qu'elle s'humilie davantage. Le brin d'herbe dans ses mains peut, comme le verre d'eau, prendre un prix infini.

Cette tendresse active pour les pénitentes n'empêchait pas la Mère Émilie de comprendre toute la difficulté de l'œuvre et de sentir les peines des Sœurs chargées du Refuge. Le bon Pasteur, pour trouver et conquérir la brebis, a passé par l'agonie, la passion et la croix. Les duretés et les affres de la croix ne manquaient pas à ses coadjutrices, selon l'expression de la Vénérable Mère, que le divin Pasteur avait invitées à son œuvre de salut. Le démon n'est pas enfermé dans le puits de l'abîme. Le méchant Satan qui a souffleté Jésus à la passion, qui l'a couvert de crachats et d'opprobres et l'a mis à mort, le méchant Satan rôdait et grondait autour du petit Refuge de Villefranche. La Mère Émilie ne l'ignorait pas ; pensant à ses filles exposées à ces odieuses obsessions, tentées et parfois découragées : « Ah !

les Pauvres, disait-elle, selon l'expression compatissante du pays, les Pauvres ! elles ont bien des peines. Le démon visite souvent le troupeau que le bon Dieu leur a confié. Parfois, en effet, ce voleur emportait quelque brebis. La Vénérable faisait courir après la malheureuse créature arrachée ainsi au bercail et parvenait souvent à la reconquérir. Elle expliquait à ses Sœurs la cause de ces catastrophes, et leur disait de ne pas s'en étonner. Elle leur montrait, dans tous les Refuges, Satan faisant rage contre les pauvres filles, qui y cherchent un abri. « Elles sont tentées de mille manières, disait-elle, elles s'ennuient. J'ai bien recommandé à nos Sœurs d'avoir des entrailles de charité et de miséricorde, des cœurs de mères ; elles ne négligent rien, je le sais ; et nonobstant ces infortunées souffrent beaucoup ; elles sont cruellement exposées et tentées. Il faut prier, ajoutait la Mère, et les recommander à la divine bergère. — Mais, objectait parfois une Sœur ; si ces malheureuses étaient bien converties, elles souffriraient moins. » Et la Vénérable qui, dans les illuminations de sa charité, avait sondé des abîmes que devrait seul connaître le pécheur, et avait entrevu l'horrible plaie que le démon fait aux âmes et les gages qu'il croit toujours voir même dans les cicatrices des blessures qu'il a une fois portées ; la Mère en appelait aux exemples des saints. « Sainte Marie Egyptienne, disait-elle, était convertie et se sentait tentée de retourner dans le monde ; elle se voyait même comme séduite par l'attrait des tristes plaisirs qu'elle y avait goûtés autrefois et dont le souvenir l'obsédait. Oh! que ces âmes sont dignes de compassion, répétait-elle, et qu'il est bien vrai que nos pauvres pénitentes peuvent être parfaitement converties, et souffrir encore, et être encore exposées! Il faut prier pour elles! » Il fallait aussi prier pour les Sœurs mêmes du Refuge. Le loup qui en veut au troupeau ne laisse pas en paix les bergers chargés de protéger et de défendre les brebis. Dans la lutte, les contradictions, les dégoûts et les mécomptes, les Sœurs avaient besoin d'être encouragées; dans les commencements surtout, lorsqu'elles étaient inexpérimentées devant une tâche toute nouvelle, il fallait toujours relever leur courage et leurs yeux vers le but qu'elles s'étaient proposé. « Ma Sœur Marie Raymond se désole d'être supérieure, disait la mère; les autres (1) ont beaucoup de travail, les filles sont tentées. Oh! le démon est furieux! »

« On ne doit jamais plus espérer le succès d'une bonne œuvre, leur écrivait-elle alors, que lorsqu'elle est le plus traversée par les contradictions de tous genres. Plus vous aurez de peines et de travaux, plus les pénitentes seront tentées et plus vous devez espérer que Dieu bénit votre établissement. » Elle leur exposait alors sa théologie du bon pasteur

---

(1) Marie-Stéphanie et Marie-Eudoxie.

apportant lui-même et plaçant dans leur bercail les brebis qu'il est allé chercher au loin. Avec quelle allégresse ne devaient-elles pas le décharger de son fardeau? et quels soins à en prendre! » Aimez ses brebis. Il ne vous les apporte pas bien portantes : il vous les confie le plus souvent très malades et dangereusement blessées. Il veut que vous l'aidiez à travailler à leur guérison. Secondez-le, mes chères Sœurs; versez sur les plaies des âmes de vos pénitentes l'huile et le baume de la charité chrétienne que vous puiserez au cœur même de Jésus.

« Votre sujet de méditation le plus habituel doit être Jésus convertissant les pécheurs : Contemplez-le assis au puits de Jacob et attendant la Samaritaine, à qui il communique les trésors de ses grâces. Voyez-le chez Simon le lépreux, ayant Madeleine à ses pieds, ou bien encore dans la maison de Béthanie où il remplit l'âme de cette pénitente des plus douces et des plus suaves consolations. Il ne dédaigne pas, ce bon maître, de prendre Madeleine, cette femme si coupable, pour son amie la plus intime. Vous le savez, elle est appelée l'amante du Sauveur. Après cela qui oserait mépriser une de ces personnes pour si coupable qu'elle soit? Vous savez aussi la conduite qu'il tint à l'égard de cette femme de mauvaise vie que les Juifs voulaient qu'il condamnât. Le bon Sauveur la regarde avec compassion et lui dit: « Ils ne vous ont pas condamnée; « ni moi non plus, je ne vous condamnerai. Allez en

« paix et ne péchez plus. » O charité! O tendresse de notre Dieu que vous êtes grande!

« Ces trois pécheresses converties vous les avez chez vous : le bon Pasteur les a commises à votre garde afin qu'elles ne s'éloignent plus de lui. Vous êtes, mes chères Sœurs, les bergères du bon Pasteur. Aimez bien, soignez bien les brebis de votre maître qui a une abondante récompense à vous donner. Je voudrais qu'il me fût permis d'aller partager un peu votre tendre sollicitude pour cet établissement naissant; mais d'ici je vous aiderai de mon mieux, je vous recommanderai à la divine bergère sous la protection de laquelle vous avez placé votre troupeau.

« Allons, du courage, ma chère Mère Marie Raymond, le joug du Seigneur, le fardeau de la supériorité ne sera pas si pesant lorsque vous serez bien résolue de le porter jusqu'à la fin de votre vie, si le bon Dieu le veut. Ne craignez pas. Le bon Dieu sera votre soutien ; sa Providence ne vous fera pas défaut. »

Cette première mère du Refuge, cette Sœur Marie Raymond qui se désolait d'être supérieure, nous l'avons déjà nommée : elle avait été la première des élèves de la Sainte-Famille. C'était une âme d'élite conduite dans les voies douloureuses. « J'aime bien la Mère Marie Raymond, disait une Sœur, elle est si sainte et si fervente; mais presque toujours elle pleure, d'où vient cela? — Dieu le sait, » répondait la Vénérable.

Avait-elle déjà jeté les yeux sur la Sœur Marie

Raymond lorsqu'elle voulait, au Refuge, un petit recoin pour que la Mère puisse pleurer. La Mère Marie Raymond travailla dans les larmes, mais fidèlement et fructueusement. Elle était de celles qui, comme la grande Jacqueline Favre de la Visitation, savent au milieu des plus grandes tribulations garder la paix extérieure, l'activité et l'énergie du travail, qui dans leurs mains est particulièrement fécond. La Mère Marie Raymond a vu d'admirables merveilles de la miséricorde de Dieu : elle y répondit de tout ses forces. Elle était sage, prudente, et sous son gouvernement les fruits de bénédiction produits par la maison du Refuge brillèrent aux yeux de tous. Elle est morte en véritable odeur de sainteté le 24 juin 1852, trois mois à peine avant la Mère Emilie qui, mourante elle-même, put encore rendre témoignage à cette précieuse et courageuse religieuse.

« Mes bien chères Sœurs, écrivait-elle, notre maison du Refuge et toute notre congrégation viennent de faire une bien grande perte par la mort de notre très chère Sœur Marie Raymond, que le Seigneur a rappelée à lui. Cette chère Sœur a été notre première élève. Lors du commencement de notre congrégation, elle se présenta pour fréquenter notre école. Sa bonne conduite, la douceur, la piété qui la caractérisaient la firent chérir de ses maîtresses, qui la proposaient pour modèle à ses compagnes.

« Plus tôt qu'elle ne l'eût voulu, elle fut obligée de quitter l'établissement pour aller donner ses soins à une de ses tantes infirmes. Cette tante, quoique vertueuse, la fit beaucoup souffrir par les inégalités de son humeur. Notre chère Sœur montrait en toute occasion une patience admirable. Pour subvenir aux dépenses qu'occasionnait la maladie de sa tante, elle dut s'imposer de dures privations; mais rien n'ébranla sa constance; fatigues, travail, santé tout fut sacrifié pour le soin de cette tante. Après la mort de celle-ci, elle vint à Villefranche pour calmer les scrupules qui la tourmentaient. Dès sa plus tendre enfance, Dieu l'avait éprouvée par des peines de tout genre, dont elle était si torturée que ses joues étaient souvent baignées de larmes; elle se croyait si loin de Lui qu'elle n'osait plus s'en approcher dans le sacrement de son amour. Le voyage de Villefranche, loin d'apporter quelque adoucissement à ses maux, ne fit d'abord que les aigrir. Elle voyait en Dieu un juge terrible toujours prêt à sévir contre elle. M. notre Aumônier avait cependant découvert le riche trésor que la divine Providence mettait à sa disposition. A peine l'eut-il écoutée une ou deux fois qu'il comprit que Dieu avait de grands desseins sur cette âme qu'il se plaisait à crucifier. Peu à peu, il prit un tel ascendant sur son esprit, qu'il la fit approcher fréquemment des sacrements, quoique cela lui coûtât extrêmement.

« Ce premier pas une fois fait, son confesseur lui déclara que Dieu la voulait religieuse de la Sainte-Famille. Malgré ses répugnances qui étaient extrêmes par la crainte excessive de ne pas remplir les devoirs de l'état religieux, quoiqu'elle fût d'ailleurs d'une exactitude exemplaire, elle se revêtit du saint habit. Ses peines continuèrent; elle n'en fut délivrée que deux jours avant sa mort; le noviciat terminé, elle n'avait osé se résoudre à prononcer les saints vœux, elle les fit quelques années plus tard.

« Cette chère Sœur a porté la générosité et l'esprit de sacrifice à un haut degré; sa ferveur, sa fidélité aux moindres observances de la règle ne s'est jamais démentie. Son attrait particulier était de vivre cachée, inconnue aux hommes. Aussi, lorsqu'elle fut nommée supérieure du Refuge, elle en éprouva un si vif chagrin qu'elle tomba malade et fut obligée de s'aliter. Lorsqu'on lui eut fait connaître le prix de l'Œuvre des Repenties, le bien qu'elle pourrait faire auprès de ces âmes, objet de la sollicitude et des recherches du bon Pasteur, elle se résigna à la volonté de Dieu et prit le gouvernement de la maison. Ses filles adoptives trouvèrent en elle une mère tendre et dévouée; tous ses moments leur étaient consacrés, elle ne vivait et ne respirait que pour elles. Elle établit sa maison dans un ordre parfait. Elle sut se concilier l'estime et l'affection de toutes les personnes qui eurent le

16**

bonheur de vivre sous sa conduite. Les vifs regrets que sa mort fit éclater parmi les pénitentes sont une preuve non équivoque de l'attachement qu'elles lui avaient voué. La maladie qui l'a ravie à leur affection a été longue et douloureuse ; pendant son agonie, elle ne cessait de répéter : « Bon Pasteur, prenez pitié du troupeau que vous m'avez confié! » Quelques instants avant d'expirer, elle les fit appeler auprès de son lit, mais ne put leur dire que ces mots : « La pénitence vous ouvrira le Ciel. » Après avoir invoqué avec amour et confiance les saints noms de Jésus, de Marie et de Joseph, elle s'endormit dans la paix du Seigneur.

« Quoique la sainteté de sa vie nous fasse espérer que Dieu l'aura reçue dans ses saints tabernacles, je réclame néanmoins pour sa sainte âme les suffrages de la congrégation. »

CHAPITRE XXVI

Esprit de la Sainte-Famille. — Changement dans les Constitutions.

Ainsi qu'il a été marqué dans cette histoire, l'arome des vertus de la Mère Émilie n'était pas contenu par les murs des divers couvents de la Sainte-Famille. Quelque chose s'en était répandu même au delà des lieux où l'institut était établi. Partout la voix publique saluait la fondatrice du nom de sainte. On avait confiance dans ses prières ; constamment on recommandait à sa charité des malades ou des pécheurs. Beaucoup lui attribuaient leur conversion, le recouvrement de leur santé, et avaient ainsi de puissants motifs de tenir la bonne Mère dans une grande vénération. Les contradictions cependant n'avaient jamais manqué à ses entreprises, et en certaines circonstances, on s'était irrité contre elle jusqu'à la blâmer et la dénigrer ; toutefois une sorte de respect public l'entourait, un respect constant, unanime, profond. On lui reconnaissait volontiers des lumières particulières, on avait recours à ses conseils, on savait qu'elle avait avec le bon Dieu un commerce intime et extraordinaire dont on racontait toutes sortes de merveilles. On s'entretenait avec admiration de cette existence qui se soutenait presque sans nourriture ; si sur ce point on ne pouvait rien dire de précis, s'il fallait se contenter des bruits publics sans qu'il y eût moyen d'en constater le fondement, on avait sous les yeux une autre existence plus merveilleuse encore, plus dénuée de secours humain peut-être, et dont les développements annonçaient néanmoins la vigueur. C'était celle de cette congrégation unique, peut-on dire, au monde, unissant aux austérités fécondes du Carmel toute l'activité des entreprises de la charité, vouée à l'éducation de la jeunesse des classes aisées et des classes pauvres, donnant à la fois des soins aux asiles pour l'enfance et au Refuge pour le vice repentant, aux malades, aux pauvres, aux prisonniers, à toutes les misères enfin du corps et de l'âme, sans aucunes ressources naturelles d'ailleurs, ne recevant rien de l'État, ni des administrations de bienfaisance, ne possédant aucun bien en dehors des murs des divers monastères, et subvenant à tout par les seules forces de la grâce sans cesse fécondant une vie de sacrifices, de pauvreté, de labeurs sans relâche et de mortifications continuelles. Le dessein de cette œuvre étonnante ne s'était pas tout d'abord présenté à l'esprit de la Vénérable

Mère. Ainsi que nous l'avons vu, c'est par degrés et à diverses époques que l'œuvre s'est complétée. La Mère Émilie a travaillé au jour le jour, sans préméditer d'autre plan que celui de se dévouer absolument et chaque jour davantage au service de Dieu. Elle a travaillé avec patience et avec calme, sans rien précipiter, sans jamais se rebuter, et attendant avec une constance infatigable l'heure et l'instant de la bénédiction que Dieu devait donner à son zèle. Elle a réalisé de la sorte une œuvre merveilleuse, et dont le projet eût paru tout d'abord chimérique. Elle a trouvé des vocations pour la vie surnaturelle qu'elle s'était proposée ; elle a suscité dans ses filles des forces pour accomplir les plus rudes travaux au milieu des plus grandes austérités. Elle a communiqué à toute une congrégation le mouvement de son cœur ; elle l'a faite à l'image de son âme, pour ainsi dire, de sorte que chacune des vertus qui excellait chez la Mère se retrouve et se multiplie dans l'institut de la Sainte-Famille. Partout reluit cet amour de la pauvreté, cet oubli des ressources humaines, cet abandon à la Providence, qui ont été comme les traits caractéristiques de la Mère Émilie. Elle s'appliquait à former les religieuses selon le type dont elle se croyait si loin, et dont elle poursuivait avec tant d'ardeur la réalisation au dedans d'elle-même.

Pour fondement de toute vie religieuse, elle voulait l'humilité. Une postulante devait être humble, une novice devait être humble, humbles les Sœurs converses et humbles les Sœurs de voile, cloîtrées ou non cloîtrées : l'humilité est leur première vertu à toutes. La Mère voulait en outre d'autres qualités spéciales à chacun de ces divers états de la vie du couvent. Il fallait à une postulante, avec l'humilité, beaucoup de bonne volonté ; si elle avait ces deux vertus, quels que fussent ses défauts, on pouvait faire d'elle une bonne religieuse, au dire de la Mère. Elle demandait des novices une grande ouverture de cœur, beaucoup d'obéissance et une grande fidélité dans les petites choses. Dans toute congrégation, le noviciat est la grande affaire : tel est le noviciat, telle sera la congrégation ; et on peut dire que les fonctions de maîtresse des novices sont les plus importantes de toutes : c'est la maîtresse des novices qui fait l'avenir, il sort de ses mains. Si elle se conforme aux traditions de l'institut, si elle forme les religieuses sur le modèle qu'on lui a proposé, la congrégation prospérera : elle décline, au contraire, si la maîtresse des novices remplit sa mission avec faiblesse. Les constitutions insistent sur l'importance de cette charge ; la Mère Émilie savait que la confiance des novices envers leur maîtresse a besoin d'être entière, l'éloignement pour elle étant la plus forte tentation que le démon pût leur envoyer. Cette confiance des novices pour leur maîtresse devait se retrouver dans les Sœurs envers leur Mère. Comme au couvent, toutes les relations doivent être spirituelles ; cette confiance, due aux supérieures, n'est pas fondée sur le goût ni sur les sympathies de la nature : c'est Dieu qu'on voit dans les supérieures ; en les consultant, en leur ouvrant son cœur, on ne cherche aucune satisfaction, on ne suit aucun attrait particulier, c'est la volonté de Dieu qu'on consulte, afin de s'y conformer : et Dieu, on le sait, la vie et les exemples de la Mère Émilie le prouvent surabondamment, Dieu, par la bouche des supérieures, parle toujours aux cœurs humbles et bien préparés. « Prenez garde, disait la bonne Mère aux Sœurs et aux novices qui ressentaient de l'éloignement pour leurs supérieures, prenez garde, le démon veut vos âmes, il les veut absolument ; c'est pour cela qu'il vous donne de la répugnance pour votre supérieure : allez contre toutes ces répugnances, et vous trouverez la paix ! » La paix consiste toujours à se vaincre. Il faut combattre pour la conquérir : on l'acquiert et on la conserve dans la lutte. Le combat ne cesse qu'à la mort, et la Mère Émilie voulait le soutenir avec ses filles dans toutes les directions sans faiblir d'aucun côté, sans jamais avoir besoin de relâche, sans demander de trêves ! « Mauvaises religieuses, disait-elle, celles qui aiment le parloir, qui aiment le bien-être corporel, qui aiment à faire leur propre volonté ; celles qui craignent le travail, la pénitence, la mortification des sens, les privations de la pauvreté ; celles enfin qui font la plus légère concession aux désirs de la nature ! » Une bonne religieuse doit avoir beaucoup de charité, et observer exactement tous les points de la règle et les moindres usages de l'institut : « Toute vertu, disait la Mère, qui ne repose pas sur ce fondement est illusoire. Il y a beaucoup de religieuses qui demandent des moyens de perfection ; qu'elles observent la règle ! tout est là. Lorsque vous aurez à paraître devant Dieu, ajoutait-elle en parlant à ses filles, il ne vous demandera pas si vous avez fait des œuvres de surérogation, il vous demandera compte de la manière dont vous aurez observé la règle : N'oubliez pas que celui qui vit de la règle vit de Dieu. » Ainsi tout se résume toujours dans la mortification spirituelle et matérielle, disait encore la Mère Émilie dans une de ses conférences adressées à ses filles ; le chrétien doit être mortifié ; ce n'est qu'à cette condition qu'il est le disciple de Jésus-Christ. Si cette obligation est étroite pour le chrétien, elle l'est bien plus pour une religieuse qui a fait vœu de viser à la perfection de la morale de l'Évangile et d'embrasser la croix de Jésus-Christ. Et, développant cette pensée, la Mère ajoutait :

« Une religieuse doit vivre dans la mortification comme le poisson dans l'eau. Si le poisson sort de l'eau, il meurt, il ne peut pas vivre ; il en est de même d'une religieuse quand elle n'est pas mortifiée. L'application sérieuse à tous les devoirs amène nécessairement l'exercice d'une mortification continuelle de tous les instants. Si l'on ne se mortifie pas, l'on manque à ses devoirs. D'où viennent les infractions à la règle et aux vœux? D'où vient le relâchement de quelques communautés? De ce que l'exercice de la mortification n'a pas été mis en vigueur ou ne s'est pas maintenu. Faut-il donc nous mortifier en prenant la discipline, en jeûnant, en portant le cilice? Non, mes Sœurs, ce n'est point en cela que je fais consister pour nous l'exercice de la mortification; je ne désapprouve pas que des Sœurs qui le peuvent sans nuire à leur santé, se donnent la discipline, ou se privent un peu dans la nourriture. Oh! non, je ne condamne pas ces pratiques; j'engage, au contraire, toutes celles à qui le bon Dieu inspire ces mortifications, de les faire avec ferveur en union avec tant de saints qui les ont pratiquées. Cela fait du bien à l'âme et quelquefois au corps. Mais toutes les mortifications extérieures, si elles ne sont jointes aux intérieures, produisent peu de fruit dans les âmes; quelquefois même elles ne servent qu'à donner de l'orgueil, parce qu'on croit faire plus que les autres. Pour nous, mes Sœurs, religieuses de la Sainte-Famille, la mortification que Dieu demande de nous, c'est l'observation exacte de notre règle, des usages, des coutumes et des recommandations faites par les supérieurs. Une Sœur bien fidèle à tout cela, pratique éminemment la mortification et sans aucun danger de vanité. A mon avis, elle pourrait entrer dans le Ciel sans passer par les flammes du Purgatoire. Il y a beaucoup de mortifications quotidiennes qu'une âme recueillie et attentive ne laisse pas perdre. Celle de se lever pendant l'hiver à l'heure fixée et sans retard, sans se tourner et se retourner dans son lit, est bien agréable à Dieu. La garde de nos sens, si bien recommandée par nos règles, n'est pas une petite mortification. Ne laissez rien voir à vos yeux de ce qui ne vous concerne pas dans ce que vous pouvez même regarder sans faire le moindre mal ; à plus forte raison, mortifiez-vous dans ce qui serait dangereux et pourrait vous nuire ; mortifiez-vous dans l'examen que vous voudriez faire de la conduite de vos Sœurs. Ne regardez ni à droite ni à gauche ce que les autres font ; ne songez qu'à vous-même. Ne regardez personne fixement, cela ne convient pas. Quand vous rencontrez une petite fille caressante, tout à fait aimable, mortifiez vos yeux, ou bien voyez en elle l'Enfant Jésus. Je ne vous parlerai pas de regarder au dehors de vos cloîtres, vous savez assez ce que nous disent nos constitutions là-dessus. Mortifiez-vous dans la curiosité ; les femmes sont si curieuses ! elles ne veulent rien ignorer, même quelquefois de ce qui peut leur faire mal. La curiosité non réprimée est un obstacle à l'oraison. Si quelqu'un entre dans la maison, ne regardez pas, ne demandez pas qui c'est. Vous entendez battre le tambour, sonner les cloches, faire du bruit dans la ville, ne vous informez pas pourquoi et comment tout cela se fait; que celles qui ne sont pas occupées des classes ne cherchent pas à connaître les élèves ni à leur parler! Que celles qui en sont chargées, ne s'informent pas de ce que fait celle-ci dans sa classe et celle-là dans telle autre. Ainsi du reste; je ne puis pas tout vous dire. Quant au sens du goût, il y a une infinité de mortifications qu'on peut faire sans que personne s'en aperçoive. Une religieuse ne devrait jamais faire connaître son goût ou son dégoût pour tel ou tel aliment. Il ne faudrait jamais entendre des religieuses parler de la nourriture; cela annoncerait bien peu d'esprit intérieur. Il faut, lorsqu'on va prendre son repas, s'humilier d'être obligé de faire une action qui nous est commune avec la brute, puis se rappeler ce qu'ont fait les saints. Une religieuse qui accorde à son corps tout ce qu'il désire dans le boire et le manger, ne deviendra jamais intérieure. La mortification est l'A B C de la perfection. La nature nous porte toujours à rechercher ce qui peut flatter notre goût. Mais, plus nous accorderons à notre corps, plus il nous demandera; plus nous lui refuserons, moins il aura d'exigence. Ne laissons pas perdre l'esprit de mortification, que nos premières Sœurs ont porté si loin. Elles en étaient avides. Il me fallait les modérer, parce qu'enfin je veux bien que vous soyez mortifiées, mais non pas que vous nuisiez à votre santé. Ne faites aucune mortification extraordinaire sans mon assentiment. Quand vous pratiquerez toutes les mortifications prescrites par nos règles, je vous en accorderai peut-être quelqu'une de surérogation ; mais ce ne sera qu'à cette condition. Il y a de si grandes délices dans la pratique de la mortification, qu'une âme qui les a éprouvées ne peut se rassasier de souffrances et de croix. La mortification a pour cette âme un attrait si puissant qu'elle n'en trouve jamais assez. »

Après avoir ainsi rappelé l'excellence de la mortification, en avoir indiqué quelques pratiques, la bonne Mère terminait en encourageant ses Sœurs : « Essayez, mes Sœurs, pendant ce carême de suivre l'esprit de Dieu sur ce point. » On essaya, ou plutôt on continua d'essayer avec une nouvelle ardeur. Il paraît que les prescriptions de la règle étaient scrupuleusement accomplies, car la Mère permettait quelques-unes de ces mortifications qu'elle appelait de surérogation. Les Sœurs de la Sainte-Famille profitaient de ces permissions : elles connaissaient le prix des souffrances : elles en faisaient leurs délices ; elles refusaient le moindre allègement. Une entre autres, glacée de froid, restait au milieu d'une cour, enivrée, pour ainsi dire, des senteurs de Dieu : « Oh ! que cela fait aimer le bon Dieu ! » disait-elle.

La Mère Émilie excitait, entretenait, dirigeait tout cet enthousiasme ; elle le renouvelait sans cesse ;

elle mettait toujours sous les yeux de ses filles leur indignité, leur oubli de Dieu, leur tiédeur, la négligence de leur salut. Les conférences qu'elle leur donnait sont toutes pour raffermir leur ferveur, pour leur rappeler le degré de perfection auquel il faut atteindre, le degré de perfection où Dieu veut chaque âme et où elle est coupable de ne pas parvenir. « Je vous prie, mes Sœurs, leur disait-elle dans un temps d'Épiphanie, je vous prie de donner une grande attention à ces paroles des litanies du Saint Nom de Jésus : *Du mépris de vos divines inspirations, délivrez-nous, Seigneur.* Que d'âmes se sont perdues pour avoir méprisé l'inspiration divine ! Si nous le savions, jamais, non, jamais nous ne résisterions volontairement à la grâce. Résister à la grâce, c'est repousser Dieu qui nous parle intérieurement ; c'est lui dire : Je ne veux point vous obéir ! Parce qu'on ne le dit pas de bouche, qu'on ne le dirait même pas, on se rassure ; cependant notre conduite est une parole, elle dit : Je ne veux pas ! Voici mes Sœurs, ce qui arrive quand on méprise les inspirations qui portent à la ferveur, qui pressent de se détacher d'une créature, d'un objet dont le cœur s'est affecté, qui sollicitent enfin sérieusement à la perfection. Quand les âmes font la sourde oreille, Dieu revient à la charge, deux, trois, quatre, cent fois, si vous voulez. Voyant qu'on le méprise toujours, il se tait. L'âme alors se tranquillise ; elle croit, parce qu'elle n'a pas de remords et qu'elle ne se sent plus pressée de faire des sacrifices, elle croit que tout va bien, et elle ne se met pas en peine. Funeste sécurité! Que fait l'Esprit-Saint, quand il voit qu'on le traite de la sorte? Il va trouver des âmes plus fidèles, et leur donne les grâces que la première a refusées; il va quelquefois chercher une jeune personne du monde, afin qu'elle vienne dans la religion occuper la place de cette religieuse infidèle. Celle-ci sera ou emportée par la mort, ou bien, ce qui est plus dangereux encore, elle retournera au monde. Les religieuses qui sont malheureuses dans leur état, le sont parce qu'elles ne sont pas fidèles à Dieu; les peines paraîtront toujours bien petites à une religieuse fervente, et elle s'estime heureuse de les souffrir, parce qu'elles lui font mériter le Ciel. Mais les tièdes souffrent! qui le comprendra?... celles seulement qui l'ont éprouvé... Dieu nous préserve d'en faire la triste expérience! Quant à celles qui quittent leur état, qu'on ne dise pas qu'elles n'avaient point de vocation à la vie religieuse : la plupart l'ont perdue, cela est certain, et cette perte est souvent le fruit d'une première infidélité. Terrible punition que nous devrions plus craindre que la mort! Aussi, quand on ne craint pas les petites fautes, je tremble. Et pourquoi? Parce que, dit l'Esprit-Saint, *celui qui méprise les petites fautes tombera peu à peu dans les grandes.* On commence par une légère désobéissance, et puis on en vient peu à peu jusqu'à une résistance formelle qui constitue quelquefois une faute grave ! On se laisse aller à de petites critiques, et on arrive jusqu'à la médisance, à la calomnie même quelquefois! On ne réprime pas, dès qu'on s'en aperçoit, quelques sentiments trop naturels pour une de ses Sœurs ; cela ne paraît rien. On se fait de petites confidences, on s'écrit de petits billets, et par ces infidélités on arrive à des attachements qui nuisent à l'âme et qu'on ne peut guère rompre. On se donne un peu trop de liberté pour manquer à quelques points de la règle, puis on passe à d'autres; on s'accoutume à tous ces petits manquements; on passe ensuite à de plus graves, et on en en vient jusqu'à ne presque plus observer la règle. On la méprise : ce qui est très grave et que quelques théologiens portent presque au péché mortel, suivant la connaissance de la personne et les lumières qu'elle a reçues. Disons donc chaque jour, à notre prière, et disons-le de cœur : *Du mépris de vos divines inspirations, délivrez-nous, Seigneur.* Prenons pour modèles dans notre fidélité à correspondre aux desseins de Dieu sur nous, les rois Mages. Voyez comme à la vue de l'étoile envoyée par le ciel, ils partent, quittent tout, absolument tout. *Nous avons vu l'étoile*, partons, disent-ils; et ils partent sans délai ! Nous aussi, mes Sœurs, nous avons vu! Et si, comme les Mages, nous sommes fidèles à sacrifier tout ce que Dieu nous demande, nous voyons souvent l'étoile de l'inspiration, cette boussole qui doit nous conduire à la perfection et à Dieu. Il ne faut rien lui refuser ; quoi que ce soit qu'il nous demande, il faut lui tout donner et se résoudre à n'avoir vis-à-vis de Dieu la plus petite réserve. Les Mages, dans leur voyage, ne savent pas où les conduira l'étoile ; ils marchent toujours jusqu'à ce qu'ils aient trouvé l'Enfant-Dieu. L'âme non plus, ne sait pas à quel degré de perfection la conduira la fidélité à la grâce ; il faut qu'elle marche toujours jusqu'à la mort : à la lueur de ce flambeau, elle arrivera sûrement à Dieu, et elle le trouvera comme les Mages, et elle en sera bien reçue à l'heure de la mort.

« Remarquez, mes Sœurs, que lorsque les Mages furent à Jérusalem, ils perdirent de vue l'étoile. Dans cette ville, il y avait des hommes vains et orgueilleux. Dieu n'était donc pas là pour se communiquer ; l'étoile, qui se cache, semble le dire aux Mages. Cela nous apprend que lorsque dans le chemin de la vertu on se livre à la dissipation, qu'on se répand trop au dehors, qu'on cède à l'orgueil, l'inspiration ne se fait plus entendre ; elle parle si bas, en effet, que le moindre bruit trouble l'harmonie de ce langage du Saint-Esprit : il veut une âme attentive et docile.

« Il y a quelquefois des religieuses qui disent : Dieu ne me parle pas, il ne me demandera pas compte de ce qu'il ne m'inspire pas de faire ; si je ne comprends pas les choses de Dieu, si je n'ai pas d'attrait pour le silence, le recueillement, l'oraison, que faire? Il faut me contenter de ce que Dieu me donne et vivre tranquille. Ce n'est pas ainsi qu'elles devraient parler; il faut se dire : Si Dieu ne me parle pas, c'est parce que je ne le mérite pas; s'il ne m'inspire aucun sacrifice, c'est parce que je suis trop infidèle, que je ne suis pas assez recueillie pour entendre sa voix. Mes Sœurs, Dieu n'appelle pas tout le monde au même degré de vertu, il faut l'avouer. Mais qu'il est grand le nombre de religieuses qui ne tendent pas à la perfection où Dieu les appelle! A celles qui disent que Dieu ne leur parle pas, je répondrai : Bannissez de votre cœur et de votre esprit tout ce qui est inutile, gardez le silence, mettez une garde à vos sens, afin qu'ils ne se portent pas vers tout ce qui les contente; et puis dites à Dieu avec humilité : *Parlez, Seigneur, votre servante vous écoute!* elle est prête à faire votre volonté! La religieuse qui fera ainsi, connaîtra bientôt qu'elle s'était trompée en pensant que Dieu ne l'appelait pas à la vie intérieure. Dans quelque temps, elle dira : Je ne vois plus les choses comme je les voyais : d'où me viennent ces lumières et ces touches secrètes? Que j'ai été insensée de perdre tant de temps!

« Ah! mes Sœurs, si vous pouvez bien comprendre ce que je vous dis aujourd'hui, il ne vous arrivera pas ce qui arrive à beaucoup de religieuses, qui vivent et qui meurent sans savoir ce que c'est que l'union avec Dieu! »

Les saints sont rudes parfois. *Durus est hic sermo.* Ce n'était pas seulement dans ses conférences que la Mère Émilie tenait un pareil langage : dans ses avis particuliers, elle s'élevait aussi contre tout ce qui était capable d'éloigner de la perfection. Elle craignait tout ce qui pouvait faire naître la tiédeur. A son avis, rien n'est plus propre à ôter aux âmes le ressort de la vie spirituelle que de les laisser fixer elle-mêmes le degré de perfection où elle doit atteindre. Comme la Mère l'exprimait dans sa conférence sur les Mages, elle voulait qu'on se mît en marche sans savoir jusqu'où Dieu conduirait, et avec une résolution énergique d'aller partout où il voudrait. Un jour elle montrait à une jeune religieuse cette voie de la mortification, qui mène les âmes où Dieu les appelle, et la Sœur lui disait : « Ma Mère, j'ai entendu dire que les Sœurs de la Sainte-Famille ne doivent pas aspirer si haut, qu'elles peuvent vivre tranquilles, qu'une attention continuelle à mortifier la nature est pour les grands saints et pas pour nous! — C'est le démon qui a inspiré la personne qui vous a parlé ainsi, s'écria la Vénérable : à la Sainte-Famille, comme ailleurs, il y a des âmes que Dieu appelle à une grande sainteté. Travaillez sans relâche à soumettre la chair à l'esprit, n'écoutez rien de ce qui pourrait vous porter au relâchement. »

Le relâchement était toujours la crainte de la Mère ; c'était l'objet de sa surveillance ; elle ne voulait pas le laisser introduire dans le régime des maisons, elle ne voulait pas le laisser se glisser dans le cœur de ses filles. « Il faut toujours aller à ce qui coûte, disait-elle, à ce qui contrarie la nature ; sans cela, on fait peu de progrès dans la vertu. » Malgré les résolutions des Sœurs de la Sainte-Famille, dans cette voie ardue et surnaturelle où la Servante de Dieu les conduisait, quelques-unes se laissaient aller à un peu de langueur ou de fatigue, et cessaient un instant d'être animées de ce zèle ardent que la Vénérable excitait dans les cœurs. Aussitôt la Mère alarmée accourait au secours de leur faiblesse : « Ma pauvre enfant, disait-elle un jour à une Sœur, j'ai examiné devant le bon Dieu, j'ai consulté votre préposée pour savoir si je me trompais, je vois avec douleur que non ! Vous vous êtes relâchée ? que vous a fait le bon Dieu pour que vous vous éloigniez de lui ?... A qui irez-vous si vous l'abandonnez ?... il vous a comblée de grâces, il vous a conduite comme par la main, et vous vous livrez à la tiédeur, vous recherchez les créatures! Ce n'est pas la route du bonheur que vous prenez; ne continuez pas, vous ne seriez pas heureuse, vous vous perdriez. » Ce n'est pas tout de citer les paroles, il faudrait pouvoir y mettre l'accent, rappeler le ton pénétré, et toute cette douleur qui se manifestait dans les traits et les gestes de cette digne Mère, à la seule pensée de la moindre négligence au service de Dieu. Rarement cette éloquence manquait son effet ; et, après avoir fait envisager les maux de la tiédeur, quand elle montrait le remède, il n'était pas nécessaire qu'elle y revînt à deux fois : les Sœurs l'employaient tout aussitôt, redoublant de ferveur dans leurs prières pour obtenir la force de pratiquer les vertus que Dieu demandait d'elles. Le plus léger symptôme suffisait pour éveiller ces sollicitudes de la Mère. Une Sœur, pendant la récréation, n'éprouvait plus le goût qu'elle trouvait autrefois à s'entretenir des choses de Dieu : « C'est mauvais signe que ce dégoût, dit la Vénérable ; une religieuse connaît qu'elle se relâche dans la ferveur lorsqu'elle n'a plus le goût de parler des choses de Dieu pendant la récréation, et qu'elle ne surmonte pas ce dégoût. De quoi peuvent s'entretenir des religieuses, si ce n'est de ce qui regarde leur Époux et ses intérêts ? »

Dans cette vigilance à éclairer ses filles sur leurs faiblesses, la Mère n'attendait pas toujours que les Sœurs les lui eussent avouées ; elle les pénétrait et les devinait parfois. Un jour, elle était assise dans l'embrasure d'une croisée, et paraissait plongée dans une profonde méditation, lorsqu'une des religieuses entra pour lui parler : « Ma Sœur, lui dit la Mère en la voyant, qu'on est heureux de se reposer dans le mépris ! qu'on est heureux !... » Et elle répéta plusieurs fois les mêmes paroles comme pour les savourer. « Comprenez-vous ce que je vous dis? ajouta-t-elle avec insistance. — Ma Mère, répond la religieuse, je crois le comprendre, mais c'est bien difficile; et, pour moi, j'ai besoin de prier le bon Dieu de me fortifier sur ce point. » La Mère reprend : « La paix parfaite n'est que dans ce repos. Tant que nous ne voulons pas être mises sous les pieds de tout le monde, nous souffrons et nous souffrirons; que ce soit au moins pour arriver à cet heureux état de paix! De quoi se troublera une âme qui n'a aucune envie de l'estime des créatures, ni de rien qui puisse l'élever aux yeux des hommes? qui, au contraire, se complaît dans sa faiblesse, dans son abjection, qui s'y repose comme dans son centre? le bonheur est là. Oui, on est heureux, on est heureux de se reposer dans le mépris!... On est heureux; croyez-moi, embrassez l'humiliation, vous y trouverez le bonheur. Ne tergiversez pas. Il faut en venir à ne pas faire plus de cas du mépris que de l'estime des hommes; il faudrait aller même jusqu'à mépriser cette estime, dont le désir tourmente tant d'âmes; à désirer, autant que la gloire de Dieu peut le permettre, de passer à leurs yeux pour fou. Voyez le Père Surin (1) : il avait de l'orgueil; pour s'en délivrer, il demanda à Dieu quelque grande humiliation qui le fît mépriser, et Dieu exauça cette prière : belle

---

(1) Jean-Joseph Surin, de la Compagnie de Jésus, né en 1600, mort en 1665. Son histoire est connue ; ses ouvrages l'ont rendu célèbre.

preuve qu'elle lui avait été agréable ! » La Mère termina, comme elle faisait tous ses avis particuliers, en engageant la Sœur à aller prier devant le saint Sacrement, pour demander à Dieu d'être fortifiée dans l'amour des humiliations.

Il y avait une religieuse en qui la Mère ne trouvait pas une assez grande pureté d'intention ; cette bonne Sœur s'embarrassait des choses naturelles et agissait trop souvent par des vues imparfaites : « Préparez-vous aux jours mauvais, lui dit la Mère ; il y a des moments dans la vie où on a besoin de s'être fait un ami du bon Dieu. Si vous deveniez infirme, que vous fussiez obligée de demeurer toute la journée dans une infirmerie, vous voudriez bien avoir travaillé pour Dieu, n'avoir cherché que lui. Pensez-y, ma pauvre enfant ! vous ne savez pas ce que le bon Dieu vous réserve. » La religieuse fut un peu effrayée de ces paroles ; mais sa plus grande crainte fut de devenir malade et de ne pouvoir plus travailler. Un an environ après avoir reçu cet avis, cette religieuse devient malade en effet ; elle va trouver la Mère Émilie, et lui dit : « Ma Mère, je crains d'être poitrinaire et de mourir. » La Mère lui répond : « Ce n'est rien d'être poitrinaire, c'est la maladie des prédestinés ; et si le bon Dieu veut vous prendre jeune, ce sera une grâce. Quand une âme est en péril de s'éloigner de lui, il la prend quelquefois pour l'empêcher de se perdre. *Abandonnez-vous !* ma Sœur. — Ma Mère, reprend la religieuse, je comprends maintenant que je n'ai pas travaillé pour Dieu ; je me vois vide de toute bonne œuvre. Que deviendrai-je?... Quand vous m'avertissiez d'agir avec pureté d'intention, je ne comprenais pas pour qui je travaillais; à présent, je vois que je me suis trompée. — Ma Sœur, abandonnez-vous, répéta la Mère : l'abandon parfait entre les mains de Dieu suppose l'amour parfait, et l'amour parfait remet toutes les fautes. Abandonnez-vous, ne craignez pas ; récitez tous les jours la prière de saint Ignace: *Recevez, Seigneur.* » Cependant la maladie traînait en longueur ; la Sœur était toujours souffrante, les remèdes ne produisaient aucun effet. Elle va trouver la Mère : « Ma Mère, je voudrais bien guérir! Si je laisse enraciner mon mal, que deviendrai-je?... Me voir toujours sans rien faire!... manger, boire, dormir! Cela me serait trop pénible. Faites-moi, je vous prie, consulter le médecin? peut-être connaîtra-t-il quelque chose à mon mal. — Je veux bien, répond la Vénérable, que vous consultiez le médecin; mais je dois vous dire qu'il y a des maladies divines auxquelles la science des hommes ne comprend rien. La vôtre doit être de ce nombre J'espère qu'à la mort vous remercierez le bon Dieu, comme sainte Thérèse, de vous avoir tenue près de lui par la maladie et par l'infirmité. La peine que vous éprouvez de ne pouvoir travailler ne vient pas de Dieu, mais de l'amour-propre. Si le bon Dieu veut que vous vous reposiez, n'est-il pas le maître ? — Il faut travailler pour manger, lui dit la Sœur... — Allons, allons, ne pensez pas à l'avenir. C'est Dieu qui donne le pain et tout ce qui est nécessaire, il en donnera assez pour vous. La souffrance est un travail. Vous craignez d'être à charge. Cela ne vaut rien. Une religieuse malade n'est jamais à charge dans une communauté, surtout si elle est bonne malade. Au contraire, elle attire les grâces de Dieu sur la maison où elle se trouve. Croyez-vous que ma Sœur Colombe (1) soit inutile ? Oh ! vous vous trompe-

---

(1) La Sœur Colombe Chresteil, née le 13 décembre 1812, à Perveillergues (Aveyron), novice de la Sainte-Famille le 15 octobre 1837, professe le 15 octobre 1839, avait été une enfant de bénédiction. Ses premières années se passèrent dans l'innocence; avant d'être au couvent elle préludait à l'obéissance parfaite. La Mère Émilie, qui connaissait tout ce qu'il y avait de plus intime dans cette âme, tenait la Sœur Colombe pour une religieuse accomplie. Elle est restée célèbre à la Sainte-Famille pour la résignation et la douceur dont elle ne se départit jamais durant huit années consécutives des souffrances les plus atroces. Les tentations cruelles contre la foi et l'espérance qu'elle avait à supporter en même temps, n'altérèrent pas sa patience. Elle s'était offerte pour victime en expiation de ses fautes et de celles de la congrégation. Elle renouvelait son offrande, et trouvait dans son sacrifice des forces et des grâces inépuisables. Elle s'endormit dans le Seigneur le 5 janvier 1851.

L'*Esprit de la Mère Émilie* (2 volumes in-18, Sarlit, éditeur) contient plusieurs entretiens de la Mère Émilie et de la Sœur Colombe. Rien n'est délicieux comme la conversation de deux âmes célestes. Au témoignage de M. l'abbé Barthe, les compagnes de la Sœur Colombe estimaient qu'elle n'avait point perdu l'innocence baptismale.

riez ! Très-souvent ce sont des religieuses faibles, infirmes, qui soutiennent les congrégations par leurs vertus, leurs bons exemples et qui obtiennent les progrès des élèves. Il ne faut pas s'affliger d'être malade, ni demander de guérir. Moi, j'ai toujours souffert ; jamais M. Marty n'a voulu me permettre de demander ma guérison. Ne priez pas non plus pour être délivrée de vos souffrances. Faites le peu d'ouvrage que vous pourrez ; Dieu fera le reste. Même dans votre emploi, il vous aidera. Est-ce qu'il ne peut pas faire avancer vos élèves sans tant de travail de votre part ? Ne vous tourmentez pas pour prier ; vous ne pouvez le faire avec toute l'ardeur d'une personne qui se porte bien. Asseyez-vous pendant la méditation ; et puis tout doucement, dites au bon Dieu ce que le cœur vous dictera, sans trouble, sans effort. Allez à lui comme à un père. Apprenez par cœur des cantiques, des psaumes, des prières, afin que quand vous ne pourrez pas méditer, vous en récitiez quelques versets. Allez et abandonnez-vous. »

Tout, à la Sainte-Famille, était ainsi regardé du côté surnaturel ; la Mère Émilie excellait à montrer à ses filles le doigt de la Providence et à leur dévoiler ses secrets. La maîtresse d'instruction lui rendait compte un jour des travaux des novices qui se préparaient à l'enseignement : « Ma Mère, lui dit-elle, nous avons deux ou trois novices qui sont d'un tempérament si faible qu'elles ne font presque rien.

Elles pourront à peine être secondes maîtresses dans une classe ; je crains même qu'elles ne puissent se rendre bien utiles à la congrégation. — Cela est vrai, ma Sœur, répondit la Mère, ces enfants sont bien faibles ; mais que ferait *** si elle rentrait dans le monde ? elle risquerait de se perdre, tandis qu'ici son salut est presque assuré. Elle fera peu d'ouvrage, mais ne sera pas tout à fait inutile. Elle est d'ailleurs novice ! il ne faut pas aller trop vite. Celui qui sauve l'âme de son frère sauve la sienne. Cette considération doit bien nous toucher. Jésus-Christ aurait versé tout son sang pour le salut d'une seule âme. Nous pouvons bien, nous aussi, faire quelque chose. Quant aux deux autres, elles ont de la piété, elles ont vraiment l'esprit religieux. Quoiqu'un peu faibles de tempérament, elles se rendront utiles, croyez-le ; et ne feraient-elles pas beaucoup d'ouvrage, leurs bons exemples ne seront pas stériles. J'espère tout d'une jeune personne, quand elle a l'esprit de piété, quand elle aime et comprend les choses de Dieu. Voyez-vous, ces âmes pieuses reçoivent des lumières particulières ; elles sont fortifiées et pourraient dire comme saint Paul : « Je me réjouis dans ma faiblesse ; » plus elles sont faibles quant au corps, plus leur esprit est fort et les porte à faire des choses qu'on ne croirait pas, qu'on n'attendrait pas d'elles. Des personnes de bonne santé et de grands talents sont souvent moins utiles, et donnent quelquefois bien moins de consolation, parce que, se confiant dans leur force et dans leur science, elles ont plus de difficulté pour obéir. Dieu ne les bénit pas. Les autres, au contraire, se confiant en Dieu et guidées par l'obéissance, obtiennent du Ciel la force de remplir parfaitement l'emploi qu'on leur confie. Les personnes qui ne comprennent pas, croient que les religieuses qui travaillent beaucoup, qui s'attirent de l'estime et de la considération au dehors, qui ne se donnent aucun repos, sont nécessaires ou au moins les plus utiles dans une congrégation. Cela n'est pas. Les plus utiles, celles qui soutiennent les congrégations sont les religieuses profondément humbles, adonnées aux exercices de la mortification et de la prière, qui aiment et pratiquent le mieux les règles et les usages, qui respectent et maintiennent l'autorité. Qu'une religieuse qui ne fait pas ce que je viens de vous dire, ne prétende pas qu'elle aime l'institut! se consumât-elle d'ailleurs de travaux et de fatigues, je ne le croirais pas. Elle travaille pour elle et n'est pas d'une grande utilité; elle peut nuire par les mauvais exemples qu'elle donne, et travailler à la ruine de sa congrégation. On ne croit pas faire cela; il n'est pas moins vrai qu'on le fait! »

C'est dans ce renversement de tous les principes de la sagesse humaine que la Mère Émilie avait édifié la Sainte-Famille. Les Sœurs suivaient ardemment leur Vénérable Mère dans cette voie; elles étaient pénétrées de son esprit, de sa doctrine et de son zèle. Elles travaillaient évidemment avec le concours de la Providence, et leurs succès dépassaient les simples prévisions humaines. Il ne faut pas s'en étonner : l'aide de Dieu est d'un grand efficace. C'est une vérité qu'on proclame volontiers en paroles, mais qu'on oublie facilement dans la pratique de la vie. « Cherchez premièrement le royaume des cieux, le reste vous sera donné par surcroît, » disait Notre-Seigneur à ses disciples. La Mère Émilie se guidait selon ce précepte, et cette promesse ne lui faisait pas défaut. Ce reste, d'ailleurs, que la Sainte-Famille recevait par surcroît et comme en récompense de sa recherche active du royaume des cieux, ce n'était ni l'abondance des biens du monde, ni l'estime des hommes, c'était la profusion des œuvres de charité. Elles affluaient entre les mains des Sœurs : leurs maisons se multipliaient dans les quatre diocèses de Rodez, de Montauban, d'Albi et de Cahors. Sous la protection des évêques, la Sainte-Famille acquérait tous les jours de nouveaux titres à la reconnaissance des peuples. Toutes les maisons cloîtrées de la congrégation ont été nommées dans ce récit; il serait peut-être fastidieux d'y raconter les fondations de toutes les maisons non cloîtrées. Elles étaient déjà au nombre de vingt-quatre en 1845. La bénédiction de Dieu s'étendait partout sur le travail des Sœurs ; elles desservaient des bureaux de bienfaisance, tenaient des salles d'asile, faisaient des classes : les premiers succès de Marie Viallard ne s'étaient pas démentis ; le dévouement de Sœur Thaïs n'était pas inutile.

Cependant les progrès mêmes de cette seconde branche de l'institut étaient comme un danger pour la congrégation de la Sainte-Famille. Plus nombreuses désormais que leurs aînées, les Sœurs non cloîtrées avaient des règlements particuliers. M. Marty était mort avant qu'ont pût soupçonner les grâces de diffusion que la Providence destinait à la petite entreprise de Vialarels. Il avait fallu pourvoir aux nécessités d'un si grand développement. La Vénérable y avait travaillé de son mieux. D'après le vœu de M. Marty, avec l'approbation et le conseil des deux prélats qui s'étaient succédé sur le siège de Rodez, la bonne Mère avait modifié, augmenté, complété, autant que possible, les règlements donnés par M. Marty. Toutefois rien de définitif n'avait été établi. Les Sœurs non cloîtrées n'avaient point de Constitutions particulières, et elles n'étaient pas même nommées dans les constitutions de la Sainte-Famille. Rien n'était réglé sur leur situation vis-à-vis des Sœurs cloîtrées, ni sur la part de gouvernement général de la Congrégation devant appartenir à l'une ou à l'autre des deux branches de l'institut. Les évêques de Rodez devaient porter leur sollicitude pastorale sur des Sœurs qui rendaient de si grands services dans le diocèse, et qui n'avaient pris leur accroissement que depuis la mort de leur fondateur. La Mère Émilie aussi était jalouse de pourvoir à l'établissement définitif de ses filles. Le problème présentait des difficultés. La Congrégation de la Sainte-Famille formait un seul institut dont les membres pouvaient opter entre deux genres de vie différents. Les obligations des Sœurs cloîtrées n'étaient pas les mêmes que celles des autres Sœurs. Tant que la fondatrice vivait, on pouvait espérer que sa présence suppléerait à peu près à tout ; mais au moins devait-on s'inquiéter de l'avenir. Comment le régler et le fonder ? Quelles relations établir entre des filles qui n'avaient pas les mêmes vœux ? Comment maintenir entre elles l'unité ? Ces questions préoccupaient la Mère Émilie : elle s'en était ouverte plusieurs fois à ses filles ; elle avait confié ses craintes à Mgr Giraud ; elle les communiqua à Mgr Croizier, suppliant le prélat d'aviser dans sa sagesse aux moyens de prévenir la dissolution, ou du moins les affaiblissements qu'on pouvait redouter après la mort de la fondatrice.

Les Constitutions données par M. Marty à la Sainte-Famille, malgré leur rare perfection, l'esprit intérieur et sanctifiant qui les avait dictées, et l'inspiration féconde où elles avaient été puisées, présentaient aussi un défaut capital. Les prescriptions n'y étaient pas formulées dans un code simple et précis. Le pieux fondateur avait souvent épanché son âme dans des considérations pleines de tendresse et d'élévation sur les vertus qu'il recommandait; mais ce qu'on appelle au couvent le *Directoire* et le *Coutumier* se trouvait mêlé aux Constitutions, et cet inconvénient ne laissait pas de se faire sentir. La Mère Émilie pria Mgr l'évêque de Rodez de vouloir bien refondre les Constitutions, et en même temps d'y faire toutes les modifications que la présence des Sœurs non cloîtrées aurait pu dicter au fondateur. Mgr l'évêque de Rodez tenait surtout à conserver à la Congrégation l'esprit que lui avait inspiré M. Marty, cet esprit d'humilité, de mortification et de pauvreté qui avait fait ses preuves désormais, on peut le dire. Il s'agissait seulement d'en accommoder les prescriptions aux conditions nouvelles où était entré l'institut. Ce n'était pas moins une grosse affaire; elle allait remettre en question le mode de vie auquel on était accoutumé à la Sainte-Famille, et que les Sœurs avaient cru embrasser pour toujours au jour de leur profession. Ce ne fut peut-être pas sans une certaine angoisse qu'elles attendirent le résultat des réflexions du prélat; la Mère Émilie aurait pu partager les perplexités de ses filles; mais elle voulait toujours que tout fût dominé par la confiance et la soumission. « Ayons une intention pure, disait-elle, et tout s'arrangera pour le mieux. Mettons notre confiance en Dieu, et apprenons à ne vouloir en tout que son bon plaisir. » Elle cherchait à contenir les imaginations, à ne pas les laisser s'exalter dans l'attente, à les retenir dans la prière, l'humilité et les mortifications. Elle ne s'était pas réservé d'autres manières de faire valoir sa pensée dans les décisions qu'on allait prendre. Lorsque le délégué de l'évêque lui demandait son avis, elle le donnait et en déduisait les raisons ; ensuite elle retournait à sa prière, demandant à Dieu de maintenir l'œuvre qu'il avait créée, d'en perpétuer l'esprit, d'en renouveler la force.

Dieu entendit ses prières. Tous les problèmes qui avaient paru mettre en question l'avenir de la Sainte-Famille, furent heureusement résolus. L'union des Sœurs cloîtrées et non cloîtrées fut confirmée, Marthe et Marie ne vivaient-elles pas ensemble? Si Marie aux pieds du Seigneur avait la meilleure part que personne ne pouvait lui ôter, ne soutenait-elle pas Marthe dans toutes les entreprises où cette dernière dépensait son activité ? Toutes deux, d'ailleurs, étaient au service du Seigneur Jésus, et dans la maison de Lazare, elles étaient sur un pied d'égalité. Les Sœurs cloîtrées et non cloîtrées de la Sainte-Famille eurent les mêmes Constitutions, le même genre de vie, le même costume. Le vœu de clôture seul mit quelque différence entre elles. Les unes et les autres purent entrer dans le conseil qui aide la supérieure ; toutes concoururent à la nomination de ce conseil et à celle de la supérieure générale. L'égalité entre elles fut parfaite, et l'union aussi fut profonde. La Mère Émilie remercia Dieu de ce succès. Elle avait toujours pensé que les sacrifices des filles du cloître profitaient aux travaux des Sœurs occupées aux œuvres extérieures de miséricorde, et aidaient même ces dernières au milieu des dangers où les appelait leur vocation. Les écoles étaient sorties naturellement, pour ainsi dire, du cloître de la Sainte-Famille, elles étaient comme l'épanouissement de la sève que la clôture avait amassée dans l'institut. En conservant la racine, on devait espérer que les rameaux seraient toujours vivaces et féconds.

Avec la clôture, on maintint aussi dans l'institut toutes les autres pratiques si précieuses à la Vénérable Mère. La pauvreté et la mortification restèrent rigoureuses ; peut-être, cependant, reçurent-elles l'une et l'autre un peu d'adoucissement. La santé des Sœurs, les travaux auxquels elles sont soumises, les fatigues des classes demandaient ce ménagement. La Mère Émilie l'avait reconnu. L'abandon à la divine Providence fut toujours le même ; toutefois on fixa quelques règles réclamées par la prudence. Les maisons secondaires qui ne pouvaient se suffire à elles-mêmes, durent être fermées ; les fondations nouvelles devaient présenter aux Sœurs les ressources nécessaires pour le logement, la nourriture et le vêtement. C'est ce que demandait saint Paul.

On peut remarquer dans l'histoire des œuvres de charité et de piété comme deux phases bien distinctes. Dans les premiers temps, une œuvre bénie du bon Dieu cherche sa voie, pour ainsi dire, triomphe avec effort des obstacles, s'épanouit dans une explosion de zèle qui soulève les courages et les emporte au delà des lois communes : c'est le temps des prodiges, temps où la protection divine répond à toutes les hardiesses de ses enfants. On sait combien de merveilles la Providence a déployées dans les origines des diverses congrégations religieuses. Ces merveilles ne doivent pas durer toujours; elles sont plus tard remplacées par des grâces aussi précieuses et moins singulières aux yeux des hommes. L'esprit d'enthousiasme fait place à un esprit de perpétuité accessible désormais aux règles de la prudence que les premières inspirations étaient moins disposées à considérer. Le bon Dieu ne travaille plus les cœurs de la même façon; il ne les sollicite plus à sortir des voies connues; il ne les éprouve plus en leur proposant des entreprises et en laissant s'amasser devant le but qu'il leur fait entrevoir, tous les obstacles dont l'homme et les démons peuvent disposer; il n'excite plus les courages à tout renverser par un effort violent et transporté. Les choses désormais ont leur voie. Les obstacles sont renversés; le canal par où les grâces doivent se répandre au milieu des hommes est ouvert, les eaux qui descendent du Ciel ont désormais leur lit sur la terre; elles le remplissent, y circulent librement, doucement, suavement, portant la fraîcheur et la fécondité dans tous les endroits que la Providence a désignés, et se répandant chaque jour davantage par une force d'impulsion, qui paraît naturelle parce qu'elle est calme, qui n'en est pas moins toujours divine et surhumaine. C'est la même inspiration qu'aux premiers jours; ce sont les mêmes eaux aussi salutaires, aussi rafraîchissantes, aussi pures; elles ne bouillonnent plus sous l'effort de la Providence, elles s'écoulent par une pente désormais connue et marquée.

Il semble qu'avec les Constitutions nouvelles, la Sainte-Famille entra dans cette seconde phase de la vie des congrégations. Elle assura son avenir. La Mère Émilie le comprit. Elle reçut ces nouvelles Constitutions avec reconnaissance. Elle y retrouvait son inspiration, l'esprit même de M. Marty. La pratique des vertus qu'elle aimait particulièrement y était réglée conformément à la sagesse. L'expérience lui avait appris, et les communications qu'elle avait avec Dieu lui avaient fait comprendre depuis longtemps qu'on ne pouvait pas faire entrer dans une règle destinée à être pratiquée par plusieurs et surtout à se perpétuer, des inspirations particulières que la Vénérable avait pu mettre à exécution elle-même, ou que peut-être, dans les commencements, elle aurait voulu introduire dans le régime de la congrégation. L'austérité de la vie, la pratique des œuvres de miséricorde, une exacte pauvreté, une sévérité extrême dans les relations extérieures, restèrent les caractères distinctifs de la Sainte-Famille. Les traditions de la Mère Émilie furent maintenues; elles persévérèrent. La Sainte-Famille, entre tous les instituts religieux, se distingue par une profession spéciale de la pauvreté, par un amour particulier de la clôture. Si toutes les Sœurs ne font pas ce vœu, toutes au moins doivent en avoir l'esprit. Les Sœurs non cloîtrées ne sortent pas sans l'autorisation de leur supérieure. Elles ne se répandent pas en visites inutiles ou en devoirs mondains; elles sortent uniquement pour les besoins des malades et des pauvres, ou pour visiter Notre-Seigneur Jésus-Christ. Avant de sortir, elles ont besoin de se recueillir, d'offrir à Dieu les démarches qu'elles vont faire et de lui demander de les bénir. Elles doivent encore se recueillir en rentrant, s'examiner sur les fautes qu'elles auraient commises au dehors et en demander pardon à Dieu. Ce sont, on s'en souvient, les pratiques de la Mère Émilie quand elle-même se rendait au parloir. En plaçant sur un pied d'égalité parfaite les Sœurs cloîtrées et non cloîtrées, tandis que ces dernières, d'après leur origine et les coutumes de l'institut, avaient jusque-là été laissés dans une sorte d'infériorité, les nouvelles Constitutions achevaient l'œuvre de la Mère Émilie.

Cette sainte femme, par la seule force de son inspiration et avec le secours de la grâce divine, par un chemin d'obéissance et de douleurs, était parvenue à créer un institut jusqu'alors inouï, qu'on voit vivre, agir, se répandre et prospérer aujourd'hui, mais dont le dessein est trop parfait pour être une conception humaine. Il semble que la Mère Émilie ait pris ce qu'il y avait d'excessif et de pénible dans chacun des ordres qui l'ont précédée pour en faire le devoir de ses filles : la pauvreté et la clôture des Carmélites, le dévouement aux pauvres et aux malades des Sœurs de Saint-Vincent-de-Paul, la vocation à l'enseignement des dames du Sacré-Cœur; elle combina les fatigues des unes avec les mortifications des autres pour en former une seule obligation. Il faut bien répondre à l'amour du luxe, à la soif de l'or, à l'égoïsme prodigieux de nos jours, à l'attache inconcevable de tous les esprits aux biens de la terre; il ne faut pas s'étonner que la Providence suscite les exemples que la Sainte-Famille et quelques autres instituts de ces derniers temps, comme les Petites-Sœurs des pauvres, par exemple, donnent au monde. Ces pratiques excessives, si on peut parler de la sorte, de pauvreté et de charité, sont nécessaires pour panser les plaies que la prétendue civilisation moderne a apportées au monde en relâchant les liens de la famille; elles sont encore nécessaires pour rappeler aux esprits qui n'en veulent plus, les délices divines et ineffables de l'abnégation et du sacrifice.

Le 1ᵉʳ septembre 1846, les nouvelles Constitutions de la Sainte-Famille furent promulguées. Il serait inutile de les analyser. Nous en avons dit assez en disant qu'elles confirmèrent et sanctionnèrent les règles de vie que la Mère Émilie avait données à ses filles. D'abondantes bénédictions se répandirent sur cet ouvrage. L'esprit de charité, qui relia les deux catégories de Sœurs, cimenta l'union de la Congrégation. Une nouvelle effusion de grâces renouvela et ranima son zèle. La Mère Émilie reçut sa part personnelle des faveurs célestes. Elle ressentit les consolations dont elle avait toujours joui dans le travail des fondations : « et, dit-elle dans les documents qu'elle remit à son confesseur, lorsque les nouvelles règles furent promulguées, Dieu me fit la grâce de me donner une entière paix. » Du sein de cette paix, elle vit ses filles marcher hardiment vers la perfection dans la voie qu'elle-même leur avait tracée.

CHAPITRE XXVII

Comment savent mourir les amis du bon Seigneur Jésus.

La Vénérable Mère Émilie avait toujours eu une santé chétive, et depuis longues années déjà elle avait des infirmités considérables : le délabrement de son estomac et son dégoût de toute nourriture augmentaient à mesure qu'elle avançait en âge ; mais rien n'était capable d'arrêter ses travaux. La Congrégation prospérait par ses soins. Elle comptait cinq maisons cloîtrées, trente-deux maisons d'écoles et d'œuvres extérieures de miséricorde (1);

(1) Il n'est pas inutile de donner ici la liste des fondations de la Sainte-Famille.
1816. Villefranche de Rouergue, maison mère.
1822. Aubin (Aveyron), maison cloîtrée.
1832. Livinhac (Aveyron), maison cloîtrée.
1834. Vialarels (Aveyron), maison non cloîtrée, transportée ensuite à Decazeville.
— Lassouts (Aveyron), maison non cloîtrée.

elle instruisait environ cinq mille enfants; près de dix-huit cents recevaient l'instruction gratuite; cent vingt orphelines étaient adoptées. Les Sœurs

1835. Figeac (Lot), maison cloîtrée.
— Saint-Beauzély (Aveyron), maison non cloîtrée.
— Firmy (Aveyron), maison non cloîtrée.
1836. Lugan (Aveyron), maison non cloîtrée.
1837. Montbazens (Aveyron), maison non cloîtrée.
1840. Cadour (Aveyron), maison non cloîtrée.
— Rieupeyroux (Aveyron), maison cloîtrée, convertie deux ans après en maison non cloîtrée.
— Fons (Lot), maison non cloîtrée.
— Laguépie (Tarn), maison non cloîtrée.
— Lanuéjouls (Aveyron), maison non cloîtrée.
1841. Parisot (Tarn-et-Garonne), maison non cloîtrée.
— Saint-Salvadou (Aveyron), maison non cloîtrée.
— Montauban, faubourg Sapiac (Tarn-et-Garonne), maison cloîtrée.
— Orlhaguet (Aveyron), maison non cloîtrée.
— Caylus (Tarn-et-Garonne), maison non cloîtrée.
1842. Montauban, faubourg Villebourbon, maison non cloîtrée, convertie en maison cloîtrée, 1866.
— Caussade (Tarn-et-Garonne), maison non cloîtrée.
— Verfeil (Tarn-et-Garonne), maison non cloîtrée.
1843. Elbes (Aveyron), maison non cloîtrée.
— Asprières (Aveyron), maison non cloîtrée.
1844. L'Hospitalet (Aveyron), maison non cloîtrée.
— La Bastide-Saint-Pierre (Tarn-et-Garonne), maison non cloîtrée.
1845. Senouillac (Tarn), maison non cloîtrée.
— Maison du Refuge à Villefranche.
1846. Paulhe (Aveyron), maison non cloîtrée.
— Najac (Aveyron), maison non cloîtrée.
1847. Camarès (Aveyron), maison non cloîtrée.
1848. Saint-Amans-des-Cots (Aveyron), maison non cloîtrée.
1849. Finhan (Tarn-et-Garonne), maison non cloîtrée.

de la Sainte-Famille se portaient, en outre, avec allégresse à toutes les œuvres de charité qui se se présentaient ; elles gouvernaient huit salles

1851. Besonne (Aveyron), maison non cloîtrée.
1852. Valence d'Agen (Tarn-et-Garonne), maison non cloîtrée.

Des salles d'asile ont été ouvertes à Villefranche (1841); à Montauban, faubourg Sapiac (1843); à Caylus (1843); à Montauban, faubourg Villebourbon (1849); à Camarès (1851); à Decazeville (1851); à Valence d'Agen (1852); à l'Hospitalet (1852).

Les Sœurs de la Sainte-Famille desservent en outre les trois bureaux de bienfaisance de Fons, de Caylus et Valence d'Agen.

Depuis la mort de la Mère Émilie, la Sainte-Famille a fondé des maisons non cloîtrées dans les paroisses suivantes :

1853. Faudoas (Tarn-et-Garonne).
— Viviez (Aveyron).
1854. Verlhac-Tescou (Tarn-et-Garonne).
— Le Gua (Aveyron).
— Mansonville (Tarn-et-Garonne).
— Larrazet (Tarn-et-Garonne).
— La Chapelle (Tarn-et-Garonne).
— Cazals (Tarn-et-Garonne).
— Puylaroque (Tarn-et-Garonne).

Des salles d'asile ont été ouvertes dans les deux paroisses de Laguépie (Tarn) et Le Gua (Aveyron).

Nous complétons cette liste des fondations par celles des maisons établies depuis l'impression de la première édition de la *Vie de la Révérende Mère Émilie*.

Maisons non cloîtrées dans les paroisses suivantes :

1855. Fayet (Aveyron).
— Espalais (Tarn-et-Garonne).
— Molières (Tarn-et-Garonne).

d'asile; elles faisaient la visite des pauvres et des prisonniers; dans quelques paroisses elles étaient chargées de distribuer les secours des bureaux de

1856. Aucamville (Tarn-et-Garonne).
— Reyniès (Tarn-et-Garonne).
1857. Sadirac (Gironde).
— Villefranche (Saint-Claire) : préservation et maison de retraite pour les Sœurs invalides : maison cloîtrée en 1877. Le noviciat y a en outre été installé au mois de septembre 1876.
— Villebrumier (Tarn-et-Garonne).
— Moissac (Tarn-et-Garonne), convertie quatre ans après en maison cloîtrée.
1858. Cahusac-sur-Vère (Tarn).
— Couthures-sur-Garonne (Lot-et-Garonne).
— Bournazel (Aveyron).
1859. Jegun (Gers).
— Cornus (Aveyron).
— Gages (Aveyron).
— Lacanau-du-Médoc (Gironde).
1860. Septfons (Tarn-et-Garonne).
— Montfort (Gers).
— Saint-Projet (Tarn-et-Garonne).
1861. Saint-Roch (Aveyron).
— Donzac (Tarn-et-Garonne).
— Duras (Lot-et-Garonne).
— Siorac-de-Belvès (Dordogne).
— Auch (Gers).
1862. Rodez : maison du Bon-Pasteur, Refuge.
— Lanouaille (Dordogne).
— Vines (Aveyron).
— Tournecoupe (Gers).
1862. Cocumont (Lot-et-Garonne).
1863. Lafitte (Haute-Garonne).
— Brasc (Aveyron).
— Saint-Porquier (Tarn-et-Garonne).

bienfaisance; à Villefranche, elles tenaient la maison du Refuge. Partout elles faisaient aimer et honorer la Sainte-Famille.

1863. Golfech (Tarn-et-Garonne).
1865. Moncrabeau (Lot-et-Garonne).
— Hourtin (Gironde).
— Martiel (Aveyron).
1866. Castanet (Aveyron).
— Castelsagrat (Tarn-et-Garonne).
— Camblanes (Gironde).
— Lacroix-Barrez (Aveyron).
— Montézic (Aveyron).
1867. Sainte-Geneviève (Aveyron).
— Lacapelle-Balaguier (Aveyron).
— Montlaur (Aveyron).
1868. Saint-Hippolyte (Aveyron).
— Coupiac (Aveyron).
1869. Vailhourles (Aveyron).
— Tocane-Saint-Apre (Dordogne).
1869. Toulouse (Haute-Garonne), maison cloitrée en 1877.
— Sauveterre (Lot-et-Garonne).
— Béduer (Lot).
— Boisse-Penchol (Aveyron).
— Marmont (Aveyron).
1870. Fabas (Haute-Garonne).
— Brusque (Aveyron).
1871. Le Fousseret (Haute-Garonne).
— Lamagistère (Tarn-et-Garonne).
1872. Saint-Grat (Aveyron).
1873. Sainte-Gemme (Gers).
1874. Wissous (Seine-et-Oise).
— Pradinas (Aveyron).
— Dunes (Tarn-et-Garonne).
— Mirabel (Tarn-et-Garonne).
— Lunac (Aveyron).

Mais au milieu du succès de ces diverses œuvres et à travers les rayons de cette sorte de gloire charitable qui l'entourait, la Mère Émilie restait cette femme misérable que nous avons cherché à faire connaître, tourmentée de toutes manières, en proie aux perplexités et aux angoisses effrayantes où nous avons essayé de pénétrer.

Vers le mois d'avril 1852, une petite ulcération à l'œil gauche s'ajouta à toutes ses autres incommodités. Il ne semblait pas qu'il y eût là aucune gravité, et on eut beaucoup de peine à décider la Mère à consulter le médecin. Elle s'y résigna par condescendance; et, par obéissance, elle appliqua

1875. Cantoin (Aveyron).
— Pousthomy (Aveyron).
— Anglars-de-Rignac (Aveyron).
1876. Lacapelle-Bleys (Aveyron).
— Buzet (Haute-Garonne).
1877. Taussac (Aveyron).
1878. Prévinquières de Rieupeyroux (Aveyron).

Des salles d'asile ont été ouvertes à Saint-Beauzély, à Caussade, à Espalais, à Moissac, à Saint-Amans-des-Cots, à Viviez, à Jegun, à Siorac-de-Belvès, à Golfech, à Montézic, à Montlaur, à Lanouaille, à Bezonne, à Sainte-Geneviève, à Gages, à Duras, à Wisous, à Saint-Salvadou, à Buzet, à Najac et à Firmy.

Orphelinats : à Villefranche maison mère, à Villefranche Sainte-Claire, à Aubin, à Figeac, à Livinhac, à Montauban (faubourg Sapiac et faubourg Villebourbon), à Moissac, à Catelsagrat, à Decazeville et à Toulouse.

Ce qui donne aujourd'hui (1878) un total de neuf maisons cloîtrées, et de cent vingt-neuf maisons d'école ou d'œuvres.

les remèdes prescrits. Les souffrances augmentèrent : la maladie empira. Les Sœurs alarmées auraient désiré une consultation de médecins; la Vénérable s'y refusa. Comme on insistait, elle déclara que si on la tourmentait encore à ce propos, elle demanderait à son supérieur la permission de quitter Villefranche et d'aller finir tranquillement ses jours dans une maison secondaire. Entièrement abandonnée à Dieu, elle voulait rester étrangère à tout; soumise à la volonté divine, elle se contentait d'embrasser ses décrets sur elle-même sans chercher même à les connaître. Quand on lui demandait des nouvelles de son œil : « Demandez à l'assistante, disait-elle, c'est elle qui sait cela et non pas moi. » Dès les premiers temps de la maladie, on crut cet œil entièrement perdu; la Vénérable Mère n'a jamais voulu s'en assurer; une fois seulement, par curiosité involontaire, elle essaya de l'ouvrir et de constater si elle voyait ou non; elle réprima aussitôt ce mouvement, se le reprocha et s'en accusa à son confesseur : « J'ai donné cet œil à mon Jésus, disait-elle, et j'ai eu l'air de vouloir le lui reprendre. »

Les forces de la Mère diminuaient; sa maigreur était excessive, le dégoût qu'elle éprouvait pour toute espèce de nourriture s'augmentait. Elle était heureuse de ses souffrances; elle y voyait une occasion de faire pénitence : « Personne, disait-elle à ses Sœurs, ne songe à me féliciter de mon grand dégoût, qui me procure cependant la facilité d'expier mes péchés de sensualité. » Elle restait en tout attentive à se mortifier. Une de ses plus grandes afflictions était de ne pouvoir plus faire elle-même ses lectures habituelles. On les lui faisait, et elle choisissait de préférence les Sœurs dont la manière de lire était moins agréable.

Cependant la communauté tout entière s'alarmait de voir cet état de souffrance de la Mère ; pour obtenir son soulagement, les Sœurs ne cessaient d'adresser à Dieu de ferventes prières. Elles eurent recours à Notre-Dame des Sept-Douleurs, suppliant son cœur maternel et transpercé d'intercéder pour des filles si cruellement menacées. Leurs larmes parurent exaucées un instant ; quelque amélioration se fit remarquer dans l'état de la Mère Émilie : ses douleurs se calmèrent un peu ; les filles se réjouirent et reprirent espérance. La Servante de Dieu toutefois ne voulut pas se remettre aux fonctions de sa charge de supérieure générale. Dès les premiers jours de sa maladie, elle avait remis tout le fardeau de la communauté et de l'institut entre les mains de l'assistante, ne se réservant pas d'autre occupation que le travail pour les pauvres et la propagation de l'œuvre de la Sainte-Enfance. Ce fut, dans ses derniers temps, sa pensée de prédilection. Les Sœurs qui ne la quittèrent pas déclarent qu'il est au-dessus de leurs forces de décrire tout ce que la Vénérable a fait dans ses derniers jours pour la

Sainte-Enfance. « Je ne voudrais pas, disait-elle, qu'il y eût quelqu'un au monde qui aimât la Sainte-Enfance plus que je l'aime moi-même. Depuis que je connais cette œuvre, disait-elle encore, je comprends ce qu'éprouvent les avares à la vue de l'or. » La moindre aumône qu'on lui donnait à cette intention l'enivrait de bonheur; une image, un chiffon la rendaient heureuse tout un jour. Elle déployait tout son zèle pour faire connaître et aimer cette chère œuvre; elle eût volontiers, disait-elle, donné sa vie pour en assurer le succès. La pensée qu'à sa mort les âmes des petits Chinois régénérés par les saintes industries de la Sainte-Enfance, viendraient accueillir son âme au seuil de l'éternité, la faisait tressaillir d'allégresse. Dès le commencement de sa maladie, toute conversation un peu sérieuse la fatiguait; mais quand il s'agissait de la Sainte-Enfance, elle ne tarissait plus en paroles, elle ne sentait pas la fatigue.

Vers le commencement de juillet, la Mère Émilie se trouva débarrassée de ses tentations, et son âme entra dans un état de paix. Dès lors, elle eut un pressentiment de sa fin prochaine, et sentit s'augmenter son attrait pour la retraite. Son confesseur pensa que tout en usant de la liberté que les Constitutions laissaient à la Supérieure générale de se reposer sur son assistante, la bonne Mère se tenait un peu trop à l'écart. Il lui fit quelques observations; la Mère répondit qu'elle était disposée à faire tout ce qu'il voudrait, mais qu'elle se sentait un attrait tout particulier pour se préparer à la mort. Le confesseur n'insista pas ; il lui recommanda seulement de se faire rendre un compte exact de l'administration. La Vénérable obéit. Mais quelque temps après, dans une visite que le supérieur de la congrégation faisait à Villefranche, elle lui demanda d'être déchargée entièrement du gouvernement. Le supérieur aquiesça à sa demande dans l'espoir que le repos pourrait rétablir sa santé. Il lui recommanda de se bien soigner, d'éviter les moindres occasions de fatigue ; et il ajouta que dans l'intérêt de la congrégation, elle devait désirer de vivre encore et demander à Dieu de lui rendre la santé. « Je ne me sens pas d'attrait pour faire cette demande, répondit la Mère ; je me sens, au contraire, attirée à m'abandonner entièrement à la volonté du bon Dieu. » Le supérieur respecta cet attrait. « Abandonnez-vous, lui dit-il ; vos filles et moi, nous prierons pour la prolongation de votre vie ; vous ma Mère, offrez vos souffrances pour la prospérité de la congrégation. » La mère fut très heureuse de la nouvelle charge qui lui était confiée. « Voyez, disait-elle gaiement à ses filles, voyez combien je suis heureuse ! je n'ai plus d'autre emploi que celui de souffrir. » Quand l'assistante venait quelquefois lui demander des conseils, lui proposer des affaires, la Mère suppliait : « Laissez-moi avec le bon Dieu, disait-elle, je suis si bien avec lui ! »

Le 3 septembre, comme la Mère était au confessionnal, le confesseur trouva en elle quelque chose d'extraordinaire : sa voix, son maintien, toute sa personne le frappèrent. Il ne s'expliquait pas ce que ce pouvait être ; et, avant de donner l'absolution, il resta quelques instants absorbé dans ses propres pensées, réfléchissant sur les causes de l'état singulier où il voyait sa pénitente. Il ne se doutait pas que c'était la dernière fois qu'elle venait se confesser à cette place, où elle se présentait tous les jours depuis déjà treize ans. Le lendemain, au moment de la messe, on vint lui dire que durant la nuit la Mère Émilie, sur les instances de son assistante, avait consenti à prendre quelque chose, et qu'elle ne descendrait pas pour faire la sainte communion. Le soir du même jour, la Mère exprima le désir de recevoir les derniers sacrements. Elle disait que cela ne la ferait pas mourir et lui procurerait la joie de s'unir à son Sauveur. Le 5, après avoir entendu sa confession, le confesseur lui demanda si elle désirait être administrée. « Oui bien, répondit-elle, ne me laissez pas mourir sans me donner l'extrême-onction. » Elle voulait demander pardon à toutes ses Sœurs des scandales qu'elle leur avait donnés, des peines et des chagrins dont elle avait été la cause. « J'ai été si orgueilleuse ! vous le savez, mon Père, » disait-elle. Le confesseur lui représenta qu'elle était fatiguée, et se chargea de demander pardon aux Sœurs en son nom. C'était rendre service à la malade de de lui ôter toute préoccupation dans un instant où elle serait si aise d'être entièrement à son Époux. D'ailleurs elle n'aurait pu se faire entendre de toutes les Sœurs qui assistèrent à l'administration des derniers sacrements. Elles étaient en très grand nombre, en effet, à Villefranche. Les deux tiers de la congrégation s'y trouvaient réunis à l'occasion de la retraite annuelle, dont on faisait les exercices en ce moment. La Mère avait encore un scrupule : il lui semblait qu'elle ne devait pas rester couchée pour recevoir son Sauveur. » Est-ce assez respectueux ? disait-elle ; au moins j'aurai la force de me tenir assise dans mon lit. » Le confesseur, qui la voyait très faible, s'opposa à ce qu'elle fît aucun mouvement. « Comme vous voudrez ! » répondit-elle. Elle demanda pardon d'avoir refusé la visite des médecins ; elle était persuadée de l'inutilité des remèdes : « Néanmoins, disait-elle, je suis prête à faire tout ce qu'on voudra. » Le confesseur apporta le saint viatique, et il présenta d'abord le crucifix ; la Mère voulut en baiser toutes les plaies, et le fit avec une telle affection, qu'elle tira les larmes des yeux de tous les assistants. Lorsque le prêtre s'approcha du lit tenant entre ses mains la sainte Hostie, la pauvre malade fit un mouvement pour se soulever ; elle se recoucha tout aussitôt à la prière de l'assistante. La communion faite, le confesseur lui demanda sa bénédiction pour toutes ses filles présentes, absentes et à venir. Elle leva la main, et les bénit avec une bonté et un bonheur inexprimables. Elle chargea ensuite son assistante d'assurer tous les amis et bienfaiteurs de la congrégation qu'elle les avait tous présentés à Notre-Seigneur à sa communion. En recevant le saint viatique, la Vénérable Mère Émilie avait demandé une grâce qui avait été accordée à une de ses filles, la supérieure du Refuge morte trois mois auparavant. Cette grâce infiniment précieuse était de faire la sainte communion sans être à jeun. Mgr l'évêque de Rodez autorisa le confesseur à donner à la Mère Émilie la sainte Eucharistie tous les deux jours.

Tous les jours de la maladie, d'ailleurs, le confesseur entrait dans la chambre de la Mère pour entendre sa confession et lui donner l'absolution. Le 6 au matin, elle demanda qu'on lui appliquât l'indulgence plénière. « Pensez-vous mourir bientôt, ma Mère, lui dit son confesseur ; avez-vous jamais demandé à Dieu de mourir un jour plutôt qu'un autre? — Non, dit-elle; mais mon estomac refuse tout, et il m'annonce que je dois bientôt mourir. » Elle parla ensuite du gouvernement de la maison, recommandant au confesseur d'aider celle qui la remplacerait dans sa charge. Comme le confesseur lui demandait si elle n'avait pas encore quelque désir à exprimer : « J'en ai un, dit-elle; mais vous savez combien je dois me méfier de mes propres lumières. Je désirerais, si Monseigneur et mon supérieur général le jugent à propos, que les Constitutions de la Sainte-Famille fussent approuvées à Rome. »

Le 6 au soir, on lui appliqua l'indulgence *in articulo mortis*; ensuite le confesseur lui demanda si elle avait confiance en Dieu. « Vous m'avez dit que le bon Dieu me prendrait, je le crois fermement. — Vous faites bien à Dieu le sacrifice de votre vie? — Oh! oui certainement, je ne désire que l'aimer et m'abandonner à lui. — Comment vous trouvez-vous? — Je suis bien faible; mais j'ai la confiance qu'à mesure que le corps s'affaiblira, l'âme se fortifiera. » Elle répondit ainsi à tout, avec un calme, un désir de la mort et une patience ineffables. Sa confiance aussi était inébranlable. « Je ne crains rien, disait-elle à ses sœurs, mon confesseur m'a dit que j'irais au ciel; je le crois. » Le 7 au matin, après avoir entendu sa confession, le confesseur, qui, comme nous l'avons dit, lui avait, depuis cinq ans environ, ordonné, d'après l'avis des supérieurs ecclésiastiques, de donner tous les renseignements nécessaires à faire connaître sa vie, et avait déjà obtenu d'elle des récits de sa jeunesse et de son intérieur, le confesseur lui demanda si elle était certaine de n'avoir plus rien à révéler. La Mère répondit qu'elle aurait encore bien des choses à dire, et qu'elle désirait surtout faire connaître sa jeunesse et les divers écueils où elle avait failli faire naufrage, afin que son exemple pût servir d'enseignement aux jeunes personnes. Le confesseur écrivit alors sous sa dictée plusieurs pages. Il lui demanda ensuite la permission de révéler tout ce qu'il savait d'elle par la confession, qui pourrait être utile à la gloire de Dieu et propre à l'édification des religieuses et des fidèles. « Vous savez, mon Père, répondit-elle, combien j'ai été éloignée d'attirer l'attention sur moi; cependant, si vous le voulez, je me soumets. Je lève le sceau de la confession, ajouta-t-elle; mais à condition que vous direz tous mes péchés. »

Elle avait aussi manifesté le désir d'être enterrée comme une simple Sœur : « Si Dieu voulait qu'il en fût autrement ? lui dit le confesseur. — Que sa sainte volonté se fasse, » répondit la malade avec résignation.

Le 7 au soir, après avoir fait la sainte communion, elle pria le confesseur de lui faire la recommandation de l'âme. Elle se sentait si faible, qu'elle se crut au point d'expirer. Les Sœurs craignaient qu'elle ne passât pas la nuit. Cependant, au milieu de cette extrême faiblesse, toutes les pensées de la Mère étaient aux choses divines, et l'anéantissement de la nature ne pouvait la séparer de cette contemplation. Elle s'endormit en considérant la sainte Vierge à son berceau. Dans la nuit elle se réveille, demande l'heure : on lui dit qu'il est minuit, et, reprenant tout de suite sa contemplation : « Oh ! qu'elle est petite, dit-elle, qu'elle est petite ! Les anges autour d'elle sont bien embarrassés ; ils voudraient lui chanter un cantique, et ils n'en trouvent aucun d'assez beau ! »

Pendant cette journée de la fête de la Nativité, les Sœurs furent dans de grandes angoisses, et la ville de Villefranche partagea leur anxiété. L'amour que la Mère Émilie avait toujours eu pour la sainte Vierge, faisait supposer qu'elle avait demandé au Seigneur Jésus la grâce de mourir dans un jour consacré à sa Mère. La joie fut donc grande, quand on s'aperçut que les forces de la Mère Émilie se ranimaient un peu. Elle put sans aucune fatigue, pendant plusieurs heures de suite, dicter encore à son confesseur des renseignements sur sa vie. Elle continua les jours suivants. On crut que Dieu s'était laissé toucher, la communauté se berça de l'espoir de conserver encore sa tendre Mère. L'illusion ne devait pas être de longue durée. Les souffrances, d'ailleurs, n'avaient point cessé.

Au milieu de l'épuisement de son corps et dans la paix de son âme, elle n'oubliait pas les pauvres. Elle chargea l'assistante de recommander aux Sœurs du conseil ceux de la ville qu'elle secourait, et les désigna par leurs noms. Elle demanda qu'on admît au postulat une orpheline de la maison et une autre jeune personne qu'on avait cru devoir refuser. Elle n'oublia pas le Refuge, et exprima le désir que la maison mère portât toujours à cet établissement la plus grande affection. Le confesseur lui disait que lorsqu'elle serait dans le ciel, elle pourrait s'intéresser à cette maison et lui être utile. Elle répondit qu'elle ne craignait point, et que la Providence ne ferait pas défaut à cet établissement. Dans tous ces entretiens, son âme restait paisible ; pas un trouble ne venait l'agiter ; elle était dans la paix. « Ce n'est pas, disait-elle, que j'éprouve rien d'extraordinaire comme quelques-unes de nos Sœurs à leurs derniers instants ; mais je suis contente. » Sur la demande du confesseur, elle consentit à faire le sacrifice des joies plus abondantes que Dieu aurait pu lui réserver, en faveur des Sœurs de la Sainte-Famille, afin qu'elles fussent remplies de consolations pendant leurs maladies et surtout à l'article de la mort. Elle souhaitait sa fin ; mais, à l'exemple de saint Martin, elle se soumettait à la volonté de Dieu et ne refusait pas de voir prolonger son travail et sa peine. « J'ai un très grand désir de mourir, disait-elle, néanmoins je le modère. » Elle s'inquiétait du bruit qui se faisait dans sa poitrine : « Cela, disait-elle, peut faire croire à mes Sœurs que je me plains. Je fais ce que je peux pour étouffer ces gémissements. » Le confesseur l'engagea à ne pas se violenter de la sorte et à agir tout naturellement. Elle demanda si elle pouvait se faire changer de position, et s'il n'était pas plus parfait de rester à la même place, quoiqu'elle souffrît beaucoup. Le confesseur l'engagea à donner à son corps tout le soulagement nécessaire pour laisser à son âme une entière liberté. De son côté, le confesseur lui demanda si elle avait encore quelque recommandation à faire pour l'institut ; elle répondit que tout ce qu'elle souhaitait à ses Sœurs, c'était l'union et la charité entre elles. Elle ne cessait de s'occuper de ses filles, elle les voyait en particulier et leur donnait à chacune les conseils qu'elle croyait nécessaires. Comprenant le plaisir qu'elles avaient à la servir, elle fit dresser une liste pour qu'aucune ne fût oubliée, et afin que toutes pussent lui rendre quelque service, elle demandait à boire à tout instant.

Dans ces sollicitudes des derniers jours, la Sainte-Enfance revenait sans cesse. La Mère Emilie pria instamment l'aumônier de prendre cette œuvre à cœur et d'en parler aux exercices de l'archiconfrérie, le dimanche, à la chapelle du couvent. On ne peut se rendre compte de la joie qu'elle ressentit quand, par suite de ces recommandations, elle vit, le lundi, arriver une grande quantité de chiffons ; elle les fit déposer sur son lit et les étala aux yeux de l'aumônier, en lui faisant admirer tout ce que l'on pouvait tirer de ces précieuses aumônes. Elle n'oubliait rien de ce qui pouvait stimuler le zèle en faveur de cette œuvre, qu'elle disait avoir aimée aussitôt qu'elle l'avait connue. Elle envoyait les Sœurs porter et faire voir, dans les maisons de Villefranche et des paroisses voisines, divers ouvrages qu'on lui avait adressés de Montauban et qui étaient destinés à la

Sainte-Enfance. Elle s'occupait de distribuer les *Annales;* elle indiquait les personnes à qui il fallait les remettre, afin de leur faire connaître et aimer la Sainte-Enfance. Pour elle, elle ne tarissait point à exprimer sa reconnaissance envers Dieu de lui avoir fait connaître et goûter une pareille œuvre. Elle disait que parmi toutes les grâces qu'elle avait reçues, celle-là était une des plus précieuses. « Cette connaissance m'a donné beaucoup de consolations pendant les dernières années de ma vie, disait-elle à l'assistante ; mais plus encore depuis que je suis malade. Les âmes des petits Chinois, répétait-elle avec une sorte d'ivresse, vont, au moment de la mort, au-devant de ceux qui les ont aimés. Je recommande aux Sœurs des classes et des asiles d'être exactes à réclamer le sou tous les mois pour la Sainte-Enfance. » Elle voulait ainsi faire participer à son bonheur les enfants de la Sainte-Famille.

Un jour, pendant que les Sœurs entendaient une instruction à la chapelle, une orpheline parvint à pénétrer jusqu'à la chambre de la Mère ; les deux religieuses qui y étaient de garde la laissèrent entrer, et l'enfant, sans rien dire, vint se mettre à genoux au pied du lit de la malade. La Mère était en méditation, elle avait les yeux fermés ; quand elle les ouvrit, elle vit l'enfant en prière, la fit approcher à son chevet, lui parla avec effusion et l'engagea d'aller chercher ses compagnes. Elles arrivèrent en grande hâte. On sait quelle affection elles portaient toutes à leur Mère ; elles connaissaient son cœur, et elles étaient toujours heureuses de la voir. Elles se mirent à genoux ; elles remplissaient la chambre. La Mère prit la parole : « Mes enfants, dit-elle, je suis bien contente. » Son visage amaigri par la maladie, et où l'on remarquait déjà les ravages d'une mort prochaine, attestait par le rayon céleste qui l'environnait, par le sourire des yeux et des lèvres, toute la vérité de cette parole. « Je suis bien contente, répétait la Mère ; mais si vous voulez l'être à votre tour à l'heure de la mort, aimez la Sainte-Enfance et faites-la aimer de tout votre pouvoir. » Après cette recommandation, elle leva les yeux au ciel, éleva la main et bénit ses chères enfants au milieu de leurs larmes et de leurs sanglots.

Bien que la Mère sentît sa fin approcher, elle n'eût pas voulu sans permission se livrer aux épanchements de son cœur. Elle avait toujours eu un grand attrait pour le silence. Elle aimait cette vertu et n'aurait pas, à ses derniers instants, renoncé à la pratiquer. Aussi avait-elle interrogé son confesseur, pour savoir si elle pouvait communiquer à ses Sœurs les bonnes pensées que Dieu lui suggérait durant la maladie. On l'avait engagée à parler avec simplicité, et à dire tout ce qu'elle jugerait convenable à l'édification et à la sanctification de ses filles. Elle ne craignait pas désormais de s'ouvrir soit avec son assistante, soit avec les Sœurs qui entouraient son lit. Toutes ses paroles étaient enflammées; c'étaient les soupirs d'un cœur qui aspire vers son Époux. La joie et le désir éclataient sur son visage. Elle demandait un jour à son assistante de prier pour lui obtenir la patience. L'assistante lui répondit que cela était inutile, et qu'elle ne manquait pas à pratiquer cette vertu dans ses souffrances. « Oh ! reprit la Mère, je ne parle pas des souffrances du corps ; mais combien en coûte-t-il pour attendre le moment où l'Époux viendra ?

Pendant toute sa vie, elle avait beaucoup craint la mort. Durant sa dernière maladie, cette crainte se changea en douce confiance. « Il m'en coûtait beaucoup de tant craindre la mort, disait-elle ; à présent je n'ai pas la moindre frayeur. Au moment de la mort, on connaît le prix des grâces et la bonté de Dieu. »

« Ne pas se décourager, disait-elle encore à ses Sœurs, est le plus grand honneur qu'on puisse rendre à Dieu ; quand on est tenté, rien ne fortifie comme de réciter quelques versets des psaumes ou quelques autres passages de l'Écriture sainte.

« Rien ne fait avancer une âme comme la simplicité à l'égard du confesseur. Ce qui m'a attiré le plus de grâces, c'est de n'avoir jamais vu que Dieu dans mon confesseur et de lui avoir toujours obéi aveuglément. »

« Toute ma vie, disait-elle encore, j'ai dit au bon Dieu de me donner son amour; mais depuis quelque temps je lui répète sans cesse : Votre amour, ô mon Dieu, votre amour, à quelque prix que ce soit ! »

Les Sœurs recueillaient toutes ses paroles avec soin ; elles étaient avides des derniers enseignements de leur Mère. Elles voulaient, autant que possible, participer aux grâces que l'Époux communiquait à cette âme, dont il s'approchait de plus en plus et qu'il élevait vers lui pour la ravir à la terre. Elle disait à une Sœur : « J'ai beaucoup craint toute ma vie ; maintenant je goûte une grande paix : le bon Dieu m'a fait tant de grâces ; il m'en fait tant, tant et tant, qu'il me recevra bien dans les bras de sa miséricorde. Toute ma vie, ajoutait-elle, j'ai beaucoup souffert ; à présent, je suis bien contente. Qu'on est heureux au moment de la mort, quand on a aimé le bon Dieu ! Quel calme ! quelle joie ! quelle différence avec les personnes du monde, qui offensent le bon Dieu sans y songer et qui ne l'aiment point ! Ah ! mon père, disait-elle à son confesseur, allez dire aux gens du monde qui ne pensent pas à leur dernier moment, qu'on n'apprend pas à mourir en deux jours. »

« N'ayez pas peur du bon Dieu, disait-elle à l'assistante ; moi je l'ai beaucoup craint, et cette crainte m'a beaucoup fait souffrir. Ah ! si nous comprenions le prix du sang qui a coulé des plaies du Sauveur !

« Je suis comme saint Lidovine : je ne puis bouger ; mais quelle différence de mon état avec celui du Sauveur ! »

Elle se plaignait d'être trop bien soignée ; elle disait souvent à son confesseur : « C'est bien pour moi que se vérifie la parole du Psalmiste : Le Seigneur a lui-même remué son lit pour lui procurer quelque soulagement dans son infirmité. »

« Il est très essentiel, disait-elle à ses Sœurs, de ne prévoir ni la santé, ni la maladie, ni la mort. Dieu prend nos intérêts à proportion de l'abandon que nous lui faisons de nous-mêmes. » Et elle recommandait à son assistante : « Ne vous appuyez pas sur les hommes : leur appui et rien, c'est tout un. »

Elle trouvait beaucoup de consolation à dire avec David : « Je me suis couché, je me suis endormi, je me suis levé parce que le Seigneur m'a soutenu. » Elle répétait avec une grande douceur ces autres paroles du Psalmiste : « J'ai levé les yeux vers la montagne pour voir d'où venait mon secours ! »

Elle conservait jusque dans l'étreinte de la mort les goûts qui avaient été la délectation de sa vie, et comme toute l'attention de son cœur avait toujours été au service de Dieu, elle trouvait de grandes consolations à savourer encore en mourant les plaisirs de sa jeunesse. Outre les paroles des psaumes, les vers des cantiques lui revenaient à l'esprit : elle demandait à une de ses Sœurs si elle savait le cantique : *Seigneur, quand de ma triste couche.* « Oui, ma Mère, répondait la Sœur, et il est bien analogue à la circonstance. — Dites-le-moi donc, » disait la

Mère. Quand la Sœur fut arrivée à la strophe où le chrétien mourant s'écrie devant la justice de Dieu :

> Mais mon courage m'abandonne,
> Et mes yeux se rouvrent aux pleurs,
> L'effroi, le trouble m'environne,
> Mettez un terme à mes frayeurs.

« Ma Mère, ce couplet n'est pas pour vous, dit la Sœur. — Oh ! non certes, dit la Mère, il n'est pas pour moi ; je n'ai pas peur, je suis bien contente! »

C'était là son refrain continuel ; elle était dans des douleurs atroces où sa vie s'épuisait; mais l'âme, débarrassée de toute inquiétude, nageait dans les délices. Le désir seul la faisait souffrir ; elle voulait s'unir encore plus étroitement à son Sauveur ; elle languissait après lui. En attendant la consommation de ses ardentes espérances, elle se faisait dire des cantiques sur le ciel. C'était là qu'elle habitait : c'était sur le ciel qu'étaient fixés ses regards. « J'ai bien peur, disait-elle à ses Sœurs en faisant parfois un retour sur elle-même, j'ai bien peur que vous ne me laissiez longtemps en purgatoire ! » Après avoir reçu l'assurance qu'on prierait beaucoup pour elle, elle disait gaiement : « Nos Sœurs m'ont promis de ne pas me laisser en purgatoire. Il y a société entre les saints du ciel et ceux de la terre, disait-elle encore ; au moins ne me regrettez pas, ajoutait-elle en souriant, je vous serai plus utile auprès du bon Dieu que je ne puis l'être ici. »

Elle se faisait répéter et elle savourait particulièrement ces paroles d'un cantique :

> Je ne veux rien et je veux toute chose ;
> Jésus m'est tout, sans lui tout ne m'est rien.
> Oui, j'aurai tout, n'ayant aucune chose,
> Si, perdant tout, j'ai cet unique bien.

Lorsque la Sœur avait fini, la Mère se tournait vers elle avec un sourire ineffable : « Oh! disait-elle, que c'est joli! » Elle prenait aussi plaisir à répéter et à entendre répéter ce passage des Constitutions données par M. Marty : « Si les Sœurs de la Sainte-Famille vivent de la foi, si elles font peu de cas des ressources humaines, s'abandonnant entièrement à la protection et à la conduite de Jésus, de Marie et de Joseph, ne songeant qu'à éviter ce qui leur déplaît, elles n'auront rien à craindre, rien ni pour l'institut, ni pour elles-mêmes, rien, ni du monde, ni du démon, ni de la nature, rien enfin, ni à la vie, ni à la mort! »

La Mère Émilie avait craint toute sa vie d'être à ses derniers instants un scandale pour les Sœurs ; elle avait eu peur que les horreurs de cette mort, qui l'épouvantait tant à l'avance, ne la jetassent dans le désespoir ; elle était loin de voir se réaliser ses chimériques frayeurs, dont l'ennemi avait si longtemps cherché à abuser son âme. L'état de paix et de lumière annoncé par M. Marty était arrivé. La sève de la nature, les fumées de l'orgueil étaient tout à fait dissipées. A ce moment solennel, la Mère, il est vrai, se fortifiait contre les dernières épreuves par tous les moyens en son pouvoir. Selon sa coutume, depuis treize ans, elle recevait l'absolution tous les jours; le jour de sa mort, elle lui fut répétée deux fois. Elle en avait besoin. Ses souffrances étaient extrêmes; et comme l'ennemi semblait n'avoir plus de puissance pour inquiéter cette âme, on eût dit qu'il s'acharnait contre le corps. La conversation de la Mère restait néanmoins toute au ciel; elle indiquait elle-même les les chapitres de l'*Imitation* qu'elle désirait entendre et qui étaient appropriés à son état. Sa confiance était inébranlable. Elle passa la nuit du 17 au 18 septembre presque tout entière à penser à l'apparition de la sainte Vierge aux bergers de la Salette. « J'y ai trouvé une grande consolation, disait-elle le lendemain; quand la sainte Vierge est apparue aux enfants, elle pleurait; et moi j'ai la confiance, quand je la verrai, de la trouver toute joyeuse. »

Dans cette paix et cette espérance, elle restait strictement appliquée à remplir tous ses devoirs de religieuse. Ce n'était pas au moment de recevoir la couronne qu'elle pouvait renoncer à sa vocation. L'alarme n'était pas seulement dans la communauté, toute la ville s'inquiétait de la santé de la Mère Émilie; la porte du couvent était sans cesse assiégée. On ne s'entretenait que de ses vertus et de la perte qu'on allait faire. Le 8 septembre, comme nous avons dit, on avait partagé les angoisses des Sœurs, et on pensait généralement que la Mère irait ce jour-là rejoindre la sainte Vierge. Le 12, jour de la fête du saint Nom de Marie, les angoisses se renouvelèrent. Elles étaient surtout vives parmi les membres de la famille de la Mère Émilie. Sa tante, auprès de laquelle elle avait passé quelque temps de sa jeunesse, eût désiré la voir encore une fois. La Mère Émilie avait avait toujours reçu de temps en temps les visites de Mme de Pomayrols au parloir; il était naturel à cette dernière de souhaiter vivement dans ces dernières conjonctures, s'approcher du lit de son ancienne amie et de sa parente, pour recueillir au moins quelques paroles de sa bouche. Mme de Pomayrols parla de son désir à l'aumônier de la Sainte-Famille. Celui-ci connaissait l'amour et le repect de la Mère pour la clôture. Il assura que la seule proposition de l'enfreindre lui ferait beaucoup de peine, et qu'il fallait se garder de la lui porter. Mme de Pomayrols n'insista pas : elle rabattit toutes ses prétentions à recevoir un souvenir de celle avec qui elle avait vécu autrefois. Une Sœur fut chargée de porter ce vœu à la Mère : « Ma Mère, lui dit-elle, Mme de Pomayrols désirait beaucoup vous voir; mais M. l'abbé lui a dit que cela vous ferait beaucoup de peine... » La Mère, contre sa coutume, interrompit brusquement. « Oh! oui, cela m'en ferait beaucoup, je ne veux pas qu'elle entre! — Ma Mère, Mme de

Pomayrols a fait le sacrifice de son désir; mais elle vous prie de lui donner une médaille. — Je suis bien aise qu'elle ait fait son sacrifice, reprit la Mère; dites-lui que le bon Dieu lui en tiendra compte, et qu'il lui accordera beaucoup de grâces. Pour des médailles, M. l'abbé veut-il que je lui en donne? — Oui, ma Mère! — Eh bien! je les lui donnerai! »

Bien que le supérieur général l'eût autorisée à user pour elle-même de toutes les dispenses relatives au vœu de pauvreté qu'elle pouvait accorder à ses Sœurs, et qu'elle n'eût ainsi besoin d'aucune autorisation, elle avait scrupule d'envoyer aussi des médailles aux autres membres de sa famille. On lui dit que son confesseur le voulait. « Alors, je le ferai, » dit-elle. Elle persévéra jusqu'à la fin dans ce dépouillement de sa volonté propre; elle était tout entière à la famille religieuse que la Providence lui avait donnée. « Dites bien à nos Sœurs, répétait-elle, qu'une grande paix et les biens de Dieu dépendent d'un abandon entier, absolu, total dans l'obéissance. Dites-leur de bien aimer le bon Dieu; elles en seront récompensées à leur mort. »

Elle fit appeler plusieurs Sœurs, les unes après les autres, pour leur donner ses derniers avis, leur indiquer ce qu'elles avaient à faire pour se corriger de leurs défauts, et avancer dans la vie spirituelle. Elle parlait avec autant de calme et de présence d'esprit que s'il se fût agi pour elle de faire un voyage de quelques jours. Elle n'oublia personne. Elle pria le supérieur de la communauté de Villefranche de lui donner sa bénédiction, et elle le remercia des peines qu'il avait prises pour elle et pour la maison. Elle chargea son confesseur d'aller pour elle demander à l'ancien supérieur général de la congrégation, pardon de toutes les peines qu'elle lui avait données, de lui exprimer toute sa reconnaissance pour les nombreux et importants services qu'il lui avait rendus à elle-même et à l'institut tout entier, de l'assurer enfin qu'elle lui avait toujours conservé la plus sincère affection.

En remplissant ces devoirs envers le prochain, elle restait énergiquement fixée à ce qui était l'unique vœu de son cœur. Le 17, elle eut plusieurs faiblesses; une entre autres fut extrême, et comme la Mère en sortait et reprenait ses esprits, elle vit entrer son confesseur; se tournant aussitôt vers lui, elle lui dit en souriant : « Il n'est pas encore venu ! » Elle parlait ainsi de l'Époux, son unique préoccupation.

Le 18 septembre, sentant ses forces s'affaiblir encore, elle demanda, après avoir reçu l'absolution, à renouveler ses vœux. Le confesseur le lui permit; joignant les mains, elle prononça d'une voix ferme la formule de ses cinq vœux. Le soir, elle demanda qu'on allumât un cierge bénit. Depuis plusieurs jours déjà, elle avait demandé que la communauté récitât pour elle les prières de la recommandation de l'âme. Elle fit dire aux Sœurs, à l'obédience, de prier saint Joseph et les petits Chinois de venir la prendre. Elle ne pouvait plus faire aucun mouvement; les faiblesses se succédaient; elle restait calme et souriante, et ses regards semblaient dire à ses Sœurs : « Je vais bien; n'ayez pas de peine. » Le 19, la sainte absolution lui fut renouvelée deux fois; il y avait à peu près vingt-quatre heures qu'elle n'avait fait aucun mouvement, lorsque, à une heure et demie environ, par un effort suprême, elle saisit le crucifix suspendu au chapelet qui était roulé autour de son bras gauche, le porta avec ardeur à ses lèvres, fixa des regards pleins d'amour sur l'image du Sauveur, baissa la tête et s'endormit dans le Seigneur.

C'était l'anniversaire et l'heure même de l'apparition de la sainte Vierge sur la montagne de la Salette.

Ceux qui connaissaient la dévotion de la Mère Émilie et sa confiance à Notre-Dame de la Salette, ne s'étonnèrent pas de cette précieuse et singulière coïncidence.

CHAPITRE XXVIII

Vox Populi...

Quand la Mère eut rendu le dernier soupir, les Sœurs en pleurant lavèrent le corps. On la revêtit du costume de supérieure : le voile brodé d'une couronne d'épines, cette couronne portée si longtemps avec tant de courage ! fut posé sur la tête pour la dernière fois ; l'anneau de l'Épouse et la croix de la Mère brillaient au doigt et sur la poitrine de la morte. Elle semblait sourire à ses filles achevant sa dernière parure, celle dans laquelle elle se présentait aux anges. Les pauvres Sœurs avaient le cœur brisé ; la pensée que leur Mère veillait sur elles et était déjà dans la gloire, les consolait et les fortifiait, mais ne les empêchait pas d'éclater en sanglots.

Cependant la nouvelle de la mort de la Mère Émilie, répandue dans Villefranche, avait été accueillie avec une sorte de stupeur. » La sainte est morte ! » disait-on de toutes parts ; et il semblait que la ville eût perdu sa protection et sa force. Durant la vie de la Mère Émilie, on avait pu quelquefois critiquer ou railler ; le respect le plus profond et le plus universel n'empêche jamais la malice humaine de se manifester par quelque endroit. Devant la mort, il n'y eut qu'un cri : « C'est une sainte ! » répétait-on. Tous les cœurs se sentaient inclinés à l'invoquer. Un mouvement unanime agitait la population. On voulait vénérer la *sainte*. On courut chez l'aumônier demander que le corps de la Mère Emilie fût exposé dans la chapelle extérieure du couvent. « Nous ne répondons de rien, disait-on, si les religieuses n'acquiescent pas à ce désir unanime. » Les mêmes instances avaient lieu au parloir des religieuses. Les bonnes Sœurs, plus que personne, ressentaient cette impression de vénération et d'admiration pour leur Mère. Elles contemplaient son beau visage ravagé par les infirmités et les austérités, grave, souriant et tout empreint d'un calme et d'une joie célestes. Elles n'éprouvaient aucune impression de terreur ni d'effroi à l'approche de ce cadavre. Elles le gardèrent au milieu d'elles jusqu'au lendemain matin. Elles le portèrent alors, en pleurant et en priant, dans la chapelle du couvent.

Dès le matin, la foule en remplissait le vaisseau ; elle se pressait aux portes, obstruait le passage, et on fut obligé de fermer la chapelle pour pouvoir achever les préparatifs de l'exposition. Le corps, le visage découvert, fut déposé sur un lit devant la grille du chœur. Le peuple put alors manifester ses sentiments. Il mit un empressement incroyable à témoigner sa vénération pour celle que la voix publique proclamait *la sainte* avec insistance et enthousiasme. La chapelle du couvent ne désemplit pas toute la journée ; il fallut avoir recours aux agents de la force publique pour mettre un peu d'ordre parmi la foule. Ceux qui étaient entrés dans la chapelle ne voulaient plus en sortir; ils voulaient rester en présence de ce corps et unir leurs prières à celles des religieuses agenouillées derrière leurs grilles. On se trouvait bien auprès de cette morte. Les enfants, que la Mère Émilie avait tant aimés, ne lui ménageaient pas les marques de leur amour. Ils entouraient le lit où reposait la Mère, baisaient ses mains et ses vêtements, et on avait peine à les écarter. Deux prêtres étaient sans cesse occupés à faire toucher au corps divers objets de piété, des médailles, des croix, des chapelets, des images, des livres. On épuisa rapidement tout ce que les magasins de Villefranche contenaient de ces sortes d'objets. Chacun voulait posséder quelque chose qui eût touché ce corps déjà si vénéré. Ce n'étaient pas seulement les enfants et les personnes pieuses qu'entraînait ce sentiment, des militaires faisaient toucher leurs sabres; des hommes et des jeunes gens bien connus pour négliger ou même mépriser leurs devoirs religieux, suivaient l'impulsion générale, tenaient à approcher du corps de la Mère Emilie, à posséder quelque objet qui l'eût touché, et ne trouvaient pas superflu d'attendre longtemps pour entrer à leur tour dans la chapelle, s'agenouiller auprès de la Vénérable Mère et prier Dieu à côté d'elle. La bonne Mère, qui, toute sa vie, avait cherché à être ignorée des hommes, était exaltée par toutes les bouches. La ville de Villefranche n'avait qu'un sujet de conversation ; dans les lieux publics, dans les auberges, dans les cafés, on célébrait hautement les vertus de la Mère Emilie ; on s'entretenait de sa charité ; on déplorait la perte que l'on venait de faire.

Le lendemain était le jour des obsèques ; elles furent comme un triomphe. A voir tout le mouvement et toute l'émotion de cette ville, on n'eût pas dit qu'il s'agissait de l'enterrement d'une simple religieuse cloîtrée. Le tumulte était encore plus grand que la veille aux portes de la chapelle. Chacun voulait encore une fois contempler les traits de la Mère. On avait encore des objets à faire toucher à son corps. On pleurait; on priait. Il était à craindre que le peuple ne se jetât sur le catafalque pour arracher les vêtements dont le corps était couvert et que chacun regardait déjà comme des reliques. Les barrières fléchissaient sous l'effort de la foule impatiente de s'approcher une fois, une dernière fois, de cette amie des pauvres, de cette fille du bon Dieu, de cette épouse de Jésus-Christ. Il fallut céder et livrer les pieds et les mains de la Mère aux baisers et aux larmes de cette multitude. Elle ne cessa de témoigner de sa vénération jusqu'au moment où le clergé vint pour faire l'enlèvement du corps. Le service pour le repos de l'âme de la Mère Émilie eut lieu dans l'église paroissiale de Saint-Joseph. Le clergé des trois paroisses de la ville et celui des paroisses environnantes s'était réuni pour honorer les obsèques de la Mère. Afin de répondre à l'empressement du peuple, avant d'entrer à l'église qui est toute voisine du couvent, le cortège fit un grand circuit par les boulevards. Les Sœurs de Charité de Nevers, qui desservent et dirigent divers établissements de charité de Villefranche, s'étaient réunies à la Sainte-Famille, et formaient avec les Sœurs non cloîtrées deux longues files, devant lesquelles marchaient les enfants privilégiées de la Mère, les orphelines de la Sainte-Famille, portant dans leurs mains des fleurs et des cierges allumés. Les diverses congrégations de Villefranche avaient voulu s'unir au cortège ; derrière le clergé, et entouré de cierges que tenaient les religieuses, s'avançait le corps de la Mère, porté par six de ses filles ; le visage de la Mère Émilie était découvert, elle avait un crucifix entre ses mains jointes ; elle semblait sourire à tout ce peuple qui se pressait, qui priait, qui pleurait, qui la proclamait sa bienfaitrice, la sauvegarde et la force de la cité entière. Quoique les Sœurs n'eussent adressé d'invitation qu'au clergé, les diverses autorités de Villefranche, le sous-préfet, le maire, les magistrats, suivaient le corps ; ce n'était pas seulement un deuil de famille, en effet, c'était bien un deuil public, et toute la cité y prenait part; ses représentants étaient, avec raison, mêlés aux parents de celle qu'on pleurait ; il était naturel de rendre un hommage public à celle qui avait quitté sa famille pour se donner aux pauvres et embrasser toutes les misères dans sa charité.

Après la messe, on ramena le corps au couvent, l'empressement était le même ; il fallut plusieurs fois s'arrêter pour laisser au peuple la liberté de s'approcher, de faire encore toucher quelques objets, de contempler encore une fois celle que tant d'admiration entourait. Les Sœurs cloîtrées qui n'avaient pas accompagné le cortège, reçurent le corps de leur Mère dans la chapelle; les Sœurs de Nevers, les religieuses et les enfants de la Sainte-Famille y entrèrent seules avec le clergé; on récita les dernières prières et on introduisit le corps dans la clôture : ceux qui avaient droit d'y pénétrer le suivirent. Une fosse avait été préparée dans le jardin des religieuses ; on différa d'y descendre le corps ; la bière ne fut fermée que le septième jour après le décès de la Mère. Ce fut un nouveau déchirement pour les Sœurs, quand il fallut mettre en terre leur trésor. Elles voulaient l'embrasser encore une fois et l'arroser de leurs larmes.

Cependant la ville de Villefranche ne croyait pas avoir fait assez pour marquer sa vénération envers la Mère Émilie. La Sainte-Famille avait pourvu à l'enterrement de la fondatrice ; on songea dans la ville à faire célébrer un service solennel. Une souscription fut organisée, et le surplus de la collecte devait servir à soutenir les diverses œuvres de la Sainte-Famille. Les dons furent abondants : le premier octobre, on célébra dans la principale église de Villefranche, au milieu d'un immense concours de peuple, et avec toute la pompe qu'on put déployer, un service solennel pour le repos de l'âme de la Mère Emilie. Tout en se conformant aux usages de l'Église, les Sœurs étaient plutôt disposées à invoquer la Mère Émilie et à la prier qu'à supplier la miséricorde en sa faveur. On racontait tant de merveilles de sa vie ; déjà même, on commençait à dire que sa puissance n'avait pas été arrêtée par sa mort. Le Mère, assurait-on, continuait à venir au secours des pauvres et des malades. Dans le ciel, elle voulait encore exercer à leur égard la charité dont elle leur avait donné tant de preuves sur la terre.

Une Sœur de la Sainte-Famille souffrant d'une surdité qui avait résisté aux divers remèdes qu'elle avait pu faire, avait porté à ses oreilles, aussitôt après le décès de la Mère, le doigt de la vénérée défunte, et commencé une neuvaine pour implorer son intercession ; avant la fin de la neuvaine, la Sœur s'était trouvée guérie. Une des élèves souffrait d'un rhumatisme aux mains ; elle fit toucher son chapelet au corps de la Mère pendant qu'il était exposé à la chapelle, et une de ses compagnes lui demanda pourquoi elle n'avait pas fait toucher ses mains. La malade, sans rien répondre, pensa en elle-même que cela eût été bien inutile. Au même moment, elle éprouva de vives douleurs dans ses membres infirmes : elle supposa que ce surcroît de souffrances pouvait être un châtiment de son incrédulité. Elle se rendit auprès du corps, et plaçant ses mains endolories sur les mains glacées du cadavre, elle demanda avec confiance à la Mère Émilie de lui obtenir au moins le soulagement de ce surcroît de douleur ; aussitôt la douleur s'apaisa ; et, sans être complètement guérie, l'infirme put vaquer à des travaux qui lui étaient interdits depuis longtemps.

Il y avait à la communauté de Villefranche une Sœur languissante déjà depuis quelque temps. La Mère Émilie avait consulté un médecin ; mais la Sœur s'était abstenue de faire les remèdes prescrits. La Mère cédait assez facilement à ces sortes de répugnances ; elle les avait éprouvées elle-même. La santé de la Sœur ne se rétablissait pas. Quelques mois après la mort de la Mère, la patiente faisant la sainte communion se sentit pressée d'avoir recours à l'intercession de la Mère Émilie. Dans la matinée même de ce jour, l'indisposition disparut ; quelque temps après, la Sœur se croyant menacée de la voir reparaître, invoqua de nouveau la Mère Émilie, et se trouva bientôt complètement guérie.

Trois mois environ après la mort de la Mère, une Sœur fut attaquée d'une maladie assez légère d'abord, qui dégénéra bientôt en fluxion de poitrine et se compliqua de fièvre d'une nature fort pernicieuse. L'état était grave, et la Sœur partagea la conviction de ses compagnes et crut que pour cette fois elle ne se relèverait pas. Un Père de la Compagnie de Jésus, donnant en ce moment la retraite aux pénitentes du Refuge, engagea la malade à invoquer la Mère Émilie, afin d'obtenir par son intercession une guérison que les remèdes paraissaient devoir lui procurer difficilement. La malade n'avait aucun attrait à faire une pareille demande, à moins, disait-elle, de l'ordre de nos bons supérieurs. L'ordre fut donné; et la Sœur s'adressant à la Mère Émilie fit cette prière, qu'elle renouvela plusieurs fois : « Ma bonne Mère, c'est vous qui m'avez placée dans mon emploi; vous savez combien il m'en a coûté de me charger d'un pareil fardeau. Si ma santé doit contribuer à procurer la gloire de Dieu et à exalter votre nom, si elle ne peut pas nuire à mon salut ni à celui des enfants que vous m'avez confiées, je vous conjure de m'obtenir ma guérison. » C'était sur les trois heures du soir que la bonne Sœur priait de la sorte avec ferveur; à six heures, elle éprouva un redoublement de souffrances si violent qu'on eût dit qu'elle touchait à sa dernière heure. Elle demanda les secours de la religion, mais tout en les réclamant, elle avait la ferme confiance, disait-elle, que la Mère la guérirait. Elle s'endormit, et après une heure de sommeil, elle se réveilla sans douleurs, sans fièvre, calme, tranquille, ne ressentant qu'une grande faiblesse. Le lendemain matin, cette faiblesse avait assez complètement disparu pour que la malade pût se lever, assister à la messe de la communauté et reprendre les travaux de son emploi.

Nous puisons le détail de ces faits dans les procès-verbaux d'une information ordonnée dès 1853 par Mgr l'évêque de Rodez. Ces divers événements sont attestés, sous la foi du serment, par les Sœurs qui ont reçu ces grâces. La protection de la Mère Émilie n'est pas d'ailleurs uniquement invoquée dans l'intérieur du couvent. Non seulement de Villefranche et du diocèse de Rodez, mais des diocèses voisins l'on vient prier sur le tombeau de celle qu'on appelle *la sainte*, solliciter des grâces ou témoigner de la reconnaissance. Le tombeau de la Mère Émilie avait été placé d'abord dans la clôture; mais à cause de la vénération qui poussait le peuple à désirer et à demander de s'approcher de de ce lieu qu'il croit privilégié, on transporta le le corps dans la chapelle du couvent. Là, l'accès est facile, et la vénération peut se satisfaire sans contrainte.

On est toujours jaloux, d'ailleurs, de posséder les objets qui ont appartenu à la Mère ou qui ont touché à son corps. On leur attribue des vertus particulières; dans les paroisses où sont établies les Sœurs de la Sainte-Famille, on vient souvent leur demander quelques-uns de ces objets pour les appliquer aux malades. Des guérisons instantanées et dérogeant aux lois de la thérapeutique, disent les médecins, ont souvent eu lieu. Plusieurs documents sur ces faits extraordinaires ont déjà été recueillis par Mgr l'évêque de Rodez. Des maux d'yeux, des douleurs aiguës ont été apaisés instantanément; des mères ont eu en abondance le lait que la nature leur avait refusé jusqu'alors; d'autres ont été guéries subitement des douleurs et des plaies occasionnées par l'allaitement de leurs enfants. Du haut du ciel, la Mère Émilie n'oublie aucune des œuvres qu'elle a pratiquées durant sa vie; les Sœurs livrées au combat spirituel et éprouvées par les tentations ont trouvé la paix et le calme de leur âme en priant auprès du tombeau, comme autrefois en recevant les avis de la Mère. Il serait inutile d'entrer dans le détail de toutes les circonstances extraordinaires par lesquelles le bon Dieu se plaît à entretenir la confiance des hommes dans l'intercession de la Mère Émilie. Il faut néanmoins en citer quelques-unes.

Un vieillard de soixante-quinze ans souffrait dans la cuisse de vives douleurs qui ne lui laissaient de repos ni jour ni nuit ; depuis un mois, il ne savait quelle position tenir : assis, debout, couché, ses souffrances étaient extrêmes ; tous les médicaments avaient été inutiles ; les médecins renonçaient à sa guérison ; le grand âge du patient et la nature rebelle de la maladie (irritation névralgique du nerf sciatique) ne pouvaient laisser d'espérance. Mais quand les hommes ont épuisé toutes leurs ressources, le bon Dieu n'a pas encore dit son dernier mot. Le malade se fit recommander aux prières des Sœurs de Villefranche, leur demanda un objet ayant appartenu à la Mère Émilie. On lui donna le morceau d'une robe. Il l'appliqua sur la jambe avec une grande confiance, et se trouva guéri tout aussitôt. Il vint à Villefranche. « Montrez-moi, disait-il, le tombeau de cette grande sainte, je veux y réciter quelques *Pater* avec dévotion ! C'est une sainte ! » répétait-il sans cesse. Pour prouver la sainteté de la Mère Émilie, il sautait en présence du médecin auquel on l'avait conduit.

A Aubin, une femme atteinte de rhumatisme ne pouvait se tenir debout. La violence des douleurs avait contracté et fait replier une jambe que la malade ne pouvait plus étendre. Tous les remèdes avaient été inutiles ; on n'avait plus aucune espérance de guérison, et on s'attendait à voir les douleurs s'étendre et envahir bientôt tout le corps. Dans cette extrémité et cette angoisse, la malade envoya demander à la supérieure de la Sainte-Famille une médaille ayant touché le corps de la Mère Émilie. Pleine de confiance dans la puissance de la Mère, elle suspendit promptement cette médaille à son cou et sans délai se mit, avec plusieurs voisines et parentes qui se trouvaient en ce moment autour de son lit, à réciter cinq *Pater* et cinq *Ave*. Les prières n'étaient pas terminées, que, sans effort et sans souffrance, la malade put étendre la jambe, qui recouvra à l'instant le mouvement et la force. Le rhumatisme disparut en peu de temps et ne revint pas.

Une femme de vingt-deux ans souffrait d'une incommodité aux yeux que lui avait laissée la petite vérole, qu'elle avait eue à l'âge de deux ans environ. Ses pauvres yeux étaient rouges, enflammés, ils pleuraient continuellement. Outre les souffrances qu'elle occasionnait, cette infirmité empêchait la pauvre femme de travailler autant qu'elle eût voulu et que ses besoins eussent réclamé. La supérieure d'une des maisons secondaires de la Sainte-Famille lui conseilla de faire une neuvaine et de se recommander à l'intercession de la Mère Émilie. La malade y mit toute sa ferveur ; elle récitait tous les jours cinq *Pater* et cinq *Ave*. Durant cette prière, elle appliquait sur ses yeux un petit linge qui avait été à l'usage de la bonne Mère. Dès le premier jour, la malade éprouva une grande amélioration, qui alla croissant chaque jour de la neuvaine, comme l'eau dans le puits de la Mère Catherine de Beaumont (1), jusqu'à ce qu'enfin au dernier jour la guérison fut complète, les yeux rendus à leur état naturel et désormais sans aucune infirmité.

Une Sœur chargée de la direction de la salle d'asile à Villefranche, reçut un jour dans l'œil un éclat de fer incandescent. On la fit mettre au lit; deux heures après l'accident, la supérieure, levant la paupière de l'œil attaqué, vit sur l'iris une ampoule blanchâtre assez étendue; elle crut l'œil perdu et en ressentit un vif chagrin. Elle alla au tombeau de la Mère Émilie, lui demander de l'aider à accepter un pareil sacrifice. Comme elle était en prières, la pensée lui vint que si la Sœur, avec un grand esprit de foi, appliquait sur son œil un petit linge que la Mère Émilie avait elle-même porté sur son œil malade, elle serait sans doute soulagée. La Sœur, pendant ce temps, avait eu la même pensée, et priait l'infirmière de lui procurer ce morceau d'étoffe. On en fit l'application; au bout de trois quarts d'heure, la supérieure, impatiente, revient visiter la pauvre souffrante. Elle lève la paupière, l'œil avait changé d'aspect; l'ampoule était comme repliée et déplacée, l'iris était presque net; les dou-

---

(1) La Mère Anne-Catherine de Beaumont était une des premières filles de Saint-François de Sales. Sa vie se trouve au livre des *Douze Mères de la Visitation-Sainte-Marie*. C'est à Pignerol que se passa le fait du puits où l'eau reparut durant une sécheresse et élevait son niveau chaque jour de la neuvaine. (Voir le tome II des *Serviteurs de Dieu*.)

leurs n'avaient pas diminué cependant. C'était le soir, on laissa la malade en repos. Elle souffrit toute la nuit des douleurs si vives et si poignantes qu'elles lui arrachaient des gémissements involontaires. Le matin, les souffrances parurent se calmer, le patiente s'endormit, et au lever de la communauté elle reposait encore; après la messe, elle était levée et courut se jeter dans les bras de la supérieure. « Notre Mère m'a guérie, » disait-elle. Elle fit voir son œil à ses compagnes; il était clair, sans aucune trace de brûlure; la paupière seule paraissait encore enflammée, et cette dernière marque de l'accident disparut bientôt. On n'avait fait aucun remède; le médecin avait été appelé, mais n'était point venu; on s'était, en l'attendant, contenté d'appliquer des compresses d'eau froide.

Nous ne voulons pas prolonger ces récits, qu'on pourrait multiplier longtemps encore. On comprend quelle sanction de pareils événements apportent à la pensée du peuple. La sainteté de la Mère Émilie n'est pas une chose contestable pour les habitants de Villefranche et des environs. Ils diraient tous volontiers comme le vieillard guéri dont nous parlions tout à l'heure : C'est une sainte, ou il n'y en a pas ! Cette vénération est partagée par les enfants. Ils aiment à visiter le tombeau de la Mère Émilie et à y prier. Les petites filles marquent toujours une grande joie quand elles parviennent à s'y glisser. Aussitôt qu'elles y sont parvenues, elles se précipitent à genoux, baisent la pierre avec dévotion, croisent les mains et se mettent à prier avec ardeur et piété. La Mère élève encore vers Dieu ces cœurs qu'elle a cherché durant toute sa vie à tourner vers le Ciel. On se garde, à la Sainte-Famille, d'exciter les enfants à cette dévotion. Les supérieurs ont défendu aux Sœurs d'entretenir les enfants qu'elles enseignent de leurs pensées sur la Mère. Mais les petites filles les partagent naturellement, pour ainsi dire : la vénération est trop grande d'ailleurs parmi les gens du peuple pour que les mères ne suppléent pas au silence des Sœurs. On a beau gronder les enfants lorsqu'on les trouve auprès de leur ancienne et vénérable amie ; on a beau se plaindre du tapage qu'elles font avec leurs sabots à la chapelle, elles ne se découragent point : elles vont avec précaution, prennent leurs sabots à la main pour ne pas faire de bruit, et vont visiter le tombeau de la bonne Mère. Quelque chose les attire autour de cette pierre. Il est vrai, comme nous avons dit, que du haut du ciel la Mère Émilie n'est pas indifférente aux demandes ni aux souffrances de ses chères enfants. A l'époque du décès de la bonne Mère, une petite fille de six ans, dont les yeux étaient en grand danger par suite d'une violente inflammation, fut guérie instantanément par l'application d'une médaille qui avait touché le corps de la vénérable Mère. Une autre enfant, de sept ans, regardée comme incurable par les médecins, fut pendant neuf jours portée tous les jours sur le tombeau de la Mère Émilie : le mal diminua chaque jour ; le neuvième, la guérison était complète. La même chose arriva à une jeune fille de quatorze ans qui, n'éprouvant aucun soulagement des médecins, eut la pensée de recourir à l'intervention de la Mère Émilie.

Tous ces faits entretiennent la confiance ; la dévotion envers la fondatrice de la Sainte-Famille paraît se développer chaque jour. D'abondantes grâces spirituelles se répandent sur les âmes qui sollicitent l'intercession de la Mère Émilie. En présence de ces merveilles, ses filles surtout sentent se renouveler leur vénération. Dans leur reconnaissance et leur amour, elles attendent, espèrent et hâtent de leurs prières le jour où l'Église, répondant à leur vœu, cherchera à réunir les titres d'exaltation et de gloire de celle qui a tant aimé la vie humble et cachée.

CHAPITRE XXIX

.... **Vox Dei.**

La voix de Dieu devait suivre la voix du peuple, ou plutôt la voix du peuple chrétien est la voix même de Dieu ; mais il appartient à l'Église de la proclamer, et elle seule a droit de la sanctionner. Elle éprouve d'abord la sincérité des sentiments populaires. Elle les conserve et les confère dans son cœur jusqu'au jour où elle peut les déclarer et les consacrer aux yeux de tous les fidèles.

Dans le beau mandement qu'il a publié à l'occasion de l'introduction de la cause de la Vénérable Mère Émilie, Mgr Bourret, évêque de Rodez, explique ce travail préliminaire qui a pour origine et pour fondement la piété publique envers les grandes âmes enrichies des plus beaux dons de Dieu.

Après une rapide et courte analyse de la vie de la Vénérable Mère Émilie, le prélat disait :

« Il était bien naturel que celle que l'on avait, de son vivant, surnommée la *sainte*, fût après son trépas acclamée comme telle par ceux qu'elle avait tant édifiés. C'est ce qui est arrivé. A peine cette grande servante de Dieu a-t-elle eu terminé sa belle vie, qu'un renom toujours croissant de sainteté, et même de miracles opérés sur son tombeau devenu glorieux, a porté l'autorité diocésaine à faire toutes les enquêtes préliminaires que l'on a coutume de faire, lorsque quelque dévot personnage a laissé après lui une grande odeur de vertu et un large sillon de mérites. Le vénérable Mgr Delalle, que vos justes regrets suivent toujours dans la tombe, a passé une partie de son épiscopat à préparer l'instruction de cette cause qui intéresse à un si haut point le diocèse, et après les recherches et les constatations les plus détaillées, menées à bonne fin par les hommes consciencieux auxquels il avait confié ce doux travail, il a déposé, en 1867, toute cette procédure préparatoire entre les mains de la Sacrée Congrégation des Rites, pour qu'elle fût soumise au Souverain-Pontife, à qui seul appartient d'introduire les causes de béatification et de canonisation dans l'Église.

« Après avoir examiné, à son tour, toutes les enquêtes et tous les témoignages recueillis sur les lieux par l'autorité ordinaire, la Sacrée Congrégation a décidé à l'unanimité des votants, ce qui est chose remarquable, dit-on, et d'un bien bon augure pour l'avenir, qu'il y avait lieu de proposer à notre Saint-Père le Pape : *de signer la commission d'introduction de cette cause, pour le cas et l'effet dont il s'agit*. Cette proposition faite le 2 mars 1872, aux instances de l'éminentissime cardinal Sacconi, rapporteur de la commission, et du chanoine Gustave Gallot, camérier d'honneur de Sa Sainteté, et postulateur en titre de la cause, le Saint-Père a bien voulu accéder aux prières qui lui étaient faites, et, de sa main auguste, il a confirmé la sentence de la Sacrée Congrégation, et signé, le 7 mars de la même année, *la Commission d'introduction de la cause de la vénérable servante de Dieu, sœur* Marie-Guillemette-Emilie de Rodat, *institutrice des sœurs de la Sainte-Famille.*

« Ce décret nous été bientôt après notifié, et nous l'avons reçu avec une joie que vous avez tous partagée, et une reconnaissance profonde envers l'illustre Pontife qui nous l'avait octroyé. Nous l'avons fait afficher aussitôt aux portes de notre cathédrale et des autres églises et chapelles de la ville épiscopale, comme aussi dans les principales maisons des sœurs de la Sainte-Famille, et nous l'aurions déjà publié dans tout le diocèse, si nous n'avions cru devoir attendre auparavant les *lettres rémissoriales,* qui nous délèguent le soin de commencer la série des procès apostoliques, qui doivent, avec l'aide du ciel et le secours de vos prières, conduire un jour notre sainte fondatrice aux honneurs du culte public, qu'il est maintenant réservé au Pape seul de lui décerner. Nous voulions ainsi, du même coup, vous demander de témoigner vos sentiments de respectueuse gratitude à N.-S. et à son Vicaire, par les prières d'action de grâces que mérite cette insigne faveur, et solliciter en même temps de votre piété de nouvelles et ferventes oraisons, pour que Dieu daigne manifester la gloire de sa servante, et nous donner à nous l'assistance nécessaire pour bien diriger et mener à heureuse issue les actes nouveaux de cette grande procédure, qui vont commencer.

« Ces lettres nous sont parvenues, depuis quelques semaines, et nous allons nous mettre à l'œuvre sans plus de délai, afin que rien ne retarde plus la marche de cette affaire si importante pour notre pays, et que nous puissions voir encore, s'il est possible, le nom de la Mère Emilie inscrit par l'autorité de l'Église dans le canon des Saints.

« Priez donc bien, N. T. C. F., le Dieu qui aime à être glorifié dans l'assemblée des élus, de répandre sur tous ceux qui doivent travailler à cette cause, l'esprit de lumière, de zèle et de ferveur qui est indispensable pour qu'elle soit traitée selon nos communs vœux, et demandez au Seigneur que nous nous montrions dignes du grand honneur que vient de nous faire le Vicaire de Jésus-Christ, en jugeant les vertus et les œuvres de la Vénérable Mère Emlie assez élevées, pour être soumises aux grandes assises de l'Église, et y être examinées comme présentant tous les caractères de l'exception et de l'héroïsme. »

Comme le dit Mgr l'Évêque de Rodez, la cause une fois introduite et remise aux mains du Souverain Pontife, était enlevée désormais aux pouvoirs de l'Ordinaire. L'Évêque n'avait plus à y intervenir qu'en vertu des délégations formelles du Pape. Investi par les lettres rémissoriales de la délégation d'ouvrir la série des procès apostoliques, Mgr l'Évêque de Rodez, dans le dispositif de son mandement, confiait cette grande entreprise aux prières des fidèles de son diocèse et à celles tout particulièrement des Sœurs de la Sainte-Famille. Il leur recommandait expressément ainsi qu'à toutes les personnes qui avaient connu la Mère Émilie, « aux membres « de sa famille, aux habitants de Villefranche et des « localités où elle a fondé des Maisons, » de recueillir leurs souvenirs et de noter par écrit les moindres faits et les moindres paroles se rattachant à cette Vénérable Servante de Dieu. « Rien n'est « petit dans la vie des saints, disait excellemment le

« Prélat, et tout y présente un vif éclat, même les
« choses qui paraissent les plus insignifiantes, lors-
« qu'elles viennent des témoins qui ont vu les
« Serviteurs de Dieu et ont conversé avec eux. »

Entrant dans les détails pratiques, le Prélat expliquait comment il fallait noter ces souvenirs, à mesure qu'ils se présentaient à l'esprit ; et ces recommandations minutieuses témoignent du prix que l'Église met à fixer et à garder la mémoire des moindres dires et des moindres gestes des âmes privilégiées. A la vénération pour les Serviteurs de Dieu, elle unit le désir de ne décider qu'en pleine connaissance de cause, après avoir pénétré et pesé tous les détails des vies dont elle veut porter le jugement devant Dieu et devant les fidèles.

Dans un des articles du dispositif, Mgr l'Évêque de Rodez ordonnait « aux Sœurs de la Sainte-Fa-
« mille et au clergé de Villefranche de faire tous
« leurs efforts pour retrouver les restes et les osse-
« ments des trois Sœurs qui ont aidé la Mère Émilie
« à fonder sa congrégation, particulièrement les
« restes des Sœurs Marie Boutaric et Éléonore Du-
« triac pour qu'on les garde, bien entendu sans
« aucune marque de culte extérieur, à côté de ceux
« de la Vénérable Mère Émilie et du respectable
« M. Marty qui fut leur conseil et leur guide dans
« les saintes entreprises de leur zèle et de leur
« dévouement. »

En même temps qu'il donnait toutes ces prescriptions pour la mémoire des saints, Mgr l'Évêque de Rodez, en vertu des lettres rémissioriales, entamait les procès apostoliques.

Sitôt après l'introduction de la cause, le procès *de non cultu* déjà dressé par l'Ordinaire avait été examiné à Rome. On sait le but de cette procédure préliminaire. Elle doit établir que conformément aux décisions du Pape Urbain VIII, aucun culte n'a été rendu à la mémoire du Serviteur de Dieu. La décision affirmative du juge délégué par le révérendissime Évêque de Rodez, examinée et jugée favorablement le 27 septembre 1873, par la congrégation des Rites, fut soumise au Souverain Pontife qui la confirma en en signant le décret le 2 octobre de la même année.

Le premier procès apostolique sur la réputation de sainteté, les vertus et les miracles en général *de famâ et virtutibus in genere*, ouvert et poursuivi avec ardeur, a déjà eu une heureuse issue; et le Pape Pie IX en a signé le décret affirmatif le 20 septembre 1877.

Il reste à construire le dernier procès apostolique sur les vertus et les miracles en particulier *de virtutibus et miraculis in specie*. C'est le plus important, le plus long, le plus difficile; il passe par de nombreuses congrégations avant d'être soumis au Saint-Père. Il est entamé, on peut dire, depuis déjà plusieurs années, car le Saint-Siège avait délégué à Mgr l'Évêque de Rodez le pouvoir de dresser une procédure destinée à recueillir les témoignages des témoins âgés de plus soixante ans, *ne pereant*. Cette première partie de ce grand procès est close : elle est aux mains de Mgr l'Évêque de Rodez qui, depuis le décret du 20 septembre 1877, a reçu les lettres de délégation du Souverain Pontife lui enjoignant d'en entamer et d'en poursuivre le procès *continuativus*. Quand cette instruction sera terminée, elle sera avec celle du procès *ne pereant* adressée à Rome pour être, à la demande et sur les instances du postulateur de la cause, soumise au travail et à la décision des congrégations antépréparatoire et préparatoire et enfin d'une dernière congrégation tenue devant le Saint-Père.

Ce n'est qu'après ces longs et difficiles travaux que la décision de la Sainte Église sera promulguée et annoncée aux fidèles. Il dépend de leurs prières et de leur ferveur d'en hâter le moment ; et puisse, comme l'espère Mgr de Rodez, la génération qui s'élève voir cette gloire de la Vénérable Émilie de Rodat !

Nous sommes heureux d'y apporter au moins nos désirs. Puisse Dieu agréer nos efforts, et leur donner quelque efficace en éveillant dans les cœurs de nos lecteurs, avec une pieuse admiration pour la Vénérable Mère Émilie, une grande confiance dans ses mérites et une grande dévotion à son intercession !

TABLE

	Pages
Lettre de Mgr l'Évêque de Rodez.......................	v
Déclaration de l'auteur................................	x
Avertissement...	xi
Chapitre Ier. — De la naissance de la Vénérable Mère Émilie et des grands exemples de vertu qu'elle trouva dans sa famille.................................	1
Chap. II. — Enfance et éducation........................	9
Chap. III. — De l'adolescence de la Servante de Dieu, et comment fut vaincu le démon, qui s'opposait à l'action de la grâce sur cette âme	19
Chap. IV. — Comment la Vénérable rencontra le guide qui devait la diriger dans la vie spirituelle, et comment elle vécut dans l'attente de sa sainte vocation...............	38
Chap. V. — Des difficultés que la Servante de Dieu rencontra à suivre sa vocation, et comment elle conçut le premier dessein de l'institut de la Sainte-Famille.......	59
Chap. VI. — Comment la Providence détourna tous les obstacles qui s'opposaient à l'établissement du nouvel institut de la Sainte-Famille....................................	79
Chap. VII. — Premiers commencements de l'institut de la Sainte-Famille...	92
Chap. VIII. — Progrès de la communauté. — Histoire de Marie-Anne Gombert....................................	104
Chap. IX. — Nouvelles épreuves. — Mort des Sœurs Éléonore Dutriac et Marie Boutaric.........................	115
Chap. X. — Travail du démon............................	134
Chap. XI. — Maladies de la Vénérable....................	150

	Pages
Chap. XII. — Les congrégations. — Correspondance de la Vénérable et de Mme de Trenquelléon..................	156
Chap. XIII. — Fondation de la maison d'Aubin (1822).....	177
Chap. XIV. — Comment on vit dans un couvent, et à quoi s'y employait la Vénérable Mère......................	193
Chap. XV. — Comment M. Marty quitta Villefranche, et comment les Sœurs de la Sainte-Famille priaient pour la conservation de leur Mère............................	268
Chap. XVI. — Fondation de la maison de Livinhac (1832)..	282
Chap. XVII. — La Règle.....................................	301
Chap. XVIII. — Les écoles (1834). — Sœur Marie, Sœur Thaïs..	335
Chap. XIX. — Fondation de Figeac (1835)	366
Chap. XX. — Mort de M. Marty (1835). — Intérieur de la Mère Émilie...	389
Chap. XXI. — Le noviciat des Sœurs des écoles. — Les pauvres et les prisonniers............................	423
Chap. XXII. — Fondations de Rieupeyroux et de Montauban (1840-1841)......................................	444
Chap. XXIII. — Le cœur de la Mère Émilie	464
Chap. XXIV. — Comment le bon Dieu vient en aide à ceux qui le servent......................................	523
Chap. XXV. — Le Refuge (1845)...........................	546
Chap. XXVI. — Esprit de la Sainte-Famille. — Changement dans les Constitutions................................	567
Chap. XXVII. — Comment savent mourir les amis du bon Seigneur Jésus.......................................	603
Chap. XXVIII. — Vox populi	633
Chap. XXIX. — ...Vox Dei.................................	650

OUVRAGES DU MÊME AUTEUR

Le Saint Homme de Tours (*M. Dupont*). — 1 fort volume in-12 de vii-406 pages, titre rouge et noir.................... 3 fr.

Les Serviteurs de Dieu. 3ᵉ édition. — 2 beaux volumes in-12 de xvi-496 et 596 pages..................... 6 fr.

Les Serviteurs de Dieu au XIXᵉ siècle. (*Extrait de l'ouvrage précédent.*) Édition de luxe, illustrations de M. GEORGES LAVERGNIE. — 1 beau volume grand in-8º de xi-547 pages, orné de treize beaux portraits. — Prix, broché................... 8 fr.

— Relié dos chagrin, plats toile, tranche dorée............ 12 fr.

La Vie admirable du bienheureux mendiant et pèlerin Benoît-Joseph Labre. 2ᵉ édition. — 1 beau volume in-8º de xiii-558 pages, orné du portrait du Bienheureux.......... 6 fr.

— *Le même ouvrage.* 4ᵉ édition. — 1 beau vol. in-12 de xii-552 pages, orné du portrait du Bienheureux..................... 3 fr. 50

Monsieur Augustin Thierry, son système historique et ses erreurs. (*Nouvelle Bibliothèque historique.*) — 1 volume in-12 de xiv-416 pages, titre rouge et noir...................... 3 fr.

De la Révocation de l'édit de Nantes. (*Nouvelle Bibliothèque historique.*) — 1 volume in-12 de xviii-300 pages......... 3 fr.

Notices du dix-septième siècle. 1 volume in-8º........ 6 fr.

Paray-le-Monial et son monastère de la Visitation. La Bienheureuse Marguerite-Marie et le Sacré-Cœur. 5ᵉ édition. — 1 volume in-18......................... 60 cent.

Les Jésuites au bagne. Toulon, Brest, Rochefort et Cayenne. 5ᵉ édition. — 1 volume in-18..................... 2 fr.

Mémoires du R. P. Rapin, de la Compagnie de Jésus (1641-1669), publiés, pour la première fois, d'après le manuscrit autographe, avec notes et introduction. — 3 volumes in-8º.......... 18 fr.

www.ingramcontent.com/pod-product-compliance
Lightning Source LLC
Chambersburg PA
CBHW050056230426
43664CB00010B/1344